文
景
———
Horizon

社 科 新 知　文 艺 新 潮

地区研究丛书·拉美系列

刘东·主编

Rituals of Rule, Rituals of Resistance

Public Celebrations and Popular Culture in Mexico

统治与抵抗的仪式

墨西哥的公共庆典与流行文化

William H. Beezley, Cheryl E. Martin & William E. French

[美]威廉·比兹利 [美]谢丽尔·马丁 [加]威廉·弗伦奇——编 | 李音、周燕——译

上海人民出版社

展开地区研究的三根主轴

首先要说明的是，这套丛书是在一种并存着刺激与困扰的张力中产生的。它既是以在中国尚属"新兴"的学科来命名，那么顾名思义，当然是顺应了"地区研究"在中国的发展，而这项研究在中国的应运而生，则又肯定是顺应了全球化的迅猛势头。——正是在这种方兴未艾的势头中，中国不光是被动卷进了全球化的进程，还进而要主动成为更大规模的"全球性存在"。就此而言，收进这套丛书中的著作，虽然将视线聚焦在了地球上的某一"地区"，但那都要隶属于环球视界中的特定"视域"。

不过，正如罗兰·罗伯逊所指出的，经常要与"全球化"（globalization）相伴生的，竟又是所谓的"全球在地化"（glocalization）。这不光从文化上喻指着，一旦遭遇到"麦当劳化"的夷平，就会激发与强化地方的认同；还要从经济上喻指着，由跨国生产与流通带来的重新洗牌，无论在一个社会的内部还是外部，都会造成新的失衡、落差、不公与愤懑。——正因为这样，反倒是全球化的这一波高潮中，人们才大概是不无意外地看到了，这个世界竟又以原以为"过了时"的民族国家为框架，利用着人类最基本的自卫本能，而煽起了民族主义的普遍排外逆流。

其次又要说明的是，这套丛书也是在一种"学科自觉"的批判意识中产生的。这种批判意识的头一层含义是，正是成为"全球性存在"的迫切要求，才使我们眼下更加警觉地意识到，再像传统学科那样去瓜分豆剖，把知识限定得"井水不犯河水"，就会对亟欲掌握的外部世界，继续造成"盲人摸象"式的误解。正因为这样，我们想借这套丛书引进的，就不光是一些孤零零的研究结论，还更是一整套获致这类结论的研究方法。这样的方法告诉我们，如果不能相对集中优势研究资源，来对一个相对独立的地理区域，几乎是"无所不用其极"地调动各门学科，并且尽量促成彼此间的科际整合，我们就无从对于任何复杂的外部区域，获得相对完整而融汇的有用知识。——不言而喻，也正是在这样的理解中，"地区研究"既将会属于人文学科，也将会属于社会科学，却还可能更溢出了上述学科，此正乃这种研究方法的"题中应有之意"。

接下来，这种批判意识的第二层含义又是，尽管"地区研究"的初始宗旨，当然在于有关外部世界的"有用知识"，而一俟这种知识落熟敲定，当然也可以服务于人类的实践目的，包括作为出资人的国家的发展目标，不过与此同时，既然它意欲的东西堪称"知识"，那么，它从萌生到发育到落熟的过程，就必须独立于和区隔开浅近的功用。无论如何，越是能争取到和维护住这样的独立性，学术研究的成果就越是客观和可靠，越足以令读者信服，从而也才能更有效地服务于社会。——不言而喻，又是在这样的理解中，率先在中国顶尖大学中建立起来的"地区研究"，虽则在研究的国别、项目和内容上，当然也可以部分地与"智库"之类的机构重叠；然而，它在知识的兴趣、理想的宗旨、研究的广度、思考的深度、论证的独立上，又必须跟对策性的"智库"拉开距离，否则也就找不到本学科的生存理由了。

正是基于上述的权衡，我在清华大学地区研究院的第一次理事会上，就向各位同行当面提出了这样的考虑——我们的"地区研究"应当围绕着

"三根主轴"：第一，本土的历史经验与文化价值；第二，在地的语言训练与田野调查；第三，与国际"地区研究"的即时对话。毋庸置疑，这"三根主轴"对我们是缺一不可的。比如，一旦缺少了对于本国文化的了解与认同，从而无法建立起自身的文化主体性，那么，就不仅缺乏学力去同外部"地区"进行文明对话，甚至还有可能被其他文化给简单地"归化"。再如，一旦缺乏对于国际"地区研究"的广阔视野，那么，就会沦入以往那种"土对土"的简陋局面，即先在本国学会了某一个"小语种"，再到相应的"地区"去进行综述性的报道，以至于这种类似新闻分析的雏形报告，由于缺乏相应的学术资源、知识厚度与论证质量，在整个大学体系中总是处于边缘地带，很难"登堂入室"地获得广泛的认可。关于这种所谓"小语种"的学科设置，究竟给我们的知识生产带来了哪些被动，我上次在为"西方日本研究丛书"作序时，就已经以"日本研究"为例讲过一回了：

　　从知识生产的脉络来分析，我们在这方面的盲点与被动，至少在相当大的程度上，是由长期政治挂帅的部颁教育内容所引起的。正如五十年代的外语教学，曾经一边倒地拥抱"老大哥"一样，自从六十年代中苏分裂以来，它又不假思索地倒向了据说代表着全球化的英语，认定了这才是"走遍天下都不怕"的"国际普通话"。由此，国内从事日本研究的学者，以及从事所有其他非英语国家研究的学者，就基本上只能来自被称作"小语种"的相关冷门专业，从而只属于某些学外语出身的小圈子，其经费来源不是来自国内政府，就是来自被研究国度的官方或财团。[1]

---

[1]　刘东：《"西方日本研究丛书"总序》。

有鉴于此，为了能让我们蓄势待发的"地区研究"，真正能摆脱以往那种被动的局面，既不再是过去那种边边角角的、聊备一格的国别史，也不会是当下这种单纯对策性、工具性的咨询机构，也为了能够让它所获得的学术成果，最终能被纳入到公认的学术主流，进而成为人们必备和必读的文化修养之一，我才提出再来创办一套"地区研究丛书"。当然，如果从学科划分的角度来看，我以往主编的"海外中国研究丛书"和"西方日本研究丛书"，也都属于海外，特别是美国的"地区研究"，具体而言，是属于"地区研究"中的"东亚研究"。于是，如果从这个角度来看，本套丛书亦正乃以往努力的延续。另外，考虑到美国的"地区研究"虽说无所不包，甚至还包括哈佛设立的"美国文明"项目，也即还要包括用来反观自身的"本国研究"，可毕竟它那些最富成果也最具功力的领域，还要首推其中的"东亚研究""中东研究"和"拉美研究"。既然如此，我们这次就先行推出两个"子系列"，即"地区研究·中东系列"和"地区研究·拉美系列"。——如果再算上我以往主编的两套"东亚研究"，那么或许也可以说，这大概是美国"地区研究"的主要精华所在了。

最后，尽管在前文中已经述及了，但行文至此还是要再次强调：在我们规划与期望中的，既有中国特色又有全球关怀的"地区研究"，必须围绕缺一不可的"三根主轴"，即第一，本土的历史经验与文化价值；第二，在地的语言训练与田野调查；第三，与国际"地区研究"的即时对话。从这个意义来讲，我们在这套丛书中引进的，就属于对于那"第三根主轴"的打造，也就是说，它既会形成学术对话的基础，也将构成理论创新的对手。也就是说，一旦真正展开了这种学理形态的对话，那么，"前两根主轴"也势必要被充分调动起来，既要求本土经验与价值的参与，也要求在地调查的核实与验证。由此一来，也就逻辑地意味着，对于既具有强大主体性又具有亲切体验性的，因而真正够格的"地区研究家"来说，无论这些著作写得多么匠心独运、论证绵密、学殖深厚、选点巧妙，也都不可能被他们不假思索地"照单全收"了，否则，人类知识就无从继续谋求增长了，而学术事业也将就此停滞不前了。

　　不过话说回来，不会去"照单全收"，并不意味着不能"择优吸收"。恰恰相反，至少从我个人的角度来看，从这套书逐渐开始的、逐字逐句和恭恭敬敬的迻译，恰恰意味着在起步阶段的、心怀诚敬和踏踏实实的奠基。也就是说，从这里一砖一瓦缓缓堆积起来的，也正是这个学科之标准、资格与威望的基础——当然与此同时，也将会是我们今后再跟国际同行去进行平等对话的基础。

刘东

2019 年 8 月 28 日于青岛海之韵

献给

保罗、约翰和马克·比兹利

杰夫·马丁

埃文和利亚·弗伦奇

目　录

致　谢

1990 年于圣迭哥召开的第八届墨西哥与北美历史学家大会为主编们提供了一次机会，让他们在题为"墨西哥 18—20 世纪思潮"的会议上介绍其论文的早期版本。会议的成功以及大会本身都激励着我们创作这本书。在此，我们想要感谢由杰米·罗德里格斯（Jaime E. Rodríguez O.）、罗伯特·莫雷诺·德·洛斯阿尔科斯（Roberto Moreno de los Arcos）以及当地组织者埃里克·范·杨（Eric Van Young）和保罗·范德伍德（Paul Vanderwood）领导的联合组织委员会（Joint Organizing Committee）给予我们这次绝佳的机会。我们还要感谢每一位参与本书创作的人。他们所展现的协作精神、耐心和自信心使得成书过程变得相当愉悦。

感谢得克萨斯大学埃尔帕索分校人类学系教授霍华德·坎贝尔（Howard Campbell）和英属哥伦比亚大学历史学系教授罗伯特·麦克唐纳（Robert A. J. McDonald）的支持。两位教授审阅了本书的导论部分并提供了极具洞察力的意见，我们在本书的修订版采纳了这些意见。来自密西西比大学的查尔斯·雷根·威尔逊（Charles Reagan Wilson）和保罗·比兹利（Paul R. Beezley）同样对本书的导论部分进行了审阅并给予了富有价值的批评意见。感谢北卡罗来纳州立大学历史学系教授史蒂文·文森特（K. Steven Vincent）与我们分享他关于法国大众、劳工及革命历史的真知灼见。

感谢学术资源联盟（Scholarly Resources）的机构人员对于本书的支持，尤其是理查德·霍珀（Richard Hopper）和劳拉·休伊·坎宁安（Laura Huey Cunningham），尽管他们提供的只是一道思想的微光。最后，我们想要感谢"拉丁美洲轮廓"（Latin American Silhouettes）系列丛书所有编辑人员的协助以及合作编辑朱迪思·尤厄尔（Judith Ewell）给予的慷慨支持。

缩 写

AAAM　墨西哥市政府古籍档案馆（Archivo del Antiguo Ayuntamiento de México），墨西哥城

Actas　墨西哥城市政府文书（*Actas de cabildo de la ciudad de México*）（墨西哥：阿吉拉尔埃易霍斯［Aguilar e Hijos］，1889—1911）

AGI　西印度群岛档案馆（Archivo General de Indias），塞维利亚

AGN　墨西哥国家档案馆（Archivo General de la Nación），墨西哥城

APD　波菲里奥·迪亚斯档案馆（Archivo de Porforio Díaz），墨西哥城

CSSH　《社会与历史比较研究》（*Comparative Studies in Society and History*）

HAHR　《西班牙美洲历史评论》（*Hispanic American Historical Review*）

HM　《墨西哥历史》（*Historia Mexicana*）

JCH　《当代史期刊》（*Journal of Contemporary History*）

JLAS　《拉丁美洲研究期刊》（*Journal of Latin American Studies*）

LARR　《拉丁美洲研究评论》（*Latin American Research Review*）

PO　《官方报纸》（*Periódico Oficial*）

PP　《过去与现在》（*Past and Present*）

SEP/AH　公共教育部（Secretaría de Educación Publica），历史档案馆（Archivo Histórico），墨西哥城

导论　制造共识，煽动矛盾

威廉·比兹利（William H. Beezley）

谢丽尔·马丁（Cheryl E. Martin）

威廉·弗伦奇（William E. French）

历史上获得胜利的统治者都明白，他们的统治地位不仅仰赖于武力。说服力、领袖魅力、习惯和美德的呈现也是权威常用的手段和展演方式，尤其是当权者已经意识到公共仪式在霸权的象征化和不断重塑过程中所发挥的重要作用。仪式和游行不仅提供了关于社会等级的视觉与听觉的剧本，也给予精英阶层重申他们的权威所依赖的道德价值观的机会（作为对自身以及被统治者的精神熏陶）。这样的场景或可以形塑关于一个社会过往历史的阐释：通过在共同仪式中团结不同的群体来掩盖社会分裂并为大众狂欢提供机会，进而平息被统治群体潜在的破坏性冲动。因此，许多排演宗教目的和庆祝王室生活里程碑的仪式已经让位给类似的公民和世俗节日，作为针对其臣民的权力象征继续巩固着国家的权威。[1]

西班牙人自踏足西半球之日起，就开始使用仪式来树立自己的权威。例如，不同于依赖住宅建筑象征意义（通常是建造房屋）的英国殖民者，

---

[1]　本节标题受到爱德华·赫尔曼（Edward S. Herman）和诺姆·乔姆斯基（Norm Chomsky）所著的《制造共识：大众传媒的政治经济学》（*Manufacturing Consent: The Political Economy of the Mass Media*）（纽约，1988；中文版参：邵红松译，北京：北京大学出版社，2011）的启发。本书中的部分主题与他们的论点产生了共鸣。

西班牙人通过语言和仪式来实现自身统治权的合法化。仪式的相关性在始于 1512 年的征服活动中越发显著，因为西班牙人使用《占领声明》（*Reque-rimiento*，一份被大声宣读的文件，通常被用于为西班牙人实施的统治辩护）来建立对于臣民的权威，而不是针对财产或贸易的权威。帕特里夏·锡德（Patricia Seed）如是说道："西班牙的殖民主义产生了人口调查，英国的殖民主义产生了地图。"[2] 西班牙统治者要求其臣民经常性地重申和确认西班牙的霸权。

[xiv] 　　从西班牙人和阿兹特克人在墨西哥首次相遇开始，理想新社会（包括其权威与地位的等级制度）的视觉展演就主导了这群人的文化交流。[3] 节日庆典为公民和教会领袖们提供了组织有关美德的生动表演的契机，这些美德有助于他们实施对其臣民的统治。西班牙人为同化印第安原住民（尤其是向他们传递福音）而做出的努力集中在戏剧化的表现形式上，比如政府仪式、耶稣受难剧等，美洲印第安人的舞蹈也转而开始承载基督教 - 欧洲的意涵。墨西哥的西班牙节日源于科尔特斯（Cortés）的到来并迅速成为一种独特的视觉、听觉和象征传统，结合了西班牙、印第安乃至非洲的形象与标识。在殖民统治最后三分之一的时间里，波旁王朝的君主们试图以多种方式对殖民地社会进行改革，包括消除大众庆典的狂欢式特征，赋予它们更正式、更庄重的气质。

　　18 世纪的这些变化在墨西哥独立后被延续并呈现出更加明确的政治特征，满怀爱国之情的墨西哥人设立了节日和庆典以纪念独立战争

[2] Patricia Seed, "Taking Possession and Reading Texts: Establishing the Authority of Overseas Empires," *William and Mary Quarterly* 49, 3d ser. (April 1992): 183-209. 锡德教授考察了英国人和西班牙人所使用的占有行为的象征意义，并依据住房的建造和旗帜或十字架等标志加强的占有声明确立了上述两者的区别。引自该文第 206—207 页。

[3] 通过理解阿兹特克人的方式来检验仪式的最初尝试，详见 Inga Clendinnen, *Aztecs: An Interpretation* (Cambridge, 1991), 236-263。

的英雄，试图将殖民地居民打造成新兴民族国家的公民。阿古斯丁一世（Agustín de Iturbide）和第一届国会制定了一份官方的节日清单，这些节日是为了纪念独立战争的受害者、爱国军人攻占首都以及皇帝诞辰而设立的。这份清单还保留了圣伊波利托节，以此铭记科尔特斯对于阿兹特克帝国首都的侵占。[4] 当然，关于节日的增改在墨西哥独立后仍然在继续。革命使得许多地方的节庆活动发生了变化，并增加了一直延续至今的新节日。1977 年的一项调查报告显示，墨西哥人民全年要庆祝 5,083 个民间和宗教活动，最多相隔九天，墨西哥某地就会庆祝一个节日。[5] 本书收录的文章探讨的均是墨西哥近五个世纪以来的公共仪式。某种程度上，国家权力的象征性戏剧化以及预期受众对于这些仪式的反应是所有作者的关注重点，部分作者还明确关注了这些仪式展演发生的舞台。

关于统治和反抗的仪式已经在墨西哥以外的许多地区得到了关注和研究。在一个著名的案例中，国家仪式没有被作为达成政治目的的手段，而是直接作为目的本身。克利福德·格尔茨（Clifford Geertz）在分析所谓的"剧场国家"时指出，巴厘岛的伟大仪式（皇家火葬、贵族自刎、削尖牙齿、庙宇祭祀、忏悔朝圣以及血祭）成为统治者展现其权力的媒介，而不是被 [xv] 用来管理自己的国家。巴厘岛的统治者运用宗教仪式的修辞来表达他们的政治思想——地位是权力的基础，治国之道是戏剧的艺术，以及他们对于现实本质的看法，从而使之成为现实。正如格尔茨所言："君王统治着王国，他也因此拥有了它——在摹拟的意义上；他组成并建构了他所摹仿的

---

[4] AAAM, vol. 1058; Festividades Diversas, Legajo I, Expediente 2. Decree, August 29, 1822.

[5] Paul Friedrich, "Revolutionary Politics and Communal Ritual," in *Political Anthropology*, ed. Marc J. Swartz, Victor W. Turner, and Arthur Tuden (Chicago, 1966), 191–220；Imelda de León, coordinator, *Calendario de Fiestas Populares* (México, 1988), vii.

物事。"[6]统治者试图创造一个可以被臣民接受的顺从的、想象的现实。[7]仪式被用来创造这些虚拟的、顺从的现实表征，因为它们描绘了当权者所构思的理想化社会关系。上述理解的假设是，仪式行为可以被解读为一种宣言或声明，因为它们不像日常生活那样杂乱无章，而是更专注于特定目的，所以也具有更强的表达力。

与此同时，学者们已经证明日常生活中充斥着用以强化现有社会等级制度的仪式表演。里斯·艾萨克（Rhys Isaac）通过将文化定义为由语言、手势、举止、服饰和建筑组成的多通道交流体系解释了许多文化历史的这一规律。[8]因此，社会可以被视为由参与者自身以及他人所展现出来的一系列形象，比如，建筑设计和教堂座位的安排是社会秩序的宣明和社会等级的表达。艾萨克作品的核心内容是他对于社会关系中的权威和顺从的关切，以及这些权威和顺从得到主张、实现交流、获得认可和遭受争议的各种方式。在面对面的交流中，就像18世纪的弗吉尼亚以及如今的墨西哥所发生的那样，一个社会情境中的行动（指身体行动）被证明比口头和书面表达来得更加清晰。本书中的大部分作者都关注到了权力并将行为视为一种宣言。关于吹奏乐队、醉酒风潮、市民游行、街道纪念碑和乡村节庆的研究不仅可以让我们了解先人的思想，更有助于我们深入理解这些活动，以揭示它们作为权力主张和争夺的种种表现的本质。[9]

---

[6] Clifford Geertz, *Negara: The Theater-State in Nineteenth-Century Bali* (Princeton, NJ, 1980), 128.（中文版参:《尼加拉：十九世纪巴厘剧场国家》，赵丙祥译，北京：商务印书馆，2018。）

[7] Inga Clendinnen, *Ambivalent Conquests: Maya and Spaniard in Yucatan, 1517–1570* (Cambridge, 1987), 115.

[8] 参见里斯·艾萨克（Rhys Isaac）所著《弗吉尼亚的转变，1740—1790》（*The Transformation of Virginia, 1740–1790*）（教堂山，北卡罗来纳，1982）一书的方法论附录，第323—357页。

[9] 尽管当权者试图通过对社会秩序的理想化描述（往往通过仪式）使其合法化，但是这一过程不可避免地为主体提供了形成批评的象征性工具。参见 James C. Scott, *Weapons of the Weak: Everyday Forms of Peasant Resistance* (New Haven, CT, 1985), chap. 8, esp. 338.（中文版参:《弱者的武器：农民反抗的日常形式》，郑广怀、张敏、何江穗译，南京：译林出版社，（转下页）

象征属性使得仪式成为代表权威和规则的有力媒介。格尔茨对巴厘岛剧场状态的论证清楚地说明了仪式得以塑造预期结果的能力。具有多层含义（以浓缩的形式）的符号不仅让即时交流成为可能，同时也能唤起感官和思想上的反应。仪式通过情感和意识形态的融合，将个人与集体联系起来。因此，从精英阶层的角度出发，仪式的作用是通过融合象征符号和仪式活动的积极情感与相关的社会、道德要求来发挥作用的。[10]换句话说，社会规范和价值观通过赋予情感获得了更大的力量，而基本情感则通过与社会价值观的连结得到了升华。讨论仪式在苏联统治中所扮演的角色时，一位国家仪式的管理者透露："仪式往往发生在一个人生命中的重要转折时刻。由于他的精神状态，他尤为易于接受外界的影响，为了实现共产主义教育，我们必须利用这种影响。"[11]

[xvi]

虽然将个人融入集体往往与入会仪式或过渡仪式（rites of initiation or passage）有关，但是它们同样也被用来描述过去至现在。就像入会仪式代表着社会规范和个人情感的相互渗透，纪念仪式则通过对过去的借鉴来强化现在。例如，大卫·坎纳丁（David Cannadine）记述了从 1820 年至今英国皇家仪式的意义和表现的转变。20 世纪初以来影响力式微的英国君主在 1918 年至 1953 年期间成了一种被制造出来的"千年"传统。坎纳丁指出，那些观看精心编排的皇家盛典的人，以及那些强调英国昔日辉煌的（或真

（接上页）2007。）就墨西哥语境中这一发展以及斯科特对于墨西哥的假设的讨论，参见 Alan Knight, "Peculiarities of Mexican History: Mexico Compared to Latin America, 1821–1992," *JLAS* 29 (Quincentenary Supplement, 1992): 115, 124–125; and Knight's "Weapons and Arches in the Mexican Revolutionary Landscape," in *Everyday Forms of State Formation: Revolution and the Negotiation of Rule in Modern Mexico*, ed. Gilbert M. Joseph (Durham, NC, 1994)。

[10] Victor Turner, *The Forest of Symbols* (Ithaca, NY, 1967), 20–30.

[11] Christel Lane, *The Rites of Rulers: Ritual in Industrial Society-The Soviet Case* (Cambridge, 1981), 25. 本段落的大部分材料均基于莱恩对于象征和仪式的讨论，第 191—238 页。

或假的）历史连续性的评论者，很难相信这种伟大已经逝去。[12] 英国君主制或许是最佳的例证，但其他纪念活动在纳粹德国和苏联等不同统治者所使用的仪式中同样占据着重要位置，当然也包括西班牙殖民帝国和墨西哥共和国的统治者。

本书的作者们对 16 至 20 世纪墨西哥仪式的重要性进行了分析。琳达·柯西奥－纳吉（Linda Curcio-Nagy）（第一章）和克拉拉·加西亚·艾露阿尔多（Clara García Ayluardo）（第四章）生动地刻画和评估了 16 和 17 世纪巴洛克式仪式生活的丰富多彩，不经意地将哈布斯堡帝国权力的政治象征、反革命的宗教仪式以及伊比利亚人和印第安原住民的大众传统融为一体。尽管殖民时期的仪式生动地描绘甚至颂扬了阶级、财富、种族和性别的差异，但其同时也彰显了即便是最为卑微的个人在神秘基督教团体中的成员资格，以及他或她对国王陛下（修辞意义上）的效忠关系。[13] 18 世纪的波旁王朝君主试图精简墨西哥的公众庆典，利用这些场合实现对国家权力毫不掩饰的宣示，正如塞尔吉奥·里维拉·阿亚拉（Sergio Rivera Ayala）（第二章）、苏珊·迪恩斯－史密斯（Susan Deans-Smith）（第三章）和谢丽尔·马丁（第五章）所充分解释的那样。

[xvii] 在 1821 年墨西哥获得独立后的几十年里，墨西哥统治者面临着为一个新兴民族国家创造新的仪式词汇的挑战。就像本尼迪克特·安德森（Benedict Anderson）所证明的那样，正是在美洲这片土地上，想象的民族国家共同

---

[12] David Cannadine, "The Context, Performance and Meaning of Ritual: The British Monarchy and the 'Invention of Tradition,' c. 1820–1977," in *The Invention of Tradition*, ed. Eric Hobsbawm and Terence Ranger (Cambridge, 1983), 157. 另参见坎纳丁之前的一篇文章" The Transformation of Civic Ritual in Modern Britain: The Colchester Oyster Feast," *PP* 94 (February 1982): 107–130。

[13] David Brading, "Tridentine Catholicism and Enlightened Despotism in Bourbon Mexico," *JLAS* 15 (1983): 1–22; Juan Pedro Viqueira Alban, *¿Relajados o reprimidos? Diversiones públicas y vida social en la ciudad de México durante el Siglo de las Luces* (México, 1987). 这本书的英译本由学术资源联盟（Scholarly Resources）提供。

体第一次与共和制度、普通公民身份和人民主权一同出现，而仪式恰恰有助于将人民的效忠之心从（以宗教、家庭和地域为基础的）悠久、稳固的想象共同体转移至全新的民族国家。[14] 与教会的冲突、与美国的战争、自由主义在 1854 年阿尤特拉革命（the Revolution of Ayutla）中的胜利以及 19 世纪 60 年代对法国入侵的抵抗都为国家团结提供了新的象征符号（一面国旗、一首国歌和一座英雄美术馆），这些符号可以在建筑物和街道名称中永垂不朽，也可以在仪式场合中被自豪地传颂宣扬。19 世纪末和 20 世纪初，波菲里奥·迪亚斯（Porfirio Díaz）和他的支持者继续创建和巩固着一种适合他们所创造的现代化中央集权国家的仪式政策。正如芭芭拉·特南鲍姆（Barbara Tenenbaum）的文章（第七章）所述，他们建造了令人印象深刻的纪念碑，慷慨地描绘着与自由主义相关的人物和理想。与此同时，他们精心筹办各种各样的盛大典礼，尤其是 1910 年举行的纪念墨西哥独立 100 周年的庆祝活动，旨在让那些来自世界各地的受邀显贵相信，墨西哥理应在文明进步国家的行列中占有一席之地。[15]

　　20 世纪的墨西哥政治领袖们创造了一种新的形象，将 1910 年革命中公认的英雄人物和一种将自身角色定义为这些英雄的有效继承者的政治文化结合在一起。[16] 有时，革命后的精英们也会对仪式语汇进行扩充。1938 年 3 月 18 日，拉扎罗·卡德纳斯（Lazaro Cardenas）总统将石油产业收归国有，由

---

[14]　Benedict Anderson, *Imagined Communities: Reflections on the Origin and Spread of Nationalism,* rev. ed. (London, 1991), 81, 169, 205–206.（中文版参：《想象的共同体：民族主义的起源与散布》，吴叡人译，上海：上海人民出版社，2016。）另参见简·弗朗哥（Jean Franco）在《密谋女性：墨西哥的性别与代表》（*Plotting Women: Gender and Representation in Mexico*）（纽约，1989）一书中关于墨西哥的想象共同体的讨论，第 134 页。

[15]　Annick Lemperiere, "D'un centenaire de l'indépendance à l'autre (1910–1921): L'invention de la mémoire culturelle du Mexique contemporain", 法国巴黎第一大学（the Université de Paris-I）未发表演讲.

[16]　Ilene V. O'Malley, *The Myth of the Revolution: Hero Cults and the Institutionalization of the Mexican State, 1920–1940* (Westport, CT, 1986).

此为墨西哥人带来了一个新的节日和一个有关民族团结的新口号："石油属于我们"（El petraleo es nuestro）。墨西哥的政治领袖们还以不那么引人注目的方式精心设计和建造了一套基础设施，以能够在日常生活中更为生动地再现在仪式场合中传达的信息。公立学校、一个由博物馆和文化中心组成的全国性网络（让墨西哥的历史和艺术成就拥有更广泛的受众），以及一个声称以父亲般的胸怀拥抱所有墨西哥人的政党——这些机构的职能与殖民时期的总督辖区和宗教性质游行类似。和后者一样，它们也提供一定的福利，尽管社会保障和住房补贴已经取代了精神上的放纵和权贵们抛掷的硬币。

[xviii] 20 世纪后期，墨西哥的统治者继续沿用具有爱国主义价值的既定仪式。因此，每年 9 月 15 日至 16 日的夜晚，墨西哥总统就会出现在国家宫（the National Palace）的阳台上，俯瞰墨西哥城市中心宏伟的索卡洛（Zócalo）广场。他佩戴着作为历史延续性直观象征的红、白、绿三色绶带，以纪念米格尔·伊达尔戈·科斯蒂利亚（Miguel Hidalgo y Costilla）最初的战斗号召，正是这一号召宣告了 1810 年独立战争的开始。他一个接一个地呼唤伊达尔戈神父和其他英雄的名字，包括贝尼托·胡亚雷斯（Benito Juaréz）总统和查普尔特佩克少年英雄（the Niños Heroes de Chapultepec），这些年轻的军校学员在 1847 年因不愿向入侵的北美人投降，为国捐躯。人群以热烈的"万岁！"口号迎接每一个名字，一直到总统喊出那句响亮的"墨西哥万岁！"（Viva México!）。

尽管庆典制造了一个建国与现在之间连续性的假象，但庆祝方式的变化却揭示了它与过去的突然决裂。胡亚雷斯担任总统之前，9 月 15 日晚上在狭小剧院里举行的呼喊仪式（grito）并不是独立日庆典的焦点，而仅是一项精英活动，是第二天举行的热门节目（包括斗鸡和烟火表演）的陪衬。迪亚斯统治期间，呼喊仪式不仅成为最重要的活动，而且也为总统提供了一个机会，让他巧妙地潜入国家英雄的万神殿，因为举国人民开始在 9 月

15 日欢庆他的生日。[17] 近年来，墨西哥独立日的庆祝活动还表明，墨西哥
领导人已经证明自己非常善于利用现代科技将信息戏剧化并传递给更广泛
的受众。当人们聚集在一起聆听总统的讲话时，五彩缤纷的灯光照亮了索
卡洛广场，卫星转播已经准备好将这些图像和文字传送给全国各地以及身
处异国的墨西哥人。

在墨西哥，统治者发明了传统，并强调传统在代代相传的过程中始终保
持不变。与其他地方一样，过去的两百年，社会和经济的迅速变化尤其为这
种"传统"的形成提供了有利的条件。随着按照官衔或财产划分的社会被按
照阶级划分的社会所取代，随着民族国家在观念层面的不断世俗化，出现了
确保忠诚和国家权力认同的新方法。殖民地前哨基地让位给了独立的国家，
而总统、君主和军事独裁者则亟需获得关于他们统治和地位的认可。[18] 也
许在独立初期，没有人比卡洛斯·玛丽亚·德·布斯塔曼特（Carlos María
de Bustamante）在创造传统和延续民族神话方面来得更为重要。1821 年和
1827 年之间，他为新共和国设立了一座"开国元勋的肖像画廊"，描绘出西
班牙征服时的墨西哥民族形象，以及在经历了三百年殖民统治之后即将重获 [xix]
自由的墨西哥民族形象。[19] 这种另类的公民宗教不仅依赖于仪式的盛典，还
依赖于小学教育和公共纪念碑，以实现社会凝聚力或群体归属感的象征化、
权威机构或权力关系的合法化以及信仰或知识体系的反复灌输。[20] 20 世纪

---

[17]　Enrique Plasencia de la Parra, *Independencia y nacionalismo a la luz del discurso conmemorativo (1825-1867)* (México, 1991), 137-138；Fernando Serrano Migallón, *El Grito de Independencia: Historia de una pasión nacional* (México, 1981).

[18]　关于阿根廷的案例，参见 Henry Ph. Vogel, "Elements of Nation-Building in Argentina: Buenos Aires, 1810-1828" (Ph.D. diss., University of Florida, 1987)。

[19]　David A. Brading, *The First America: The Spanish Monarchy, Creole Patriots, and the Liberal State, 1492-1867* (Cambridge, 1991), 634-637, 645.

[20]　Eric Hobsbawm, "Introduction: Invention Traditions," in *The Invention of Tradition*, ed. Hobsbawm and Ranger, 4-5, 9. 另参见 "Mass-Producing Traditions: Europe, 1870-1914," 同前引 , 263-307。

八九十年代，新编写的小学教科书将迪亚斯描述成一个在财政方面颇为谨慎的现代化者，而不是取媚外国资本家的背叛者，由此引发的争议表明上述实践仍然在继续。[21]

　　与工业革命并行的、被创造出来的传统（尽管显得世俗而大众）可以被分为三种有重叠的类型：象征社会凝聚力（或群体归属感）的传统、实现机构（或权力关系）合法化的传统，以及灌输信仰（或知识体系）的传统。这些传统使得国家的起源和运作变得合法，甚至是神圣而不可侵犯的。莫娜·奥祖夫（Mona Ozouf）借用埃米尔·涂尔干（Emile Durkheim）的观点，展示了关于法国大革命的庆祝活动是如何有效地将神圣性从旧政权转移至新政权的。她还指出，这一过程对任何新政权来说都是至关重要的制度行为。[22] 克里斯特尔·莱恩（Christel Lane）发现了苏联马克思列宁主义存在的类似实践，并以相同的方式解释了苏联的节日和仪式制度。在本书中，阿德里安·班杰斯（Adrian Bantjes）（第十三章）分析了墨西哥革命时期旧文化秩序的去殖民化以及神圣性从天主教向新公民宗教的转移。在几乎所有情况下，神圣化的过程都需要新的仪式和庆典，包括将新的意义注入旧的仪式。这种对传统的创造性运用证实了格尔茨的观点，即所有的政治权威都需要一个"文化框架"来定义自己并推动自己的统治主张。[23]

　　菲利普·科里根（Philip Corrigan）和德里克·塞耶（Derek Sayer）扩展了格尔茨的观点，指出国家的形成应该被视为一种文化革命的过程。对他们而言，国家通过创造社会认同精心策划了一项无休止的道德规范和

---

[21]　参见 *Mi libro de Historia de México. Quinto Grado* (México, 1992)。

[22]　Mona Ozouf, *Festivals and the French Revolution*, trans. Alan Sheridan (Cambridge, MA, 1988), 262–282.

[23]　Clifford Geertz, "Centers, Kings, and Charisma: Reflections on the Symbolics of Power," in *Rites of Power: Symbolism, Ritual, and Politics since the Middle Ages*, ed. Sean Wilentz (Philadelphia, 1985), 30.

统治工程。因此，国家权力在人民内部产生作用。受到米歇尔·福柯（Michel Foucault）的影响，科里根和塞耶认为国家的形成是文化革命的长期过程，国家的日常程序通过这一过程成为可能性的边界，占据了整个社会的视野。这些边界随后在"壮丽的国家仪式"被神圣化。[24]

那些熟悉18至20世纪墨西哥国家的人都会承认道德改革对于国家建设或"构建一个祖国"（forjando patria）的重要性，正如曼纽尔·盖米奥（Manuel Gamio）充分证明的那样。[25]国家通常使用仪式来加强中产阶级的自律、工人阶级的劳动纪律以及伴随资本主义发展而来的（除了精英阶层以外的人群）更广泛的社会纪律。苏珊·迪恩斯－史密斯探讨了波旁王朝在烟草制造厂内部社会认同构建中所发挥的作用。正如托尼·摩根（Tony Morgan）在他的文章（第八章）中所述，19世纪晚期的精英们虽然没有忽视过去的爱国形象，但他们越来越多地将注意力转向有助实现墨西哥现代化目标的态度和行为的灌输。摩根是以墨西哥城作为研究对象，而其他的研究证实类似的情况也发生在奇瓦瓦（Chihuahua）的帕拉尔（Parral）矿区、瓜达拉哈拉（Guadalajara）和蒙特雷（Monterrey）。[26]上述研究显示，和国家一样，公司也在为员工、顾客和公众构建对社会现实的解释。[27]

[xx]

[24] Philip Corrigan and Derek Sayer, *The Great Arch: English State Formation as Cultural Revolution* (Oxford, 1985), 187–188, 191, 200. 关于本书的墨西哥版本，参见 Knight, "Weapons and Arches," and "Peculiarities of Mexican History," 138–144。

[25] 引自 Alan Knight, *The Mexican Revolution* (Cambridge, 1986), 2: 497。

[26] 参见本书第九章和第十章，作者分别为比兹利和弗伦奇；以及 Steven B. Bunker, "Making the Good Old Days: Invented Tradition and Civic Ritual in Northern Mexico, 1880–1910" (Honors thesis, University of British Columbia, 1992)。

[27] 关于一家公司通过影像构建社会现实的案例，参见 David E. Nye, *Image Worlds: Corporate Identities at General Electric, 1890–1930* (Cambridge, MA, 1985)。

受欢迎的庆祝活动

关于公共仪式的历史远不止统治者及其代理人为了威迫、调教及改造臣民而做出的努力。大众阶级不仅目睹了精心筹备的国家仪式，他们还自发地、有计划地举行各种庆祝活动。繁忙的节日日程增强了社区生活的活力——欢庆节日成了人们为数不多的神圣权利之一。无论是纪念宗教信仰还是国家大事，节日都展示和代表了社区的集体生活，为人们提供了一个机会来建构和表达与意识形态无关的意义。[28]

很多研究集中探讨了墨西哥乡村礼仪生活的重要性，尤其是那些历史上印第安人占多数的村庄。威廉·泰勒（William Taylor）的文章剖析了酒精消费在殖民时期庆典中的作用，而南希·法里斯（Nancy Farriss）则说明了由宗教兄弟会或社会团体（cofradias）赞助的宗教仪式是如何体现众多关于原住民对欧洲殖民的回应的洞见的。[29] 许多人类学研究也留心观察到墨西哥传统意义上的地方庆典同时被用于重申公共土地和社区结构中的权利、加强社区团结，以及（通过要求赞助方承担其费用）重新分配财富。[30]

此外，社区仪式往往描绘了适当的文化行为。每年二月，米却肯州（Michoacán）辛祖坦（Tzintzuntzan）的居民都会通过一场被简称为"拉丹

---

[28] Maurice Agulhon, *The Republic in the Village: The People of the Var from the French Revolution to the Second Republic*, trans. Janet Lloyd (Cambridge, 1982), 91.

[29] William B. Taylor, *Drinking, Homicide, and Rebellion in Colonial Mexican Villages* (Stanford, CA, 1979）; Nancy M. Farriss, *Maya Society under Spanish Colonial Rule: The Collective Enterprise of Survival* (Princeton, NJ, 1984).

[30] 参见 George M. Foster, *Tzintzuntzan: Mexican Peasants in a Changing World* (Boston, 1967)。更多最近的研究包括 John M. Ingham, *Mary, Michael, and Lucifer: Folk Catholicism in Central Mexico* (Austin, TX, 1986); Guillermo de la Peña, *A Legacy of Promises: Agriculture, Politics and Ritual in the Morelos Highlands of Mexico* (Austin, TX, 1981), 197–224; Judith Friedlander, *Being Indian in Hueyapan: A Study of Forced Identity in Contemporary Mexico* (New York, 1975).

萨"（*La Danza*）的表演来纪念救赎神（Señor del Rescate）奇迹般的显灵。欢庆活动为期四天，参与者装扮成魔鬼和死神的样子，表现得毫无秩序，以恐吓的方式威胁观众，宣扬生殖崇拜，进行同性恋展示和低俗幽默表演。这些行动者偏离社会可接受的规范，旨在表达对上述行为的嘲讽；通过这 [xxi] 种方式，孩子们认识到不受控制的行为是如此可笑和荒谬。[31] 同样，在莫雷洛斯州（Morelos）的特拉亚加潘（Tlayacapan），仪式总是围绕着关于繁殖的主题。作为一个基本或根本的隐喻，该主题彰显于包括庆祝童贞女之子诞生、圣诞节前波萨达斯巡游（*posadas*）的九个夜晚（每个夜晚象征圣母玛利亚孕期的一个月）、葬礼仪式和复活节基督复活在内的诸多事件。民间的天主教仪式不仅仅是灌输文化价值观的一种手段，同时也涵盖了生活的方方面面。[32]

对于狂欢者通过仪式来表达共同价值观的认可既不意味着社区观念的和谐，也不意味着社区观念的停滞不前。仪式源于集体生活，又根植于当地的社会与经济条件，体现并强化了当地社区的团结和冲突。因此，团结和冲突都是仪式的一部分。墨西哥农村节日期间上演的充满阳刚之气和男性魄力的戏剧似乎与公共仪式的意义有所矛盾，但实际上，它们也可能是为了告诉其他人，不要把仪式赞助方的慷慨误认为软弱。[33]

在许多地方，表达社区观念的公共庆祝活动会随着时间的推移分化隔离，用以反映社会和性别的区隔。有时候，仪式被用来强调这些

---

[31]　Stanley Brandes, *Power and Persuasion: Fiestas and Social Control in Rural Mexico* (Philadelphia, 1988), 127–139. 该作者在第 139 页列举了得出相同结论的其他研究。

[32]　Ingham, *Mary, Michael, and Lucifer*, 180, 189.

[33]　关于单一社区内新教徒与天主教仪式之间的冲突，参见 Sheldon Annis, *God and Production in a Guatemalan Town* (Austin, 1987), 90—98。在危地马拉的圣安东尼奥（San Antonio），仪式活动变得如此昂贵，以至于天主教仪式生活所产生的费用（代表着某种文化税或对于社区的投资）相当于一个家庭总收入的四分之一。尽管在这个特定的社区，人们对于上述费用有着不同的看法；不出所料，当地的新教徒认为这既是一种"浪费"，也是一种"罪过"。

差异和区隔。17 世纪中期至 19 世纪中期，由法国短工组成的伙伴社
（*compagnonnages*）的成员们也会举行活动来显示极其细微的社会区隔。随
着合法性差异的废除，短工通过入会仪式和拳击比赛所创造的象征性等级
制走向台前。尽管伙伴社仪式在一个彼此拥有太多共同点的工人世界里创
造了不平等，但却在一个被年龄、能力和出生地差异所分裂的世界里为其
成员创造了另一种平等，同时也是一种排斥非成员的手段。[34] 与拥有严格
规定的仪式表演不同，伙伴社仪式提供了一套"结构松散的节目剧本"，工
人们能够将其应用于不同的场景。在墨西哥，趣味歌谣（*albures*）作为一
种语言游戏，至今仍然在大众阶层广为流传。每首歌谣都是有关社会与政
治抗议或性行为不端的思想的传播载体。

　　除了自身拥有某种生命力之外，大众庆祝活动（根据场景的不同）可
能会危及或强化精英和其下属之间的关系。一方面，狂欢节（Carnival）参
与者有时会为他们压抑已久的沮丧情绪找到一个无害的安全阀，通过暂时
的、象征性的逆转"把世界颠倒过来"。另一方面，相同的人群（以及参
与喧嚣仪式［*charivari*，原是寡妇或鳏夫再婚时的一种仪式］的其他人，）
可以将庆祝活动作为动员民众反对统治者的工具。镇压时期的社区庆祝
活动也可能带有政治色彩。马塞洛·卡马尼亚尼（Marcello Carmagnani）
分析了 1660 年至 1661 年的圣周（Holy Week）期间爆发的特万特佩克
（Tehuantepec）骚乱，埃里克·范·杨（Eric Van Young）也指出，1810 年
的圣餐会（*Todos Santos*）期间爆发了大规模的乡村骚乱。[35] 1909 年 4 月，

[xxii]

---

[34]　迈克尔·索南舍尔（Michael Sonenscher）在《工作与工资：自然法、政治与 18 世纪的法国贸
易》（*Work and Wages: Natural Law, Politics and the Eighteenth-Century French Trades*，Cambridge,
1989）一书中描述了仪式是如何创造一个"具有暂时性差异的复杂世界"的，第 298 页。参见第
295—327 页关于伙伴社的延伸讨论。

[35]　Marcello Carmagnani, "Un movimiento político indio: La 'rebelión' de Tehuantepec, 1660-1661,"
17-35, and Eric Van Young, "Mentalities and Collectivities: A Comment," 337-353, esp. 340-341, in
Patterns of Contention in Mexican History, ed. Jaime E. Rodríguez O. (Wilmington, DE, 1992).

在古根海姆（Guggenheim）家族拥有的一处位于杜兰戈（Durango）贝拉尔德尼亚（Velardeña）矿区的采矿营地，作为圣周六（Holy Saturday）传统庆祝活动一部分的环城游行本是为了焚烧犹大的模拟塑像，结果却导致了一场与乡村警察的冲突以及对于公司及建筑物的大肆抢掠与焚烧。[36]在这种情况下，大众节庆活动与仪式成为表达不满乃至破坏现有国家要素的手段。[37]琳达·柯西奥－纳吉在本书中指出，殖民时期墨西哥城最重要的一次人民起义发生在1692年的基督圣体节（Corpus Christi）庆祝活动期间。

对于大众庆祝活动破坏性影响的担忧促使精英们企图限制地方节日的数量，以实现对宗教和公民活动参与的控制。自近代早期以来，欧洲和其他地区的政府当局就开始挪用狂欢节和其他庆祝活动的诸多传统（比如烟花的燃放），从而将活动的参与者转变为活动的观看者。[38]与此同时，他们试图把真正受欢迎的节庆活动驱赶出城镇的街道和广场。这样的街道争夺同样发生在墨西哥城。

满怀着将城市街道变得美丽、合理和安全的愿望，殖民时期的西班牙统治者和地方精英们在18世纪下半叶企图消灭所有的民间庆祝活动并限制城市空间以供其专用。正如加西亚·艾露阿尔多和柯西奥－纳吉所分析的那样，波旁王朝的统治者们认为民间的宗教狂热（体现为民间庆祝活动

---

[36] Paul J. Vanderwood, *Disorder and Progress: Bandits, Police, and Mexican Development*, rev. and enlarged ed. (Wilmington, DE, 1992), 148-150.

[37] 阿居隆（Agulhon）认为"政治提供了场合及目的，而民俗则提供了表达手段"。参见 *Republic in the Village*, 164, 254, 258-259。关于喧嚣仪式，参见 Alan Greer, "From Folklore to Revolution: Charivaris and the Lower Canadian Rebellion of 1837," *Social History* 15, no. 1 (January 1990)；关于狂欢节，参见 Emmanuel Le Roy Ladurie, *Carnival at Romans* (New York, 1979) 以及 Natalie Zemon Davis, *Society and Culture in Early Modern France* (Stanford, CA, 1975)。

[38] David Garrioch, *Neighbourhood and Community in Paris, 1740-1790* (Cambridge, 1986), 196-201; Robert Muchembled, *Popular Culture and Elite Culture in France,* 1400-1750 (Baton Rouge, LA, 1985), 122-148, 171-174, 212; Peter Burke, *Popular Culture in Early Modern Europe* (New York, 1978), 207-243; Robert A. Schneider, *Public Life in Toulouse, 1463-1789: From Municipal Republic to Cosmopolitan City* (Ithaca, NY, 1989), 353.

的龙和巨人以及游行中的团体成员的不当行为）是荒谬的，甚至是一种亵渎。与地方精英们一样，波旁王朝的统治者们也不再相信这些节日仍然拥有向人们灌输期望态度与行为的价值。[39] 在 18 世纪的奇瓦瓦市，市政府（cabildo）甚至不允许包括狂欢节在内的民间庆祝活动出现在节日日程中。独立战争初期，墨西哥城设有夜间照明、铺建道路并为其命名、给房屋编号并加强了警戒；殖民政权还控制了人民的活动。精英阶层和国家至少在城市中心取得了胜利。[40]

[xxiii]
在首都以及整个墨西哥，对公共空间的争夺并没有随着独立战争的结束而停止。零星的冲突贯穿了整个 19 世纪，伴随着国家和地方政府对于殖民地官员为建立一个理性、有序的社会而开展的诸多项目的密切关注。安妮·斯泰普斯（Anne Staples）的文章（第六章）详细描述了包括首都在内的三个城镇的市政部门为实施这些改革所做出的努力。此外，在迪亚斯统治期间，市政府与州政府基于维多利亚时代的道德观来看待城市空间，通过立法将恶习驱逐出市中心，旨在为体面的人（gente decente）保留这些区域。威廉·弗伦奇是最早研究迪亚斯统治期间墨西哥公共空间争夺的学者，并描绘了奇瓦瓦州帕拉尔矿区的道德地理学；[41] 他也在本书（第十章）中深入探讨了这一话题。这种对恶习和公共空间的担忧并没有随着迪亚斯

---

[39] Pilar Gonzalbo Aizpuru, "Las fiestas novohispanas: Espectáculo y ejemplo," *Mexican Studies/ Estudios Mexicanos* 9, no. 1 (Winter 1993): 45. 关于波旁王朝反对民间天主教，特别是大众宗教游行、仪式和"迷信"的运动的更多内容，可参见 Brading, *The First America*, esp. 494–500, 509, 549, 558。

[40] Viqueira Albán, *¿Relajados o reprimidos?*, 240. 可参见作者对于从大众手中夺取公共空间的尝试的广泛探讨，第 133—169 页、第 222—240 页。

[41] 参见 "Peaceful and Working People: The Inculcation of the Capitalist Work Ethic in a Mexican Mining District (Hidalgo District, Chihuahua, 1880–1920)" (Ph.D. diss., University of Texas, 1990)。对于在公共空间争夺中使用符号的精彩概述，参见 James Epstein, "Understanding the Cap of Liberty: Symbolic Practice and Social Conflict in Early Nineteenth-Century England," *PP* 12, no. 2 (February 1989): 75–118; Patrick Joyce, *Visions of the People: Industrial England and the Question of Class, 1848–1914* (Cambridge, 1991), 53–54。

政权的垮台而结束；尽管学者们对此并不重视，但它却是墨西哥革命（the Mexican Revolution）的一个中心主题。[42]

与此同时，公认的精英阶层和那些渴望加入精英阶层的人利用仪式场合来巩固自己和下属之间的界限。在墨西哥，女性作为爱国、自由、母性和美德象征的出现取代了更受欢迎和自发性的元素，也彰显了中产阶级对于公共庆祝活动的支配力。托尼·摩根和威廉·比兹利的文章（第九章）分别探讨了墨西哥城和瓜达拉哈拉的游行花车（作为中产阶级象征）的发展。另一个案例来自亚利桑那州图森市（Tucson）的拉美裔社区。迪亚斯统治期间，墨西哥中产阶级放弃了与图森守护神圣奥古斯汀（San Agustín）有关的世俗公平，而是设立了新的仪式来庆祝墨西哥独立日，包括一场由三十名年轻女性组成的凯旋花车游行，这些女性除了代表"美洲""自由"和"正义"以外，还代表着墨西哥的二十七个州。[43]

每当对公共空间的争夺未能将大众阶层以及他们的庆祝活动从街头赶走，自封的精英阶层只能从公共、宗教和爱国的仪式中主动退出。就算不存在中产阶级，他们对于体面的观念（正如在他们主导的游行中所定义的那样）已经渗入工人阶层的游行，尤其是那些技术工人的游行。[44] 在美国，从 1825 年至 1850 年，几乎所有的工人都参与过街头游行，以显示他们的团结，不过，20 世纪中期以后，来自更有名望的职业团体的工人们放弃了游行。继续游行的人们则开始表达全新的、多样化的职业、阶级、宗教和民族忠诚。在这些游行中，女性的代表意义发生了变化，她们变成了"活

[42] 参见（例如）Knight, *Mexican Revolution*，1:245–246; Carlos Martínez Assad, *El laboratorio de la revolución: El Tabasco garridista* (Mexico, 1979)。

[43] Ellen M. Litwicki, "From Patrón to Patria: Fiestas and Mexicano Identity in Late Nineteenth-Century Tucson"（该论文发表于 1992 年美国历史学家组织年会）。

[44] Susan G. Davis, *Parades and Power: Street Theatre in Nineteenth-Century Philadelphia* (Philadelphia, 1986), 151–153。

[xxiv] 生生的象征"。女性的出现预示着中产阶级不再参与城市游行，而是退回私
人领域。[45]

一些精英对民间的庆祝方式进行了挪用和转换，但更常见的是，他们
不仅不参与民间的仪式，还模仿欧洲和美国的精英阶层，为自己打造专属
的娱乐形式。那些不再参加公共庆祝活动的人常常在精致的私人住宅和高
级俱乐部里制造自己的传统，而不是与地位较低的社会群体一同欢庆。[46]
公共节假日与生日和其他个人纪念日一样，为特殊的家庭聚会提供了契
机。拉丽莎·阿德勒·洛姆尼茨（Larissa Adler Lomnitz）和玛丽索尔·佩
雷斯－利扎尔（Marisol Perez-Lizaur）在《一个墨西哥精英家庭，1820—
1980》（A Mexican Elite Family, 1820-1980）中讲述了节庆活动是如何围绕
（根据被严密守护的家庭食谱烹制而成的）食物展开的。直系女性后代之间
分享这些食谱，其中一位年长的女性既是节日食品的管理者，也是庆祝活
动的焦点。这些家庭成员所拥有的民族主义意识包含着她们对瓜达卢佩圣
母（the Virgin of Guadalupe）信仰、墨西哥美食以及传统墨西哥式热情好客
的自豪之情。[47]

---

[45]　Mary Ryan, "The American Parade: Representations of the Nineteenth Century Social Order," in *The New Cultural History*, ed. Lynn Hunt (Berkeley, CA, 1989), 149.

[46]　William H. Beezley, *Judas at the Jockey Club and Other Episodes of Porfirian Mexico* (Lincoln, NE, 1987), 89-124.

[47]　(Princeton, NJ, 1987), 6, 34, 38, 157-191, 225. 关于烹饪这一被忽视的话题以及它是如何将公共与私人庆祝活动相联系、表达民族主义并在地方及家庭层面践行国家计划的，可参见阿尔让·阿帕杜莱（Arjun Appadurai）提出的理论模型，"How to Make a National Cuisine: Cookbooks in Contemporary India," *CSSH* 30, no. I (January 1988): 3-24；以及帕特里夏·金塔纳（Patricia Quintana）和卡罗尔·哈雷尔森（Carol Harrelson）在《墨西哥的生活盛宴》（*Mexico's Feast of Life*）（Tulsa，OK，1989）一书中提出的食谱实践。另参见 Jeffrey M. Pilcher, "¡Vivan Tamales! The Creation of a Mexican National Cuisine" (Ph.D. diss., Texas Christian University, 1993)。

反抗的仪式

无论统治者和精英阶层设计的仪式多么引人注目和丰富多彩，大量的证据表明，这些仪式所传达的权威信息常常遭到目标受众的拒绝，即使他们未能在公开反抗中表现出自己的不服从。底层阶级经常把自己的想法强加于国家发起的纪念活动，完全拒绝接受其他的想法。玛丽·凯·沃恩（Mary Kay Vaughan）和恩格拉西亚·洛约（Engracia Loyo）（第十一章和第十二章）均论述了个人和地方社区如何与革命国家的代理人就节日性质、数量和意义进行谈判。洛约特别考察了民众对卡德纳斯政府试图建立社会主义教育制度的反应——由于许多墨西哥人对此表示反对，这项计划最终失败了。沃恩通过普埃布拉（Puebla）的一个行政区，详细考察了1900年至1946年间有关开展有意义节日的谈判过程。其他一些作者也提及了该话题：班杰斯通过他对于卡列斯（Calles）在索诺拉州（Sonora）的任期以及其推行（必要时可以使用暴力）中央政府节日计划的尝试的考察，展示了人们通过所在社区对任何不想要的事物采取的机智而持续的抵抗。盖伊·汤姆森（Guy Thomson）论证了铜管乐队是如何"被作为一种受地方控制的媒介，用以吸收外来的文化与政治影响"（第十五章）。唐纳德·弗里 [xxv] 施曼（Donald Frischmann）主要依据自身的实地考察，探讨了地方农村剧团的发展，这些剧团戏剧性地表达了社区的利益和关切（第十四章）。大众阶层也创建了他们自己的仪式，进而明确地传达了对社会秩序的不同看法，仪式通常发生在精英们鲜少踏足、相对安全的"后台"环境中，比如工人阶级社区、奴隶居所或农村。其他形式的反抗包括（只有新入会者才会察觉的）顺从的微妙缺失以及对于精英和所谓神圣仪式的公开嘲笑。[48]

在对于世界的官方描述的争夺中，没有什么武器比笑声更具颠覆性。受到米哈伊尔·巴赫金（Mikhail Bakhtin）的启发，多米尼克·拉卡普拉（Dominick LaCapra）指出，大众文化利用滑稽戏、笑话和喜剧梳理关于世界的官方表述中存在的含糊之处，以供公众审查。[49]在北部边境，经历17世纪中期塔拉乌马拉（Tarahumara）叛乱后归国的耶稣会传教士报告称，印第安人经常使用暴力威胁他们，但在有些场合，他们又以嘲笑和诽谤神父为乐趣。[50]波菲里奥时期，一份具有讽刺意味的廉价报刊通过公开挖苦上流社会、资产阶级、警察、牧师、电车售票员等方式娱乐工人阶级，从而有助于形成和表达一种工人阶级看待社会的特有视角。[51]在墨西哥，将幽默作为对当代事件的一种揶揄仍在继续。自二战后的"墨西哥奇迹"结束

---

[48] James C. Scott, *Domination and the Arts of Resistance: Hidden Transcripts* (New Haven, CT, 1990；中文版参:《支配与抵抗艺术：潜隐剧本》，王佳鹏译，南京：南京大学出版社，2021); E. P. Thompson, "Patrician Society, Plebeian Culture," *Journal of Social History* 7, no. 4 (Summer 1974): 382–405. 基思·巴索（Keith Basso）在《"白人"的画像：西部阿帕切人的语言游戏和文化符号》（*Portraits of "The Whiteman": Linguistic Play and Cultural Symbols among the Western Apache*，Cambridge, 1979）一书中仔细考察了在阿帕切族居留地被作为一种对外界（尤其是威权）的反抗形式的嘲讽行为。

[49] 参见 "Bakhtin, Marxism, and the Carnivalesque" in *Rethinking Intellectual History: Texts, Contexts, Language,* by Dominick LaCapra (Ithaca, NY, 1983), esp. 301–306。针对拉卡普拉（LaCapra）影响的讨论，可参见 Lloyd S. Kramer, "Literature, Criticism, and Historical Imagination: The Literary Challenge of Hayden White and Dominick LaCapra," in Hunt, ed. *New Cultural History*, 97–128。

[50] AGN, Historia 19, fol. 257v–282; 罗马耶稣会档案馆（Archivum Romanum Societatis Iesu）收藏的1676年5月28日报告《墨西哥》（"Mexicana"），发表于 *Documentos para la historia de México*, 4th ser., 3: 272–294。感谢苏珊·迪兹（Susan Deeds）提醒我们注意这些信息。参见 "Horrific Comedy: Cultural Resistance and the Hauka Movement in Niger," *Ethos* 12, no. 2 (Summer 1984): 165–188，保罗·斯托勒（Paul Stoiler）在文中对臣民如何利用传统文化实践和模仿颠覆殖民当局进行了令人振奋的考察。

[51] María Elena Díaz, "The Satiric Penny Press for Workers in Mexico, 1900–1910: A Case Study in the Politicisation of Popular Culture," JLAS 22, no. 3 (October 1990): 497–525. 该文章还被收录于 John A. Britton, ed., *Molding the Hearts and Minds: Education, Communications, and Social Change in Latin America* (Wilmington, DE, 1994)。

以来，一种"黑色幽默"开始流行起来，它把错综复杂的官僚机构、政治的欺诈和贬值的货币变成了笑话。国家领导人和国家政策（比如教育）也成为这种幽默的目标。[52] 最近，在奇瓦瓦州帕拉尔区流行的一个笑话拿仪式场合（此处指的是米格尔·伊达尔戈·科斯蒂利亚神父的独立呼喊）所传递的爱国信息打趣。似乎有一位颇受欢迎的市长负责主持 9 月 16 日的庆祝活动，当日，他鼓动聚集的人群向墨西哥独立的三位英雄——米格尔先生、伊达尔戈先生和科斯蒂利亚先生——高呼"万岁"。

在统治阶级的官方哲学中，一切范畴都有明确的界限，思想与作风的单调通常是一种常态。然而，非官方、非正式的仪式将生活从平常的、合法的惯有状态中猛地拉拽出来。这种节日的欢声笑语带有狂欢节的特征，考验和质疑着社会与文化的方方面面。对巴赫金来说，笑声是唯一不会被官方想法所左右的"生命力量"。狂欢节式的庆祝活动不仅颠覆了官方文化（从而使之维持在统治阶层的框架内），甚至试图破除关于日常生活的假设。奥克塔维奥·帕斯（Octavio Paz）对墨西哥的节日大加赞赏，他认为在这 [xxvi] 些节日里，"秩序的概念消失了"，社会"嘲讽着它的神、它的原则和它的法律：它否定了自身"。[53] 塞尔吉奥·里维拉·阿亚拉在本书中指出，底层阶级通过舞蹈和歌曲，探索了官方文化语言和人民文化语言之间的符号学界限。在这个过程中，他们打破了 18 世纪晚期的官方构架。

有关仪式创造性运用的种种例子强调了仪式作为一种反抗权威和构想新社会（以代替现状）的强大手段的潜力：在法国，新的性别角色在狂欢节的仪式中被预先设定；[54] 在英格兰，激进的男性与女性工人将群众游行变

[52]　William H. Beezley, "Mexican Political Humor," *Journal of Latin American Lore* 11, no. 2 (1985): 195–223.

[53]　Octavio Paz, *The Labyrinth of Solitude*, trans. Lysander Kemp (New York, 1985), 51.

[54]　Davis, *Society and Culture*, 124–151.

成了人民主权的狂欢节。激进分子通过仪式的符号和形象，对公共空间提出主张并鼓励女性在公共领域发挥新的作用。[55] 这些仪式生成了对于未来的新设想，始终是"那些拙于言词者的社会创造力"的一次重要表达。鉴于大众文化中的知识和意义往往受控于当下的运用和需求，这样的仪式形式在一定程度上彰显着大众文化的口头性。[56] 同时也佐证了汤普森（E. P. Thompson）的观点，即文化必须被看作一个冲突元素的竞技场和一个多样化资源的汇集地，在这里，"文学与口语、上级与下级、都市与乡村之间产生了连通"。[57] 正如国家试图通过创造社会身份来统治社会一样，大众阶层也运用他们的想象积极地构建着社会秩序。民众的愿景通常被解读为对于现实权力的象征性反抗，但仪式研究则提出了另一种洞见，即这种象征性的反抗与任何其他形式的权力行使和反抗一样真实。[58]

墨西哥与仪式史学

符号的沼泽和人类学、文学理论的泥潭似乎都与历史的陆地相距甚远。当然，那些借鉴文化人类学的学者，尤其是格尔茨，也遭到了诸多批评。

---

[55]   Epstein, "Understanding the Cap of Liberty," 100–107.

[56]   Joyce, *Visions of the People*, 171, 225.

[57]   "Introduction: Custom and Culture," in Customs in Common, ed. E. P. Thompson (London, 1991), 6. 另参见作者在《贵族与平民》(*The Patricians and the Plebs*) 一书中对法律及政治的戏剧性质的谈论，第 46 页。

[58]   关于在墨西哥运用象征与现实二分法的早期研究，可参见 Ruth Behar, "Sex and Sin, Witchcraft and the Devil in Late-Colonial Mexico," *American Ethnologist* 14, no. 1 (February 1987): 34–54。

罗纳德·维特斯（Ronald Walters）十多年前就曾指出，当格尔茨在进行深描时，他并不是特别清楚应该如何避免"潜在的愚昧无知"。而维特斯和其他许多学者更为关心的是，对于象征意义的关注似乎使得社会对于真实民众的影响消失了，就像对于阶级、剥削和权力等概念的关注一样。他明确地指出，牢记"象征性戏剧可以为权力、统治、剥削和反抗等更远大的目的服务"这一点非常重要。[59]加布丽埃尔·斯皮格尔（Gabrielle Spiegel）   [xxvii]在最近发表的一篇论述文本和语境关系的文章中指出，对于文本意义（而不是人类经验）的关注常常会让历史行动者的社会作用被遗忘。在她看来，有必要认识到"社会活动的全部意义并不止于它的象征意义"。[60]

基于这些批评，不同时代、不同地方的历史学家一直在探索宗教在国家建设中的地位。即使像格尔茨最近所说的那样，"权力的表象及其实质很难被撬开"，但是探讨国家权力的形式与实质的各种尝试仍然取得了可喜的成果，尤其是对于罗马帝国和当代加纳等不同社会的考察。[61]在拉丁美洲，历史学家也已经接受了将国家以及有关权力、政治的问题重新纳入社会历史这一挑战。[62]本书聚焦于统治的仪式以及那些墨西哥人（自西班牙殖民统治以来）用于接受、改造、忽视或争夺权威的仪式，旨在为上述事业贡献一点绵薄之力。

---

[59]　Ronald G. Walters, "Signs of the Times: Clifford Geertz and Historians," *Social Research* 47, no. 4 (Autumn 1980): 544, 553. 提出该观点的其他学者包括 Suzanne Desan in "Crowds, Community, and Ritual in the Work of E. P. Thompson and Natalie Davis," 68; Aletta Biersack, "Local Knowledge, Local History: Geertz and Beyond," in Hunt, ed., *New Cultural History*, 72–96。

[60]　Gabrielle Spiegel, "History, Historicism, and the Social Logic of the Text in the Middle Ages," *Speculum* 65, no. 1 (January 1990): 85.

[61]　Clifford Geertz, "History and Anthropology," *New Literary History* 21(1989–90): 331. 另参见 Sean Wilentz, ed., *Rites of Power: Symbolism, Ritual, and Politics Since the Middle Ages* (Philadelphia, 1985); David Cannadine and Simon Price, *Rituals of Royalty: Power and Ceremonial in Traditional Societies* (Cambridge, 1987)。

[62]　一个最近的例子可参见 Richard Graham, *Patronage and Politics in Nineteenth-Century Brazil* (Stanford, CA, 1990)。

正如威廉·泰勒所指出的，掌握拉丁美洲历史面临的一个困难在于，从表面上看，它似乎是那么熟悉。[63] 因此，存在这样一种预判，那就是整个拉丁美洲的发展（无论哪个国家）都是相同的，都类似于欧洲或美国的模式。但在肤浅的表象以外，其实存在巨大的差异；而且，尽管存在延续性，细微而明显的差别仍然是墨西哥文化表现的特征。我们希望能彰显墨西哥的这种独特性及其关联。

因此，我们结合相关的理论或史学知识对本书的每篇文章进行了介绍。我们关注欧洲和美国的研究，同时也会提及其他拉丁美洲的案例，以便读者进行比较，从而更加全面地了解墨西哥丰富的文化历史。

---

[63] William B. Taylor, "Between Global Process and Local Knowledge: An Inquiry into Early Latin American Society History, 1500–1900," in *Reliving the Past: The Worlds of Social History*, ed. Olivier Zunz (Chapel Hill, NC, 1985), 115.

01 巨人与吉卜赛人：殖民时期墨西哥城的
基督圣体节 *

琳达·柯西奥 – 纳吉（Linda A. Curcio-Nagy）

内华达大学（University of Nevada）

作者在杜兰大学（Tulane University）的博士论文中考察了墨西哥殖民时期的五个庆典仪式：总督在墨西哥城的就任仪式；圣伊波利托节（San Hipólito）庆祝活动；献给雷梅迪奥斯圣母（Virgin of Remedios）的庆祝活动；纪念君主登基而举行的宣誓效忠（*jura del rey*）；以及基督圣体节（Corpus Christi）庆祝活动。在这篇文章中，作者仅对最后一种庆祝活动进行了分析。她借鉴了何塞·安东尼奥·马拉瓦尔（José Antonio Maraval）在《巴洛克文化》（*The Culture of the Baroque*）一书中用于研究17世纪西班牙壮观仪式场面的方法和理论。马拉瓦尔认为，壮观的仪式场面是实现霸权控制和制度正当化的工具之一；人类学家埃德蒙·利奇（Edmund Leach）强调节日对于社会强化的作用；维克多·特纳（Victor Turner）强调节日对于社会整合的作用；保罗·韦纳（Paul Veyne）则将政府和民众之间的关系视为一种象征性的社会契约。**

---

* 本研究由富布赖特 – 海斯（Fulbright-Hays）博士论文研究基金资助。

** 本文中用到的西班牙语短语详见作者题为《殖民时期墨西哥的圣徒、主权与宏大场面》（"Saints, Sovereignty and Spectacle in Colonial Mexico"）的博士论文。

"这个城市最可夸耀的一件事就是它对宗教圣礼的频繁投入，诸多节日时的盛大排场，以及所有居民在精神层面的慷慨。"[1] 奥古斯丁·德·范德哥特（Agustín de Ventancurt）如是描述 1698 年的墨西哥城。虽然一些节日传统是在 16 世纪初才建立的，但它们在一个世纪后就已完全成熟。那时候，即便是保守估算，墨西哥城每年至少会庆祝 90 个节日，它们全都发源于欧洲。[2] 每个公会、兄弟会、宗教团体、教区和修道院都以不同程度的奢华排场和公开展示，颂扬其特定的守护神。大学则围绕毕业和圣母玛利亚圣神感孕（Immaculate Conception of the Virgin Mary）组织庆祝活动。此外，还有更大的全市性节日，如复活节、狂欢节、万圣节、圣伊波利托节和基督圣体节，以及献给雷梅迪奥斯圣母的庆祝活动。民政部门赞助了一些特定的节日，例如新总督或大主教的上任庆典、宣誓效忠新君主的庆典，以及已故国王、总督或大主教的葬礼仪式等。

众多庆祝活动举办期间，城市生活的特点是经济与社会的混乱，同时还受到叛乱阴影的困扰。粮食短缺、洪水和其他自然灾害、流行病和经济秩序紊乱等问题折磨着这座城市。日益增长的社会异质性引起了人们的担忧。早在 1580 年，总督马丁·恩里克斯·德·阿尔门扎（Martín Enríquez de Almanza）就在对其继任者的指示中警告说，数量不断增长的混血人种（castas，混合西班牙、非洲和美洲原住民血统的人）可能会带来潜在的不稳定。[3] 事实上，1611 年、1612 年、1624 年、1665 年、1692 年和 1696 年

---

[1] Agustín de Ventancurt, *Teatro mexicano: Descripción de los sucesos exemplares, históricos, políticos, militares, y religiosos del Nuevo Mundo Occidental de las Indias* (Madrid, 1960-61), 2: 193.

[2] 该数字是根据作者的博士论文研究计算而得。在 17 世纪，出现了许多新的节日。

[3] 引自 Andres Lira and Luis Mora, "El siglo de la integración," in *Historia general de México* (México, 1977), 2: 90。

均发生了重大的起义。[4] 对起义的担忧在 1612 年弥漫了整个城市，某天深夜，一些逃跑的猪横穿街道，居民们惊慌失措，以为是想要推翻政府的黑白混血叛乱分子发动了暴乱。在 1692 年的叛乱中，一大群美洲原住民和混血人种袭击了城市的主广场，迫使总督和西班牙殖民者开始为自己的生命安全感到担心。

统治精英及所属相关机构对这种不稳定的认知促使他们着手设计政治政策，旨在使居民成为有文化的人（doctos），或西班牙人所认为的文明化、欧洲化的受教育人士。节日是这一政策的重要组成部分。不同的族群被国家和教会征服、取悦并经历了文化适应的过程，以此达到消解潜在异议并在社会变革时期重申体制合法性的目的。[5]

精英们早在 1525 年就意识到节日在文化适应方面的潜在功能。为了庆祝墨西哥城第一座教堂的落成，方济各会的修士们邀请了来自城市和周边地区的美洲原住民参加一个以凯旋拱门、音乐和舞蹈为特色的节日庆典。奥古斯丁·德·范德哥特描述了在传播福音的过程中对于节日的使用，他指出自己目睹了"基督徒庆祝他们节日的方式，许多[原住民]改投了我们的信仰；从那时起，他们就有了通过装饰和奢华排场（作为如今这些庆祝活动的特征）来赞颂圣人的动力"。[6] 当然，神职人员会专门组织节日以歌

---

[4]　Ventancurt, *Teatro mexicano* 2:217. 安东尼奥·莫尔加（Antonio Morga）对传闻中的 1612 年非洲叛乱进行了研究；他的研究结果显示，36 名黑人因犯有谋反罪而在主广场被绞死。有关这一时期的叛乱以及经济混乱的详细分析，参见 Jonathan Israel, *Race, Class and Politics in Colonial Mexico, 1610-1670* (London, 1975)。

[5]　有关节日和大众消遣的西班牙皇家及公民政策，参见 José Antonio Maraval, *The Culture of the Baroque* (Minneapolis, 1986)；J. H. Elliott, "Poder y propaganda en la Espana de Felipe IV," in *España y su mundo 1500-1700* (Madrid, 1990), 201-228；以及 Waiter Cohen, *Drama of a Nation: Public Theater in Renaissance England and Spain* (Ithaca, NY, 1985)。

[6]　Ventancurt, *Teatro mexicano* 3:88. 戏剧在印第安人的宗教皈依和文化适应的过程中发挥了重要的作用。参见 Robert Ricard, *La conquista espiritual de México* (México, 1947), 355-374；和 Adam Versényi, "Getting under the Aztec Skin: Evangelical Theatre in the New World," *New Theatre Quarterly* 5 (1989): 217-226。

[3] 颂宗教热忱并强化福传过程。节日也保留了从西班牙带来的传统，（通过效忠国王的宣誓以及总督的上任仪式）展示了君主制的伟大和力量；最后，节日还具有娱乐的功能。尽管如此，这些文化活动的举办针对的是居住在城市和周围地区的大量不具名却拥有潜在破坏性的个人（即美洲原住民和混血人种）。所有这些节日中隐含的信息都旨在促进西班牙体系范围内的社会融合，这一意图在基督圣体节的庆祝活动上得以彰显。

基督圣体节与殖民时期的墨西哥社会

　　基督圣体节，或者说是圣体圣事（*Santísimo Sacramento/Holy Eucharist*）的庆祝活动，曾是墨西哥城最重要的节日，并在整个西班牙都具有同等重要的地位。尽管某些类型的圣体礼仪在 13 世纪前就已存在，但基督圣体节首次出现在天主教的礼仪日历中是在教皇乌尔班四世（Urban IV）任职期间的 1264 年。庆祝仪式的传播和扩散始于教皇约翰二十二世（John XXII）任职期间的 1316 年，在 14 世纪的前二十五年间传遍了西班牙的卡斯蒂利亚（Castile）和阿拉贡（Aragon）地区，并于 17 世纪达到了高潮。[7]

　　基督圣体节是在总督区首府举行的规模最大的年度节日，就开销和奢

---

[7] César Oliva, "La práctica escénica en fiestas teatrales previas al barroco: Algunas referencias a nuestras hechas en la región de Murcia," in *Teatro y fiesta en el Barroco* (Barcelona, 1986), 98–114; and V. Lleo Cañal, *Arte y espectáculo: La fiesta del Corpus Christi en Sevilla en los siglos XVI y XVII* (Seville, 1975). 有关西班牙基督圣体节的描述与分析，参见 Frances George Very, *The Spanish Corpus Christi Procession: A Literary and Folkloric Study* (Valencia, 1962). 有关基督圣体节在中世纪欧洲发展的详细研究，参见 Miri Rubin, *Corpus Christi: The Eucharist in Late Medieval Culture* (New York, 1991).

华度而言，仅次于偶尔举办的庆祝新总督上任的典礼或宣誓效忠君主的庆典。直至 1618 年，基督圣体节的开销相当于墨西哥城所有神父可支配收入的 21%。[8] 除了规模和开销外，基督圣体节在参与成员方面也是独一无二的，社会所有成员都会出席和参与这一节日。或许，所有族群都参与这一盛事是最重要的。虽然该节日的宗教意义是庆祝耶稣基督的变体，但同时也是对墨西哥城及其居民的致敬。

基督圣体节成了社会的一面镜子。游行队伍中的位置强化了不同群体和种族的身份标识，体现了殖民社会等级分化的本质。游行队伍的分隔性质促进了身份接受，并再次重申了统治精英设计的社会制度。总而言之，这一节日象征性地强化了现状。同时，作为实体的游行与充斥在游行中的节日气氛将城市中的异类和（通常是）反抗群体容纳其中。这界定也限制了节日的公共空间；在这一空间内，日常担忧和责任得以临时性、象征性地中止，由此进一步强调了节日的特殊性。这个独特的节日空间鼓励人们 [4] 超越族群、社会地位、公会、兄弟会或修会的联系，融入并认同更大的团体，从而激发墨西哥城的公民自豪感。[9]

殖民地官员领悟到基督圣体节的重要性。至 16 世纪末期，市政府取代教会人员发起、组织并赞助了节日庆祝活动，积极鼓励甚至在某些情况下强制要求创新、排场和参与度。这些城市官员以特别的责任感来对待基督圣体节；他们的责任不仅在于提供资源并保持节日的质量，更在于每年的不断改进。即使在经济困难时期，作为重要节日的基督圣体节也能迫使官

[8] 该数字来源于市政府财务审查期间所提供的收入与支出信息。文书记录列出的市政府收入为 16,500 比索，基督圣体节年平均花费为 3,500 比索（Actas, Libro 23, 177）。

[9] 在这一分析中，作者以两位人类学家的著作作为指导：埃德蒙·利奇在《文化与交流》（Culture and Communication，New York, 1989）中对节日作为社会强化者或重组者的讨论以及维克多·特纳在《仪式过程：结构与反结构》（The Ritual Process: Structure and Anti-Structure，Ithaca, 1977；中文版参：黄剑波、柳博赟译，北京：中国人民大学出版社，2006）中对节日在仪式过程中作为社会整合者和符号平衡器的考察。

员采取微妙的财政操纵策略来维持庆祝活动的举行。就政治方面而言，政府利用基督圣体节款待民众，作为他们臣服并接受西班牙统治的奖励。政府履行了一项具有象征意义的社会契约：通过提供并参与一个鼓励种族融合的节日，希望以此获得尊敬和顺从作为回报。[10]

总督与市政官员对待基督圣体节比其他庆祝活动更进了一步。他们加入游行，与其他人一起亲身参与；在圣体所象征的更高道德权威面前，所有人都恭顺而谦卑。不同的团体聚集在一起形成更大的集体，界定社会等级的障碍物被暂时、象征性地削弱了。政府对于基督圣体节的赞助，连同象征性的谦卑，进一步使其统治合法化。值得注意的是，在这一背景下，即便在1692年，叛乱分子焚毁了总督府的第二天，第八日（octava）的基督圣体节游行仍像往常一样举行，总督庄严地伴随其中。[11]

巨人与吉卜赛人

基督圣体节的欢庆仪式似乎早在1526年就开始在总督区首府举行，至1539年，这项活动已成了墨西哥城宗教日历的一个永久特征。[12] 欢庆仪式

[10] 保罗·韦纳在《面包与马戏团：历史社会学与政治多元主义》（Bread and Circuses: Historical Sociology and Political Pluralism, New York, 1990）一书中探究了作为一种社会契约的政府与公共节日之间的关系。

[11] Antonio de Robles, Diario de sucesos notables, 1665-1703, vol. 2, Colección de eseritores mexicanos, ed. Antonio Castro Leal (México, 1946), 2:260. 传统意义上，基督圣体节是一个为期八天的节庆活动；第八日以游行开始，也以游行告终，包括了本文所讨论的各种其他活动。

[12] Actas, Libro 1, 86. 基督圣体节的正式命名出现在1539年墨西哥城举行的教会会议的章程第20章。该章节规定了公会、教区和兄弟会应携带十字架和蜡烛参加游行。引自 José María Marroquí, La ciudad de México (México, 1900-1903), 3:495。

的规模、开销和奢侈度稳步增长并于 17 世纪晚期和 18 世纪初期达到顶峰，当时，八十五个兄弟会组成了长达 1,531 巴拉（varas）（约四分之三英里或 1286 米）的游行队伍，以至于队尾还未完全离开大教堂，队伍的最前端已经回来了。[13]

随着清晨弥撒的结束，游行队伍从大教堂的侧门出发，沿着墨西哥城　　[5]
的临近街道前行，最后穿过大教堂的正门，进入大教堂内部。[14]市民早已清扫了街道，在道路上铺撒沙子和鲜花，为游行做好了准备。当地的印第安人建造了一个巨大的茅草顶棚并将之竖立在街道的中心区域。游行路线上的建筑物表面均装饰有华丽的挂毯和丝绸或天鹅绒织物，其上绘制着各种图像或场景。例如，1697 年，银匠公会使用挂毯装饰街道，挂毯上的图案描绘了征服墨西哥的场景，"就像当时城市中所发生的场景一样栩栩如生，印第安人还穿着那时候的衣服"。[15]

除了上述装饰，一些兄弟会和公会还建造了特殊的祭坛（posa）或圣餐台。为了庆祝 1683 年的基督圣体节，他们共设立了十座祭坛，但遗憾的是，现存的文献没有更多详细的描述。[16]一般来说，祭坛为华丽的银质建造物，装饰有大型的祈祷蜡烛。其上放置着作为背景的镜子，用以颂扬圣体。参与者在通往祭坛的台阶上摆放鲜花。游行队伍在每个祭坛前驻足，

---

[13]　"Gacetas de México," in *Documentos para la historia de México*, 2d series (México, 1954–1955), 4: 130, 205（下文简称 "Gacetas"）. 本研究中，1 巴拉等于 0.84 米。

[14]　有关游行的路线，参见 Manuel Carrera Stampa, *Los gremios mexieanos: La organización gremial en Nueva España 1521–1861* (México, 1954), 103. 基督圣体节到来的八天之前，这座城市的各种宗教团体就开始了一系列特殊的布道活动。有关 1678 年的布道记录，参见 Robles, *Diario de sucesos notables*, 2: 240–241。

[15]　Giovanni Francesco Gemelli Careri, *Viaje a la Nueva España* (México, 1976), 114.

[16]　Robles, *Diario de sucesos notables*, 2:48. 在西班牙，当圣体伴随着赞美诗与祈祷词被置于每个祭坛之上，抬着圣体龛的众人得以稍事休息。参见 Very, *Spanish Corpus*, 13. 毫无疑问，新西班牙的祭坛也为游行者提供了这样的机会。

唱诵特别的宗教赞美诗（*cánticos eclesiásticos*）。[17]

游行队伍还会在圣克拉拉（Santa Clara）修道院的入口处停留，该修道院位于今天的塔古巴（Tacuba）街。当圣体龛（*custodia*，盛放和展示圣体的金质或银质的精致匣子）来到修道院的大门时，修女们开始朝人群丢撒数以千计的浸香碎纸片，向圣体表达敬意。[18]

游行队伍由一些巨人（*gigantes*）、大头人（*cabezudos*）、小恶魔（*diablillos*）以及一只巨嘴龙（*tarasca*）组成的怪异组合带领着行进。巨人是由木头、纸片、金属、毛皮、假发和织布制成的巨大人形物，高达至少8 巴拉（约 5 米）。这些巨人模型的设计显然十分复杂，很多时候，它们由丝绸等上等布料制成并饰有金银镶边。虽然无法获得关于这些巨人的详细描述，但它们在某些年份似乎表达着一个特定的主题；例如，1722 年它们象征着世界的四个部分。令观众惊喜的是，模型里的人赋予了这些巨人灵动的生命。[19]在墨西哥城，非洲人操控着巨人"前行"，有时，市政府会指派专门的花车（*carros*，手推车或装饰车）在游行中搭载这些巨人。[20]

大头人指的是穿着服饰、头戴由木头和纸片制成的大脑袋（*cabezas*）的人。在西班牙，他们通常跟随着巨人，作为游行队伍的一部分，追赶那

---

[17] Guillermo Prieto, *Memorias de mis tiempos* (México, 1969), 222.

[18] Artemio de Valle Arizpe, *Por la vieja Calzada de Tlacopan* (México, 1937), 57–58.

[19] "Gacetas" 4:130; Actas, Libro 16,70; Libro 20,321; Libro 30,169; Libro 31,223; and "Gacetas" 4:
      130. 七个巨人代表着致命的原罪，通常会伴随着欧洲基督圣体节的巨嘴龙（*tarasca*）。在马德里，基督圣体节巨人代表着世界的四个部分——美洲、亚洲、非洲和欧洲。参见 Very, *Spanish Corpus*, 77–78。在墨西哥，现存的文献表明，游行中通常有两个以上的巨人，特别是在 17 世纪晚期和 18 世纪早期，至少有八个巨人伴随着游行队伍。有关欧洲节庆活动中巨人的更多信息，参见 *VV.AA. Les géants processionnels en Europe* (Ath, 1983); M. F. Guesquín, "Cities, Giants and Municipal Power," *Ethnología* 17: 117–128; and José Antonio Gónzalez Alcantud, "Para una interpretación etnológica de la tarasca, gigantes y cabezudos," in *Antiguallas granadinas: Las fiestas del Corpus*, ed. Miguel Garrido Atienza (Granada, 1990), xxix–xlviii。

[20] *Actas*, Libro 12, 282 and Libro 13, 336.

些嘲笑他们的孩子们。[21] 小恶魔指的是穿着恶魔服装的人，有时伴随着游 [6]
行队伍一同前行。例如，在 1636 年，市政府委托克里斯托瓦尔·弗朗西斯
科（Cristobal Francisco）制作了十套恶魔服装和面具。[22]

尽管基督圣体节的焦点是圣体龛中盛放的圣体，但是几乎所有人都会
注意到游行中的巨嘴龙。这条巨龙是用彩绘的木头制成的，且通常被放
置在一辆装饰车上，以便处在游行队伍的最前端。传统意义上，龙象征
着"被圣灵战胜的原罪"，在 17 世纪的西班牙，龙有七个头（代表着七宗
罪）。在新西班牙，令观众们眼花缭乱的巨嘴龙只有一个脑袋，但在 1710
年，安东尼奥·德·罗伯斯（Antonio de Robles）描述了一只长着七个脑袋
的巨嘴龙的模样。[23] 鉴于小贩们在游行前和游行期间售卖纸质的小巨嘴龙
（*tarasquitas*）和小巨人（*gigantitos*）已然成为一种惯例，巨人和巨嘴龙一
定深受大众的喜爱。[24]

伴随着巨嘴龙、巨人、恶魔和大头人一同前行的还有盛装的舞者。墨
西哥城的三个主要民族（美洲原住民、黑白混血和西班牙人）永远会出现
在游行的舞蹈表演之中。偶尔也会有吉卜赛人、土耳其人、恶棍、海盗和
葡萄牙人。特别是在 16 世纪，舞者们在精心装饰的花车上表演，这些花车
会被存放起来，以备来年再次使用。花车和舞蹈表演并不局限于游行的路

---

[21] González Alcantud, "Para una interpretación etnológica," xvi-xvii. 不存在墨西哥拥有类似传统的证据。

[22] *Actas*, Libro 30, 169.

[23] Robles, *Diario de sucesos notables*, 3: 155. 直到 16 世纪的第二季度，龙才出现在西班牙的游行队伍中。巨嘴龙这一名称可能来自于法国塔拉斯孔市（Tarascon）有关龙的传说与庆典。该名称与印第安塔拉斯克人之间似乎没有直接的联系。一些学者认为，征服者为该印第安人群的命名是基于他们对其名字发音的误解。有关西班牙巨嘴龙的简史，参见 J. E. Varey and N. D. Shergold, "La tarasca de Madrid," Clavileño 4, no. 20 (March/April 1953): 18-26; González Alcantud, "Para una interpretaci6n etnológica," xlv; and José María Bernáldez Montalvo, *Las tarascas de Madrid* (Madrid, 1981)。后一项研究的作者提供了作为 17 和 18 世纪在西班牙首都建造三维巨嘴龙的指导的原始图纸的彩色副本。

[24] Juan de Viera, *Compendiosa narración de la ciudad de México* (México, 1952), 95.

线；大教堂内也会举行演出。[25]

跟随在热闹队伍后面的是公会，他们庄重地抬着装饰有鲜花的守护神。1697 年的一位见证人提到，公会在基督圣体节期间展示了 100 尊雕像。[26] 每个公会拥有不同颜色的蜡烛和各自的旗帜，每个成员都身着长袍，一只手拿着一支大蜡烛，另一只手举着一束鲜花和一个纸质风车。[27]

紧接着的是兄弟会和他们的守护神，然后是宗教团体、世俗神职人员、审判长和教区长（每个人都抬着一个大型的十字架）以及"天使像"，或是来自拉特朗圣若望（San Juan de Letran）学院的孩子们，他们用蜡烛照亮了身后的圣体龛。圣体由一名主教看护运送，或被盛放在篷子（palio，饰有金银镶边的奢华丝绸遮篷）之下的一个圣体龛内。待圣体经过总督面前，皇家法院（audiencia）成员、市政官员、大学学生和教师以及所有其他王室官员都纷纷加入了游行。

以圣经故事作为主题的戏剧表演（comedias）是基督圣体节及其庆期第八日的一部分。大型的舞台（tablados）或带有遮阳棚的露天看台是为王室、市政府和教会的知名成员建造的，以便他们更好地观看表演。[28] 普通的民众则席地而坐，无处遮阳。有时候，如 1653 年，雷梅迪奥斯圣母也"参与"了喜剧演出并坐在圣体的旁边。按照惯例，戏剧会在下午时分的大教堂墓地上演。然而在 1660 年，演出的场地被移至面对中央广场的皇家法

[7]

---

[25] *Actas*, Libro 11, 147; and Libro 14, 258. 在 17 世纪的塞维利亚，当游行队伍在街道上蜿蜒行进时，剧团会在花车上表演劝世短剧（autos，简短的宗教戏剧）。一些画描绘了与劝世短剧有关的场景。参见 Very, *Spanish Corpus*, 17–18. 墨西哥城的记录并没有表明 16 世纪的花车与"生动的舞台"相似，但却探讨了舞台的搭建需要一个大型的表演空间，如大教堂的墓地。

[26] Gemelli Careri, *Viaje a la Nueva España*, 114.

[27] Armando de María y Campos, "Las comedias en el Corpus mexicano colonial," *Humanismo* 2, No. 11–12 (May-June 1953): 113. 纸质风车指的是粘在小棍子上的用纸折成的轮子。玛利亚·伊·坎波斯（María y Campos）指出，商贩们向观众售卖由厚纸制成的小阳伞，用于遮挡阳光。

[28] *Actas*, Libro 30, 169.

院门前，这无疑是为了容纳越来越多的观看者。该年，官员们在演出结束后向观众分发糖果，尽管没有证据表明这是一项传统。[29]

民众的娱乐活动并没有随着游行或戏剧结束，而是一直持续到晚上的焰火表演。各种各样的游戏更是为首都增添了浓重的节日气氛，人们购买了特殊的许可证，只为了能够在节日期间提供游戏。[30] 当然，没有神学钟响（*volteo teológico de campanas*）的基督圣体节是不完整的。[31] 墨西哥城许多教堂的钟声被同步敲响。不管钟声是否能够像设计的那样鼓舞大众，但它一定会引起人们的注意。

哈布斯堡王朝统治下的基督圣体节

总督

面对日益多样化的人口，哈布斯堡王朝的官员意识到基督圣体节作为一种鼓励融合机制的社会意义和潜在作用。一些总督虽然没有专门宣传基督圣体节，但却直接协助和强化了圣体圣事的庆祝活动，从而促使它成为总督辖区首府的首要节日。他们采取直接的干预，以提升庆祝活动的奢

---

[29]　Gregorio M. de Guijo, *Diario 1648–1664* (México, 1952–53), 2:135, 217. 在 17 世纪的瓦伦西亚，基督圣体节的协调者向人群分发成吨的糖果已然成为一种习俗。参见 Very, *Spanish Corpus*, 22。

[30]　*Ordenanza* of July 13, 1613, in Eusebio Ventura Beleña, *Recopilación sumaria de todos los autos aeordados de la Real Audiencia y Sala del Crimen de esta Nueva España y providencias de su superior gobierno* (México, 1787), 1: 27.

[31]　Carrera Stampa, *Los gremios mexieanos*, 104.

侈度和公众参与度，试图影响居民并说服他们接受殖民统治。其中两位总督因他们的贡献脱颖而出——萨利纳斯侯爵路易斯·德·贝拉斯科（Luis de Velasco，the Marquis of Salinas）和蒙特雷伯爵加斯帕尔·德·祖尼加·伊·阿塞韦多（Gaspar de Zúñiga y Acevedo，the Count of Monterrey）。

总督贝拉斯科在他的第一个任期间（1590 年至 1595 年）专门增设了（于基督圣体节第八日举行的）戏剧表演和西班牙人舞蹈。在此之前，美洲原住民的舞蹈团构成了音乐和舞蹈表演的主体。就原住民而言，他要求

[8]

附近村庄的印第安人在基督圣体节的每一天弹奏竖琴以及跳舞。所有来自遥远的韦霍钦戈（Huejotzingo）的印第安音乐家都将在这座城市为节日进行表演。向来自城市外部和附近的印第安原住民音乐家支付报酬的做法似乎一直延续到了 17 世纪。例如，在 1608 年的基督圣体节期间，来自马利纳尔科（Malinalco）和阿科尔曼（Acolmán）的印第安人均得到了 500 比索的报酬。此外，贝拉斯科命令所有的公会必须负责游行队伍的创作品（ynvenciones，该术语泛指所有的虚拟事物——怪物、巨人、蒙面者和盛装狂欢者等）。这一法令似乎很难实现，因为早在 1585 年，公会就曾向总督请愿，要求暂缓支付基督圣体节的部分花费。[32]

通过命令市政府将"其他节日的盛况和仪式融入基督圣体节"以及改善戏剧表演、服装和巨人及大头人着装打扮的方式，蒙特雷伯爵进一步扩大了基督圣体节的影响。印第安表演者被要求改进他们的舞蹈，更多的本土音乐家被雇来进行表演。此外，伯爵还增设了小丑格斗（juegos de cañas）以及为期三天的斗牛表演。他解决了市政府官员和剧团导演之间关于成本和戏剧选择的分歧。市政府的记录显示，（当市政府于 1599 年把所有资金都花费在菲利普二世［Philip II］的葬礼上之后）他是第一个专门为基督圣

---

[32]　1600 年，议会成员加斯帕·德·瓦尔德斯（Gaspar de Valdes）列出了贝拉斯科对基督圣体节的贡献（参见 Actas, Libro 14, 102）；Actas, Libro 17, 183；Libro 9, 12–13。

体节捐款的总督，1602 年，他又为基督圣体节向议会提供了借款。[33]

17 世纪早期市政府财政收入下滑期间（据市政账目所示），为数不多的总督愿意将皇室资金借给市政府，这才使得基督圣体节得以生存和发展。蒙特斯克拉劳斯侯爵（the Marquis of Montesclaros，1603—1607 年在任）和瓜达尔卡扎尔侯爵（the Marquis of Guadalcazar，1612—1621 年在任）定期向市政府提供借款以保证节日的质量。维莱纳侯爵（the Marquis of Villena，1640—1642 年在任）和他的前任蒙特雷伯爵一样，积极地参与有关基督圣体节的决议。1641 年，他提议为游行路线以及所有公会建造粗布或亚麻布的篷子（以设立祭坛）。但似乎只有第一个提议被成功地执行了。[34]

总督为了证明基督圣体节的重要性，不仅持续提供财政及道义的支持，还试图改变基督圣体节的特定传统，甚至不惜以制造丑闻作为代价。档案记录表明，有关荣誉和礼仪的问题引起了总督区法院的关注；鉴于游行队伍将整个城市暴露在众多饱含期待的旁观者面前，基督圣体节也难逃争议。靠近圣体圣事的位置作为公认的声望之地，一直是公会和兄弟会争夺的焦点，皇室官员也不能免于这种竞争。 [9]

阿尔巴·德·里斯特伯爵（Count of Alba de Liste，1650—1653 年在任）意识到靠近圣餐礼的位置的重要象征意义，他为了执行自己的指令取消了3 月中旬的游行，由此引发了一场严重的公共骚乱。1651 年，他要求他的侍从在游行队伍中代替教会的官员。按照惯例，教士委员会作为圣体的随从，需要紧随在圣体龛的后方。或许总督希望进一步巩固圣餐与执政当局在公众心目中的关联。公民地位以牺牲神职人员的利益为代价得到了隐喻性加强并通过对于（圣餐所代表的）更高道德权威的靠近被进一步合法化。

---

[33]　*Actas*, Libro 14, 105; Libro 15,53; Libro 14, 102; Libro 13, 192,329; and Libro 15, 53.

[34]　*Actas*, Libro 32, 201–202; 有关总体经济趋势，参见 Louisa S. Hoberman, *Mexico's Merchant Elite, 1590–1660: Silver, State, and Society* (Durham, NC, 1991)。

在随后发生的故事中，总督迈着大步离开了游行队伍，并下令让公会
和兄弟会停留在原地。他还将尚未离开大教堂的圣体龛看管起来。当神职
人员试图违反总督指令以恢复游行时，随即发生的一场小争吵险些使得圣
体龛被打翻，神职人员最终放弃了游行。人群开始变得难以控制。得知大
教堂发生骚乱后，总督下令游行队伍在没有任何神职人员在场的情况下继
续前进。这一改变游行的企图遭到了直接参与游行的教会成员的强烈反对，
他们立即向西班牙皇室提出了一系列抗议。

神职人员递交给国王的请愿书强调了教会关于宗教庆典本质的立场。
他们的论述既关于宗教性质，也关于节日传统。阿尔巴·德·里斯特伯爵
则声称自己代表着新西班牙的最高权威和总督特权。简而言之，考虑到节
日的性质和礼仪的重要性，他认为他的随从理应站在最接近圣餐的位置。
皇室的授权加强了总督的地位，从而凸显了游行中圣体与行政及皇室权威
之间的象征性关系（以牺牲教士委员会的利益作为代价）。[35]

1662 年，巴诺斯伯爵（The Count of Baños）引发了一场同样可耻的骚
乱，尽管结果完全不同。他希望改变游行路线，因为他生病的妻子不愿意
按照惯例离开宫殿观看游行。主教区变得空无一人，因此教会向普埃布拉
的主教提出控诉，这位主教曾颁布过一项法令，要求基督圣体节游行必须
遵循传统路线。总督对这项法令表示反对，游行队伍最终在军队的护送下
[10] 直接经过了宫殿的正前方。神职人员的缺席再一次引起了人们的注意，观
众们也再一次变得躁动不安。毫无疑问，武装军队的出现改变了节日的性
质。在这种情况下，象征性后果对于政府的形象造成了伤害，西班牙的官
员们也意识到，总督的权威不是被加强了，而是被玷污了；国王斥责了总
督并以 12,000 比索的罚金作为他干涉节日的惩罚。[36]

---

[35] AGI, Mexico, 38.

[36] AGI, Mexico, 39.

市政府

虽然一些总督证实了基督圣体节的重大象征意义，但市政府采取的行为则更好地说明了该节日对于行政当局的重要性。毕竟，市政府对（作为社会整合媒介的）基督圣体节的成功或失败负有直接责任。早在1529年，市政官员们就开始积极地推广和规范该节日。[37] 他们在圣体的上方设置篷子，这是他们为防止总督介入而努力维护的一项特权。市政府与总督之间的争论围绕着到底是市政府还是总督有权决定扛起支撑篷子的长杆（varas）的人选。这一争论首次爆发于1533年，市政当局拒绝参加游行，直至国王对此事做出裁决。最终，国王宣布总督有权决定扛起长杆的人选。随着时间的推移，为了容纳更多的官员，篷子的规模不断扩大。其最初只有不到12根长杆，但1675年即增至50根。毫无疑问，负责篷子建造的市政府设法通过扩大其面积以及增设更多的支撑长杆来保住自己的位置。[38]

市政府将公会旗帜、巨人以及花车存放在办公室内。[39]1540年，市政当局正式选出了特别代表负责组织基督圣体节的活动，到了1628年，市政府在年初就推选了这些代表，如此一来他们就有足够的时间完成所有必要的节日筹备工作。[40] 市政府将自己与基督圣体节的关系定义为一种责任感，一种提供娱乐的特殊义务。1617年，市长阿隆索·德·泰罗（Alonso de Tello）在谈及节日时指出，庆祝活动在愉悦公众方面是很重要的。他还补充道，对这些问题的忽视会导致"公众情绪低落"，"使他们的精神陷入绝

---

[37] *Actas*, Libro 1, 208. 市政府在1531年、1533年、1537年、1555年、1557年、1560年、1572年、1573年、1595年和1599年也颁布了法令和条例。

[38] Robles, *Diario de sucesos notables*, 1: 173.

[39] *Actas*, Libro 3, 202.

[40] *Actas*, Libro 3,195; Libro 27, 69.

望".[41] 市政当局认为，为人民提供娱乐是必不可少的，这将让他们对政府
感到满意并有助于保持秩序与稳定。市政府不仅承认节日的社会及政治价
值，而且还与基督圣体节建立了特殊的联系。

[11]

市政议员们将城市的身份与基督圣体节的排场、创新和宏伟联系起来。
1600 年，市政府官员对前一年基督圣体节上的表演及服装的数量和质量提
出了批评。财政部部长胡安·路易斯·里贝拉（Juan Luis Ribera）指出这
座城市没达到预期，他补充说，如此糟糕的庆祝活动出现在一个"像我们
的城市这样高贵的地方"是"不可原谅的"。市议员加斯帕·德·瓦尔迪兹
（Gaspar de Valdez）也认为，总督辖区首府应该成为其他城市的"灵感和
榜样"。[42]

从 16 世纪早期到 17 世纪中期，这座城市对基督圣体节的持续财政支
持进一步表明了它对该节日的日益认同，在某些情况下，这是以牺牲合理
预算作为代价的。尽管不存在关于基督圣体节的早期（16 世纪 20 年代至
60 年代）财务记录，但市政府的文件显示，市政府官员组织了游行，设置
了秩序并通过城市警察来维持秩序。当时，公会显然承担了创作品和花车
的成本。直到 1564 年，戏剧表演成为节日的一部分，市政府由此承担了搭
设看台的责任。市政府记录中并没有关于演员的付款凭证，这表明给演员
付款也是公会成员的责任。然而，市政府确实开创了一项 16 世纪的传统，
即为最好的创作品提供奖赏（joya）。[43]

基督圣体节显然在 16 世纪 80 年代开始迅速发展，市政官员们也承
担起更多关于该节日的责任。市政府和官方组织（oficios）共同分担相关

[41] *Actas*, Libro 21, 245.

[42] *Actas*, Libro 14, 101-102.

[43] *Actas*, Libro 3, 40; Libro 7, 193, 198. 文书记录（*Actas*）显示，1577 年、1579 年和 1580 年分别
颁发了一个特殊的奖项。

的财政支出。市政府为 1585 年的戏剧表演支付了 750 比索。[44] 从 1590 年
到 1600 年，基督圣体节的财政支出达到了 16 世纪的顶峰，平均每年超过
2,000 比索。在此期间，市政府的职责包括清洁和筹备街道、用挂毯装饰房
屋、铺设茅草篷子、搭建舞台和花车、准备游行结束后的晚餐、布置照明
和烟花、安排两个或三个戏剧表演、打造至少四个不同类型的舞蹈（其中
一个必须是吉卜赛人舞蹈［gitanas］）以及制作巨人和其他类似的创作品。
显然，只有祭坛仍然是公会和兄弟会的创造性和财政性贡献。

　　17 世纪的财政困境使得市政府难以提供必要的服务。与此同时，市政
府还要尽力让基督圣体节维持在之前的巅峰水平，因为举办基督圣体节被
认为是对公民的义务。即使是在 1629 年的洪灾之后（当时所有的巨人和创　[12]
作品都被摧毁了），市政府也从来没有取消过这个节日。在这个经济困难、
社会动荡的时期（1611 年、1612 年和 1624 年均发生了示威游行），基督
圣体节作为鼓励融合并象征社会平衡的节日，对市议会来说变得更加重要。
在此期间，市政人员将节日经费增加至 3,500 比索（与 16 世纪的巅峰时期
相比，增加了 1,500 比索），也就是市政府可支配收入的 21%。[45]

　　1600 年至 1643 年期间，市政府曾在十三个不同的场合为基督圣体节筹
借专用的资金。市政府从酒类税收基金（sisa de vino，除非指定用于公共
工程）平均借款 2,580 比索。1605 年，为了举办基督圣体节，市政府再次
提出借款请求，即便其在皇家金库的欠款高达 1,119,631 比索，且正在接受
由迭戈·帕尔多·门多萨（Diego Pardo Mendoza）领导的皇家调查委员会
的调查，后者在审查了 1597 年至 1603 年期间的账目后，正式建议市政府
放弃对于酒类税收基金的权力。十年后，即 1615 年，官员们带着一份法令
要求市政府在十年内将 140,935 比索归还给皇家金库。在 17 世纪，基督圣

---

[44]　*Actas*, Libro 9, 15, 19–20.

[45]　*Actas*, Libro 27, 231; Libro 23, 177.

体节的花费第一次也是唯一一次被削减至微不足道的 614 比索。市政府意识到自己的责任，因此，在总督瓜达尔卡扎尔侯爵向市政府捐赠 2,000 比索后，市政府在第二年偿还了欠款。（即使有了这笔捐款，市政府的支出仍然超出了预算。）市政议员（regidores）为当年基督圣体节的成功举办正式表扬了节日代表们。1621 年，市议会不再如此慷慨。似乎，在一次戏剧表演中，舞台（tablados）坍塌了，市政议员很快指出这是由于资金不足造成的，并于次年分配了更多的资金。1624 年，市政府官员在基督圣体节问题上再次与皇室政府发生冲突：当市政府计划用每年支付给皇家金库的 4,000比索资助基督圣体节时，皇室官员冻结了所有基督圣体节的费用。经过一番讨论且市政府承诺在 12 月支付 4,000 比索后，这笔资金才得以解冻。[46]

当市政府没能为基督圣体节筹集到款项时，他们找到了其他方法以确保庆祝活动拥有足够的资金。1605 年、1608 年和 1609 年，市政府将场地进行转租，1609 年、1610 年和 1611 年，市政府提前一年向店主们征收租金。市政当局还将用于其他项目的资金挪为基督圣体节所用；例如，1610年，他们将用于圣格雷戈里奥（San Gregorio）祭坛的资金用于资助基督圣体节。

[13]　　尽管经济困难，市政府通过采取一些策略，使昂贵的戏剧表演仍然作为基督圣体节的重要元素保留下来。市政府不再雇佣两家公司分别进行表演，而是委托一个剧团表演两场戏剧，从而节省了几百比索的开销。此外，现实迫使剧团降低薪酬（如果他们想要表演），因为他们的业务依赖于获得许可证。1608 年，总督路易斯·德·贝拉斯科命令所有的戏剧演员在基督圣体节期间进行免费表演，尽管市政府确实设法获得了 500 比索，用以支

---

[46]　Actas, Libro 16, 26; Libro 19, 98; Libro 20, 117; Libro 21, 59; Libro 23, 71; Libro 24, 265; Libro 25, 133–134, 138.

付戏服和道具的费用。[47]

通过借款和其他预算措施，市政府将 17 世纪的基督圣体节维持在与 16 世纪晚期相当的奢华水准。每当议员们发现节日的质量下降，他们就会试图纠正它，就像他们在 1603 年、1605 年、1616 年、1623 年以及 1638 年所做的那样。从 16 世纪到 17 世纪，这个节日的基本元素并未发生改变。议员们在审查 1618 年账目时列出了他们认为最重要的基督圣体节元素——戏剧表演、舞蹈、烟火、巨人及其他创作品、蜡烛以及拉特朗圣若望修道院孩子们的支持。另外还有将近 1,000 比索是用来购买其他物品的，其中无疑包括挂毯、鲜花、舞台和游行后的晚餐。两个世纪唯一的不同之处在于花车。市议会关于花车的最后一项记录是在 1601 年。[48] 自那以后，关于市政府预算的讨论中再也没有提及它们。或许曾经引领游行队伍的由巨人、舞者和大头人组成的群体现在步行走完了整条游行路线。又或许（尽管不太可能）公会又恢复了建造花车的传统。在经济困难的时期，对于建造祭坛和精心装饰的花车等传统的维系将是一项艰巨的任务。鉴于 17 世纪的节日描述并未提及它们，花车的缺失可能意味着市政府对资金紧迫性的默认，从而使花车成为 16 世纪基督圣体节庆典的一个独有元素。

尽管如此，在关键的 17 世纪前半叶，对于基督圣体节的投入及其重要性仍然是显而易见的。除了偶尔举行的新总督上任或宣誓效忠的仪式，其他节日从未得到过如此的重视，也从未在城市收入中占有如此巨大的比例。市政府对基督圣体节重要性的内在理解通过对其他年度节日、圣伊波利托节庆祝活动和皇家升旗仪式（*alza del pendón*）的简要叙述得到了进一步阐明。早在 1587 年，被推选成为节日主办者和旗手的市政议员就试图以先前的个人和官方承诺或健康状况不佳为由为自己开脱。1624 年，一位去西班 [14]

---

[47]　*Actas*, Libro 16, 63; Libro 17, 139, 180, 190, 338–339, 485, 501; Libro 14, 256.

[48]　*Actas*, Libro 23, 177; Libro 14, 258

牙旅行的议员侥幸逃过一劫，他的同僚派了一队骑士和独木舟以拦截他乘坐的游船。在某些情况下，为圣伊波利托节留出的钱被花在了基督圣体节上，就像 1621 年圣伊波利托节一百周年时的情况一样。市政官员们甚至建议每隔一年举办一次；早在 1591 年，在基督圣体节的鼎盛时期（花费高达6,656 比索），市政府在升旗仪式上只花了 286 比索。[49]

17 世纪中叶，经济情况和市政府预算都有所改善。到了 17 世纪末和18 世纪初，基督圣体节的庆祝活动达到了另一个高峰。市政议员制造了一个比上个世纪更为精致的庆典。基督圣体节庆祝活动自 1660 年起势头猛涨，当时阿尔伯克基公爵（Duke of Albuquerque）为墨西哥城节日的奢华感到震惊，他下令进行的一项研究显示，当年用于庆典的蜡烛就已花费了80,000 比索。[50] 同年，三种不同的戏剧表演（可能需要多支付一个剧团的费用）构成了节日的一部分，与往年仅有两种表演相比，这是一个显著的变化。[51]1683 年，安东尼奥·德·罗伯斯（Antonio de Robles）发现该年的节日庆典比以往更加隆重，包括作为最精彩部分的十个祭坛（考虑到成本问题，这是一个惊人的数字）。1701 年，他提到一只拥有七个头的巨嘴龙以及游行队伍中更为壮观的巨人模型，所有这些的开销都比该世纪上半叶的花费高得多。[52] 世纪末的基督圣体节包括一个由八个巨人、蒙面者和盛装打扮的人物和怪物（或许指的是巨嘴龙）组成的活跃群体，所有这些都反映了市政官员的巨大开销。[53]

在 18 世纪前三分之一的时间里，参与庆典的人群均来自富人阶层。

---

[49] *Actas*, Libro 13, 217–218; Libro 25, 129; Libro 23, 72; Libro 10, 122, 127; Libro 13, 11.

[50] Ventancurt, *Teatro mexieano*, 2: 193.

[51] Guijo, *Diario*, 2: 135.

[52] Robles, *Diario de sueeos notables*, 2:48, 3: 155. 有关 1638 年的巨嘴龙和巨人，参见 *Actas*, Libro 31, 226。

[53] Gemelli Careri, *Viaje a la Nueva España*, 114–116.

1728 年的庆典是一场大型的庆祝活动，包括 85 个兄弟会和一个长达 1,531 巴拉（约 1,286 米，四分之三英里）的游行篷子。同年，洛伦佐·奥索里奥（Lorenzo Osorio）先生每天花费 20,000 比索请人做弥撒。次年，圣堂（sagrario）的四位牧师捐赠了一个华丽的火炉，该火炉在节日期间于大教堂揭幕，共花费了 2,500 比索。1730 年，两盏价值 1,500 比索的水晶银灯首次亮相。[54] 我们尚不清楚这些关于奉献的个人表现是否意味着大型的节庆活动正在变得虚有其表。

印第安人的参与 [15]

自教会及市政官员来到墨西哥城之日起，他们就试图将印第安人融入基督圣体节的庆祝活动。例如，1564 年，教会的两名代表拜访了市政官员并专门就基督圣体节进行了讨论。在此次会面中，他们指出以最为隆重的方式庆祝基督圣体节的必要性，并强调西班牙人和印第安人公会都需要带着"他们的旗帜、徽章以及真诚、（针对游行的）美好的创作品参加游行，因为这是一种惯例"。他们所担忧的是印第安人无法理解参与游行以及游行相关创作品的重要性。于是，他们决定在基督圣体节活动举行的八天前对所有作品进行审查，因为让印第安人理解这些创作品的重要性是非常关键的。[55]

当局虽然担心对符号造成误读，但仍然继续鼓励印第安人参与基督圣体节活动。例如，16 世纪发布的命令要求官方组织必须参与节日庆典，尤

---

[54] "Gacetas" 4:205, 409; 5:79–80.

[55] *Actas*, Libro 7, 189–190.

其是印第安人公会。为了进一步鼓励他们参与，原住民兄弟会显然在蜡烛的价格上获得了折扣并被敦促制作自己的创作品。[56] 考虑到这一点，市政府在 1564 年设立了第一个基督圣体节奖（Corpus prize），因为市政府相信原住民会将获奖的西班牙参赛品视为榜样。[57]

在总督指令的鼓励下，印第安人成为音乐及舞蹈的主要表演者。贝拉斯科总督和蒙特雷总督有意识地加强印第安原住民对于节日的融入感，或许也间接地促使他们融入西班牙的社会体系。1607 年，周边的印第安社区仍然在为基督圣体节提供表演。虽然在 1608 年，市政官员以 500 比索的价格雇用了来自马利纳尔科和阿科尔曼的表演者，但其后所有基督圣体节几乎都有印第安人的舞蹈（除了 1612 年和 1692 年暴乱期间）。[58]

印第安人还需要推动摆放着圣体龛的板车（ingenio）。神职人员对此并不总是表示赞成，他们在 1591 年抱怨称，他们必须购买更大的板车，因为"大量肮脏却热切的印第安人"期盼着参与这项他们认为非常崇高的任务。[59] 据教士委员会报道，上述情况耽误了游行，有几次差点导致圣体龛翻倒在地。尽管存在抱怨，他们还是选择将板车变得更大、更安全，而不是试图限制印第安人的参与和热情。

[16]　　虽然印第安人兄弟会（通常是城市中最穷的公会）无法与银匠公会设立的知名祭坛相媲美，但印第安人筹备游行的方式包括清扫街道、用沙子和鲜花铺设道路，为祭坛运送材料并在游行路线上悬挂装饰物。然而，他们对节日最重要的"贡献"在于建造和安装茅草篷子。每个印第安人社区负责篷子的一个部分，然后每个部分被相继悬挂，最终形成一系列的拱门。[60]

[56]　1550 年的《法令》（Ordenanza），引自 Carrera Stampa, Los gremios mexicanos, 233。

[57]　Actas, Libro 7,193.

[58]　Actas, Libro 17,4, 183.

[59]　Actas, Libro 9, 56.

[60]　María y Campos, "Las comedias," 113.

据马里亚诺·奎瓦斯（Mariano Cuevas）报告，他们采用了鲜花和香药草并在茅草中放置了五颜六色的鸣禽。[61]

就像霍奇米尔科（Xochimilco）印第安人的事例所证明的那样，印第安原住民对于这个节日乃至筹备这个节日所付出的无偿劳动的感情，似乎都是积极的。1654 年，他们完成了一项艰巨的任务，（为了基督圣体节的庆祝活动）将一座新钟搬进了大教堂。作为回报，他们得到了"一件银线布的装饰品、一件斗篷和牧师的长袍与披肩"，用于在游行队伍中穿戴。[62]毫无疑问，这些华丽的服装是威望的象征，其他参加游行的人都会认为这是一种荣誉。这进一步促进了有利于稳定的整合功能的实现。

如果不翻阅印第安人兄弟会和教区的记录，就很难准确地描绘出印第安人参与基督圣体节的情况，从而证明基督圣体节在多大程度上起到了社会整合的作用。尽管如此，印第安人对基督圣体节的参与似乎是广泛的，就像他们对节日的自愿奉献一样。他们的参与度是如此之高，以至于 18 世纪波旁王朝的官员认为节日太受欢迎，并着手消除了许多本土元素。

公会的参与

从墨西哥城最初的庆祝活动开始，公会就意识到节日的重要性。在 16 世纪，关于庆祝活动的第一个通知是由市政府发布的有关骚乱和游行队伍位置的一致命令。从 1526 年到 1592 年，市政当局主要关注的是游行路线内的秩序。公会觊觎一个靠近圣体龛的享有声望的位置，毫无疑问，每个人都觉得自己比其他人更有资格占据那个受人尊敬的位置。争论

---

[61]　Mariano Cuevas, *Historia de la Iglesia en México* (México, 1976), 3:514-515.

[62]　Guijo, *Diario* 1:253.

[17] 在 1533 年变得十分激烈，以至于市政警察受命维持游行的秩序。对扰乱
社会秩序的行为处以罚款或十天监禁的法律也很快颁布。[63] 银匠公会在针
对游行队伍中位置的竞争中表现得尤为精明；1537 年，他们宣布圣伊波利
托成为他们的守护神，确保了自己处于最靠近圣体龛的位置。[64] 尽管存在
关于位置的争论，每当城市出现一个新的官方组织时，公会对于基督圣体
节的参与度就会增加。1533 年，游行队伍的名单包括数量不详的美洲原住
民、巨人和其他扮演者以及八个西班牙公会。[65] 到了 1572 年，公会增加至
四十三个。[66]

那些似乎可以定义 16 世纪基督圣体节的争论并没有延续至下个世纪。
尽管如此，公会之间的竞争仍然很激烈，关于最佳节庆活动的竞争也在不
断发酵着。公会试图通过华丽的游行来赢得公众的喜爱，他们向观众投掷
印有公会徽章的小硬币并将斗牛作为庆祝活动的一部分。公众的欢呼增加
了他们的声望，甚至可能刺激公众的捐款行为。[67] 这样的竞争，虽然不再
是关于圣体游行中的位置，但很可能已经转移到祭坛的装饰上。至少某次
一个公会曾试图改变基督圣体节的某项传统，甚至可能是以牺牲其他公会
利益作为代价。1679 年的蜡烛制造者决定在圣坛上诵读颂词（loa），这使
得游行队伍比平时逗留的时间来得更长；随后，大主教下令逮捕这位不幸
的诗人。[68]

公会对基督圣体节的特殊贡献之一是对于布道的赞助，前提是要求赞

---

[63] *Actas*, Libro 3, 40.

[64] *Actas*, Libro 3, 84.

[65] *Actas*, Libro 3, 40.

[66] *Ordenanzas de gremios de la Nueva España. Compendio de los tres tomos de la compilación nueva
      de ordenanzas de la muy noble, insigne y muy leal e imperial ciudad de México. Hizólo el Lic. D. Fco.
      del Barrio Lorenzot* (México, 1920), 264–265.

[67] Carrera Stampa, *Los gremios mexicanos*, 98.

[68] Marroquí, *La ciudad de México*, 3:506.

颂者提及赞助的公会。传统上，水果商（fruteros）会赞助基督圣体节的布道，因此，演讲会尽可能多地提及水果。这使得布道变成了一个复杂的语言游戏。在同一个句子中，一个单词的结尾可能与下一个单词的开头连接起来，形成一个水果的名称。公众意识到这种游戏的内在挑战，试图找到尽可能多的"水果"。比如，一篇布道词的最后一句"Consérvanos en tu gracia y plántanos en tu reino"，其字面意思是"在您的恩典中庇佑我们，在你的领地中栽培我们"，但 plátanos 也代表着一串香蕉。[69]

与巨人和吉卜赛人告别

　　哈布斯堡王朝时期，以总督区首都生活为特征的节日的激增以及世俗和神圣的混合（在很多情况下）并没有得到所有精英的赞赏。官方对于宗教和民间节日的强调也遭到了批评。在基督圣体节方面，早在 1544 年，主教胡安·德·祖玛拉加（Juan de Zumárraga）就曾下令禁止已然成为传统的舞蹈和创作品。此外，他还下令印刷迪奥尼西奥·里克尔（Dionisio Rickel）的一部作品，其中包括一篇关于正当游行行为的论述。[70] 直至主教去世后，市政府才恢复了舞蹈、戏剧和创作品。[71] 不是所有处理基督圣体节事宜的神职人员都有这样的决心。奥古斯丁·达维拉·帕迪拉（Agustín Dávila Padilla）在描述自己的同事——多米尼加人冈萨雷斯·卢泽罗

[18]

---

[69]　Cuevas, 3:505.

[70]　María y Campos, "Las Comedias," 111.

[71]　Marroquí, *La ciudad de México*, 3:498.

（González Luzero）的生平时曾指出，他改变了游行的方式，从而避免了印第安原住民将自己的注意力从神圣的圣餐上转移。卢泽罗并没有禁止庆祝活动中出现亵渎神灵的元素，而是批准在游行之前或之后进行舞蹈和创作品的展示。[72]

17世纪，西班牙国王开始担心总督的道德败坏问题。最令人震惊的四种现象包括：（1）精英阶层的性乱交（特别是唐璜［ *don juanismo* ］文化，修女被认为是至高无上的征服对象）；（2）神职人员对独身誓言的漠视（在忏悔中也被称为恳求）；（3）政府的欺诈与腐败；（4）等级制度下的社会阶层不断模糊。[73] 王室的关注并没有被转化为节日改革的任何具体政策。这座城市的生活仍然与公共庆祝活动有着错综复杂的联系，无论是神圣的、世俗的，还是两者兼而有之。

18世纪标志着对节日在总督区社会中作用的官方解释的一个转折点。新世纪给新西班牙带来了许多变化，其中最重要的是一位波旁王朝的君主登上了西班牙的王位。为了使海外帝国的效率和利益最大化，波旁王朝的官僚机构进行了一系列的行政、军事、经济和社会改革。在社会改革方面，这些官员们试图通过教育和启蒙向民众灌输他们认知中的现代行为。

波旁王朝的现代性概念包括对其认为粗俗、不得体、不恰当和颓废的某些过度行为的正面攻击。作为神圣与世俗的独特结合的节日庆典正中波旁王朝的下怀。根据新哲学，节日是一件庄严的事情，应该成为礼仪和崇敬的典范，以有序且充满敬意的方式举行。希波利托·比利亚罗尔（Hipólito Villarroel）列举了好政府与节日有关的要素，并评论说："第一个

---

[72]   Agustín Dávila Padilla, *Historia de lafundación y discurso de la provincia de Santiago de México de la Orden de Predicadores* (México, 1955), 246.

[73]   Juan Pedro Viqueira Albán, *¿Relajados o reprimidos? Diversiones públicas y vida social en la ciudad de México durante el Siglo de las Luces* (México, 1987), 31.

目标应该是对于印第安人进行监督，使他们变得理性、文明……无论他们通过工作赚取了多少钱，他们都会把这些钱花在节日的庆祝活动上，包括为了庆祝而举行的各种大型宴会和酒醉狂欢，这个节日应该被称为酒神节，而不是文明的宗教［庆典］。"[74] 他对于基督圣体节的看法揭示了新精英阶层关于这种庆祝方式的态度："没有什么比以兄弟会的名义允许和容忍一群醉醺醺、悲惨、赤身裸体的印第安人穿着戏服［参与庆祝活动］更侮辱和玷污这些活动的了。"[75]

关于 1692 年骚乱的记忆再次增强了波旁王朝推行新社会道德的愿望。众多印第安人和混血人种对总督官邸的袭击和纵火行为对精英阶层产生了巨大的影响。无论他们以前对这样一个异质化群体的政治动荡抱有什么样的恐惧，如今都被证实了。从那件事起，精英与统治当局将人民（pueblo）的所有大众传统均视为孕育颠覆萌芽的习俗，必须予以消除。[76]

节日，尤其是基督圣体节，将许多村民从几英里外的地方吸引至首都。这么多的人、这么多的祭酒以及这么多放肆的行为，造成了太不稳定的氛围，从而增加了失序和反抗的可能性。曾经有利于巩固现状的节日空间现在被认为有可能重建社会等级制度，尽管是暂时性的。或许在某些方面，波旁王室的观点是有根据的。在 16 世纪，人们已经认识到颠覆和基督圣体节之间的潜在联系。按照惯例，观众和参与者都要穿着戏服或至少戴着面具才能参加游行。从 1529 年到 1556 年，市政府多次禁止戴面具参加庆祝活动。此外，所有西班牙男性公民都被命令参加游行，而任何在阳台或街角观看游行的人都被逮捕。当时，政府官员担心西班牙殖民地居民会反抗

[19]

---

[74] Hipólito de Villarroel, *Enfermedades políticas que padece la capital de esta Nueva España en casi todos los cuerpos de que se compone y remedios que se la deben aplicar para su curación si se quiere que sea util al rey y al público* (México, 1979), 505-506.

[75] 同上，188-189。

[76] Viqueira Albán, *¿Relajados o reprimidos?*, 31-32.

皇室权威。实际上也确实发生过一次起义。1692 年，因粮食短缺和囤积粮食的报道引起的骚乱在基督圣体节的庆祝活动期间爆发。然而，骚乱者最终却因为对于圣体圣事的虔诚之心而选择放弃起义。[77] 显然，两名圣方济各会修士带着圣体来到愤怒的人群之中，以圣体圣事的名义恳求印第安原住民和混血群体将总督府邸的大火扑灭并打道回府。1701 年，对于骚乱的恐惧再次弥漫在游行队伍之中。[78] 波旁王朝的官员们并不认为节日庆典是维持秩序的一种象征性手段，而是一种可能破坏稳定的催化剂。他们总结道，节日需要改革，以加强精英阶层对这些具有潜在不稳定性的节日场所的控制。

[20]　　　剧院、游戏、斗牛、舞蹈、酒馆社交等各种大众娱乐活动都是波旁王朝社会改革运动的目标。这种长期存在的传统很难被根除，鉴于它们已经成为社会结构和集体记忆的一部分。尽管如此，随着时间的推移，波旁王朝的官员禁止了印第安人狂欢节等节日。他们还从根本上改变了其他节日，比如万圣节、瓜达卢佩圣母节、复活节以及原住民和混血人种社区的守护神纪念活动。基督圣体节也没能幸免。[79]

　　对基督圣体节造成影响的波旁王朝改革始于监管，终于禁令。这项工作从舞蹈入手，因为举行舞蹈表演需要获得市政府和教会当局的授权与批准。在这种新的体制下，官员们规定了表演的内容和质量，禁止任何可能

---

[77]　*Actas*, Libro 3, 172; Libro 6, 232.

[78]　Robles, *Diario de sucesos notables*, 3: 154-155. 节庆活动有时可能会对教会或民间组织者产生反作用，这一点在下述研究中得到了充分的证明：Emmanuel Le Roy Ladurie, *Carnival in Romans* (New York, 1979; 中译版参：《罗芒狂欢节》，许明龙译，北京：商务印书馆，2015) 和 Natalie Zemon Davis, "The Rites of Violence: Religious Riots in Sixteenth-century France," *PP* 59: 51-91。另参见 Peter Burke, *Popular Culture in Early Modern Europe* (New York, 1978; 中译版参：《欧洲近代早期的大众文化》，杨豫、王海良译，上海：上海人民出版社，2005); Michael Mullet, *Popular Culture and Popular Protest in Late Medieval and Early Modern Europe* (New York, 1987); Robles, *Diario de sucesos notables*, 2:250-258。

[79]　Viqueira Albán, *¿Relajados o reprimidos?*, 152-160.

被贴上"不得体"（indecorso）标签的表演，到了 1744 年，市政府已经不再
与舞者签约。规定还禁止游行路线上出现任何食品摊和摊贩，严格禁止节
日期间饮酒以及衣着寒酸的人参加庆祝活动。[80] 最显著的变化是，根据何
塞・德・加尔维斯（José de Galvez）的指示，1777 年针对基督圣体节的市
政开支被限制在 223 比索之内，也就是 1618 年基督圣体节预算的 6%，这
可能这项庆祝活动有史以来预算最低的一次。[81] 关于基督圣体节的最后一
次改革发生在 1790 年，当时雷维亚希赫多伯爵（Count of Revillagigedo）
颁布了一项法令，永久地禁止了巨嘴龙、巨人和大头人。[82]

　　墨西哥城最后一次全市范围内的游行发生在 1866 年。[83] 在 19 世纪，
孩子们仍可以在游行时挥舞着小巨嘴龙。而在该世纪余下的时间里，虽然
大教堂为圣体圣事举行的宗教庆典仍然在继续，大型游行和其他户外活动
（比如戏剧表演）却完全消失了。1920 年革命之后，基督圣体节庆祝活动
恢复了一些昔日殖民时期的风格。如今的基督圣体节上，民间的印第安人
舞蹈表演又成为节日的一部分，摊贩们也可以向兴奋的孩子们出售动物的
微型纸模型了。

　　在哈布斯堡王朝的统治时期，基督圣体节发挥了多种功能，包括促进
融合、散播公民自豪感的种子、增加大众福利以及为合法性提供一种象征
性手段。社会的各个阶层都参与了这个节日的庆祝活动，特别是对公会和
兄弟会来说，它代表了一个重要的年度仪式，重要到足以引发竞争和争议。
尽管如此，基督圣体节将这座城市作为一个由复杂宗教信仰连接起来的单

---

[80]　Viqueira Albán, *¿Relajados o reprimidos?*, 152–160.

[81]　Francisco Sedano, *Noticias de México: Crónicas de los siglos XVI al XVIII* (México, 1974), 1:96.

[82]　José Gómez, *Diario curioso de México*, vol. 3 of *Documentos para la historia de México* (México, 1854–55), 341; Luis González Obregón, *México viejo* (México, 1966), 438. 波旁王朝对于西班牙基督圣体节的整治早在十年前的 1780 年就开始生效了。参见 Very, *Spanish Corpus*, 107.

[83]　Antonio García Cubas, *El libro de mis recuerdos* (México, 1904), 370.

一实体呈现在大众面前。虽然部分参与者在社会经济层面属于较高的阶层，
但他们共同沉浸在节日的氛围、圣餐的神性临在以及带领游行队伍前行的
怪物及舞蹈演员的生动表演之中。随着后者的消失，基督圣体节仍然是社
会的一面镜子，但或许它最终成为一种向万王之王致敬的庄严沉思，正如
主教祖玛拉加最初计划的那样。

[21]

基督圣体节成了哈布斯堡王朝更为庞大的官方政策的一部分，这项政
策不仅试图通过武力，还试图通过劝服、娱乐活动和操纵象征符号来维持
秩序。官员们积极推进节日的庆祝活动，试图增加印第安人对于活动的参
与及欣赏。作为对于政府如此重要的一个象征，基督圣体节的举办是以牺
牲其他节日、其他义务甚至是合理的预算作为代价的，当局内部就与节日
有关的地位和特权产生了诸多争议。人们对节日重要性的判断在这样一个
事实中清楚地反映出来：即在17世纪，基督圣体节的舞蹈表演和创作品只
被取消过两次——分别是在1612年和1692年，其时这座城市发生了最大
规模的民众起义。游行队伍自此再也不具有这些取悦群众的特色，因为毫
无疑问，官员们对进一步刺激或煽动群众抱持着怀疑的态度。消除这些世
俗的元素似乎是对破坏象征性社会契约的一种惩罚。但在这两回取消庆典
的次年，大众传统又都再次定义了基督圣体节。然而，波旁王朝的官员们
并不像哈布斯堡王朝那样热衷于迎合大众以维持有效的统治，他们开始了
一系列改革以永久地改变这个节日。新西班牙关于基督圣体节的庆祝活动
从根本上发生了改变，却仍然是城市本身的象征，它虽然从人们的视野中
逐渐消失了，但在此之前，它却暗示着波旁王朝的视野中即将出现一个明
显的墨西哥特征。

一些历史学家对欧洲基督圣体节游行是社会的一面镜子这一论断表示
质疑，并声称大部分人没有也无法参与游行；他们指出游行队伍通常是公
会和神职人员的大本营。在这种情况下，基督圣体节并没有呈现出社会的

样貌，而是将社会的差异和不平等暴露在了强光之下。[84] 考虑到这些研究，
墨西哥城的基督圣体节是独一无二的，因为印第安原住民的公会和教区确
实参与了游行并为节日庆典提供了装饰。虽然相当一部分墨西哥城市民实
际上没有加入游行的队伍，但大量异质化观众都见证了印第安原住民和混
血人种参与了节庆活动。此外，印第安人对于墨西哥城基督圣体节的参与
是如此广泛，以至于一些精英和波旁王朝的官员认为这个节日太过大众化、   [22]
世俗化。欧洲基督圣体节与新西班牙基督圣体节之间的差异不可避免地要
追溯至节庆活动的社会背景差异。

---

[84] 参见，例如，罗伯特·达恩顿（Robert Darnton）在《屠猫狂欢：法国文化史钩沉》（*The Great Cat Massacre and Other Episodes in French Cultural History*，New York, 1985；中文版参：吕健忠译，北京：商务印书馆，2018）一书中对 1768 年蒙彼利埃（Montpellier）游行的讨论，第121—122 页；以及鲁宾（Rubin）关于基督圣体节游行的符号作用的广泛讨论，参见 Rubin, *Corpus Christi,* 265-269。

02 18世纪新西班牙街头的靡靡歌舞 *

塞尔吉奥·里维拉·阿亚拉（Sergio Rivera Ayala）

锡拉丘兹大学（Syracuse University）

 塞尔吉奥·里维拉对于殖民时期的音乐及舞蹈有着非同寻常的
兴趣，进而考察了这些音乐及舞蹈在征服与感化中的作用——回顾巴
托洛梅·德拉斯·卡萨斯神父（Padre Bartolomé de Las Casas）借助
教堂音乐感化未被征服的维拉帕斯（Vera Paz）人民的使命，以及传
教士在传教过程中对于教堂音乐的使用。他对街头歌曲以及其中口
头和身体动作的伴奏方式进行了研究。文章还验证了尤里·洛特曼
（Yuri Lotman）在《心智的宇宙：文化的符号学理论》（*Universe of the
Mind: A Semiotic Theory of Culture*）中提出的假设，探讨了洛特曼所
说的"符号圈"的边界。除了针对该理论的反思，里维拉将这些（对
公众秩序有所冒犯的）歌曲和舞蹈与私人场合的侮辱行为进行了社会
维度的类比。**此外，他还讨论了一些将面包师与有伤风化的歌词和舞
步联系在一起的歌曲，并将其视为一种延续至今的民俗文化：面包师

---

* 我要感谢我的父母弗朗西斯科（Francisco）和阿玛利亚（Amalia）以及我的家人，还要感谢马里奥·胡里奥·德尔·坎波（Mario Julio del Campo）教授的友谊及帮助，以及佩德罗·库珀曼（Pedro Cuperman）教授和丹尼尔-德斯塔（Daniel Testa）教授给予我的鼓励。最后，我还要感谢我的妻子索妮娅·利普塞特·里维拉（Sonya Lipsett-Rivera），她不仅协助我翻译了这篇文章，还在过去六年间给予我最有力的支持。

** 参见 Cheryl English Martin, "Popular Speech and Social Order in Northern Mexico, 1650–1830," *CSSH* 32, no. 2 (April 1990): 305–324。

（*panaderos*）依然留有一些言语粗鄙的名声。*** 作者在墨西哥国立自治

大学（Universidad Nacional Autónoma de México）获得本科学位后开始

了该研究，现成为其在锡拉丘兹大学（Syracuse University）毕业论文

的一部分。

[28]   "怎么可能！这个世界是如此的进步，以至于我对异教徒的存在并不

感到意外，令我感到意外的是他们的数量竟然如此之少。"[1] 何塞·安东尼

奥·罗哈斯（José Antonio Rojas），作为一个对启蒙思想充满激情的墨西哥

知识分子，在他对于新西班牙社会所提出的尖锐批评中讽刺地感叹道。罗

哈斯对于异教兴起的嘲讽揭示了他浸润在一个变革的时代，现代性思想越

发凌驾于天主教教义之上。他和其他像他一样的人对来自殖民世界之外的

意识形态表示欢迎。这一外来哲学思想的影响改变了他们对文化发展的看

法，也产生了更多的语义分异。

在这种社会和语义框架下，讽刺诗在新西班牙的社会生活中拥有了广

泛的政治与宗教意涵，并在当时的传统与现代文学类型中有所彰显：

Parada en las cuatro esquinas,   站在四个角落，

puesto a dos mil contigencias,   等待着任何一个机会，

para ofender a mi Dios,   我将尽我所能，

*** 面包师的坏名声仍然流传于美国的奇卡诺人（Chicano）社区。参见 Alicia Maria González,
    "Guess How Doughnuts are Made," in *And Other Neighborly Names": Social Process and Cultural
    Image in Texas Folklore*, ed. Richard Bauman and Roger D. Abrahams (Austin, 1981), 104–122。

[1] AGN, *Inquisición*, vol. 1357, fol. 159r.

ando asiendo diligencias.　　　　冒犯我的上帝。[2]

　　这种知识趋势不能等同于无神论；相反，它们代表着殖民社会内部正在发生的转变，通过个人自由的影响实现以文明秩序取代神圣和谐的转变。这些趋势渗透至殖民社会的各个阶层，并在不同程度上受到一部分人的忽视以及另一部分人的影响。

　　18世纪的墨西哥社会正在经历着一场蜕变。人们开始通过他们的价值观棱镜、采用自身而非西班牙的观点来审视他们的生活；他们开始创造一种新的世界模式。伴随着一种与大都市截然不同的新生文化意识的出现，他们对自己的文化产生了一种自觉——一种原生民族主义。[3] 例如，胡安·何塞·埃吉亚拉·埃古伦（Juan José Eguiara y Eguren）博士列举了自前哥伦布时代以来新西班牙杰出的独创性范例。他指出，针对一位西班牙神学家将墨西哥描述为"知识沙漠"的攻击，这个墨西哥图书馆（*Bibliotheca mexicana*）给予了充分的回应。他的声音试图穿透殖民威权主义的盔甲，埃吉亚拉·埃古伦以浪漫的情怀描述了墨西哥人，尤其是印第安人的才华和创造力。他不仅是为自己发声，也是为那些想要"为我们的祖国与人民所遭受的如此巨大而残酷的伤害而辩护"的民众发声。[4]

　　在波旁王朝时期，新西班牙成为西班牙帝国最富有的殖民地。对社会的上层阶级来说，这些财富带来了乐观主义，一种充满希望的气氛。[5] 18世 　　[29]

---

[2]　AGN, *Inquisición*, vol. 725, fol. 97r. 本文尊该时期的拼写规范，但是添补了现代标点和重音符号。

[3]　Dorothy Tanck de Estrada, "Tensión en la Torre de Marfil. La educación en la segunda mitad del siglo XVIII mexicano," in *Ensayos sobre historia de la educación en* México, ed. Iosefina Zoraida Vásquez et al. (México, 2d ed., 1985), 29.

[4]　Luis González, "El optimismo nacionalista como factor de la independencia de México," in *Estudios de Historiografía América* (México, 1948), 155-212.

[5]　Enrique Florescano, *Estructuras y problemas agrarios de México, 1500-1821* (México, 1971), 35-47. 弗洛雷斯卡诺（Florescano）指出，尽管经济萧条是18世纪西班牙的常态，但是新西班牙却经历了一段时期的繁荣；总督辖区内的采矿业、农业乃至商业都得到了惊人的发展。

纪成为"希望的世纪",华金·博拉尼奥斯修士(Fray Joaquín Bolaños)在《死亡的奇妙生命》(*La Portentosa Vida de la Muerte*)一书中如是描述道:"这是厨子的、静物的、闲散的、富足的与美味浓汤的世纪。"[6] 此外,这个世纪充斥着肉欲、世俗的快乐、欢愉以及"持续不断地溢出那个将[他们]套牢的狭义家庭框架"的性接触。[7] 华金修士深受这种气氛的感染,但他也知道触犯原罪的后果,他抱怨自己无法享受感官的快乐:"后人痛苦地抱怨与哀叹他们共同的父亲(亚当)偷食了苹果,他甚至没有为我们留存种子:好吧,我们没有尝过苹果却成为替罪羊。"[8]

尽管 18 世纪是如此的繁荣,但在 600 万人口中,只有很小一部分(大约 5 万人)享有这种富裕。经济环境的差异揭示了最浮夸的财富与毁灭性痛苦的并存。启蒙思想的传播,以及中产阶级(尤其是克里奥尔人[criollos])日益增长的民族主义,推动了处于萌芽状态的独立思想的传播。

能够接触到文学文化的社会阶层可以将他们的思想写成文字,与朋友们讨论卢梭,表达对国王神圣权力的质疑以及鼓励独立与反殖民主义的思想。在文人的沙龙世界之外,殖民地社会的其他成员则采用不同的方式来表达他们的态度和希望。社会的底层阶级通过无须落于书面的表现方式对新的知识环境做出了反应。他们通过富有表达力、往往显得低俗的歌舞来表达自己的情感。这些表达,就像任何一件艺术作品一样,从其阐释者的角度再现了一幅关于世界的图画。这些文本的结构揭示了表演这些舞蹈的群体的社会反应,而文本本身则展现了舞者所处社会氛围的图景。

---

[6] 引自 Juan Pedro Viqueira, "El sentimiento de la muerte en el México ilustrado del siglo XVIII a través de los textos de la época," *Relaciones* 5 (Winter 1981): 27–62(引文见第 57 页);同上,53。

[7] Viqueira, *Relaciones 5*, 44.

[8] *La portentosa Vida de la Muerte*, 11, in Viqueira.

　　带有节奏的动作与歌曲构成了流行文化的一部分,这种流行文化的发展与官方的惯例背道而驰;发展于社会的边缘,在这些地方,总督辖区的霸权阶级限制了边缘群体。在一套用以保护其价值观的"约束和规定"体系之中,精英阶层排斥处于社会底层的群体及其文化表达。[9] 对于边缘人群来说,他们的流行歌曲使用了一种语言,这种语言为他们在墨西哥文化的符号空间中占有一席之地发挥了关键性作用。这些歌曲也同样凸显了一种文化机制,激发他们在"符号域"(semiosphere)之内实现发展。

　　"符号域"的概念源自尤里·洛特曼试图与弗拉基米尔·沃尔纳德斯基 [30]
(Vladimir Vernadsky)所提出的"生物域"进行类比的尝试,他将其解释为"语言的存在及运作所必需的符号空间"。[10] 在符号域这个同心圆的组织中,最发达、最具组织性的语言(官方文化)占据了中心,而以非官方形式存在的多种部分语言则被推至边缘,只能在一定的文化功能中发挥作用。在其中心,官方文化创造自己的模式,组织自己的等级制度,把某些文本奉为经典并将其他排除在外。因此,中心是系统的主体,而边缘是系统的客体。中心支配着行为规范并将它们强加于边缘。

　　中心将符号域具有的多样性变得系统化并根据二分原则创造了一幅世界的图像,在这里,边界(第一人称形式的外部限制)按照等级的方式将"我们的"内在空间与"他们的"外在空间分隔,将"我们的"内部与"他们的"外部区分开。这个二分原则将"我们的"空间描述为"有教养的""和谐组织的""统一的"等等。相反,"他们的"空间是"未开化的""原始

---

[9]　Yuri Lotman and Boris Uspensky, "On the Semiotic Mechanism of Culture," *New Literary History* 9 (Winter 1978): 211–229. 作者认为,人们将"文化理解为社区的非遗传性记忆,这种记忆会在约束和规范体系之中实现自我表达"。(见第 213 页)

[10]　Yuri Lotman, *Universe of the Mind: A Semiotic Theory of Culture*, trans. Ann Shukman (London, 1990), 123.

的""怪异的""无组织的"和"野蛮的"。[11]

在墨西哥大主教于 1768 年写给国王查理三世（Charles III）的信中可以清楚地看到这种文化机制的应用。这位主教将原住民语言描述为对社会秩序的潜在威胁："当暴乱、叛乱和内战在异语言的民众中发生时，就显得更加重要了，独特的风俗唤起了他们对于昔日领主的回忆，而且，尊敬的阁下，［我们仍然］对他们的语言、服饰、自由、异教信仰以及构成其本质的其他恶习缺乏认识。"[12]

代词"他们"的使用清楚地定义了作者关于他所描述的印第安人的看法并将其归因于他们的文化（语言、服饰、习俗）的负面价值。由于印第安人不属于官方文化，所以他们在符号域的中心无法获得认可，因此，和其他边缘群体一样，他们连同其文化一起被驱逐至边缘地带。

边界不仅把两个圈子分开，同时也将它们相连。鉴于边界是一个用于联系的空间，它也允许两个世界通过入侵彼此的符号空间实现文化交流，以及允许中心和边缘之间实现对话。与那些反对变革的符号域中心的语言相比，边缘的语言因其组织的不完整性，反而拥有更大的动态创新能力。

[31] 边缘的语言有着跨越边界的自由，而中心的语言却不能，由此产生了符号域的革命性文本，进而摆脱了教条的束缚，并通过与日常生活用语的结合实现了语言的更新。

利用宗教法庭和其他官方机构提供的信息以实现对于边缘文化的重建虽然困难，但却是可能的。大量的宗教法庭记录揭示了当局认为危害社会秩序的边缘表现。通过这一官方媒介，我们可以看到大众化的表现形式

---

[11] 术语"边界"对于理解文化的符号机制很重要。洛特曼将边界定义为第一人称形式的外部界限，参见 Yuri Lotman, *Universe of the Mind*, 131。每种文化都通过对立的方式划分世界的图景：天堂／地狱，生／死，天神／魔鬼，上／下，或开放／封闭。

[12] Tanck de Estrada, 45.

（如歌曲和舞蹈）是如何在殖民地的街道上蔓延开并引起当局的极大不满与愤怒。法庭颁布了一系列法令，用以禁止这些歌曲和舞蹈，但并未取得任何成效。这些禁令似乎给"群众"注入了更大的创造力，就像一种恶性的流行病，每天都会有新的旋律和节奏出现，充满着幸福与活力，更加符合世俗的快乐，而不是教会强加的戒律。当局收到了大量的举报，遗憾的是，举报者仅收集了其中的几首歌曲，尽管如此，这些歌曲依然让我们得以了解底层阶级的思想。

官员们将这些舞蹈动作和歌曲的歌词描述为"低俗且具有挑逗性，给天主教世界的灵魂带来了严重的毁灭与丑闻，对良心造成了损害……有伤教养与良俗"。[13] 20 世纪中叶，当局对一种叫楚楚姆贝（*chuchumbé*）的歌舞形式的出现感到震惊。1766 年，宗教法庭威胁要将任何表演过该歌舞的人逐出教会。[14] 审讯官将一部分令人不快的副歌抄录了下来：

En la esquina está prado	在角落中站着
un fraile de la Merced,	一位来自拉梅塞的修道士，
con los ábitos alzados	挥舞着衣袖
enceñando el chuchumbé	展示着楚楚姆贝
El demonio de la china	东方姑娘[15] 的邪恶情郎
del barrio de la Merced	来自拉梅塞的街区
y cómo se sarandiava	看他如何扭动身躯

---

[13] AGN, *Inquisición*, vol. 1297, fol. 19r.

[14] AGN, *Edictos* 11, fol. 8r.

[15] 该示例中，"China" 不代表国籍；它指的是"一个不为任何人服务，以牺牲自己的丈夫或情人为代价或凭借自己的事业获取自由的女人。她是一位混血儿，因洁净美丽而闻名"。Francisco J. Santamaría, *Diccionario de mejicanismos* (México, 1959), 391.

metiéndole el chuchumbé   向她表演楚楚姆贝

En la esquina hay puñaladas   角落里有人被刺伤
¡Ay Dios! ¿Qué será de mi?   我的天！发生了什么？
Que aguellos tontos se matan   这些愚蠢的人相互残杀
por esto que tengo aquí   就因为我在此地的行为

[32]   *Me casé con un soldado,*   我嫁给了一位士兵，
            lo hicieron cabo de esguadra   他们却让他成为护卫长
            y todas las noches quiere   每天晚上他都想要
            su merced montar la guardia   守护在阁下的身旁

            En la esquina está parado   在角落里站着
            el que me mantiene a mí   那个养活我的人
            el que me paga la casa   那个为我付房租的人
            y el que me da de vestir   和那个给我衣服的人

            Quando se fue mi marido   当我的丈夫离去
            no me dejó que comer   却没有给我留下一口粮食
            Y yo lo busco mejor   只有表演楚楚姆贝
            bailando el chuchumbé   我才能得以谋生

            ¿Save Vuestra Merced que,   阁下，您知道吗？
            Save Vuestra Merced que,   阁下，您知道吗？
            Meneadora de culo   他们将您唤作

Le un puesto a Vuestra Merced?   "摇摇摆摆的臀部"？[16]

举报者所提供的这些歌词以及随附的说明清晰地描绘了下层阶级的社会行为，这是一幅与规范背道而驰的画面。由于这些歌舞衍生于大众的表达方式，所以它们使用了充斥在新西班牙街道和公共场所的下层阶级的动态语言。正是在那里，"白黑混血儿与各种混血人种……士兵、水手和流氓无赖"一同跳舞，他们常常以挑逗的方式互相触摸，甚至"贴着腹部彼此摩擦"。[17]歌曲中的形象反映了参与者所经历的社会现实。

街道构成了这个基本公共社会的特权空间。不同的社会阶层在街道相遇并发生一系列接触和互动，教堂和国家则会利用公共干道举行宗教和民间的庆祝活动。街道不单单是交流和运输的媒介，也是人们开展各种活动的重要社会与经济空间；商人买卖各种商品、男人遇见女人、妓女寻找生意、酒友们一同前往龙舌兰酒馆（*pulquerias*）——简而言之，街道是"社交生活的中心"。[18]

没有什么空间比街道更有利于歌曲与舞蹈的发展，在那里，平民百姓构成了主导群体。当局始终认定这些人具有不良的特征，正如卡洛斯·德·锡古恩扎·贡戈拉（Carlos de Sigüenza y Góngora）在17世纪晚期所述的那样：

> 平民是非常低俗的，所以他们只能成为最臭名昭著的一群人，所   [33]

---

[16] "摇摇摆摆的臀部"（*meneadora de culo*）很难被准确地翻译，但它指的是一位曲线优美的女性，当她行走时，会有意地晃动自己的臀部；该表达带有性暗示。歌词被收录于 AGN, Edictos 11, fols. 294–295r。

[17] AGN, *Inquisición*, vol. 1502, fol. 298r.

[18] Juan Pedro Viqueira Albán, ¿*Relajados o reprimidos? Diversiones públicas y vida social en la ciudad de México durante el Siglo de las Luces* (México, 1987), 133.

有的平民都是如此，因为他们是由印第安人、黑人、克里奥尔人，以
及来自不同国家的"土著人"（*bozales*）、奇诺人（*chino*）、穆拉托人
（*mulatto*）、摩里斯科人（*morisco*）、梅斯提索人（*mestizo*）、扎巴依各人
（*zambaigo*）、罗沃人（*lobo*）和那些自称为"zarambullos"（指的是流氓、
皮条客和小偷）并将他们的职责抛诸脑后的西班牙人组成的，他们是最
糟糕的一群乌合之众。[19]

由于街头生活带有粗俗的本质，所以下层阶级无法摆脱这种负面的污
名。然而，平民百姓并不想要摆脱这种名声；相反，他们更想要摆脱当局
的控制。因此，尽管政府官员试图阻止，但是城市的混乱已经成为日常生
活的一部分。这些混乱与舞蹈产生了关联，彰显着对于权威的不屑姿态。
从阿卡普尔科（Acapulco）港口传来了一份关于楚楚姆贝的报告：

圣胡安节（San Juan）期间，人们在夜晚来到大街上，歌唱楚楚姆
贝和其他歌曲。下午时分，在假面舞会上，他们四人一组，通过模仿的
方式，有的假装给予祝福，有的模仿和嘲弄神职人员，讲荤段子，尽管
收到了可能会被逐出教会的警告，但他们一点也不在意，他们不害怕
［被逐出教会］，只是害怕受到体罚。[20]

对于行为规范的破坏使平民得以嘲笑宗教的权威与仪式，有助于他们
克服被逐出教会的恐惧，甚至否定这种行为（对他们而言）存在风险。对

---

[19] Carlos de Sigüenza y Góngora, *Relaciones históricas* (México, 1972), 133. "*Bozales*" 最初指的是
       刚到美洲的非洲人，后来泛指地位较低的新移民。奇诺人、穆拉托人、摩里斯科人、梅斯提
       索人、扎巴依各人和罗沃人均是关于混血人种的变体词。有关例证，参见 Don Pedro Alonso
       O'Crouley, *A Description of New Spain*, trans. and ed. Seán Galvin (Dublin, 1972)。

[20] AGN, *lnquisición*, vol. 1170, fols. 201r–202r.

于符号域中心的侵入始终构成了混乱的一部分。善或神圣与恶或亵渎的界限是如此之近，以至于任何越界的行为都被视为对官方秩序的反叛。例如，庆祝某项活动时，舞蹈和歌曲很快就成为一种宗教的表现形式，但这些歌曲是为了娱乐而改编的，而没有任何宗教意义。[21] 这激怒了虔诚的宗教精英们，其中一人声称"圣经里夹杂着短小的闹剧、淫秽的塞基迪亚（seguidillas，一种西班牙民谣及舞蹈）和亵渎的轻佻歌谣（tonadillas）。他们从 9 点开始，直至午夜才结束，有时甚至到凌晨 1 点"。[22]

　　这些歌曲和舞蹈在总督区的大量出现反映了对于殖民势力的攻击。习俗的松动使得下层社会摆脱了社会现实的压抑气氛，为他们提供了构建自己"世界形象"的工具，进而打破了官方世界的秩序。一首名为《地拉那》（Tirana）的歌曲引起了当局的恐慌，因为这首歌嘲笑了圣胡安·德·迪奥斯（San Juan de Dios）兄弟会并宣扬了对于官方文化的排斥：   [34]

En San Juan de Dios de acá	在这里的圣胡安·德·迪奥斯兄弟会
son los legos tan cochinos	世俗的兄弟们如蠢猪一般
que cogen alas mugeres	他们强占妇女
y les tientan los tocinos	触碰她们的肉体
En San Juan de Dios de Cadiz	在加的斯的圣胡安·德·迪奥斯兄弟会
el enfermo que no sana	如果病人无法被治愈
lo bajan a el camposanto	他们将他带至墓地
y le cantan la tirana	向他咏唱地拉那

[21] AGN, Inquisición, vol. 728, fol. 261r.

[22] AGN, Inquisición, vol. 1312, fols. 138r–144r.

En San Juan de Dios de México	在墨西哥的圣胡安·德·迪奥斯兄弟会
el enfermo que se quexa	如果病人发出抱怨
lo matan entre los legos	世俗的兄弟们会将他杀害
y le quitan lo que deja	并偷取他的遗物
En San Juan de Dios de acá	在这里的圣胡安·德·迪奥斯兄弟会
el enfermo que no mea	如果病人无法自理
lo levantan unos legos	世俗的兄弟们会将他举起
y le meten la salea	将他塞入羊皮
En San Juan de Dios el Prior	在圣胡安·德·迪奥斯兄弟会
se baja a la portería	修道院长会来到门房前
para sacarles a todos	将所有人
por detrás la porquería	驱赶至猪圈的后方
Con ésta y no digo más	我不再多说
que les cuadre o no les cuadre	无论你喜欢与否
que aquí se acaba la tirana	地拉那在此结束
pero no el carajo Padre	但那个混蛋神父依然还在 [23]

　　《地拉那》所描述的景象似乎是为了达到一个简单的目的——摧毁官方框架。这首歌曲中，每一组对句都表达了对于宗教人员的侮辱，通过对于

---

[23]　AGN, *Inquisición*, vol. 1253, fols. 43r–44r.

等级符号的嘲讽，以羞辱圣胡安·德·迪奥斯兄弟会。这一过程赋予了参与者（舞者和观众）贬低宗教统治集团的能力。在这种情况下，宗教秩序从官方文化的中心被移除，并被降至较低的层次。在这个层面上，身体的亲密关系（性器官、排泄物等）被外化，从而使得亲密关系变得公开化。歌曲中所包含的针对官方秩序的篡改意味着对它的否定以及对新秩序的肯定。

　　由于天堂、地狱是世界的分界线，尘世生活中的任何行为都可以被认定是有罪的或神圣的。而且，按照官方的说法，民众如此狂热地选择的娱乐和消遣，更倾向于犯罪行为。事实上，大众阶层已经开始意识到世俗生活是他们世界的一部分，进而忘却了宗教强加于他们的焦虑和内疚。1796年，方济各会修士从帕丘卡（Pachuca）抄录的一首名为《糖浆面包》（*Pan de Jarabe*）的歌曲记录了这种转变： [35]

Quando estés en los infiernos	当你身处地狱
ardiendo, como tú sabes,	这般的灼热
allá te dirán los diablos	那儿的魔鬼会告诉你
¡Hay hombre, no te la acabes!	这位仁兄，别这么做！
Quando estés en los infiernos	当你身处地狱
todito lleno de moscas	充斥着蝇虫
allá te dirán los diablos,	那儿的魔鬼会告诉你
¡Ay ba, te dixe, de roscas!	她和那些恶棍在一起！
Quando estés en los infiernos	当你身处地狱
todito lleno de llamas	被火焰包围

allá te dirán los diablos,	那儿的魔鬼会告诉你
¡Ay ba la india! ¿Qué no le	印第安女人要走了
hablas?	你不和她说说话吗？[24]

《糖浆面包》是如此受欢迎，以至于人们纷纷创作了新的对句。《充满幻想的糖浆面包》（*Pan de Jarabe Ilustrado*）作为其中的变体之一，暗示了当时的哲学思潮：

Ya el infierno se acavó	地狱就此终结
ya los diablos se murieron	魔鬼也已经死亡
haora si, chinita mía,	现在，我亲爱的姑娘
ya no nos condenaremos	我们将不再受到谴责[25]

在这些词句中，地狱并不包含宗教话语所赋予它的负面意义，即作为天堂的对立面。这些文本中的地狱远非如此：在一个上下的空间轴里，地狱并不像在宗教体系中那样占据下层的位置，而是存在于上层。在这个颠倒的世界里，它不是令人畏惧的，而是令人愉悦的。在这里，人们不再遭受痛苦，而是尽情享受、跳舞和交欢。换句话说，人们将官方话语中的"地狱"概念归为己有，使之成为自己的"圣地"，一个他们可以故意违反行为规范的地方。通过这种方式，他们肯定了性的快乐，否认了宗教的话语。

在另一个版本的《糖浆面包》中，通常被认为是高级的符号被降级并推至一个较低的领域：

---

[24] AGN, *Inquisición*, vol. 1377, fol. 22r.

[25] AGN, *Inquisición*, vol. 1297, fol. 22r.

Esta noche he de pasear	我要漫步于今晚的夜色之下	[36]
con la amada prenda mía	与我最爱的妻子	
y nos tenemos de holgar	我们要肆意纵情	
hasta que Jesús se ría	直至上帝放声大笑[26]	

　　这里所表现的形象创造了一种共识，出于这种共识，笑是流行语言的最佳表达，它摈弃了宗教话语的严肃性，也改变了高级符号的意义。[27]

　　社会语言建立了一种自由的气氛，在这种氛围中，人们可以说任何话；没有任何造成阻碍的规则，也没有任何禁令或谴责。词汇的含义与正常语境下的含义有所不同，它们与官方制度无关，而是与大众话语有关，尤其是下层阶级。文本中隐含的性行为，不仅贬低了宗教世界，也赞颂了世俗世界。舞蹈和歌曲使下层阶级得以从生活的压抑气氛中解放出来，哪怕只是一刹那。这些表现方式反映了一种全新的生活观念，使人们得以彼此接近并打破官方等级制度的界限。

　　这种街头文化很容易传播至所有的社会空间。1768年，梅里达（Mérida）的总督规定所有类型的舞蹈都应该在社交舞会（saraos）进行表演，即使它们被认为是粗俗下流的。而且，虽然宗教当局重申应当禁止这些舞蹈，总督却表示："除非经过他的同意，没有人可以禁止社交舞会，也没有人可以公开谴责［任何行为］。"墨西哥城的圆形剧院也发生了类似的情况，那里的神职人员谴责了悲剧《死后的雷娜》（*Reyna después de morir*）的上演，因为剧中出现了一首名为《丰收》（*La Cosecha*）的插曲。举报者指出："几天

---

[26]　AGN, *Inquisición*, vol. 1297, fol. 18r.

[27]　Mijail Bajtin, *La cultura popular en la Edad Media y en el Renacimiento. El contexto de François Rabelais*, trans. Julio Forcat and César Conroy (Madrid, 1988), 59-130. 巴赫金强调了笑在大众文化中的重要性。

前，地方长官刚刚下令禁止任何形式的舞蹈，但是圆形剧院的评鉴人对此表示反对，当他们就此事向总督提出上诉时，总督做出裁定，表示可以跳舞，但要合乎礼仪。"[28]

民众的欢乐击败了专制的话语。一位来自麦德林（Medellín）的牧师曾下令对一群舞蹈演员进行公开谴责，并禁止他们以"吵闹而不雅的声音"演奏那些音乐，其中包括一首名为《新托罗，旧托罗》（*Toro nuevo, Toro Viejo*）的歌曲。但是违规者并没有乖乖照办，反而质疑神父的权威，质问他凭什么有权"谴责和禁止在这座城市不断上演的传统舞蹈"。[29]

[37] "被禁"的概念似乎已经从集体认知中消失，只有一些虔诚之人仍然拥护着这个概念，他们努力压制所有出现在新西班牙街头的"粗俗"舞蹈和歌曲。教会试图让教区居民相信，他们的舞蹈和歌曲冒犯了上帝，但收效甚微。就算人们真的暂停了几天的活动，任何借口都可以成为恢复唱歌和跳舞的充分理由。尽管如此，民众之间仍然存在着深厚的宗教信仰，但它仅以一种相当矛盾的方式表达着对于官方统治的否定。神职人员对于这种双重性非常反感，他们为保护教会的教义进行了各种斗争。这些歌曲不断地将圣经融入歌词之中，人们放肆地跟随《糖浆面包》的音乐，咏唱上帝与圣母玛利亚，或是模仿忏悔行为或十诫。[30]以下收集于 1796 年的词句证实了这种行为：

Vuesa reverencia, padre,　　尊敬的神父，
oyga mis culpas, que intento　　请您倾听我的罪过，我试图
hacer de ellas penitencia　　净化我的灵魂

---

[28]　AGN, *Inquisición*, vol. 1001, fols. 130r-v; 同前, vol. 1162, fols. 382r-v.

[29]　AGN, *Inquisición*, vol. 1410, fols. 73r-v.

[30]　AGN, *Inquisición*, vol. 1297, fol. 22r; 同前, vol. 1410, fols. 96r-v; 同前, vol. 1297, fol. 128r。

con grande arrenpentimiento,	怀着强烈的忏悔之情，
pues un año poco más	因为一年多以前
hace que no me confiesco.	我没有坦白我的罪过。

—¿Cumpliste la penitencia?	——那你忏悔了吗？
—Si padre, luego al momento,	——是的，神父，过一会儿
pues entre amigos y amigas	我将在朋友之中
reparto todo de presto.	坦白一切。

—¿Qué orden trae de confesarse?	——你准备如何开始？
—Padre, por los Mandamientos.	——神父，我将根据诫命忏悔
—Pues bien está, persinese.	——好的，请画十字
—Jesús, padre, que comienzo	——耶稣基督，我的上帝
con el nombre de mi dama.	我将以我情人的名义开始。

—¡Jesús, que notable yerro!	——上帝，这绝对是个错误！
—No se escandalice, padre,	——别紧张，神父
téngame vmd sufrimiento	请怜惜怜惜我
que a no ser gran pecador	如果不是罪大恶极
no me huviera a sus pies puesto.	我不会跪拜在您的脚下。

En el 1° me acuso	第一，我指责自己
que no amo a Dios como debo,	没有尽我所能爱上帝
por que todas mis potencias	因为我所有的力量
en ella puestas las tengo.	都归属于我的情人。

De no olvidarla jamás   我永远无法忘记她

aunque pese al mismo Cielo   即便天堂不再有我

hize propósito firme,   我坚定地做出承诺，

si no es que ya no me acuerdo.   就算我已不再记得。

[38]   *En el 2° he jurado*   第二，我曾经

más de dos mil juramentos.   许下超过两千个誓言。

En el 3° me acuso,   第三，我指责自己

padre, quando entro en el templo,   神父，当我进入教堂，

no estoy atento a la misa   我并不在意弥撒

porque en verlas me deleito.   因为我喜欢窥视女人。

En el 4°, les perdí   第四，我不再

a mis padres el respeto.   尊重我的父母。

En el 5°, yo me acuso   第五，我指责自己

que levanté gran enrredo;   引起了极大的骚乱；

pues fui a decirle que el Sol   因为我告诉她

se parece a sus cabellos.   她的秀发仿佛太阳一般闪耀。

En el 7° me acuso   第七，我指责自己……

—¿Hijo, que dejas el 6°?   ——孩子，你为何漏掉第六条？

—Espantárame que el padre   ——我希望神父

no lo hubiera hechado menos.   您可以忽视这一条。

No tengo de que acusarme
en aqueste mandamiento,
porque al fin, padre, soy hombre
y mi dama es como un cielo.

我不必指责我自己
就这条诫命而言，
因为，神父，我是一个男人
我的妻子就是天堂。

—¿Tan bonita es esa niña?
—Si padre, como un lucero.
—¿A donde tiene su casa?
—En los profundos infiernos.

——她如此美丽吗？
——是的，神父，就像星星一般。
——她的家在哪？
——在地狱的最深处。

—Hijo, no quiero mugeres.
—Pues padre, yo si las quiero,
que como de ellas nacimos,
en no viéndolas me mero.

——孩子，我不喜欢女人。
——但是，神父，我喜欢她们，
她们给予我们生命，
如果看不见她们，我将死去。

En el 7°me acuso
con grande arrepentimiento
que robo los corazones
por ver si me acogen dentro.

第七，我指责自己
满怀忏悔之意
我偷取了她们的心
只为看看她们是否愿意接受我。

En el 8°...

第八……

En el 9°me acuso
que a quantas mujeres veo,
no porque las quiera yo,

第九，我指责自己
无论我窥视了多少女人，
都不是因为我爱她们，

sino que las apetezco.	而是因为我对她们充满渴望。

[39] | *En el 10°...* | 第十…… |

—¿Hay templo, como no te hundes? ——哦，教堂，你为何没有坍塌？
—No padre, no pida vmd eso, ——不，神父，别这么问。
porque si el emplo se cae, 如果教堂坍塌，
a los dos no coge dentro. 我们都会被埋在这里。

—Levantese vmd de aquí ——起来吧，离开这里，
que yo absolverle no puedo. 我无法宽恕你。
—Pues quedese con Dios padre ——好吧，神父，愿上帝与您同在，
que confesarme no quiero 我也不想忏悔
y voy a ver a mi dama 我要去见我的情人
que ha siglos que no la veo. 我已经好久没见到她了。[31]

　　通过神父与教区居民之间的对话，这首歌对告解和十诫进行了滑稽的模仿。这段对话互动在宗教和世俗两种信仰体系之间制造了引力，由此凸显了中心与外围的对立观点。这首歌还展现了教区居民是如何面对和评价传统的信仰体系的，也正是他控制了局面。作为主体的地位使得他可以借用宗教文本并赋予它不同的意义。他打破了诫命的结构并赋予它们与正统信仰体系相反的意义，世俗之爱战胜了宗教之爱。

　　没有什么能逃脱那些违法者的揶揄。任何禁令都不能阻止他们表达讽

---

[31] AGN, *Inquisición*, vol. 1377, expo 7, fols. 395v–396r.

刺或亵渎的言论，因为在他们的修辞游戏中，一切都是正当的。人们取乐于对信仰体系的拙劣模仿，尽管他们仍然相信这个体系。在 1785 年克雷塔罗（Querétaro）一场约有 600 人参加的斗鸡会上，两位妇女随着一首名为《美德》（*Las Bendiciones*）的歌曲起舞，然而这首歌的歌词与动作却"没有展现任何美德"，还配上了这样的副歌：

Por ti no tengo camisa	为了你我不穿衣衫
Por ti no tengo capote	为了你我不穿斗篷
Por ti no he cantado misa	为了你我不再唱诵弥撒曲
Por ti no soy sacerdote	为了你我不再是牧师

当舞者们唱完一节后，其中一人站着，另一人"以不雅的姿势"跪下，接着合唱道：

Mi vida, no te enternezcas	我的爱人，不要怜悯我	
y porque ves que me voy	因为你看见我即将离去	
para la última partida,	请你最后一次，	[40]
¡echame tu vendición!	为我祝福祈祷！	

站着的舞者为跪着的舞者祝福，后者缓缓站起，然后她们继续舞蹈、歌唱。谴责这种舞蹈的牧师尤其在意它的编排方式。他以摄影视觉的方式描述了舞者们的各种动作，其中一人"将衬裙举至膝盖上方，另一人激烈地旋转着，将她的双腿抬起并展示着自己的吊袜带"。[32] 总而言之，对于一

---

[32] AGN, *Inquisición*, vol. 1272, fol. 32v.

名牧师来说，这已然是一个相当露骨的行为。

宗教裁判官常常指责这些舞蹈的姿势和动作违反了道德规范，为所有观看舞蹈的人树立了一个坏榜样。根据一位瓦哈卡主教的说法：

> ［这些舞蹈］不仅为罪恶提供了时机，其本身也是有罪的……低俗不堪的词语、姿势和动作，裸露的舞者，相互触摸的男男女女，这一切都发生在可疑的下层阶级的屋子里、乡野之地里、夜晚灯光昏暗的街区里，以及法官们无法发现它们的时候。[33]

由于舞者的动作主要强调身体的下半部分，（除了歌词之外）他们所创造的姿势也嘲弄和戏仿了宗教的崇高，由此形成了一个颠倒的世界，在这个世界里，对教规的贬低成为了他们的主要目标。崇高（也就是官方世界认为高级的事物）被降至低级的肉体世界，一个关于胃、生殖器、交媾和排泄物的世界。关于《面包师》（Panaderos）舞蹈的谴责包括对其动作的生动描述，举报者声称，这支舞蹈是"由一个（现在已经不见了的）恶魔创造的，它化作一个来自巴亚多利德（Bayadolid）的女人的模样并播下了这颗坏种子"。

[Sale una mujer cantando y vaylando	［一个女人走出来
desembueltamente con esta copla:]	自由自在地舞蹈、吟唱：］
Esta si que es panadera	她真的是一名面包师
que no se sabe chiquear;	不懂得自我放纵；
que salga su compañero	她的伴侣快来吧

---

[33] María del Carmen Velázquez, "El siglo XVIII," in *Historia documental de México* (México, 1974),416–418.

y la venga a accompañar.   快来陪陪她。

[Sale un hombre   ［一个男人
vaylando y canta:]   边跳边唱道：］
Este sí que es panadero   他真的是一名面包师
que no se sabe chiquear;   不懂得自我放纵；
y si usted le da un besito,   如果你给他一个吻   [41]
comensará a trabaja.   他会开始工作。

[Estos dos siguen baylando   ［两人继续舞动
con todos los que fuerren saliendo:]   所有舞者一同出现：］

Esta sí que es panadera   她真的是一名面包师
que no se sabe chiquear;   不懂得自我放纵；
quítese usted los calsones   脱掉你的衣裤
que me quiero festejar.   因为我想要纵情狂欢。

[Canta el hombre:]   ［男人唱道：］
Este sí que es panadero   他真的是一名面包师
que no se sabe chiquear;   不懂得自我放纵；
levante usted más las faldas   掀起你的裙摆
que me quiero festejar.   因为我想要纵情狂欢。

[Siguen baylando los cuatro.   ［四人继续舞动，
Salen otros, hembra y macho.   其他男女舞者出现。

Canta la hembra:]	女人唱道：]
Esta sí que es panadera	她真的是一名面包师
que no se sabe chiquear;	不懂得自我放纵；
haga usted un crucifixo	让你自己成为受难的耶稣
que me quiero festejar.	因为我想要纵情狂欢。
[Canta el macho	［男人唱道
(que sólo los hereges):]	（只有异教徒才会这样）：］
Este sí que es panadero	他真的是一名面包师
que no se sabe chiquear;	不懂得自我放纵；
haga usted una Dolorosa	让你自己成为圣母玛利亚
que me quiero festejar.	因为我想要纵情狂欢。

　　以同样的方式，其他的一对对男女纷纷开始舞蹈、歌唱，歌唱的内容包括模仿天界法庭、狗、火鸡和蜥蜴的诙谐词句。这首歌为下层阶级的日常话语应用提供了另一个示例。面包师的词汇，尤其是不同形状面包的名称，在这首歌中起到双关的效果。即使在今天，人们仍然可以在当地的面包店里找到"吻""衬衫""短裤""耶稣受难像""圣母像"和其他形状的面包，与此同时，面包师的名声依然不太好。根据这些名称所源自的社交语言，它们拥有不同的含义。同一词语对于不同的受众来说，也有着不同的意义（指涉）。除了主要意义（本义）外，还涉及次要意义（隐含意义）。

　　1748年，宗教法庭命令来自帕丘卡修道院的牧师，加布里埃尔·德拉马德雷·迪奥斯·佩雷斯·莱恩修士（Fray Gabriel de la Madre de Dios Pérez de León），开展一项调查，旨在证实这些"挑衅而低俗的"舞蹈的起源与滥用。四年后，他将调查结果呈报给宗教法庭。这份调查发现，人们

[42]

在殖民地的许多地方都表演过这些舞蹈和歌曲，即使牧师在讲坛上明令禁止这些娱乐活动，人们依然坚决捍卫，"他们要求音乐家公开表演凡丹戈舞（fandangos），在男男女女之中演奏那首可恶的《糖浆面包》和塞基迪亚舞曲，我保证，这些舞曲甚至比《糖浆面包》更糟"。[34] 加布里埃尔修士声称，人们每天都为这首歌创作新的对句，目的是使其更为流行，永不消失。与此同时，他抱怨宗教裁判所法令的普及度并不理想，尤其是在巴利亚多利德（Valladolid）和华斯台卡（Huasteca）的主教辖区。他还提到自己参观过的许多教堂的地板上散落着各种法令。

由于总督区的大幅度扩张和首都官僚权力的集中化使得殖民地内部的交流变得困难，因此，频繁发布的宗教法庭法令的低普及率难以补救。[35] 此外，有时候负责发布法令的人是法国哲学的拥护者，他们不仅玩忽职守，甚至还无视宗教法庭的命令，并试图"诱使他人践行错误、有害的准则"。胡安·弗朗西斯科·拉米雷斯·德·阿雷利亚诺修士（Fray Juan Francisco Ramírez de Arellano），作为一名"启蒙运动思想的拥护者"，制造了一个巨大的丑闻。在他的改革举措中，他废除了宗教仪式的部分内容，例如阅读宗教法庭的法令，鉴于他认为"宗教法庭只会导致人们对禁令一无所知"。[36]

因此，舞蹈和歌曲进入教堂也就不足为奇了，这些歌舞在一些人之中制造了巨大的丑闻，却给另外一些人带来了愉悦的享受。实际上，在某些

[34] AGN, *Inquisición*, vol. 1297, fols. 16r–24v; 同前 , fol. 23v.

[35] 谴责阿卡普尔科街头骚乱的同时，一位神职人员宣称，"在距离这个港口8法里（32公里）的科尤卡（Coyuca）辖区以及距离这个港口20法里（80公里）的阿托亚克（Atoyac）辖区，民众会表演同样的舞蹈，当被警告说宗教法庭将会以逐出教会的方式惩罚他们的所作所为时，他们回应称这项法令此次并没有发布。我试图将宗教法庭的命令抄录下来并予以发布。但是，鉴于没有得到阁下您的指令，我并没有这么做[;]我在等待阁下您的神圣指令。"（AGN, *Inquisición*, vol. 1170, fol. 202r）。类似的事件还发生在马尼拉（Manila）市，当地的宗教法庭要求接收关于被禁止的特定喜剧的通知。（AGN, *Inquisición*, vol. 1170, fol. 242r.）

[36] AGN, *Inquisición*, vol. 1024, fol. 224r; 同前 , vol. 1345, fol. 70r.

情况下，教堂也会通过亵渎神灵来吸引人们参加宗教仪式。1796 年，墨西哥城大都会大教堂合唱团团长兼牧师何塞·马克西马·帕雷德斯先生（José Máxima Paredes）谴责了在圣堂发生的无礼行为，尤其是在被称为"圣诞礼物"（Aguinaldo）的圣诞弥撒期间。他描述了圣餐时风琴手演奏《猪油面包》（*Pan de Manteca*）的情景。帕雷德斯站起来，试图让风琴手停止演奏，而风琴手却厚颜无耻地表示，那些付钱给他的人喜欢这种音乐。这位牧师抱怨说，这种音乐诱使男男女女进行各种形式的娱乐消遣，可悲的是，"即使是我们的圣母教堂（Holy Mother the Church）也一直在用这种音乐吸引天主教徒参加宗教仪式的庆祝活动。如果没有这种音乐，教众便纷纷缺席"。此外，他还提供了一份这类歌曲和舞蹈的清单：《猪油面包》、《鹰嘴豆》（*Garbanzo*）、《欧芹》（*Perejiles*）、《小圆面包》（*Chimizclanes*）、《细雨绵绵》（*Llovisnita*）、《小爸爸》（*Paternita*）、各种类型的波莱罗舞曲（boleros），以及《地拉那》、《梅洛里科》（*Melorico*）、《翻筋斗》（*Catatumba*）、《双轨船》（*Bergantín*）、《苏亚舞》（*Suá*）、《凡丹戈舞》、《烟囱》（*Mambrú*）。"[37]

[43]

将这些舞蹈和歌曲穿插入新西班牙教堂的仪式活动已经成为一种普遍的习俗。1805 年 3 月 11 日，一位举报者谴责托卢卡（Toluca）方济各会修道院的兄弟们犯下了大量的过错。他声称，教堂内的所有蜡烛都被扑灭了，兄弟们跟着"面包师们的音乐"舞动身躯。在狂欢期间，他们与女人们喝得酩酊大醉，齐声咏唱着《十诫》，却转而对第六条戒律提出了异议。[38] 在塔玛巴奇（Tamapachi）的村落，出现了类似的凡丹戈舞，在那里，女性、酒水与纸牌有着强大的诱惑力。在圣周（Holy Week）游行期间，何塞·赫伯（José Herber）中尉下令将圣像搬离，以便人们在教堂内进行舞蹈，同时还

---

[37]　AGN, *Inquisición*, vol. 1312, fols. 149r–150r; 同前，fol. 150r.

[38]　AGN, *Inquisición*, vol. 1426, fols. 82r–109v.

出售大量的酒精。[39]

　　街头音乐的欢乐几乎渗透到总督区的每个公共场所。这些音乐以及改革思潮的传播使得欢乐的气氛变得如此浓厚，进而对殖民秩序，尤其是等级制度提出了挑战。这种等级结构源自天主教的教义，它宣称人类应该服从上帝的命令。基于这种解释，西班牙政府成了加强自然法的工具。于是，贬低宗教秩序的人也开始攻击政府。这些文本再现了激发他们行为的社会现实，狂欢和混乱由此开始将自己强加于规范之上。在文本结构中，作者们所处社会的现实特征被反映在街道的欢乐和混乱之中。与官方话语和谐庄严的形象相反，这些表达所产生的形象强调了低俗、戏仿、滑稽——一切取材自大众文化的元素。文本结构也再现了街道的世界。歌曲中的人物不是虚构的，而是真实存在于下层阶级和社会边缘的。他们所代表的人物具有天生的能力，能够从一个空间自由地移动至另一个空间，打破等级制度，嘲讽宗教符号。

　　这些产生于公共场所的舞蹈和歌曲反映了公共场所的性质。其实质在于破坏官方框架，这种官方框架的等级符号在社会底层随处可见，也充斥在官方规范不再具有约束力的每条街道。底层阶级把神圣的象征作为歌曲的对象，而人们则成为歌曲的主体。这一观念成为摧毁官方结构的有力工 [44] 具。而且，它并不局限于平民，甚至可以被殖民地内部任何社会阶层的成员所利用。人们对于世界的想象被完全外化，庆祝活动成为这些表现形式的目的。一切都在喧闹和骚动之中被展现：被掀起的裙摆，被架空的宗教习惯，被暴露的、随着音乐节拍摇摆的身体。所有一切都被置于同一水平之上，等级符号被降级，它们的粉饰与浮华被拆穿，社会价值被剥夺，并被交予观众，让观众使用自己的服饰、在自己的地方、通过自己的价值观

---

[39]　AGN, *Inquisición*, vol. 1283, fols. 85r–85v.

进行重构。

　　歌曲中使用的语言具有更强的活力与应变能力，使其可以更自由地跨越界限、打破准则。这些语言蔑视了宗教和权威话语的纯粹性，通过建构新的形象以摧毁它们。这种关于语言的新态度产生了关于话语的新观念。鉴于话语是权威的象征，所以下层阶级将它与官方语境分离并应用于自己的语言。宗教话语被置于一个较低的水平，进而融入了大众话语之中。因此，宗教话语也开始有了不同的含义。当话语从原始语境中被分离时，它在日常语言中获得了另一种意义。"上帝的话语"变成了"人民的话语"。

03 工作贫穷与18世纪的殖民国家：性别、公共秩序与工作纪律 *

苏珊·迪恩斯 – 史密斯（Susan Deans-Smith）

得克萨斯大学（University of Texas）

新西班牙的烟草垄断为苏珊·迪恩斯 – 史密斯最近对于不断演变的墨西哥城劳动力的研究提供了背景。迪恩斯 – 史密斯教授为剑桥大学的毕业论文开展了这项研究。下述文章中，她检验了部分历史学家对于欧洲前工业时代工人的假设……她为琼·瓦拉赫·斯科特（Joan Wallach Scott）的性别研究提供了一个关于墨西哥的案例，尤其是将不同的特征编码为男性或女性并将之视为相应行为的界限的方式。此外，她还借鉴了米歇尔·佩罗（Michelle Perrot）的"温顺"工人的概念，提出了具有启发性的观点。** 整个论证过程中，作者重点关注了空间（家、街道和工厂）的重要性以及空间是如何为工作经验和家庭状况促成个人主义意识的崛起提供场所的，这种个人主义意识即阿尔夫·吕

---

* 本文基于我的著作 *Bureaucrats, Planters, and Workers: The Making of the Tobacco Monopoly in Bourbon Mexico*（Austin: University of Texas Press, 1992）。对于著作内容的使用经得克萨斯大学出版社的许可。感谢埃里克·范·扬（Eric Van Young）为初稿提供有帮助的评论。

** 参见 Scott, *Gender and the Politics of History* (New York, 1988); Bryan D. Palmer, *Descent into Discourse: The Reification of Language and the Writing of Social History* (Philadelphia, 1990); 以及 Michetle Perrot, "On the Formation of the French Working Class," in *Working Class Formation*, ed. Ira Katznelson and Aristide Zolberg (Princeton, NI, 1986)。

德克（Alf Lüdtke）所说的我意（eigensinn）。***

[48]   西班牙富有改革意识的波旁王朝君主们企图"重新征服美洲"。他们为经济与政治变革所做的努力及其后果是众所周知的，与此形成鲜明对比的是，尚未被感知的、关于改革的文化维度，以及城市民众对于波旁王朝的国家建构试图重新整治并收回公共空间以实现"对于街道的重新征服"的反应。[1]改革者们并未试图从根本上改变社会秩序，但是如果他们不改变某些社会与文化态度，那么许多的经济改革就不可能成功。波旁专制主义推崇秩序、纪律和控制，尤其是针对公共街道上的城市贫民。街道引起了统治者的特别关注，鉴于它们不仅服务于"人员与商品的流通"，而且成为"社会生活的中心，一个特权空间。在这里，人们工作、买卖、进食、举行民间庆典与宗教仪式、闲逛、娱乐和醉酒。在这里，他们也目睹了性和死亡的日常景象"。[2]在街道上，阶级、性别和种族的混合跨越了理想化的社会与种族阶层以及它们所代表的秩序，酝酿着社会动乱的可能性。虽然这些措施取得了一些成功，但殖民地的官员仍然对城市的混乱感到恐惧，这些

*** "Cash, Coffee-Breaks, Horseplay: Eigensinn and Politics among Factory Workers in Germany circa 1900," in *Confrontation, Class Consciousness, and the Labor Process: Studies in Proletarian Class Formation*, ed. Michael Hanagan and Charles Stephenson (Westport, CT, 1986), 65–96.

[1] Juan Pedro Viqueira Albán, *¿Reajados o reprimidos? Diversiones públicas y vida social en la ciudad de México durante el Siglo de las Luces* (México, 1987).

[2] 引自 Jean Franco, "The Power of the Spider Woman: The Deluded Woman and the Inquisition," in *Plotting Women: Gender and Representation in Mexico* (New York, 1989)，第 58 页。另参见 Gabriel Haslip Viera, "The Underclass," in *Cities and Society in Colonial Latin America*, ed. Louisa Schell Hoberman and Susan Migden Socolow (Albuquerque, NM, 1986)；Michael C. Scardaville, "Alcohol Abuse and Tavern Reform in Late Colonial Mexico," *HAHR* 60, no. 4 (November 1980)；D. A. Brading, "Tridentine Catholicism and Enlightened Despotism in Bourbon Mexico," *JLAS* 15 (1983)。

恐惧又被后来的共和党政府所继承。[3]

　　殖民地政府双管齐下，在收回对街道的掌控的同时，还对城市大众进行约束，使得他们成为更广泛的社会与国家的生产性资产——换句话说，让他们工作。这一做法不仅打击了行会的权力，又积极地鼓励了妇女从事"适合其性别"的职业。[4] 波旁王朝的改革者认为，对于城市人口来说，唯一"合适"的空间就是教堂、家庭与工作场所。[5] 烟草专卖局局长西尔韦斯特雷·迪亚斯·德拉维加（Silvestre Díaz de la Vega）提出了以下观点："没有职业的人对于国家来说便是已经死去的人；工作的人就像活着的植物，不仅生产，而且繁殖……进而促成了人口的真正增长与国家的繁荣。"[6]

　　我们可以通过殖民地国家对烟草贸易的垄断和管理，特别是通过18世纪晚期的国家管控的工厂来看待上述问题。这篇文章主要考察了墨西哥城烟草制造厂（殖民地的六大烟草制造厂之一）、制造厂工人以及皇家官僚机构对于制造厂的管理。该工厂代表着：（1）为有工作的穷人创造的一种新型空间，无论工人的性别与各种背景；（2）试图为妇女开辟新的空间——主要是那些离家或在远离街道的地方工作的妇女。工厂为波旁王朝的官员 [49] 们提供了将他们的政策付诸实践的机会，使得他们能够在庞大的劳动力队伍中贯彻工作纪律和秩序。与工作纪律和控制相关的职业构成在某种程度上受到了工厂内部的性别的影响。[7] 这些工作安排使我们能够看到（尽管是

---

[3]　参见，例如，1809年5月3日基督圣体节游行的相关命令，包括禁止马车上街、关闭酒馆和咖啡厅和禁止燃放烟花，旨在确保"仪式的庄严与秩序"。AAAM, vol. 1066, Fiestas Religiosas, Garibay to Fernando Hermosa, presidente de la Junta de Policia, April 28, 1809；同前，Secretaria del Exmo. 1822年，墨西哥立宪议会（Ayuntamiento Constitucional de México）曾记录了每年坎德拉里亚圣母节（La Candelaria）期间"总会发生"的骚乱。

[4]　Sylvia M. Arrom, *The Women of Mexico City, 1790–1857* (Stanford, CA, 1985), 26–27.

[5]　Viqueira Albán, *¿Reajados o reprimidos?*, 262.

[6]　AGN, Tabaco 241, Díaz de la Vega to Viceroy Branciforte, August 28, 1795.

[7]　我对性别的讨论很大程度上受到了斯科特（Scott）所著的《性别和历史政治》（*Gender and the Politics of History*）的影响。

在基本层面上），具体的职业身份是如何基于对男性和女性特征的假设被构建并合法化的。最后也是更具有思辨性的一种思考角度是，对于制造商和垄断的一般批判是如何形成的？这些批判不仅与某事物是理性的还是非理性的、公正的还是不公正的有关，而且也与某事物是道德的还是不道德的有关，以及引申开来的对于公共秩序与道德的"威胁"。此外，这些批评揭示了人们对于工人的态度，也让我们得以深入了解殖民地政府和精英阶层对于社会"秩序"的看法。

对于墨西哥城烟草行业的研究充分说明了管理者和工人双方的行动和态度。他们之间并未发生公开的、集体的对抗，这表明殖民地国家成功地维持了公共秩序。工人们通过对于工作条件的日常争论来代替对抗，尤其是关于时间和运动的使用和掌控，从而在一定程度上保持对于自身生活的掌控。这种努力使得他们对自己的生活有了一定的支配权。但这些行为只是强化了管理者对于工人的负面刻板印象，并导致他们将工人为维护其习俗而采取的行动理解为"无礼的行为"。最后，针对工人及其工作场所的批评，虽然在本质上是诡辩的，却说明了有关性别和阶级的假设部分地塑造了精英阶层对于社会秩序的态度。[8] 简而言之，烟草制造商造成的"威胁"并不一定来自妇女工作这一事实，而是来自她们与男性在同一封闭空间内进行工作。在国家官员和精英的话语中出现了两种形象："职业女性"和"非职业男性"。这两种形象都与社会秩序的概念相矛盾。

---

[8]　本文中，阶级强调的是一种关系的意义。关于历史上的阶级概念的争论，请参见 William M. Reddy, "The Concept of Class," in *Social Orders and Social Classes in Europe since 1500*, ed. M. L. Bush (London, 1982)。

工作空间的创造：皇家烟草制造厂

烟草专卖公司成立于 1765 年，由波旁官员组成的官僚团队进行管理，该团队拥有一名总司（*dirección general*）。烟草成为殖民地最大的产业之一，与银矿和纺织业并列，雇佣人数近 2 万。烟草收入居于银矿所缴纳的什一税之后，成为政府的第二大收入来源，在烟草生产高峰期，几乎占到 [50] 国家总收入的五分之一。新的国有企业成为唯一合法的烟草制品生产商。尽管这家垄断企业同时出售鼻烟和烟叶，但雪茄和香烟占其年销售额的 95%。

鉴于生产在垄断企业经营中的重要性，总司非常重视工人组织和行为。在 1769 年至 1780 年间，六家由国家管控的烟草工厂在瓜达拉哈拉、瓦哈卡、奥里萨巴、普埃布拉、克雷塔罗以及墨西哥城相继开业（墨西哥城的一家最大）。这些工厂代表了波旁王朝的改革者对于理想的殖民地工业的愿景：不受行会限制，以雇佣劳工为基础，为男性和女性提供相同的工作机会。总督安东尼奥·玛丽亚·德·布卡雷利（Antonio María de Bucareli，1771—1779 年在任）坚信工厂可以成为墨西哥城穷人的避难所。作为来访总司的何塞·德·加尔韦斯（José de Gálvez）则认为，这些工厂实现了与最好的福利院同样的目的。特别是妇女，她们可以通过在那里工作来养活自己，避免贫穷使得她们暴露在"无限的危险"（即卖淫）之中。[9]

烟草商店在将近十年的时间里被逐一关闭，使得工人们能够较好地适应重组。工厂向这些人保证，他们可以在工厂里找到其他工作，那些因生意被毁而心怀不满的烟草商也获得了高薪的终身高管职位。最后，改革者与工人

---

[9] AGN, Renta del Tabaco 49, Gálvez to viceroy, December 31, 1771.

联合起来共同创办工厂，使得工人们在垄断行业中也获得了相应的利益。

这些工厂通过灌输有纪律的工作习惯和有秩序的行为，成为波旁王朝推行改革以及控制民众的缩影。它强调对于权威的服从和尊重，正如以下对于工厂的描述所示："它为所有在那里工作的人提供了一所完美的学校，不仅指导他们完成任务，而且还教会他们一个文明人应具备的所有品质……工厂是一个培养诚实人的车间……因为在工厂里，每个人的生活都服从于命令的声音。"[10] 在官僚们的心目中，"好"的工人就是国家的忠仆。

[51] 从一开始，这家垄断企业就以家长式雇主的形象出现并表示愿意为工人们提供与私人企业同等待遇的工作。工人们给工厂起的非正式名字"国王之家"（*Casa del Rey*）以及"父王"（*El Rey Padre*）一词的使用都表达了他们对于家长式权威的看法。工作条件和组织也在多个方面体现了垄断企业的家长制。工厂提供相对定期的工作。每周和每年的工作时间虽然有所波动，但现存的时间表显示，相对固定的工作时间是一周六天，中间穿插着宗教节假日。[11] 工人可能被解雇的时期正好是卷烟纸供应短缺或生产水平调整的时期。在雪茄和香烟的产量出现波动和减少的时候，管理层并没有选择裁员，而是按比例分配生产配额，让每个人都能挣到一些钱。如果需要关闭工厂数天或数周，垄断企业会向工人提供贷款作为预付款。由于需求曲线持续上升至 19 世纪的第一个十年，相对来说，有规律的生产确保了一些男男女女得以如愿进行有规律的工作。此外，工人们经过垄断企业的批准，建立了他们的联盟——康科迪亚（*Concordia*），以提供基本的疾病和丧葬保险。最后，工厂要求工人将任何申诉或要求提交至管理部门以寻求解决办法。

---

[10] AGN, Renta del Tabaco 49, Manifiesto que se hace en defensa de las fábricas de cuenta de S.M. en su Real Renta del Tabaco de Nueva España, sus utilidades, y bien común de la gente operaria, de ambos sexos que trabaja en ellas y sus qualidades contra el equivocada concepto del Real Tribunal del Consulado de Mexico（以下统称为 Manifiesto en defensa）.

[11] AGN, Tabaco 356, Razon de las tareas ... , accountant-general, July 23, 1781.

当然，这种家长式作风并没有阻止总司实施改革，这些改革以牺牲工
人的利益为代价，或利用国家（在极少数情况下，包括军队）和教会的权
力来控制工人，从而提高垄断企业的盈利能力。18 世纪 90 年代，随着香烟
及雪茄卷制工计件工资的逐渐降低，垄断企业却被证明是最缺乏家长制作
风的。[12] 和许多其他城市工人一样，烟草行业的工人也受到了殖民地晚期
通货膨胀的影响。垄断企业逐渐废除了许多非货币福利（尽管并非所有），
比如巧克力"红利"和工作时抽的免费香烟，这些都是 18 世纪 80 年代和
90 年代的香烟及雪茄卷制工享受的传统福利。与此同时，管理层开始对浪
费烟草或卷烟纸的工人处以罚款。从长期来看，国家从垄断行业中获得的
收益是相当可观的。波旁王朝的官僚们所管理的这个行业的利润从 100 万
比索增加至 400 万比索，香烟的产量也从 4,000 万包增加至 1.2 亿包。

　　波旁王室的目标是创造一个作为替代空间的工作场所，但是杜绝出现街
道上的那种混乱。如此一来，工厂和社会纪律就变得不可分割了，正如那些
旨在鼓励工人养成勤勤恳恳、任劳任怨、节制服从等好习惯的规章制度所体
现的那样。[13] 因此，规章制度重点关注的是守时（规定到岗和离岗的时间）、
认真工作的态度以及对于上级的服从。他们禁止任何不道德的行为并对偷窃
垄断材料、酗酒、违抗命令、散布谣言、赌博、在工厂玩扑克牌和其他"可
耻的"行为予以处罚。处罚的内容包括限制生产配额、对浪费的材料进行补
偿、暂时停止工作以及永久禁止在任何国有烟草制造厂就业。[14]

[52]

---

[12]　不仅管理层人员的薪资有所提升，部分工人还通过个人请愿书提高了自己的工资。关于这
　　　部分的详细讨论，请参见迪恩斯 – 史密斯（Deans-Smith）所著《官僚、种植园主和工人》
　　　（*Bureaucrats, Planters, and Workers*）一书的第 6 章。

[13]　参见理查德·普赖斯（Richard Price）在《英国社会中的劳动力：解释史》（*Labour in British
　　　Society: An Interpretive History*，London, 1986）一书中提出的类似讨论（第 39 页）。

[14]　AGN, Tabaco 146, Ordenanzas de la Real Fábrica de Puros y Cigarros, June 15, 1770; Renta del
　　　Tabaco 67, Prevenciones de la dirección general, que deben observarse exactamente en la fábrica de
　　　puros y cigarros de esta capital, asi en las oficinas de hombres, como tambien en las de las mugeres
　　　mientras no haya nuevas ordenes que deroguen algunas, March 20, 1792.

　　规章制度还延伸到了工人的日常仪容与衣着，这是第二任雷维亚希赫多伯爵胡安·比桑特·德·格梅斯·帕切科·帕迪利亚（Juan Vicente de Güemes Pacheco y Padilla）积极改革的结果，也是出于他对统一着装的极端嗜好。部分工人的着装使他感到非常震惊（鉴于工厂是一个又闷又热的地方，这是一种有关道德而非实用性的观念），因此，他命令墨西哥城工厂的所有工人以及为工人提供食品的商贩穿着规定的衣服。那些不符合规定的工人将承受被拒绝进入工厂的风险，直到他们穿上了符合要求的衬衫、长裤、袜子、帽子和鞋子。服装的费用总计 23 比索 4.5 雷亚尔。这些费用会在 4 个月内以小额分次扣除；一旦累积到所需的金额，管理员会以汇票的方式将钱款返还给工人，用于购买必要的工作服装。对于令人反感的命令，工人们很少保持沉默，但是他们却没有对上述规定表达过任何愤怒。确实，总司也曾向总督报告说："让这些工人穿着得体地工作，这是新西班牙从未做过的事，他们因此发生了改变，现在的他们就像新来的工人一样。"[15]我们尚不可知，在其后的几十年里，关于着装的规定是否始终有效。但是，这一规定很可能证实了人们对穷人的态度，正是这种态度促使总督想要让制造业工人较为"体面地"出现在公众面前。[16]

　　从长远来看，政府似乎并不满足于对这些雇佣工人的规训。尽管如此，

---

[15]　BN, México, MSS 1338, "Para vestir a la plebe de la ciudad de México, 1790–1792," ff. 15–43; Norman F. Martin, "La desnudez en la Nueva España," *Anuario de Estudios Americanos* 29 (1972): 15.

[16]　关于"正确着装"的皇家法令于 1799 年 12 月 13 日和 1801 年 4 月 16 日重新发布。该法令不仅适用于烟草厂的工人，同时也适用于铸币厂和海关的雇员、同业工会委员会（*juntas de gremios*）、兄弟会（*confradía*）或共济会（*hermandades*）、市政府以及印第安人社群委员会成员。该法令还规定，任何衣着不当者将不被允许参加工作或出席上述机构的会议。该法令同样适用于街道上的行人以及出入公共场所、节日庆典和宗教场合的所有人。违令者将面临入狱八天的惩罚。AAAM, vol. 383, Artesanos y Gremios, ff. 78–79. 参见斯图尔特·伍尔夫（Stuart Woolf）关于外在表象在建构贫困及穷人的形象中所发挥的重要作用的讨论，他指出，服装"质量以及奢侈程度可能会根据社会关系的等级而有所不同，但是恰恰因为其在家庭外部（甚至内部）的可见性，服装象征着隐藏贫穷迹象的决心"。"Order, Class and the Urban Poor," in *Social Orders and Social Classes*, 192.

在五十年的时间里，烟草工人几乎没有制造过任何重大冲突或街头暴力，除了 1780 年和 1782 年的两次罢工和 1794 年一次集体抗议。如此说来，殖民地政府似乎设法通过谈判解决了潜在的冲突。然而，许多关于工人"无序"性的描述依然存在，这些描述显然源自垄断行业的官僚们对道德和秩序的当下期望与定义。工厂的管理者不仅需要确保工人们不会频繁地上街游行，他们还应该表现出顺从和屈服，以及在工作中的某些技巧。19 世纪初，总督费利克斯·贝伦格尔·德·马基纳（Félix Berenguer de Marquina）将墨西哥城工厂的员工描述为"4,000 名男女工人，其中大多数人都缺乏教养、傲慢、躁动、难以控制并且心怀不满"。因此，从总司的角度出发，他们生产的雪茄和香烟的质量都十分糟糕。他在 1817 年的一份报告中指出，产品的质量仍然远不如预期，由于消费者转而购买走私品，所以垄断行业的利润在不断地下降。[17]

[53]

墨西哥城的烟草厂工人

探究工人们对于这些强行实施的纪律与其他规定的反应之前，我们有必要考察墨西哥城烟草厂工人的规模和组成，以及政府对烟草厂的看法。到 1790 年，烟草工人约占墨西哥城从事经济活动总人口的 12%。[18] 以另一种

[17]　AGI, México 2294, Marquina to Crown, February 26, 1802; AGI, 2302, report of director-general, November 10, 1817.

[18]　Amparo Ros, "a real fábrica de puros y cigarros: organización del trabajo y estructura urbana," in *Ciudad de México, ensayo de construcción de una historia*, ed. Alejandra Moreno de Toscano (México, 1978), 48. 罗斯（Ros）使用的墨西哥城劳动年龄总人口数为 60,999 人。

方式衡量，在 18 世纪晚期的墨西哥城，烟草厂共雇佣了 12,697 名（55.1%）
从事工业生产的工人，他们赚取的都是货币工资，其次是 380 名（12.8%）
纺织车间工人以及 9.3% 从事食品生产的工人。[19] 垄断行业的官员们对依赖
工厂工作的人数进行评估时，不仅计算了实际雇佣的人数，还计算了所帮
扶的家庭成员的人数。计算的方法是将工人人数翻倍（即算上预估的两名
受抚养者），共计最少 20,000 人。[20] 如果根据 1790 年的墨西哥城总人口数
（112,926 人）计算，那么近五分之一的城市居民都在某种程度上依赖于烟草
厂的工作。[21] 考虑到这一点，我们就可以理解总司在执行新政策或策略以提
高产量时的谨慎态度，以及殖民地政府关于避免社会冲突与对抗的愿望。

　　烟草厂的工人有着各种各样的社会背景：从以前的烟草商店老板及其
雇员、来自工厂所在城市的生手和半生手男女工人、居民和移民，到那些
得到（总督或总司授予退休官员或其亲戚的）恩惠性职位的人。对于劳动
力的划分是以性别、婚姻状况、社会阶层、种族和技能作为依据的。前烟
草商店的老板及其家属构成了"大部分……在工厂（fábrica）工作的人（包
括儿童）"，一位总司如是说道。[22]1811 年，一份关于墨西哥城烟草厂工人
的样本表明，大多数的男性工人为已婚男性。相比之下，大多数的女性工
人（72%）都是单身或丧偶，这一数据说明贫困妇女在烟草行业的集中度
越来越高。[23] 当时的观察员指出，这些工厂就像磁铁一样吸引着来自周边

[19]　Jorge González Angulo Aguirre, in Tables 2 and 3, *Artesanado y ciudad a finales del siglo XVIII* (México, 1983), 14–15.

[20]　AGN, Tabaco 241, Díaz de la Vega to viceroy, July 10, 1795.

[21]　墨西哥城总人口数来自于 Enrique Florescano, *Precios del maíz y crisis agrícolas en* México, 1708–1810 (México, 1969), 171。

[22]　AGI, México 2264, Díaz de la Vega to Ex. Sr., January 22, 1798.

[23]　加布里埃尔·布伦·马丁内斯（Gabriel Brun Martínez）使用 1811 年人口普查中 1,753 个香烟卷制工的样本进行分析，参见 "La organización del trabajo y la estructura de la unidad domestica de los zapateros y cigarreros de la ciudad de Mexico en 1811," in *Organización de la producción y relaciones de trabajo en el siglo XIX en* México (México, 1978), 147。

乡村的移民。何塞·德·加尔韦斯甚至声称，墨西哥城的烟草厂导致了该市人口的"罪恶式增长"，因为"它已经、正在并且还将吸引许多贫困家庭来到首都"。[24] 最近的研究表明，烟草厂雇佣的工人都是墨西哥城的低收入和无业居民，而不是外地移民；估计有 69% 至 76% 的烟草厂工人来自首都。[25] [54]

烟草工的种族制图显示，大多数工人为西班牙人（主要是克里奥尔人）和混血人种。在墨西哥城的烟草厂里，监工和守卫的职位由半岛人和克里奥尔人担任。1811 年，在墨西哥城工作的 1,753 名香烟卷制工由 67% 的西班牙人、16% 的印第安人和 15% 的混血人种组成。[26] 工厂的官员们很少在针对工人的一般性描述中提及种族特征；相反，他们会使用阶级术语，例如无处不在的"平民"或劳工（operarios）。[27]

这些工厂体现了一种劳动力的大规模集中结构，其核心管理人员是赚取固定工资的精英，他们以按件付酬的方式实现对于大量的生手和半生手工人的组织和管理。在鼎盛时期，墨西哥城的烟草厂雇用了近 9,000 名工人。尽管劳动分工是以职业作为依据，但是香烟和雪茄卷制工仍占雇佣人员的绝大多数：国有工厂的工人基本是以手工操作为主。那里的劳动组织

---

[24] Michael C. Scardaville, "Crime and the Urban Poor: Mexico City in the Late Colonial Period" (Ph.D. dissertation, University of Florida, 1977), 52.

[25] Brun Martínez, "La organización del trabajo," 147.

[26] 罗斯关于 1800 年墨西哥城人口普查（padrón）的分析表明，在 7,074 名制造业工人中，只有 525 人（7.4%）拥有印第安人血统。她计算出这些人占了计件工人总数的 7%，相当于印第安工人总数的 88%。此外，印第安人并没有出现在管理人员之列。Amparo Ros, "La real fábrica de puros y cigarros," 52−55; Brun Martínez, "La organización del trabajo", 147.

[27] 毫无疑问，种族因素在制造工厂工人之间的敌对情绪方面发挥了一定的作用。1819 年，瓜达卢佩一家小工厂的女领班（maestra）就一项法令向总督提出了申诉，该法令规定，"低等"（即下层和混血人种的）女工在任何情况下均不得被提升到更高的职位。尽管阶层和种族在这里被混淆了，但是种族仍然构成了矛盾的焦点，因为该法令还涉及了一部分西班牙战争寡妇在墨西哥城工厂被授予职位（作为其丈夫死亡的补偿）的问题。这一事件的结果尚不可知，但案例本身就已经说明了问题。AGN, Tabaco 167, maestras mayores to viceroy, Nov. 5, 1819.

非但没有造成劳动力的同质性，反而推动了基于职业团体（*cuerpos*）的新认同和新边界的产生。

职业团体的组织和运作围绕着不同的生产任务，如卷包、裁切、滚压、贴标和包装。而这些组织（不同于康科迪亚）的出现不仅代表着工人对工厂管理的不满，还造成了工厂内部局势的紧张，鉴于工人们因为康科迪亚的会员身份而聚集，却又因为职业团体被再次分隔（根据他们的生产任务）。即使是最庞大的香烟卷制工团体也没有因为工厂内部的劳动分工而实现平衡。或许是因为管理者失去对于工人的控制，技能的稀释以及对于自身地位的重新评估，富有经验的香烟卷制工将自己标榜为不同于那些后期受雇的街头人士（*de la calle*，字面意义为"来自街道"，指生手工人）的专业人士（*de la profesión*，指技术纯熟的工人）。那些自称专业人士的工人们曾多次强调这一区别，用以说明（当他们意识到那些被归类为街头人士的工人们仍被雇佣时）他们对于工作配额减少的抱怨是合情合理的。[28]

[55]   纪律与工人的回应

工厂的规章制度超越了工作场所的限制，要求对工人的道德和社会习俗进行改革，这一政策在很大程度上干涉了他们的生活。[29] 工人们对改革

[28] AGN Tabaco 358, accountant-general to director-general, September 11, 1797.

[29] 关于反对"大众文化的某种特定形式"的欧洲改革案例，参见 Hans-Ulrich Thamer, "Journeyman Culture and Enlightened Public Opinion," in *Understanding Popular Culture: Europe from the Middle Ages to the Nineteenth Century*, ed. Steven L. Kaplan (Berlin, 1984), 227。

的不满反映了一种潜在的担忧，即他们是否有能力按照自己的意愿生活，而不是按照殖民地政府的命令生活。这些争议，或明或暗地，都与活动、时间管理以及它们如何影响工人的生存能力有所关联。

工厂的规章制度要求工人进行有规律、有秩序的工作，然而日常的实践却暗示着全然不同的情况，比如雇员试图操控工厂的时间与空间以获取最大的利益。计件付酬为主的工作模式为工人们提供了时间管理的高灵活度，尽管垄断行业的官员们在讨论工人"无纪律"与"不牢靠"的本性以及强制推行良好工作习惯所面临的问题时，似乎没有考虑到这种灵活度。工厂管理员报告说，根据登记的工人数量，一天共分配约 4,900 个工作任务（*tareas*），但是完成的数量不到 3,600 个，剩下 1,300 个未完成，这是因为"工人们总是持续且自发地无故缺勤"。根据总司的说法，到 19 世纪初，由于部分工人出勤的随意性，生产水平始终不稳定。[30]

不良的工作习惯在很大程度上归咎于男性香烟卷制工。总司着重提及了这些男性工人的"懒惰无能"，主要体现在他们不断地移居以及抛弃"自己的灵魂和家庭，致使［女人］失去了父亲、丈夫、兄弟或儿子"。[31] 这些官僚作风的描述只字未提工人的旷工率，但是考虑到香烟的年产量，旷工率无疑比报告所显示的要低得多。例如，男性管理者的职业生涯模式恰恰相反；那些在墨西哥城工厂工作了二十年的人员之中，有些人一开始是香烟卷制工，后来被逐步提升至主管的职位。[32] 但是垄断行业的官员

---

[30]　AGN, Tabaco 241, Díaz de la Vega to Viceroy Azanza, March 31,1799.

[31]　AGI, México 2264, Díaz de la Vega to Ex. Sr., January 22, 1789.

[32]　有关工人流动率以及工厂常规出勤率的进一步讨论，参见 Deans-Smith, chapter 6, *Bureaucrats, Planters, and Workers*。显然，工作纪律的问题并不局限于烟草工人。制革公会（*gremio de zurradores*）的领班（*maestro*）抱怨其员工（*oficiales*）的目无法纪（*libertanije*），往往表现为缺乏宗教信仰和尊重、酗酒、抛弃家庭以及挥霍无度（从员工对领班的欠债情况可知）。AAAM, vol. 383, Artesanos-Gremios, maestros veedores del gremio de zurradores to juez de gremios, 1804, ff. 47–50 v.

们的看法和期望却掩盖了现实。他们的报告集中关注了男性香烟卷制工
的不牢靠，而该观点被用来作为只雇佣女性的理由——这一点稍后会加以
讨论。

[56]

为了更好地管理自己在工作场所的时间，工人们想出了一种名为
"租用者之声"（*la voz de fletes*）的策略，他们将工作任务转移给租用者
（*fleteros*，通常是儿童、没有经验的工人或亲戚），且租用的花费总是低于
工作任务的总估价，因而他们可以将两者的差额收入囊中。当租用者开始
工作时，"雇主"便会离开工厂去处理其他事务，再及时返回布置新的工作
任务，"这些人在没有付出任何劳动的情况下获取了利益"。对于上述做法
的一再禁止说明了它的普及性和持续性。[33]

为了阻止总司废除康科迪亚，工人们展开了一场漫长的法律斗争并最
终获得了胜利，这也是工人与垄断行业管理者之间关于时间和活动控制所
进行的众多斗争之一。从 1770 年到 1793 年，康科迪亚的管理者成为被攻
击和调查的目标。实际上，自联盟成立以来（1770 年至 1783 年期间），联
盟委员会的部分成员确实出现了滥用和盗用资金的行为。总司和工厂的管
理者要求立即废除康科迪亚，他们认为联盟成员（*concordantes*）始终无法
获得与自己所缴纳的会费相当的福利，同时指出大多数工人既不想也不能
从联盟的运作中受益。[34] 有证据表明，针对资金管理不善的指控背后是总
司对于联盟成员所形成的集体力量的惧怕，因为这种力量使得工人们"拥

---

[33] AGN, Renta del Tabaco 67, directorate-general to Romaña, Betasolo, September 2, 1791; 同前, Preve-
      nciones de la dirección general, que deben observarse exactamente en la fábrica de puros y cigarros de
      esta capital, March 20, 1792.

[34] AGN, Tabaco 500, fiscal Ramón de Posada, April 30, 1781. 总司在 1781 年 4 月 3 日、6 日以及
      1783 年 2 月 13 日多次主张废除康科迪亚。参见 AGN, Tabaco 500, Bataller, assessor-general, July
      24, 1781。

有了一种倾向于发起（人们试图避免的）运动的声音"。[35] 在管理者的威胁之下，工人们依然在递交给总督的一份声明中概述了避免滥用职权的必要改革：重新选举委员（councillors）以监督资金的筹集、管理和投资；以及重申工人们选举管理者的"权利"。他们还要求把存放资金的箱子从工厂搬至圣胡安·德·迪奥斯医院（Hospital de San Juan de Dios），并且保留他们决定生病时留在家中还是住进医院的"权利"。[36]

1791 年，也就是调查启动的十年之后，雷维亚希赫多总督做出了有利于康科迪亚的裁决，并下令立即实施修改后的规定，防止进一步的职权滥用。虽然殖民政府开始重视它在基督教和道德上的责任，愿意保护穷人并鼓励他们改善自己的生活，但它这么做仍然是为了自己的利益。对于这些规定的修改同时意味着总司采取的一项举措，即利用康科迪亚将有规律的工作习惯强加于工厂的工人。根据新的规定，能否享受康科迪亚的福利越发取决于工作的规律性以及工作时间的长短。只有在工厂工作了八年或以上的工人才可以享受抚恤金，此外，只有工龄满一年或以上的工人们才能申请其他所有福利。那些暂停工作一个月或以上的员工就失去了他们[57]的福利，就算他们已经缴纳了每周的会费。如果他们选择返回工厂，"福利"的启动时间必须从他们返回的当日开始计算。那些年复一年定期上班的工人获得了贷款的资格、生病期间的每日收入以及拥有体面葬礼的保证；而那些没有定期上班的工人就会发现自己被排除在了联盟所提供的福利之外。[37]

对于康科迪亚以及殖民地国家允许其继续存在的决定的解释各不相同。

[35] AGI, México 2264, director-general to viceroy, 1797; AGN, Tabaco 500, Testimonio de los Autos formados sobre extinción de la Concordia.

[36] AGN, Tabaco 500, cuerpo de operarios de varias clases to Ex. Sr., June 11, 1781.

[37] AGN, Tabaco 500, Testimonio de los Autos formados sobre extinción de la Concordia; AGI, México 2313, Viceroy Revillagigedo to Conde Lerena, July 27, 1791.

一些历史学家认为，它成了垄断的"工具"，用以支配和控制工人。[38]为了
证明康科迪亚被用于加强控制工人活动以及提高工人的出勤率，我们还需
要进行另外两项考察。首先，修改后的规定并没有遭到强烈的反对，这或
许说明该规定获得了那些规律工作的男女工人的赞同，他们希望从自己所
缴纳的会费中获取好处，同时也希望资金的管理能够更加公正透明。此外，
对于工人来说，鉴于康科迪亚增强了工人的独立性，它超越了改革规定的
范畴并拥有了更为广泛的象征意义。在他们看来，关键的问题在于对制度
和个人空间的控制能力。上文提及的两个要求说明了工人们的担忧——康
科迪亚的金库从工厂被移至圣胡安·德·迪奥斯医院以及工人们有权选择
生病时的疗养地点。虽然金库最终仍留在了工厂，但是工人们成功地保留
了在医院或家中接受治疗的选择权，换句话说，他们行使了对于自身行动
的支配权。

如果这些做法反映了工人们关于什么是公平的时间分配以及根据自己
的需求（而非垄断行业的需求）合理利用时间的想法，那么它们同样可以
被用来理解工人们对于垄断行业材料的使用。到目前为止，最普遍也最具
有争议的行为就是工人们对于卷烟纸和切碎烟草的盗取。尽管每天都有警
卫进行搜查，但工人们仍然有大量的机会盗取少量的烟草和卷烟纸，他们
将这些烟草和卷烟纸拿到街上以人们愿意支付的任何价格进行售卖，用来
弥补计件工资的不足。一个盗取卷烟纸的工人可以选择把卷烟纸卖掉、以

---

[38] 罗斯认为，康科迪亚的出现是为了回应捍卫家庭经济的需求，同时也伴随着工厂对于工人产生
      的影响，在此过程中，康科迪亚成为了工厂管理体系的一个监督机构，而且它的出现从来不是
      为了捍卫劳工和工资权益、或甚至是改善工作条件。参见 *La producción cigarrera a finales de la
      colonia: la fábrica en* México (México, 1984), 82–83。关于将康科迪亚解释为旨在确保工厂劳动
      力再生产的国家剥削机制的观点，参见 José González Sierra, *Monopolio del humo (elementos para
      la historia del tabaco en México y algunos conflictos de tabaqueros veracruzanos 1915-1930)* (Jalapa,
      1987), 60–61。伊夫·阿吉拉（Yves Aguila）认为康科迪亚的出现为工会的成立揭开了序幕。参
      见 "Albores de la seguridad social en Mexico, 1770: La Concordia de la Manufactura de Tabacos,"
      Jahrbuch für Geschichte 24 (1987): 351–352。

货易货或者制造走私香烟。最大的损失源自工厂允许工人在家为次日的工作准备卷烟纸的做法，这并不令人惊讶。工人们用更便宜且极为粗糙的材料代替了上等的卷烟纸。对于那些认真对待工作的监工来说，想要发现这种行为一点也不困难。从垄断行业管理者的角度来看，这种行为相当于偷窃，他们会予以惩罚。从工人的角度来看，他们的"私自盗用"或许表明了 [58] 他们对于非货币的额外津贴的期望。

反抗与生存：一枚硬币的两面？

尽管官方就工厂的积极意义发表了言论，但鉴于这些工人一直以来的"不道德"和无序行为，部分垄断行业的官员及监管人员依然对于政权对工人的影响心存疑虑。1783 年，警卫和工头开始抱怨工人们越来越不服从命令以及他们在管理五千多人时遇到的困难。他们将工厂的生活描述为暴力的生活，而不是有秩序和纪律的生活："如果一名或几名工人在离开［工厂］时没有因为其他工人的殴打或伤害而流血，那实属罕见。"在 18 世纪的最后几十年里，工厂管理者关于增加警卫（甚至是军队）以管控这种不良行为的请求在不断增加，虽然也有一名管理者对于暴力的强度和频率并不以为然。[39] 不过，针对烟草工人的官僚式评价在很大程度上仍然是负面的，他们往往被描述为"无能的、充满罪恶的人""放荡的、反叛的"，以及"不

---

[39]　AGN, Tabaco 512, guards and maestros to director-general, June 17, 1783; 同前 , administrator to fiscal, July 3, 1783.

体面的、吵闹的人"。[40]

　　和那些有工作的欧洲贫困人口一样，烟草工人也成为"道德说教话语"的对象，该话语重点关注的是工人的贫穷与"奢侈"商品（尤其是酒类产品）和不规律的工作习惯之间的矛盾。墨西哥皇家法庭与审计法院的成员描述说："大多数人……缺乏健康意识与良好教育……虽然他们每日的计件工资确保了基本的生活所需，但其中的许多人更热衷于自我放纵，最常见的行为就是喝龙舌兰、甘蔗酒（aguardiente）或两者兼而有之，就算他们难以负担这些花费。"[41]垄断行业的管理者曾经问道："他们当中谁曾考虑明天、今天？"[42]以上描述可能包含着某些事实：烟草工人把赌博作为一种大众消遣，以至于香烟卷制工因赌博被捕的次数是纺织工（第二大工人群体）的两倍。[43]因此，工厂工人的相对贫困与他们对工作纪律的抵抗之间的明显矛盾值得深入研究。

　　这项研究或可厘清关于经济实践及其紧迫性以及社会认知的诸多问题。[59]与其他技术工人或低技术工人相比，烟草工人在工作中会表现得更加稳定，但他们也非常热衷于赌博、喝酒、观看斗牛表演以及旷工。考虑到工厂里庞大而多元化的劳动力，至少存在三种可能的解释。第一，一些工人很可能是懒惰的、挥霍无度的。第二，工厂管理者常常抱怨说，一些工人尚未完成一天的工作便早早地离开了，要么是因为他们家庭的总收入足以生存，要么是因为计件工作制的灵活性使得他们将工厂的工作视为一个相对安全的保障并试图寻求其他的额外工作。第三，一些工人可能并不完全依靠工资

---

[40]　AGN, Tabaco 411, administrator to director-general, September 8, 1780.

[41]　AGN, Tabaco 241, Real Tribunal y Audiencia de la Contaduría Mayor de Cuentas de México, March 9, 1796.

[42]　David Lome McWatters, "The Royal Tobacco Monopoly in Bourbon Mexico, 1764−1810" (Ph.D. dissertation, University of Florida, 1979), 160.

[43]　Scardaville, "Crime and the Urban Poor," 21.

维持生计。

　　回顾一下迈克尔·索恩舍尔（Michael Sonenscher）关于 18 世纪法国工人的假设。他认为，生存（即使是勉强生存）只是部分地取决于工资收入。只有当人们意识到吃、喝、住、行以及其他消费行为并不完全以工资作为基础时，奢侈与淫逸之间的悖论才能被理解，因此，"生计与人们颠覆工资率所体现的时间经济并根据不断变化的需求经济对其进行重新定义的能力息息相关"。[44] 换句话说，生活必需品并不都需要用钱来购买。我们并不知道烟草工人的收入中有多少来自他们在工厂赚取的工资，尽管对于许多人来说，这份工资很可能是他们主要的收入来源。显然，工人们通过灵活地运用工作制度找到了无须走上街头便可以满足自身需求的方法。计件工作使得工人们可以自由地进出工作场所，这无疑是对于家庭经济与个人不断变化的需求做出的回应。鉴于垄断行业要求工人们保持有规律的出勤以及谨慎的工作习惯，尽管工厂的工作具有很强的规律性，但是工资的减少和裁员加剧了日常生存的不确定性，进而产生了与垄断行业相冲突的迫切需求。[45] 其结果是一系列相互竞争的经济需求的并存。垄断行业的管理者认为，对于命令的违抗不过是工人们为了确保生存（经济现实）而采取的策略，包括始终无法实现对于任何与职业道德相似的价值观念（社会认知）的内化。

---

[44] Michael Sonenscher, "Work and Wages in Paris in the Eighteenth Century," in *Manufacture in Town and Country before the Factory*, ed. Maxine Berg, Pat Hudson, and Michael Sonenscher (Cambridge, 1983).

[45] 关于时间与工作的建构，理查德·威普（Richard Whipp）总结道："重点在于不确定的结果。时间安排在工作经验中变得至关重要……个人或家庭的生活周期与更为广泛的经济活动之间的交汇点对于理解人们在总体上如何体验工作来说是非常关键的。""'A Time to Every Purpose': An Essay on Time and Work," in *The Historical Meanings of Work*, ed. Patrick Joyce (Cambridge, 1987), 222.

请愿和抗议

[60]　　工人向工厂管理部门提交请愿书或书面申诉的权利是工人与垄断者之间的重要安全阀，这缓解了紧张的局势，避免了冲突的形成。这些纠纷解决程序借鉴了西班牙政府长久以来鼓励谈判和协商的传统。[46] 出于各种各样的原因，工人们以团体或个人的身份提交了大量的请愿书，而这揭示了工人与垄断者之间存在的五大类冲突：时间管理与工作纪律、监管人员的徇私舞弊及职权滥用（包括恐吓与身体虐待）、工资水平、惯例的违背（非货币额外津贴的提供，原材料的获取）、雇佣的方式（包括不公正解雇与裙带主义）。工厂管理者抱怨说，每天涌来的大量投诉和请愿书给他造成了沉重的负担，这些不满主要集中在"对于他人或者我的诋毁……因为我拒绝答应他们的要求"。[47] 即便考虑到可能存在某种程度的夸大其词，管理人员的抱怨依然表明工人们相信了老板所说的话。

　　行政长官从未赞许过工人对于既定程序的使用，而是将他们的不满解读为有关穷人无序、无礼的"天性"的进一步证据。这些行政长官的态度反映了他们对于工人面对日常变化所做出的消极反应的评估，进而影响了工厂管理层的决策。1781 年针对康科迪亚资金滥用的调查就是最好的例证，这项调查开始时恰逢圣周。正常情况下，工人们会在节日期间获得贷款，但是总司辩称，由于正在进行的调查，工厂暂时不得提供任何预付款。行政长官警告说："考虑到这些人的性格与思维方式……我们将会面临一场针对总司或皇宫的骚乱，以要求获得贷款。"行政长官几乎不关心该行动是

---

[46]　John Leddy Phelan, "Authority and Flexibility in the Spanish Imperial Bureaucracy," *Administrative Science Quarterly* 5, no. I (June 1960): 47–65.

[47]　AGN, Tabaco 482, Puchet to director-general, August 12, 1794.

否正当——他关心的是如何最好地避免冲突。工人最终获得了贷款。[48] 垄断者并不总是批准工人的请愿书，工人们也不总是走上街头进行抗议。这表明，工人普遍认可做出此类决定的权威机构及其合法权利。当然，妥协存在限度，不满的情绪也不可能总是通过工厂范围内的谈判和请愿来解决。有时，工人们的街头抗议（其实质为"通过骚乱的方式实现协商"）扰乱了公共秩序。[49] 这种争端在很大程度上反映了时间、地点和材料管理方面的冲突，同时也反映了作为国有企业的烟草专卖公司与工人的家庭经济在经济迫切需求方面的冲突。

　　第一次骚乱事件发生在 1780 年 9 月 6 日，当时，来自墨西哥城工厂的 [61] 200 名工人在总督府前游行示威，以抗议工作量的增加，根据他们的说法，工作量的增加并没有带来工资的提高。[50] 第二次骚乱事件发生在 1782 年 12 月 30 日，工人被勒令回家，以便进行库存的全面盘点。顿时，"喊声四起，他们纷纷涌向宫殿……人群不顾警卫的阻拦，冲进宫殿并占领了庭院、楼梯和走廊。异常的声响引起了总督马约尔加（Martín de Mayorga）的注意，为了尽快缓解矛盾……他命令工厂管理者允许工人们继续工作。工人们因此得到了安抚，欣然地接受了这项指令"。[51]

　　至少从殖民地国家的角度来看，最严重的一场冲突发生在 1794 年，也就是所谓的卷烟纸骚乱（Paper Riot）。引发这场骚乱的改革旨在实现垄断

---

[48]　AGI, México 2313, Isidro Romaña, Perez de Acali to director-general, April 9, 1781. 可与汤普森的论文相比较："The Moral Economy of the English Crowd in the Eighteenth Century," *PP* 50 (February 1971): 79。

[49]　Catharina Lis and Hugo Soly, "Policing the Early Modern Proletariat, 1450–1850," in *Proletarianization and Family History*, ed. David Levine (New York, 1984), 212.

[50]　在其他地方，来自普埃布拉工厂的工人们提交了请愿书以示抗议，克雷塔罗的工人们则走上的街头，试图阻止他们的同事进入工厂。参见 AGN, Renta de Tabaco 2, viceroy to director-general, September 6, 1780。

[51]　AGN, Tabaco 241, Díaz de la Vega to viceroy, July 10, 1795.

企业的合理化生产，以减少盗取和浪费卷烟纸的行为，但工人们对此异议颇多。卷烟纸来自西班牙，战争和禁运导致了运输的中断，工厂不得不更加有效地使用和储存卷烟纸。工人的"私自盗用"以及生手在滚压过程中的浪费加剧了卷烟纸的短缺问题。为了更好地实现管控，工厂将准备卷烟纸安排为香烟卷制工每天早上的第一个任务，而不再让他们每天晚上在家中自行准备次日的卷烟纸。墨西哥城的工厂禁止工人在晚上将卷烟纸带回家中，香烟卷制工照常提交了请愿书，以抗议该项命令并要求不予执行。对于上述请愿的拒绝引发了工人们的激进行为。1794年1月13日（星期一）的早晨，大约有1,400名男女，也就是四分之一的香烟卷制工人，在总督府前游行示威，高声要求废除该命令。目击者后来证实说，示威者站在工厂前，向那些老老实实前来工作的工人投掷石块。军队赶来驱散示威者，并将他们送回了工厂。据报道，所有人都在上午十点半之前回到了自己的工作岗位。

然而，工人代表们继续以"工人的名义"提交请愿书，以反对这项改革。男女工人一致表示，卷烟纸的准备过程简单但费力，而且一个工人（在不损伤自己的手指和肩膀的情况下）是无法在同一天完成滚压和卷制这两项工作的。在家人的帮助下，卷烟纸的准备时间可缩短至几个小时到一个半小时不等。工人代表们承认存在盗取卷烟纸和使用劣质卷烟纸代替优质卷烟纸的情况，但他们也指出了这种做法的缺点：劣质的卷烟纸增加了工人的工作难度，进而阻碍了工作任务的完成。

[62]

该请愿书使总司着手调查这项拟议改革对于工人和香烟产量的影响。工厂管理者认为，从长期来看，生产率会下降，产品质量也会下降。日常工作开始之前对于卷烟纸的制备给工人们带来了沉重的负担，如果想要维持正常产量，他们将会精疲力尽，甚至累病。抗议爆发的两周之后，管理层决定撤销该项指令并再次准许卷烟纸的家庭制备。工人代表们恭敬地向国王表示感谢："我们只能用缄默表达谢意。对于像您这样崇高的君主来说，没有任何语言比缄默更有意义。"[52]

工人们或许认为这是对自身家庭经济的捍卫。他们在家人的帮助下进行卷烟纸的制备，不仅获得了可以增加收入的商品，还拥有了变通计件工作制度的能力，这使得他们能够灵活地管理自己的时间和活动，最大程度地满足自己与家人的需求。实施新制度的数月后，无论工人是否曾再次发起抗议，为了避免卷烟产量的下降，总司很有可能重新采用了原先的制备要求。以下是我们得到的两个结论：首先，对于抗议的处理表面上对工人有利，彰显了调查程序的公正性，消解了拟议改革产生的不确定性；其次，殖民地政府依然不愿意用社会的稳定换取经济的创新。1794 年以后，波旁王朝的行政官员再也没有尝试对工厂的生产组织实施进一步的改革，工人们也再没有举行过类似于卷烟纸骚乱的抗议活动。然而，作为管理层与工人之间日常谈判的一部分，请愿和争吵依然在继续。

性别与工厂重组

1794 年的卷烟纸骚乱证实了垄断行业的官僚们对于工人无序天性的最坏判断，而且工人的这种天性对社会的稳定构成了威胁。两年后，对于烟草工人骚乱再次爆发的担忧引发了关于废除烟草工厂或缩小墨西哥城烟草工厂规模的激烈而漫长的讨论。辩护者强调了可靠收入来源的重要性，进而提出

---

[52]　AGN, Tabaco 376, workers' representatives to director-general, n.d.

[63]   了一套权宜之计。考虑到 1796 年之前工人们的言行，墨西哥皇家法庭和审
计法院的法官认为有必要了解"骚乱"背后的原因。总的来说，烟草工人对
他们微薄的收入感到满意，而且"他们的观点和想法并没有涉及复杂的事业，
也无意破坏或扰乱良好秩序的规则"。三次骚乱事件表达了工人们对于那些
被认为不公平或不利于其工作和收入的决策的不满，虽然这些不满显然不能
被作为制造骚乱的借口。没有证据表明存在任何煽动或鼓励民众暴力反对国
王或政府的阴谋。官员们总结，如果管理得当，骚乱是可以避免的。为了防
止骚乱再次爆发，工厂管理者需要禁止职权的滥用并维持良好的秩序。[53]

　　尽管审计法院的法官们已经发表了自己的看法，但是工厂管理者仍然
希望通过减少墨西哥城工厂工人的数量以及改变其性别构成的方式实现更
好的管理。为了管理这些不守规矩的工人，总司采取了多项举措，其中的
一个亮点在于制定了工厂仅雇用女性的政策，尤其是作为香烟卷制工。该
政策被付诸实践：1795 年，女性工人占墨西哥城工厂总劳动力的 43%
（3,055 人）；到 1810 年，这一数字大约增长至 71%（3,883 人）。尽管墨西
哥城工厂的劳动力数量有所下降，但女性工人所占比例仍然证实了受雇女
性数量的绝对增加。[54] 针对上述变化的分析说明，职业身份不仅与个人技
能有关，还与女性的"自然"道德特征有关，这些特征被用来实现相关政
策的合法化。工厂管理者认为，香烟卷制工的工作非常适合女性，因为较
小的双手使得女性在工作台上显得更加灵巧，而且女性的服从性更高，不
易发生偷窃，而且迁居的可能性较小，从而提高了按时出勤率。一般来说，
女人的优越性仅仅体现在道德层面。此外，进入烟草工厂工作可以避免女

---

[53]　AGN, Tabaco 241, Report of Real Tribunal y Audiencia de la Contaduría Mayor de Cuentas de
　　　México, March 9, 1796.

[54]　总的来说，工人总数（包括监管人员和官员）从 1795 年的 12,013 人增长至 1809 年的 13,316
　　　人。1795 年，54% 的劳动力为女性工人；到 1809 年，该比例上升至 68%。参见 Deans-Smith,
　　　chapter 5, in *Bureaucrats, Planters, and Workers*。

性流落街头，甚至沦为妓女。任何关于垄断官僚主义动机的讨论都没有提到女性劳动力的成本较低，但可以肯定的是，18 世纪 90 年代（当工厂只雇佣女性工人时）香烟卷制工的计件工资率的大幅下降并不是一种巧合。

令人遗憾的是，由于证据的缺乏，我们无法得知工厂的女性工人对于新环境的反应，也无法与近年来关于车间女工的研究进行比较。例如，朱莉娅·卡尔维（Giulia Calvi）研究了美国女性与工作的关系，主要关注了 [64] "参与其中的女性是如何看待这种关系的，她们对于工人这个新身份的认知，以及她们对于时间、金钱和工作空间（工厂）的支配"。[55] 是否如卡尔维所说的那样，工厂的女性工人普遍认为"女性的团结和凝聚是工厂工作带给年轻女工人的第一个、也是最基本的发现"？[56] 也就是说，从社会与文化的角度出发，我们并不知道烟草厂的工作对于男性和女性来说分别意味着什么，由此也引发了一系列的疑问：烟草厂的工作如何影响着他们对于自己的看法以及对于彼此的看法？工厂是否真的为他们的人生提供了所有最好（或最坏）的可能？

毫无疑问，只雇用女性的决策受到了各种各样的影响，其中既有关于女性"温顺"性格的理想化观点，也有波旁王朝鼓励底层女性参与工作的政策。正如琼·瓦拉赫·斯科特所说："性别有助于……识别（和对比）抽象的品质和性格……这些品质和性格被编码为男性或女性的专属特质，然而它们与男人和女人的真实模样并不完全相关……当然，它们也不是与社会角色完全无关，鉴于它们提供了一些用于制定规则的概念，进而阐明了男女行为的局限性和可能性。"[57] 垄断行业的官僚们对于男女工人的看法与工

---

[55] "Women in the Factory: Women's Networks and Social Life in America (1900-1915)" in *Sex and Gender in Historical Perspective*, ed. Edward Muir and Guido Ruggiero (Baltimore, 1990), 200.

[56] Calvi, "Women in the Factory," 201.

[57] 引自 Palmer, *Descent into Discourse*, 第 179 页。

厂工人的日常行为之间存在一定程度的矛盾。对于女性工人可贵品质的理
想化忽略了妇女在日常工作中的各种行为。男性工人采用了许多反抗的策
略，女性工人同样也拥有充满挑衅的、"不得体"的行为，包括大吵大嚷、
互殴和游行抗议。然而，这些都不足以改变人们对于女性道德品质的看法。
同样地，关于男性工人"懒惰无能"的观念掩盖了那些在工厂里辛勤工作
了十年、十五年甚至二十年之久的男性工人所拥有的良好特质。尽管如此，
上述认知依然有助于确立关于性别角色的定义，这些定义被应用于政策的
制定。此外，刻板印象还可以被用来批评官方政策。事实上，性别并不总
是意味着对立或二分，虽然官方的行动或导致男女之间的对立，就像 1794
年以后墨西哥城工厂所采取的就业政策那样。

服从还是反抗？

[65]　　　在大多数情况下，持续的谈判和妥协，而非尖锐的冲突，才是垄断企
业与工人之间关系的特征。以下因素或可解释这种关系。首先，工厂提供
了谈判的机会。其次，工厂的家长式作风有助于转移冲突。再次，更广泛
的帝国目标（维持殖民地的社会稳定）促成了有利于工人需求的决策，反
过来也使波旁王朝政策的合法性和公正性得以延续。

　　这些解释侧重于一般的情况，但是我们还需要对新西班牙家庭经济与
地方社区生活进行更加深入的考察。尽管证据不足，但最近针对法国工人
阶级形成的探讨为今后关于墨西哥城市工人，特别是烟草厂工人的研究提
供了一些问题和方向。米歇尔·佩罗强调道："人们日益发觉空间是权力

游戏中的战略性要素，也是社会斗争中的筹码……艾拉·卡兹内尔森（Ira Katznelson）的论文尤其值得关注：居住场所与工作场所的分离是理解现代工人阶级形成的关键之一。"她进一步指出，工作场所和家庭之间的关系是"复杂的"，而且工人倾向于抵制新技术的引进，鉴于新技术可能会导致工作与家庭的分离。佩罗还颠覆了卡兹内尔森关于工业化早期阶段的假设："由于家庭仍然是主要的决策中心，所以家庭住所，乃至更广泛的地方社区（村庄或城市社区）构成了植根于社区结构与网络的大众自治的基础。"对于佩罗而言，家庭或社区的核心关联性或许部分地解释了早期"家长式"工厂工人的"顺从"。她认为，这是"一种用于整合劳动力的机制：它建立在对于家庭劳动权力的剥削之上，被输送至工厂围墙内，并伴随着家长式的责任得到加强……为了换取高度的顺从，这些体制为工人组成的稳定核心提供了有规律的工作和一定程度的保护……通过同化或恐吓的方式，一个完整的劳动力团体往往随之形成，该团体的服从性在很大程度上解释了工业化初期工厂工人的频繁缄默"。[58]

这些论点富有启发性，但是似乎无法完美地解释烟草工人的情况。正如上文所述，他们并没有参与许多抗议活动，也没有被证明特别好战，但他们也不能被描述为温顺的工人。也许，集体抗议的缺乏并不意味着 18 世纪的劳工是"顺从"或"不成熟"的，而是表明工人有能力向其雇主（殖民地政府）施加压力，并且在不诉诸集体抗议的情况下使得自身的要求得到满足。[59]

其次，佩罗的论证表明，家庭空间和工作场所之间仍然存在着紧密的   [66]

[58] Perrot, "Formation of the French Working Class," 83–84, 89–90.

[59] Michael Sonenscher, *Work and Wages: Natural Law, Politics, and the Eighteenth-century French Trades* (Cambridge, 1989), 367. 罗伯特·戴维斯（Robert C. Davis）在《威尼斯兵工厂的造船工人：前工业化城市的工人与工作场所》（*Shipbuilders of the Venetian Arsenal: Workers and Workplace in the Preindustrial City*，Baltimore, 1991）一书中提出了类似的观点。

联系。烟草行业从私人管理向公共管理的转变涉及了连续性以及机构组织与工作条件的相应变化。结果是，在私人作坊里开展的、与烟草生产相关的日常工作（虽然有所变化）很可能会在工厂内得以继续，由此连接了家庭空间与工作场所并降低了工作制度的影响力。工作场所与家庭空间之间最重要的桥梁也许就是上述的"家庭包工"实践——每天晚上，香烟卷制工都会将卷烟纸带回家中并在家人的帮助下为次日的工作做好准备。此外，管理者在工厂大楼里创办了一所女教师学校（*escuela de amigas*），负责照顾婴儿和年幼的孩子，最终实现了女性自工作第一天起就开始的非正规实践的正规化。由于工人们被允许将婴幼儿带至工作场所，同时还被允许在家里完成一天之中的部分工作，所以她们可以灵活地整合生产性劳动和家庭劳动，在一定程度上保持了与过去习惯的连续性。

　　居住模式表明，许多工人及其家庭集中居住在工厂附近的社区。克伦达罗的圣安娜（Santa Ana）曾经与"卑劣之人（*gente ruin*）和皇家烟草工厂的工人"联系在一起。[60] 对于不少工人及其家人来说，墨西哥城的圣卡塔利娜马蒂尔（Santa Catalina Martir）教区是一个受欢迎的社区，他们可以参加弥撒并前往当地的教堂进行忏悔。单身的烟草工人通常与已婚的工人同住于棚屋（*casas de vecindad*）。[61] 工厂在本质上和空间上都与工人的住所有所区别，但是两者之间的距离足够方便工人来回移动，从而实现"家庭与工作……以及社区的相互渗透"。[62] 对于某些工人而言，家庭住所始终是工作场所的一部分，这或许增强了他们的自主意识。这种特殊的关系应该得到保护，而且它可能对工人抗议的动机做出部分解释，以拟议的卷烟纸

[60] Ruth Behar, "Sex and Sin, Witchcraft and the Devil in Late Colonial Mexico," *American Ethnologist* 14, no. 1 (1987): 49. 另参见西莉亚·吴（Celia Wu）关于烟草工人居住模式的讨论："The Population of the City in Queretaro in 1791," *JLAS* 16 (1984): 277–307。

[61] Ros, *La Producción Cigarrera*, 70–75; Brun Martínez, "La Organización del Trabajo," 153.

[62] Perrot, "Formation of the French Working Class," 85.

制备改革为例，这一改革方案迫使家庭空间与工作场所之间产生了较大的分离，从而削弱了个人对于家庭经济管理的控制。

此外，我们还需要进一步分析家庭空间（社区）与工作场所之间的划分以及它是如何影响大众行动的。烟草工人的行动似乎集中在工厂之外，这证实了佩罗关于地方社区与大众自治之间关系的假设。针对卷烟纸骚乱的调查过程中，工人们的证词反复提到发生在工厂附近街区或社区、龙舌兰酒馆、地方教堂，甚至是地方医院里的商讨与请愿集会，一位生病的工人就是在医院无意透露了抗议者的计划。不过，证词还提到，工人们在工作场所分发请愿书，并且在工厂的墙上张贴批评管理者的海报。换句话说，罢工计划的组织与策划既发生在工厂的内部，也发生在工厂的外部。 [67]

很显然，人们利用了各种各样的空间。卷烟纸骚乱的策划与组织还表明，形塑工人政治行动的不仅仅是"空间"，还有更广泛的因素，特别是国家的政策与管理者的策略。最后，还需要考虑劳动力的构成以及工作场所和居住地之间的关联程度。工人的日常生存、交往与身份认同根植于各种将工作和家庭结合在一起的机制与社会关系之中并且受到这些关系的影响：例如，通过工厂内部的职业团体以及行业联盟——康科迪亚；通过家庭、社区、教堂和小酒馆。如果有什么特别的话，那就是工人的行为与阿尔夫·吕德克在关于19世纪德国工厂工人的研究中所提出的"我意"行为非常类似，工作经验与家庭环境又在此基础上推动了个人主义意识的形成。[63]这些关联使工人得以采取集体行动，但也造成了他们之间的社会分化。关于工作和工资的安排在劳动力内部制造了分化，地位、性别与种族的既有差异又加剧了这种分化，进而阻碍了工人之间形成更广泛的阶级认同。

---

[63] "Cash, Coffee-Breaks, Hórseplay," 65–96.

工厂与街道

一些国家官僚和精英人士对工人和烟草工厂提出了批评。这些抱怨有助于我们了解他们关于公共秩序的看法。在选取的案例中，对于烟草厂基本经济批评的诡辩本质构成了共同的要素；也就是说，它们被框定在一种说教的话语之中。墨西哥商委会严厉谴责了烟草工厂对经济及个人造成的不利影响："在奥里萨巴，瓦哈卡，普埃布拉，墨西哥城，克伦达罗和瓜达拉哈拉设立的工厂导致其他所有城镇失去了这项工作（香烟与雪茄的卷制工作）的从业者，不仅如此，许多家庭离开之前生活的城市，前往这六座被眷顾的城市之一工作。在那里，他们过着……极度放纵的生活，不[68] 再关注精神与世俗世界。"[64] 伯利恒会修士兼经济学家安东尼奥·德·圣何塞·穆罗神父（Padre Antonio de San José Muro）将墨西哥城工厂形容为一间"堕落之屋"，滋养着所有违反天主教教义的恶习："体面的家庭厌恶它，因为工厂内部发生的事情玷污了年轻男女的纯真与美好。他们祈求关闭工厂，避免年轻人一再堕落。公众抱怨工厂工人树立了不好的榜样，军队和农业部门则面临着劳动力短缺的问题，这些劳动力都被工厂浪费了。"[65] 墨西哥独立后，此类批评仍在继续。在 1822 年关于如何应对烟草垄断的讨论中，库务委员会成员表示："如果工厂仍然归属于私营部门，那个在今天凌晨 5 点（而不是早上 8 点）来到工厂上班的不幸女人……就不必拜托粗心的邻居照看她的儿子与房屋……请相信，这些工厂从过去到现在一直是帝国大部分卖淫活动的温床。"[66]

---

[64] AGN, Renta del Tabaco 49, Manifiesto en defensa.

[65] AGN, Tabaco 476, Project of Antonio de San José Muro, 1797.

[66] Memoría de la Comisión de Hacienda sobre la renta, April 30, 1822, 7.

总司（至少在官方声明中）对于这些指责与批评不以为意，他将那些品行端正、循规蹈矩的工人描述为："6,000 至 7,000 名每天从早上 6 点或 7 点工作至晚上 5 点或 6 点的男女工人。他们每天工作 11 至 12 个小时……面对如此艰苦的工作条件，他们大声地背诵玫瑰经以及其他天主教的祷告文。"为了丰富上述形象，总司还补充说，至少有 3 名工人离开工厂成为修女。[67] 或许，管理者想要强调工厂是一个修养身心的地方，同时指出工厂工人所拥有的优秀品格。

关于道德的含蓄讨论构成了这些反对观点的核心。官方的、理想化的版本将工厂描述为一个远离街头道德沦丧的庇护所，为建立一个有序的社会做出了贡献。相比之下，批评者则认为工厂是街道的延伸，街道的种种混乱与罪恶威胁着社会的道德以及公认的政治与社会秩序。后者的观点类似于人们对 19 世纪法国早期工厂的看法，关于道德的讨论集中于工作场所的男女："关于滥交的生动描绘说明工业城市缺乏良好秩序的典型特征：等级、控制与稳定性往往是男女之间传统关系的写照。"随着阶级的混杂（尤其是男女的混杂），一种隐含的（尽管没有被明确定义的）"平等"观念在街道、工厂及其与无序的联系之间得到了发展。两者都超越了家庭的监管范围，进而超越了既定的秩序与等级制度。[68] [69]

与琼·瓦拉赫·斯科特一样，林恩·亨特（Lynn Hunt）也论证了性别在意义建构与秩序思考方面的重要性："政治体系是依据各种须用来思考秩序的含蓄隐喻来运作的……事实证明，政治与社会的秩序取决于性别关系。"[69] 针对墨西哥城烟草工厂的批评并不局限于工作场所的男女混杂以及

[67]   AGN, Renta del Tabaco 49, Manifiesto en defensa.

[68]   Scott, *Gender and the Politics of History*, 151–152.

[69]   Lynn Hunt, in Linda K. Kerber et aI., (Forum) "Beyond Roles, Beyond Spheres: Thinking about Gender in the Early Republic," *William and Mary Quarterly* 3d ser., 46 (July 1989): 577–578; Scott, *Gender and the Politics of History*.

与无序、不道德有关的女性工人形象；批评者还提到了那些没有工作、懒惰无能的男性。两者其实都是在家庭与既定社会秩序和等级制度之外的非自然状态。尽管政府为女性工人创造了物理与概念（即合法）空间，但她们在殖民地社会仍然备受争议，甚至遭到了充满敌意的对待。既定的社会与政治等级制度的理想也包括服从与尊重。矛盾的是，烟草工人通过请愿书发出的"声音"似乎是工厂遭受批评的原因之一，而不是获得赞许的原因之一。此外，当卷烟纸制备改革被取消后，烟草工人决定用"缄默"表达对王室的谢意，他们的做法说明当代社会已经认识到"缄默"作为一种表达尊重的方式的重要性。即使工人们可以操纵语言——詹姆斯·斯科特（James C. Scott）将之称为公关文本的使用——但它仍然代表着上层阶级对于下层阶级理想行为的期望。[70]

结　论

由于烟草工人可以通过谈判和请愿来捍卫自己的利益，所以国家垄断行业的官员们强制实施纪律所产生的结果好坏参半。工人们或想要在工厂内外争取属于自己的空间，但是很少发生严重的街头冲突或暴力事件。抗议活动的相对缺乏和社会秩序的破坏（在很大程度上）既是工厂的劳动力构成和工作场所及社区条件的结果，也是国家的政策及其维持社会控制的

---

[70]　关于次等群体使用统治阶级的话语和修辞的讨论，参斯科特所著《支配与抵抗艺术：潜隐剧本》（*Domination and the Arts of Resistance: Hidden Transcripts*，New Haven, CT, 1990；中文版参：王佳鹏译，南京：南京大学出版社，2021）。

"能力"的结果。然而，这种平衡并没有改变精英或垄断行业管理者的想法，他们关于道德和良好秩序的观念不仅要求工人们必须默认并服从殖民地政府和教会的命令，还要求工人们自我节制并进行有规律的工作。他们还将许多烟草工人制定的生存策略解释为对于工作指令的不服从。就像法国的工厂一样，在墨西哥城的工厂中，性别默默地形塑了关于秩序的观念，这些观念关注的是（至少在体面的社会中）那些新兴的、不可替代的"女性工人"。没有工作的或不守规矩的男性也被识别出来，这些人的形象与劳动女性的形象都与传统的社会观念产生了冲突。与此同时，有关阶级与地位的理想使得精英阶层和殖民地政府开始关注穷人以及不服从"上级"的蛮横工人。 [70]

　　许多问题仍未解决。在更广泛的层面上，我们需要进一步了解殖民地社会对穷人（特别是有工作的穷人）的看法，包括贫穷的社会结构以及它们是如何随着时间而变化的。我们需要探索新的社会身份是如何在烟草工厂的男性或女性之间形成的，它们如何代表相应的工作身份，以及工人们如何定义自己的角色并表达自己的想法，以回应更广泛的政治文化以及他们所接受的道德教化。下述的一席话（即使不是来自一位"衣衫褴褛的慈善家"）恰当、清楚地说明了精英阶层对于秩序和纪律的关注，以及对于穷人的蔑视甚至恐惧："你是否愿意告诉我，那些像我一样生来贫穷的人到底犯了什么罪，以至于遭受来自富人和中产阶级的全方位压迫？" [71]

---

[71] "¿Quieren ustedes decirme qué pecado han cometido los que como yo nacen, vegetan y subsisten pobres, para que los ricos y los que tienen medianas proporciones los opriman por arriba y por abajo?" El Tocayo de Clarita, *Diario de México*, vol. 13, August 22, 1810.

04　圣像世界：殖民时期墨西哥城的崇拜、仪式与社会

克拉拉·加西亚·艾露阿尔多（Clara García Ayluardo）

历史研究所（Dirección de Estudios Históricos）

墨西哥国立人类学与历史研究学院（Instituto Nacional de Antropología e Historia）

　　关于文艺复兴时期的意大利城邦和墨西哥乡村社区的研究集中关注了作为民间和宗教文化发展中心的兄弟会。在众多学者中，詹姆斯·班克（James Banker）、理查德·特雷克斯勒（Richard Trexler）和布赖恩·普尔兰（Brian Pullan）分别对圣塞波尔克罗（San Sepolcro）、佛罗伦萨（Florence）和威尼斯（Venice）的兄弟会进行了研究，他们发现这些兄弟会是文艺复兴时期市民生活的关键。* 研究墨西哥印第安原住民村落的人类学家特别关注这些村落的兄弟会及其相应的职位和职责（被称为 cargos）。** 克拉拉·加西亚不仅结合上述研究对墨西哥城的兄弟会（特别是在 18 世纪享有盛誉的圣三一［Santísima Trinidad］和

---

* 　Banker, *Death in the Community* (Athens, 1989); Trexler, *Public Life in Renaissance Florence* (New York, 1980); Pullan, *Rich and Poor in Renaissance Venice: The Social Institutions of a Catholic State to 1620* (Oxford, 1971). 基思·卢里亚（Keith P. Luria）在《恩典的疆土：17 世纪格勒诺布尔教区的文化变迁》（*Territories of Grace: Cultural Change in the Seventeenth-Century Diocese of Grenoble*, Berkeley, 1991）中提供了一个关于法国的研究案例。

** 　John K. Chance and William B. Taylor, "Cofradías and Cargos: An Historical Perspective on the Mesoamerican Civil-Religious Hierarchy," *American Ethnologist* 12, no. 1 (February 1985): 1–26.

圣佩德罗［San Pedro］兄弟会）进行了考察，还为墨西哥民间宗教的研究提供了一个极具启发性的视角。这篇文章基于她在 1989 年完成的剑桥大学博士论文《殖民时期墨西哥城的兄弟会、崇拜与王权：1700—1810》（"Confraternity, Cult and Crown in Colonial Mexico City: 1700-1810"）。

[78] 新西班牙是天主教世界不可分割的一部分。新教改革期间，作为西方天主教国家之一，新西班牙的神职人员亲历了一场深刻的争论，其中关于教义的争论占据了风口浪尖。在这些神学问题背后，社会上出现了关于通俗虔诚行为（popular piety）的全新表现形式，尤其是在西班牙及其殖民地，反宗教改革成为战斗的口号。[1] 宗教团体、兄弟会或修会（三者可互换使用）起源于中世纪天主教的民间宗教实践与仪式。[2] 到目前为止，我们既无法对民间宗教进行概括，也无法对不同时代或不同社会群体的宗教活动强度进行评估。然而，兄弟会作为一种有形的、集体的、有组织的、世俗的民间宗教组织，为我们研究民间宗教提供了很好的切入点。兄弟会还提供了关于宗教意识的历史发展以及它如何形塑社会行为的诸多信息。在殖民时期的墨西哥，兄弟会为天主教徒表达虔诚提供了有效的、大众化的途径，尤其是对于（包括首都的西班牙人在内的）特权阶层来说。这些宗教组织

---

[1] Jean Delumeau, Catholicism between Luther and Voltaire: A New View of the Catholic Reformation (London, 1977); John Bossy, "The Counter-Reformation and the People of Catholic Europe," *PP* 47 (1970): 51–70.

[2] Antonio Rumeu de Armas, *Historia de la previsión social en España. Cofradías-gremios-hermandades-montepíos* (Madrid, 1944), 17–37; John Bossy, *Christianity and the West, 1400–1700* (New York, 1985), esp. 57–72. 有关中世纪晚期兄弟会的作用，特别是其虔诚活动的讨论，参见 Francis Oakley, *The Western Church in the Late Middle Ages* (Ithaca, NY, 1979), 113–126。

描绘了一幅关于信仰活动与宗教仪式的画面，这些活动则构成了平信徒日常生活的一部分。

仪式与兄弟会

仪式彰显了殖民地社会的共有性和集体性，也反映了宗教信仰的普遍性。兄弟会是宗教庆典的主要推动者和参与者，而其他的殖民地机构，如商会（consulado）、市议会（audiencia）和部分宗教团体也会组织和资助宗教和民间庆祝活动。例如，市议会在圣伊波利托节当日举办了旗帜庆典（Fiesta del Pendón），以此纪念科尔特斯（Cortés）的凯旋。[3] 仪式的举行有助于在公共场合传播博爱的理念。[4] 兄弟会把兄弟情谊作为基督教慈善的基础，这是所有兄弟会成员的共识。这个决定性的思想观念渗透至整个社会并反映在各种仪式和宗族活动上。公共仪式使得处于不同社会地位的人成为具有相同地位的兄弟会成员，他们穿着长袍，挥舞着旗帜，表达着自己对于基督、圣母及其圣徒的虔诚之心。他们共同参与了总督辖区的公共生活。

[3] 有关 17 世纪墨西哥城各种庆祝活动的记载，参见 Antonio de Robles, *Diario de sucesos notables, 1665-1703*, vols. 30, 31, 32, *Colección de escritores mexicanos*, ed. Antonio Castro Leal (México, 1946), passim; 以及本书第一章，作者为琳达·柯西奥－纳吉。

[4] 尽管关于殖民时期墨西哥的研究很少，但大量的研究通过宗教仪式考察了欧洲的城市公共生活。参见 Trexler, *Public Life in Renaissance Florence*, 240-278.。在《威尼斯文艺复兴时期的富人和穷人》（*Rich and Poor in Renaissance Venice*）一书中，普尔兰通过办公场所的奢华排场揭示了主要的兄弟会（高等学校，*Scuole Grandi*）和次要兄弟会之间的区别，第 33—193 页。有关英格兰的案例，参见 Charles Pythian-Adams, "Ceremony and the Citizen: The Communal Year at Coventry, 1450-1550," in *The Early Modern Town: A Reader* (London, 1976), 106-128。

游行活动既提供了一种强调现状的手段，也提供了一种控制社会的方式。它们的显著特征在于维护并加强了社会的秩序。在一个复杂的、阶层分明的社会里，个人，特别是来自特权阶层的人，同时成为不同群体的一 [79] 部分，此外，个人在某个领域的地位变化常常会影响到他／她在另一个领域的地位，仪式在其中发挥了至关重要的澄清作用。它成为一种确保结构内部连续性的机制，提升了凝聚力并抑制了某些固有的冲突；它还强化了信徒对于上帝的崇拜，增加了观众获得的乐趣。公共仪式要求游行的参与者以及旁观者的共同参与。社会成员通过仪式活动隆重而公开地与彼此产生关联。此外，仪式还反映了宗教在日常生活中所呈现的社会的虔诚本质，并提供了一种表达通俗虔诚的方式。

在四旬斋（Lent）、复活节（Easter）和基督圣体节期间，兄弟会成为大众仪式活动的焦点。圣周意味着为期八天的大型宗教活动，从棕枝主日（Palm Sunday）开始，到复活节或复活日（Resurrection Sunday）结束。[5] 伴随虔诚而来的是仪式的壮观，表面的装饰越华丽，对于宗教圣像的崇拜就越强烈。大众过度的虔诚或对宗教信仰的纯粹性造成威胁，欧洲宗教改革引发的部分争议便是围绕着这一观点展开的。[6] 在新西班牙，规模浩大、广泛存在的巴洛克式虔诚表达了民众的强烈愿望——公开地表达与宗教思想有关的所有情绪。

比如，1722 年的圣周庆祝活动始于大主教的棕榈枝祝福；圣周一，长长的游行队伍举着圣玛丽亚德拉雷多达（Santa María la Redonda）的圣像出发了；周二，济救圣母（Nuestra Señora del Socorro）的圣像从圣胡安苦行（San Juan de la Penitencia）圣方济各会修道院离开了；次日，圣母升

---

[5] Robles, *Diario de sucesos notables*, 30:115–128, 130–131.

[6] Johan Huizinga, *The Waning of the Middle Ages: A Study of the Forms of Life, Thought and Art in France and the Netherlands in the Fourteenth and Fifteenth Centuries* (London, 1955), 173–179.

天（El Tránsito de Nuestra Señora）的圣像离开了圣胡安·德·迪奥斯医院
（Hospital de San Juan de Dios）。医院的修会将装饰华丽的圣像装入了一个
精美的银质水晶箱。许多忏悔者，也就是苦行者（Nazarenos）加入了游行
的队伍，他们蒙着面，穿着汗衫，肩上扛着十字架。[7]

　　圣周在圣周四（Holy Thursday）和耶稣受难日（Good Friday）达到高
潮，伴随着一系列关于最后的晚餐、犹大的背叛、耶稣的受难以及死亡的纪
念活动。最值得注意的仪式之一发生在圣三一教堂——该教堂约有十二个兄
弟会。圣佩德罗修会（鉴于该修会与圣三一大主教兄弟会的联盟关系）的主
教，也是该修会的第一位成员，负责主持这场宗教仪式；他为十二个穷人洗
脚，这些穷人事先获得了食物，事后又受到了施舍。下午四点整，壮观的游
行队伍离开了大教堂。大约有一千人举着仪式用的蜡烛，大多数人穿着猩红
色的束腰外衣，佩戴着圣三一大主教兄弟会的银质徽章。人们制作了十辆花 [80]
车，用以展现不同的宗教场景；其中一辆花车讲述的是圣彼得（Saint Peter）
的故事，他是教会的守护圣者，与这辆花车一同行进的是由主教带领的二百
多名神职人员。晚上八点，基督宝血（Preciosísima Sangre de Cristo）兄弟会
从圣卡塔琳娜·玛蒂尔（Santa Catalina Mártir）教区教堂离开。无数的蜡烛
照亮了游行队伍与花车，也照亮了花车上大小先知的圣像。

　　1722年的耶稣受难日，这座城市涌现了大量的游行活动。其中最值
得一提的是圣方济各（San Francisco）修道院的拿撒勒耶稣三倒地（Tres
Caídas de Jesús Nazareno）兄弟会举办的游行。行走在城市主干道的兄弟
会成员表现出极大的虔诚，伴随左右的是来自方济各第一修会和第二修会
的修士们。一路上，他们不断地屈膝下跪，为基督前往加略山（Calvary）
途中的三次跌倒而苦苦哀悼。迄今为止，耶稣受难日当天举行的（至少

---

[7]　Luis González Obregón, *México viejo, 1521–1821* (México, 1900),463–469, 引自《公报》（*Gaceta*）。

自 1582 年以来）最壮观的游行来自多米尼加修道院的基督安葬与圣墓
（Descendimiento y Sepulcro de Cristo）大主教兄弟会。这场游行旨在纪念耶
稣基督的死亡和葬礼，也是该兄弟会所有宗教活动中的重头戏。这个精心
安排的仪式于中午时分开始，人们在主祭坛上搭建了一个平台并在上面放
置了三座十字架。布道后，数位神父庄严地取下被钉在十字架上的基督圣
像。这些对于基督受难场景的重现旨在激发信徒们的虔诚之心。

　　游行队伍的最前端是一辆小型的棺材马车，车底有一个代表死亡的十
字架。三个身着丧服的兄弟会成员紧随其后，用大喇叭吹奏着挽歌。这些
人的身后是另外三名兄弟会成员，他们举着黑色的丝质锦旗，其中包括代
表兄弟会的旗帜。游行的第二节与第一节相隔十步之远；这些兄弟会成员
端着覆盖着黑色纱布的银色托盘，托盘上放置着各种象征基督受难的物品。
接下来是举着旗帜的礼官，黑色的旗帜上（用金线）绣有关于耶稣受难的
各种符号。第二节的末端是四名穿着黑色斗篷的神父，他们肩上扛着钉头
锤，手里拿着代表权威的银质权杖。最后一节的主角是多米尼加修道院的
唱诗班，另有四名神父扛着基督肉身的主圣像，这尊圣像被装在一个由
水晶、纯银和龟壳打造的精美棺材里。紧接着的是凄凉圣母（Virgen de la
Soledad）的圣像，随行的忏悔者用一种充满着悲伤、虔诚与同情的手势不
断鞭打着自己。除此之外，还有哭泣的彼得的圣像，他痛苦地忏悔着自己
对于基督的背叛；以及抹大拉的玛丽亚（Mary Magdalene）的圣像，她也
在哭泣。跟随游行队伍一同前行的还有大批来自多米尼加修会的赤脚修士、
总督府的警卫队以及三百名手举蜡烛的商人。[8]

[81]

　　宗教对于日常生活各个领域的渗透意味着世俗世界与神圣世界的不断
融合。毕竟，华丽的排场只属于那些有能力支付它的人。大部分参与 1722

[8]　Manuel Rivera Cambas, *México pintoresco, artístico y monumental* (México, 1967), 2:3–4.

年庆祝活动的兄弟会都比较富有。其中两个兄弟会来自享有盛名的圣方济各和圣多明我（Santo Domingo）修道院，另一个来自墨西哥城最重要的教区圣卡塔琳娜。圣三一和圣佩德罗是 18 世纪最富有、也是最著名的兄弟会。在这种情况下，公共仪式为统治群体提供了展示其权威和地位的机会。通过加强社会的等级制以彰显特权阶层的团结。由各大兄弟会举办的仪式确立并强调了它们在宗教及社会政治方面重要性。相比之下，较小的城市兄弟会和农村印第安人或混血团体只能点燃微弱的宗教之光。此外，只有那些承担礼拜和结社主要开销的个人才会被视为真正的团体成员。实际上，兄弟会的政策以及资金的管理是由一小部分核心成员（通常是管理委员会）决定的。大多数成员都得到了精神与物质层面的救济，成员的数量也使得公共仪式变得更加光彩夺目。

圣餐与兄弟会

兄弟会对圣餐仪式的普及产生了巨大的影响，宗教改革期间，圣餐在欧洲有着重要的意识形态价值。1264 年，基督圣体节的欢庆活动第一次获得了罗马教皇的认可，此后便成为整个天主教世界的重要礼仪庆典。游行是基督圣体节期间唯一的庆祝仪式，可想而知圣体圣事的奢华程度。[9] 直到

[9]　H. F. Westlake, *The Parish Guilds of Medieval England* (London, 1919), 49-59; Miri Rubin, *The Fraternities of Corpus Christi and Late Medieval Piety: Studies in Church History*, vol. 24 (London, 1986). 有关秘鲁庆祝活动的描述，参见 Jorge Bernales Ballesteros, "El Corpus Christi: fiesta Barroca en el Cuzco," *Primeras Jornadas de Andalucía y América*, vol. 2 (Seville, 1981). 有关 17 世纪墨西哥城各种庆祝活动的描述，参见 Robles, *Diario de sucesos notables* 以及柯西奥－纳吉所著的文章（收录于本书）。

中世纪晚期，人们对于基督的崇拜才得以通过强有力的、可视的圣体匣符号——基督化身于灼热的太阳之中——扎根于圣餐仪式。所有的宗教与仪式符号都围绕着圣餐的核心要义。除了象征意义外，这里还包含着身份的认同：圣体代表着有形的基督。教堂试图强化教义的重要性以重新定义何为虔诚，这使得圣餐仪式在反宗教改革期间承受了巨大的压力。[10]

[82] 墨西哥城最重要的兄弟会始创于大都会大教堂（Metropolitan Cathedral），它们对于圣体圣事极为热衷。这座城市的每个教区都被要求设立一个兄弟会，负责圣餐仪式的筹划和举办。[11]18世纪下半叶，波旁王朝的改革家们施行了不同的行政与财政改革，旨在加强权力的集中，这些改革也涉及了宗教领域。为了摆脱王室的管控，许多宗教团体都制定了自己的规章制度。王室官员们试图引导大众的宗教表达。教会的统治集团也倾向于将大众信仰视为一种亵渎，并试图依据自身的道德准则来更多地控制它。教会和王室都赞成通过无所不在的庄严圣像来表达宗教的虔诚，这些圣像描绘的是圣餐以及炼狱（Purgatory）之中的圣灵魂（Holy Souls）。

王室要求组建一批获得其认可的兄弟会，并支持创办被称为圣体骑士（caballeros）、仆役（lacayos）、马车夫（cocheros）或奴隶（esclavos）的组织或协会。18世纪的最后二十五年见证了这些兄弟会的成长——其中的大部分由半岛人或殖民地出生的西班牙人组成，根据这些人所居住的教区进行组织，旨在提升他们的地位并表达对于圣体的虔诚。圣韦拉克鲁斯（Santa Veracruz）教区的圣体骑士团体（Congregación de Caballeros del Santísimo Sacramento）是此类兄弟会的一个绝佳例证。由曼纽尔·佩雷斯（Manuel Pérez）、胡安·何塞·卡斯塔拉诺斯（Juan José Castallanos）、帕

[10] Huizinga, *Waning of the Middle Ages*, 153–176, 208.

[11] David A. Brading, "Tridentine Catholicism and Enlightened Despotism in Bourbon Mexico," *JLAS* 15 (1983): 11–16.

斯夸尔·弗洛雷斯（Pascual Flores）、西蒙·德拉拉（Simón de Lara）、弗朗西斯科·莫拉莱斯（Francisco Morales）、马丁·贝尔乔（Martín Belcho）和何塞·加西亚（José García）——所有的墨西哥城商人——于 1790 年共同创立。西班牙印度议会（Council of the Indies）将这些团体视为城市"最重要的成员"，并授权它们提供个人化服务，以便将圣餐送至教区体弱多病的人手中。团体提供了一辆骡车以搭载手捧圣体的神父，部分成员轮流担任车夫。团体的成员们被要求（自备蜡烛）参加所有纪念圣餐的庆祝活动和游行。当其他兄弟会都被勒令整合甚至被禁止时，马车夫团体却获得了王室的许可，因为其成员可以为圣礼的举行与强化支付费用。由于这些团体支持教区教会并且自负盈亏，所以被认为是有价值的机构。[12]

　　作为民众表达虔诚的对象，圣餐仪式的重点是基督圣体节的欢庆活动，这为兄弟会、教会及统治阶层、神职人员和宗教团体提供了另一个展示自我的机会。1722 年，八十五个兄弟会的成员们高举着各自兄弟会的旗帜和大量的守护圣徒圣像参与了游行。游行队伍沿着街道缓步行进，被展示的 [83] 圣体作为最主要的圣像出现在了队伍的最前端，由树枝和鲜花制成的篷子装饰着繁复的帷幔，在街道上落下一片片阴影。[13]

---

[12]　AGI, México 2669; Antonio García Cubas, *El libro de mís recuerodos: Narraciones históricas, anecdóticas y de costumbres mexicanas anteriores al actual estado social* (México, 1950), 202–203.

[13]　González Obregón, *México viejo*, 437–444.

葬礼与兄弟会

葬礼并没有那么华丽，但或许更具有意义，兄弟会同样需要为葬礼举办一场公共仪式。可以说，葬礼是报答式兄弟会所提供的基本社会服务，也是成员们在身体和象征意义上的一次相聚。当圣佩德罗兄弟会的一名成员去世时，一名兄弟会的公告员会在墨西哥城的各大街道敲响一个小铃铛以宣布死讯。这位公告员戴着一顶黑色的帽子，披着一件绣有教皇三重冠和圣彼得（St. Peter）钥匙图案的斗篷，他亲自向所有兄弟会的成员告知了葬礼的时间和地点。兄弟会的规章制度要求他们必须参与葬礼，还要穿着长袍并佩戴徽章。所有教堂的门上都张贴了公告，如此一来，城市里的每个人都会意识到这位成员的去世是一个重大的事件。

督管（mayordomo）负责主持葬礼，他将灵柩、棺盖和蜡烛放置于圣三一教堂（兄弟会的所在地）或距离逝者的住处更近的另一个教堂。他还需要监督尸体的清洁与装扮，以确保逝者穿戴得恰当得体。如果一名成员在贫穷中死去，兄弟会将提供一件朴素的寿衣，好让他被体面地安葬。

司仪负责安排送葬的队伍，一行人来到这位成员的家中，或默默哀悼，或吟诵祷文，共同护送灵柩前往教堂。司仪需要确保送葬队伍以统一的步伐行进，防止出现混乱或者破坏游行秩序的行为。先前被任命的引导员在队列的两侧以特定的间隔来维持秩序。如果队伍中的一个人需要暂时离开，这些引导员将确保他回到原来的位置。大部分兄弟会的章程规定，主持仪式的人员应以尊敬、谨慎的态度履行其职责，以确保应有的服从与尊重。他们坚信，如果没有这项规定，葬礼的场面很可能会陷入混乱。

送葬队伍走出逝者的家门，一同等待着主祭神父的到来，他会在灵柩前披上一件黑色的斗篷。众人抬着由兄弟会提供的灵柩（位于队伍的中间），队伍的前方是引路的十字架，两侧是手持蜡烛与香炉的辅祭。当队伍朝着教堂的方向前行时，所有的蜡烛都被点亮了，人们保持着静默，进一步渲染了此刻的庄严气氛。当葬礼弥撒结束后，兄弟会的管理人员带领着送葬队伍，将灵柩放入了墓穴。[14]

[84]

葬礼作为所有兄弟会成员共同参加的传统仪式充分体现了仪式的集体性，也彰显了互助友爱的基本原则。在一个由教会或教会附属机构提供大部分福利的社会中，这些团体实际上扮演了丧葬协会的角色，这也是它们备受欢迎的主要原因。大部分兄弟会至少会举办追悼弥撒和集体祈祷，给予成员们精神上的慰藉，很多兄弟会还会提供物质的帮助。18 世纪末，报答式兄弟会通常会提供 20 至 25 比索、一副灵柩和一块裹尸布。[15]1794年，圣荷莫波诺（San Homobono）裁缝兄弟会资助了 22 比索，用来支付丧葬费、一具棺材、一块红布、一个红色垫子和棺材架。鉴于该兄弟会与更大的圣三一大主教兄弟会的联盟关系，死者有资格获得联盟关系带来的所有利益，并蒙受圣三一兄弟会和圣荷莫波诺兄弟会（分别）举办的 187场和 104 场年度追悼弥撒的精神恩惠。[16]这些福利同样适用于指引圣母兄弟会（Nuestra Señora de la Guía）、拿撒勒基督（Jesús Nazareno）兄弟会、头戴荆冠之耶稣（Ecce-Homo）兄弟会、基督宝血（Preciosísima Sangre de Cristo）以及耶稣基督本尊（Santo Cristo de la Salud）兄弟会（与圣荷莫波诺兄弟会联盟）。

---

[14] AGI, México 716, Congregación del Gloriosísimo Padre San Pedro.

[15] 例如，参见 AGI, México 2661, Cofradía de Santo Tomás and Santísimo Sacramento; AGN, Bienes Nacionales 118, expo 3, Archicofradía de la Santísima Trinidad。

[16] AGN, Bienes Nacionales 118, expo 2.

从游行到葬礼，公共仪式所宣扬的理想社会观却在无数次的放纵、混乱和兴味索然的事件中反映出更为现实的对立面。兄弟会的成员们不但不服从规范和原则，游行时还经常迟到，穿着不当，甚至与存在竞争关系的兄弟会成员发生冲突。鉴于此，兄弟会试图制定章程以先发制人，甚至实施经济制裁或更严厉的措施，比如将拥有极端反社会行为的成员驱逐出兄弟会。[17] 政治的对抗、个人的猜忌以及围绕着等级制度而（时常）产生的意识形态的真实分歧都加剧了有关合理专业安排的争议与冲突。兄弟会也预料到了这一点，所以通常会沿游行队伍的行进路线部署警卫，以防发生暴力事件。

仪式性虔诚

殖民地社会沉迷于各种各样的仪式性虔诚。基于此背景所举行的游行以及旨在彰显天主教君主制和宗教统一的仪式实现了社会等级制度的神圣化。

[85]

关于仪式的争论有两种类型。一方面，仪式可以代表一种潜在的政治动乱，这种动乱与游行景象所体现的平和与团结截然相反。另一方面，鉴于仪式首要性、地位及权力的概念被赋予了压倒一切的重要性，它们或揭示了人们对于圣像的漠视。[18] 有关仪式行为的争议性态度否定了那些旨在

---

[17] AGI, México 2679, Archicofradía del Santísimo Sacramento. 有关安抚争吵的成员、践行兄弟会各项原则的举措，参见 Ronald F. E. Weismann, *Ritual Brotherhood in Renaissance Florence* (New York, 1982), 88-90。

[18] Edward Muir, *Civic Ritual in Renaissance Venice* (Princeton, NI, 1981), 185-210.

消灭流言蜚语并维持控制、号令和管理的不懈努力。这种态度完全违背了游行的核心意义——权威与主权。由于社会的流动性较低，官员的薪水也没什么吸引力，在一个以地位为导向的世界里，争议就变成了一场主要围绕着象征权力、威望和特权地位的战争。

有一次，隶属于圣格雷戈里奥耶稣会学院（Jesuit College of San Gregorio）的兄弟会、圣三一兄弟会以及在圣弗朗西斯科创立的菲律宾人（Casta Filipino）兄弟会的成员们在圣周四当日按照秩序进行游行活动，耀眼的烛光照亮了兄弟会各自的圣像。当游行队伍经过总督府时，矛盾被激发了，圣三一兄弟会和菲律宾人兄弟会之间就优先次序的问题发生了暴力的冲突。双方的兄弟会成员利用手中（代表着秩序与宗教信仰）的物品互相攻击，场面一度十分混乱，他们将钉头锤和十字架作为武器，造成了大量的伤亡。[19]

在一则政治意味更浓的记录中，圣周四的庆祝活动又一次成为争议爆发的导火索。圣佩德罗和圣三一兄弟会之间产生了矛盾，他们的争论主要集中在联合游行的路线上。以神职人员为主的圣佩德罗兄弟会的主教提议从圣三一教堂出发并沿着大主教宫前行，而圣三一兄弟会则坚持沿拉默塞德（la Merced）街前行的传统路线。由于双方僵持不下，主教最终决定退出这项（圣周最壮观的庆祝活动之一）的游行，他撤回了圣彼得的花车并将圣像留在了教堂里。[20] 可以说，他采取了一种激进的方式。

---

[19] Giovanni Francesco Gemelli Careri, *Viaje a la Nueva España* (México, 1976), 72–73.

[20] Robles, *Diario de sucesos notables*, 263.

圣像与宗教狂热

人们对圣徒的崇敬植根于圣徒圣像的形式与色彩，进而产生了与宗教

[86] 狂热相当的审美感受。从很多方面来说，圣像的镀金与珠宝、令人尊敬的
外表和华丽的服饰造就了这种宗教的狂热。虔诚的溢美之词通过公开的集
体仪式被热情地传达给圣徒。[21] 正因为如此，象征着圣徒的圣像是一种潜
在的力量来源。从这个意义上说，兄弟会进一步升华了人们对于圣徒的崇
拜。主教将圣像留在教堂内，有意地阻拦圣三一兄弟会的成员表达对于这
位守护圣徒的虔诚，从而使游行失去了光彩与荣耀。他将圣像及其代表的
力量从团体之中抽离，也破坏了团结友爱的原则。

游行只是兄弟会生活的一部分，尽管是最精彩的一部分，其他例如，
兄弟情谊在道德和精神层面的统一是通过灵修会、对于共同规则的遵从以
及在游行日穿着独特的束腰外衣得以实现的。这不仅有助于在微观层面上
规范公众的行为，更重要的是，它还增强了成员的宗教信仰和奉献精神。
也许是虔诚和实际需求（而不是教义）在支配着大多数殖民地居民的宗教
生活。西班牙征服者带来了完整的中世纪思想传统，这种通过圣像得以表
达的思想在反宗教改革期间获得了支持。[22] 因此，信徒们相信，他们可以
通过交换礼物和祷告获得恩惠，并借助这些实体的形象得到精神与物质层
面的解脱。

---

[21] Trexler, *Public Life in Renaissance Florence*, 47–53, 240–278; William Christian, Jr., *Local Religion in Sixteenth-Century Spain* (Princeton, NJ, 1981).

[22] Huizinga, *Waning of the Middle Ages*, 166–68. For the importance of images in the Mexican experience, see Serge Gruzinski, *La Guerre des Images de Cristophe Colomb à 'Blade Runner', 1492–2019* (Paris, 1990). 无论是原生的，还是融合的，圣像对于印第安人兄弟会而言都是非常重要的；参见 Charles Gibson, *The Aztecs under Spanish Rule: A History of the Indians of the Valley of Mexico*, 1519–1810 (Stanford, CA, 1964), 133–135。

　　当鼠疫或干旱等普遍性危机发生时，集体祈祷是墨西哥人日常生活的一个共同特征。雷梅迪奥斯圣母尤其出名，人们常常在干旱时期向她祈求帮助。西班牙殖民期间，其他圣像也被广泛地作为集体祈祷的对象。危急时刻，圣像力量的影响力超越了兄弟会成员的狭窄范畴。例如，在圣卡塔琳娜玛蒂尔教区的教堂里，受绑于柱上的耶稣（Cristo Atado a la Columna）的圣像就因其具有消灭鼠疫的能力而备受尊敬。1659 年，在一场特别严重的流行性麻疹爆发后，大主教命令兄弟会成员将这尊基督圣像带至大教堂。在下午 3 点这一具有象征意义的时刻，其他的兄弟会成员在教区外汇合，手里举着各自兄弟会的旗帜。一小时以后，祷告游行开始了，领头的是受绑耶稣兄弟会的成员，他们身着黑色外衣，手持蜡烛。该市的宗教团体和神职人员也参加了这场游行。大教堂里，大主教、一位穿着华丽的大教堂参议神父、墨西哥城的议员以及社会名流们庄严地迎接了这尊圣像。当唱诗班咏唱祷文时，大主教向被置于主祭坛的圣像祷告。神父们开始了连续九天的祷告，祈求疾病不再传播。为了增强仪式感，大主教以弥撒的形式强化了祷告的力量。涌向大教堂的民众也有机会向这尊圣像表达敬意。圣像在九天之后（也就是仪式结束时）被归还给之前的教堂。[23]

[87]

　　仅仅是一个可视化形象的存在就足以确立圣像的真实性。在这些形象（例如，三位一体的圣父、圣子与圣灵、悲痛的圣母、数不清的圣徒，或者是上述案例中的耶稣基督）的视觉化和现实的信仰之间不存在任何的怀疑。有形的圣像赋予了圣徒人格与个性。通过将某个特定的圣徒与某种属性的联系，如减轻瘟疫或治愈疾病的能力，其圣像就变得不可思议了。民众的祈祷又进一步强化了圣像的神力。大众的虔诚与神圣的回应彰显了圣像的力量，使得大众的崇敬与其效力（在本质上）被画上了等号。因此，在圣

---

[23]　Robles, *Diario de sucesos notables*, 30:122-123.

徒与祷告者之间，存在着一种通过兄弟会实现协调的类似契约的关系。鉴
于宣扬宗教热情是兄弟会的主要目标，该团体或有责任树立有关祷告的观
念并提供实现它的方法。[24]

　　围绕着基督及圣母形成了许多用以表达宗教热情的大众信仰，例
如，三倒地我主耶稣（Nuestro Señor de Las Tres Caídas），布尔戈斯我主
耶稣（Nuestro Señor de Burgos Burgos）、崇高基督（la Exaltación）、头戴
荆冠至耶稣（Ecce-Homo）、甜美圣名（Dulcísimo Nombre），多洛雷斯圣
母（Dolores）、巴尔巴内拉圣母（Valvanera）、卡门教（Carmen）、光明
教（la Luz）和圣母受孕（Concepción）。还有许多与圣徒有关的信仰。尽
管圣餐成为强有力的权力象征，但它似乎并没有削弱民众对于圣徒的宗教
热情。在大众的心目中，两者是共存的，圣徒也被认为是不同兄弟会的守
护者；最受民众欢迎的圣徒包括约瑟夫（Joseph）、安妮（Anne）、托马斯
（Thomas）、奥莫沃诺（Homobono）、阿纳斯塔修斯（Anastasius）、塞巴斯
蒂安（Sebastian）、安东尼（Anthony）、约翰（John）以及大天使米迦勒
（Michael）和拉斐尔（Raphael）。[25]

　　大众的庆祝活动作为最常见的宗教表达逐渐兴盛起来。兄弟会进一步
提升了大众的参与度，不仅为聚集的人群提供社会福利，让普通百姓也有
机会参与圣餐这样的重要圣礼，还通过至圣的祭祀为他们带来救赎。当时，
这些世俗的兄弟会成了宣扬一种重要机构，那就是普通人也可以通过建
立礼拜堂助力自己的救赎，鉴于它们与那些的传统兄弟会一样，都表达了

---

[24]　J. J. Scarisbrick, *The Reformation and the English People* (Oxford, 1984), 24, 39. JuIio Caro Baroja sees
　　　the image as capable of instilling devotion. 参见 *Las formas complejas de la vida religiosa: Religión,
　　　sociedad y carácter en la España de los siglos XVI y XVII* (Madrid, 1978), 107–110。有关圣徒的力量
　　　以及祷告与圣像之间相互作用的探讨，参见 Christian, *Local Religion*, 23–75。

[25]　AGN, Bienes Nacionales 574, expo 2; 同前, Historia 314, expo 9; 同前, Cofradías and Archicofradías
　　　18, expo 7。

关于仁爱与行善的基督教精神。[26]

  祷告与弥撒代表了由兄弟会协调的集体宗教活动。兄弟会章程所规定的经常性宗教仪式与道德高标准有利于权威和秩序的合法化。对于圣像的虔诚、集体的祈祷以及弥撒仪式使得兄弟会的日常宗教生活变得与众不同。由此形成的宗教热情在兄弟会的各项活动中越发显著，例如，圣三一兄弟会赞助了纪念所有活着以及逝去的成员的弥撒，特别是在兄弟会会名节、万灵节（All Souls）以及每月的第四个星期日举行的弥撒。[27] 为了纪念已故成员而举行的额外弥撒（为期一周直至万灵节）以及其他小教堂弥撒也是由圣三一兄弟会全年赞助的。此外，作为圣三一教堂每月第一个星期日举办的圣体圣事的赞助人，兄弟会的成员们还为当日的布道和游行提供了资金。兄弟会鼓励民众在会名节的前九天举行连续九天的祷告仪式，通过集体祈祷激发人们的宗教热情。

  同样地，基督宝血兄弟会也为两个主要的节日举办了庆祝活动：显圣容瞻礼（Transfiguration）和基督宝血节（Day of the Most Precious Blood）。成员们在 1790 年的请愿书中请求皇室赦免所有参加了两日庆祝活动的人。他们还要求延长原先的十五年特权以庆祝大赦年。和大多数的兄弟会一样，基督宝血兄弟会也认为宗教活动的举办是很有必要的，如此才能通过行为的虔诚与精神的圣恩点燃信徒们的宗教热情。圣奥莫沃诺兄弟会（连同其他与之结盟的兄弟会）宣称其根本目的是为了带给圣徒更多的荣光，并试图通过 11 月 13 日举办的会名节盛大庆典实现这一目的。圣托马斯阿波斯

[88]

---

[26] Michael Costeloe, *Church Wealth in Mexico: A Study of the Juzgado de Capellanias in the Archbishopric of México, 1800–1856* (Cambridge, 1967), 46–65; William R. Jones, "English Religious Brotherhoods and Medieval Lay Piety: The Inquiry of 1388–1389," *Historian* 36 (1973–1974): 646–659; Scarisbrick, *Reformation and the English People*, 2–12. 基督教徒意识到兄弟会在创立宗教基金会的过程中所发挥的作用，对于来世的关切使得人们通过遗嘱向这些宗教基金会捐款。*Local Religion*, 141–146.

[27] AGN, Bienes Nacionales 118, expo 3.

托尔（Santo Tómas Apóstol）兄弟会也十分强调对于圣徒的虔诚，并将其与有关圣体圣事的崇敬结合在一起。[28]

兄弟会关爱着每一位活着的和逝去的成员。逝去的人受益于活着的人的祷告，后者在亡灵节（Day of the Dead，11 月 2 日）或成员去世当日聚集并举行特殊的追悼弥撒，这些弥撒仪式通常会在供奉圣徒的特定祭坛或教堂里举办。通过这样的方式，兄弟会提供了一种特殊的祷告力量。例如，圣佩德罗兄弟会要求其成员为逝者的灵魂祈祷，每日背诵三遍《主祷文》（Paternoster）和用来纪念圣母的《万福玛利亚》（Ave Maria），这一要求也有助于成员形成每日祷告的习惯。

享有盛誉的圣托马斯阿波斯托尔兄弟会每年都要举行一次追悼弥撒和布道，接下来的数日里还会举办一系列的弥撒。在这段时间里，成员们被[89]要求进行忏悔并领受圣餐（作为宗教虔诚的另一个标志）。兄弟会认为，这些圣礼行为将为参加仪式的人树立好的榜样，传播宽容友爱的精神。

宗教活动增强了一种民族或群体认同的精神。参与意识和奉献精神进一步提升了成员的地位，尤其是那些来自显赫的兄弟会的成员。例如，1768 年的一项皇家法令批准加利西亚（Galicia）人在位于圣方济各修道院的方济各第三修会小教堂创办圣地亚哥阿波斯托尔（Santiago Apóstol）兄弟会。该兄弟会是为纪念西班牙的守护圣徒圣地亚哥·马塔莫罗斯（Santiago Matamoros）而建立的，与马德里的同名兄弟会一脉相承，鉴于国王本人就是该兄弟会的荣誉成员，它自然享有来自皇家的保护。因为圣地亚哥是君主国的守护圣徒，所以兄弟会有义务以各种可能的方式表达对于该圣徒的虔诚与崇拜。墨西哥城兄弟会的成员们往往是社会上的杰出人士（包括总督在内）。对于这些人的招募是由兄弟会的政策决定的，因为有

---

[28]　AGI, México 2669; 同前 , 2683; 同前 , 2661。

一种观点认为，人们越是虔诚，就越需要更多的财富来维持和延续这种虔诚。知名成员们可以为这个团体带来更多的名声和威望。所有兄弟会的管理人员都被要求参加兄弟会守护圣徒的庆祝仪式，包括在教堂的门廊上鸣放一个特殊的礼炮。为了表示对于兄弟会形象与权威的尊重，总督（作为管理团体的主持者）在行政长官和兄弟会高级委员的陪同下来到教堂，正襟危坐在象征其崇高地位的特质软垫座椅之上。此时此刻，宗教虔诚与名声威望、壮观的场面与优越的地位是相辅相成的；仪式实现了权威的合法化。[29]

兄弟会（特别是那些格外显赫的兄弟会）彼此竞争，旨在为会员提供最大的精神与物质利益。公共仪式的壮观场面很好地表明了这一点。视觉化的展演为兄弟会提供了一种特殊的动力，进一步增强了兄弟会对于其圣徒的虔诚、作为团体的连续性以及受欢迎的程度。杰出人士可以通过公开的壮观场面展现和维持自己在社会经济、文化、政治和象征意义上的优越性。

另一方面，兄弟会是大众的宗教团体。一种基本的情感——对于特定圣像的宗教热情，而不是对于罗马天主教教义的信奉——将成员们团结在了一起。大众化特征使其摆脱了官方对于兄弟会管理团体的政治操纵，也使其摆脱了教会的控制。宗教信仰、归属感以及身份认同意识让兄弟会充满了活力。兄弟会不仅作为社会单位反映着社会的种种，还实现了社会身份的个人化，同时协调了构成大众虔诚的宗教热情。

正是这种不受控制的热情以及对于巴洛克式虔诚的奢华展演导致了18世纪改革派官员们的反感。当时的总督——第二任雷维亚希赫多伯爵胡安·维康特·德·蒂梅斯·帕切科·帕迪拉（1789—1794年在任）发起了一场运动，旨在遏制他以为的（18世纪最后十年间）公共仪式中的过度行 [90]

---

[29] AGI, México 716; 同前 , 2667。

为。他坚称，公共的、宗教的仪式是多余的，也是陈旧的，他还提到了许
多兄弟会在游行期间的无序行为，以此作为他采取限制的理由。他认为，
这种表达虔诚的方式不但不能陶冶大众的情操，还催生了不体面的行为与
矫饰。此外，他谴责了在奢侈服饰与穿戴上的过度开支，并认为这导致了
许多兄弟会成员的贫穷。[30]

尽管官方越来越不赞成公共仪式的举行，但人们对于圣周以及其他重
大节庆活动的热情在整个殖民时期始终未曾消退。似乎没有任何禁奢措施
或改革可以抑制传统的、大众的和自发的宗教热情，包括那些基于公共的
宗教仪式的表达。虽然当局试图禁止圣周的游行活动（特别是在农村地
区），但是 1794 年墨西哥城的庆祝活动仍然包含了二十一场游行，游行期
间，兄弟会的花车上放置着各自的圣像。[31] 兄弟会的成员们身着不同颜色
的束腰外衣，戴着遮挡脸庞的尖顶帽（capirotes），围绕在圣像的四周。部
分圣像的旁边甚至还站着装扮成罗马百夫长的仪仗队。总督时期开明的改
革派则认为这些壮观的场面是令人反感的、亵渎的，甚至是荒谬的。

基督宝血大主教兄弟会的游行路线冗长而曲折，游行队伍从圣卡塔
利娜马蒂尔教区出发，沿埃尔卡门（El Carmen）街和劳力士（Relox）街
行进，在圣卡塔琳娜锡耶纳（Santa Catarina de Siena）修道院、化身（La
Encarnación）修道院和圣女特蕾莎（Santa Teresa de Jesús）修道院短暂停留
（visitas）后来到大教堂。游行队伍在大教堂处右转，前往圣多明我修道院
做最后的停留，然后返回教区。

按照惯例，教区长会将圣周四的游行安排在晚上 10 点，而他也将手举
旗帜出现在游行队伍之中。因为兄弟会的执行委员会赞助了 200 比索用于

---

[30]　Juan Pedro Viqueira Albán, ¿Relajados o reprimidos? Diversiones públicas y vida social en la ciudad
　　　de México durante el Siglo de las Luces (México, 1987).

[31]　Brading, "Tridentine Catholicism," 16–20; AGN, Historia 437, ff. 1–4.

仪式的举办，所以教区的神父们只能作为受人尊敬的护送者参加游行。18
世纪后期，总督当局建议将游行的资助配额缩减至 150 比索，如此一来，
兄弟会就可以将资金用于其他的活动和需要。改革派建议教区长停止游行
之后的供应点心，"因为这是一个禁欲的日子，也因为它是许多不得体行为
的缘起"。这一忠告也暗示着，兄弟会不仅扰乱了公共秩序，而且引诱人们   [91]
打破斋戒。1790 年，"考虑到夜间发生的骚乱以及政府最近发布的命令"，
备受争议的基督宝血兄弟会请求西班牙印度议会允许其将游行的日期从圣
周调整至 5 月 3 日的下午。[32] 此外，兄弟会还提供了一个比遵守法令更为
合理的理由来改变这种情况：过去十年来，严重的干旱导致了农作物的大
面积受损，进而造成了四处蔓延的饥荒和疾病，兄弟会强调说，5 月是一
年之中比较适合祈雨的时间。

　　波旁王朝对于兄弟会的攻击越发猛烈，不仅通过废除兄弟会的特权以
实现权力的集中，还对可能引发骚乱的宗教狂热提出了反对。兄弟会既可
以代表社会与宗教的秩序，也可以充当大众表达宗教虔诚的载体，但是殖
民地的官员们却逐渐将大众的虔诚视为一种自我放纵与异端行为。

---

[32]   AGI, México 2669.

05 18世纪奇瓦瓦市的公共庆典、大众文化以及劳动纪律

谢丽尔·马丁（Cheryl E. Martin）

得克萨斯大学埃尔帕索分校（University of Texas at El Paso）

　　在接下来的文章中，谢丽尔·马丁，本书的编者之一，将前四章的主题予以归纳，并通过案例研究对其进行了分析。她以18世纪奇瓦瓦市的地方环境为背景，考察了宗教及民间节日的发展、街道与其他公共场所的竞争以及有关职业道德的公开讨论，尤其是劳动阶级对于时间的合理利用。她的论述揭示了大众及工作文化历史学家，如胡安·佩德罗·维奎拉·阿尔班（Juan Pedro Viqueira Albán）、彼得·伯克（Peter Burke）、E. P. 汤普森（E. P. Thompson）和娜塔莉·戴维斯（Natalie Z. Davis），以及作者本人关于公众言论及社会秩序的著作中存在的细微差异。

　　继《殖民地莫雷洛斯的乡村社会》（*Rural Society in Colonial Morelos*, Albuquerque, NM, 1985）一书出版之后，马丁教授最近转而开展了关于波旁王朝统治期间的奇瓦瓦市的研究。马丁教授曾于乔治城大学和杜兰大学获得学位，此外，得克萨斯大学艾尔尔帕索分校向马丁教授授予了教育杰出成就奖。

1702 年，人们在墨西哥城以北大约 1000 英里（约 1.6 公里）的一个人迹罕至的沙漠地带发现了银矿，由此标志着 18 世纪新西班牙经济的复兴。大批代表着殖民时期缩影的男男女女迅速汇集于此地，短短的二十年间，圣费利佩埃尔雷亚尔 – 德奇瓦瓦（San Felipe el Real de Chihuahua）从熙熙攘攘的社区快速演变为一座西班牙自治市或城镇（*villa*），而在此之前，这里并不是人们的长期定居地。如今被称为奇瓦瓦的城镇坐拥一座壮观的中[96] 心广场，受到市议会或市政府的管辖，同时迅速成为新西班牙中北边境最重要的行政与商业中心。

少数重要的矿主和商人很快控制了新社区的经济生活以及新建的当地政府机构，他们中的大部分人是来自半岛的西班牙人。他们遇到的最为棘手的问题是：如何在荒凉的边陲地带打造城市生活的显著标志，以及引导不受管束的民众拥有"文明"社会的恰当态度与行为举止。宗教信仰和民间庆典在上述两方面都发挥了关键的作用，它们为当地精英提供了机会来炫耀自己的财富、增强自信心，并通过模仿西班牙或墨西哥城丰富的仪式生活来获取自豪感。此外，节日庆典活动使得当地精英能够通过精心策划的权力及威望展示，实现对于社会地位低下者的教化作用。

当地官员在筹划公共庆祝活动时通常会面临艰难的抉择。奢华盛大的庆祝仪式使得公共与私人资源变得紧张，尤其是在 18 世纪 30 年代采矿生产率开始下降之后，因此，上流社会的公民愈发不愿意在这些活动中履行相应的社会义务。18 世纪的最后三十年间，当地官员偶尔会提议暂停某些庆祝活动，然而，对于整整两代人来说，这些活动在市镇节日历上占据了极为重要的地位。[1] 此外，下层阶级并没有领会到隐含在民间仪式之中的教

---

[1] 奇瓦瓦市政档案馆（Archivo del Ayuntamiento de Chihuahua），得克萨斯大学艾尔尔帕索分校图书馆微缩胶片副本（以下简称 AACh, UTEP #491），120—5，128—15。本人已根据文件所在卷轴的顺序对文件进行文件夹（*expediente*）编号的标注。本研究的引用将卷轴号放在首位，其次是连字号和文件夹编号。

化意味。当地名流们精心策划的庆祝活动也未能增强公众对于其权威的尊重。更令人不安的是，工人们往往会将重大的节日视为某种机会，使得已然不太牢固的工作纪律变得更为松散。

与此同时，殖民国家的代表试图将自己的想法强加于奇瓦瓦市的仪式生活。18世纪西班牙波旁王朝的国王终于加入了其他欧洲君主（包括天主教与新教）的行列，致力于打压许多真正受欢迎的节日，并在那些保留下来的节日中融入更多庄严的宗教仪式。[2] 不仅如此，他们还制定了新的庆祝仪式，旨在强化伟大的君主制在殖民地臣民心中的印象。18世纪奇瓦瓦市的公民领袖在筹划当地庆祝活动时必须权衡所有这些因素。本研究考察了他们如何权衡公民自豪感与劳动纪律、爱国使命与社会控制之间的关系。他们的抉择为新西班牙北部边境晚期殖民社会的发展提供了生动的见解。

奇瓦瓦市的本土节日 [97]

随着1718年12月市政府的成立，市政府成员迅速行动起来，为他们的市民提供适当的城市生活乐趣。在其第一批法案中，市政府效仿墨西哥城、瓜达拉哈拉以及其他重要城市可能举行的所有仪式，在市镇节日历中

---

[2] 关于近代欧洲早期对于民间节日庆典的打压，参见，例如，Peter Burke, Popular Culture in Early Modern Europe (New York, 1978), 207–43；Robert Muchembled, *Popular Culture and Elite Culture in France* (Baton Rouge, LA, 1985), 122–148, 171–174, 212；Robert A. Schneider, *Public Life in Toulouse, 1463–1789: From Municipal Republic to Cosmopolitan City* (Ithaca, NY, 1989), 353；以及 John Lynch, *Bourbon Spain, 1700–1808* (Oxford, 1989), 276–278。

标记了民间庆典活动的周期。[3] 与此同时，借鉴新旧西班牙的先例并遵循礼拜历的民间风俗也成为了节庆活动的一部分。

到了 18 世纪 20 年代，以及在殖民统治的余下时间里，当地最重要的节庆活动是为了纪念圣方济各亚西西（Saint Francis of Assisi）——奇瓦瓦城镇发源地圣弗朗西斯科－德库埃利亚尔（San Francisco de Cuéllar）的守护神。人们会在每年 10 月初举行为期一周的庆祝活动，以音乐和布道作为特色的宗教仪式标志着庆祝活动的开始。随后的一系列大众娱乐活动包括烟火、赛马、喜剧表演以及摩尔人与基督徒之间的中世纪战争重现。然而，最令人兴奋的还是在中央广场举行的斗牛比赛，市政府为此还专门设置了围栏。人们不远万里来到奇瓦瓦市，只为亲历这些盛大的庆祝活动，让自己沉浸在赌博、舞蹈以及为纪念圣方济各而举行的各种娱乐活动之中。[4]

距离圣方济各纪念活动结束不到两个月的时间里，人们又迎来了纪念圣安德烈斯（San Andres）的节庆活动，11 月 30 日当天，市政府成员和其他显贵们庄严地列队行进，篝火与烟花照亮了夜晚的整条街道。[5] 到了 18 世纪 50 年代末期，当地官员将 12 月 12 日的瓜达卢佩圣母节（the fiesta of Nuestra Señora de Guadalupe）纳入了当地的节日体系之中，该节日的庆祝活动同样包括宗教仪式和烟花表演。到了 19 世纪初，12 月 12 日这一天还会举行赛马比赛。[6]

随即而来的是圣诞季，奇瓦瓦市的中央广场举办了为期整整两周的庆祝活动，包括舞蹈、唱歌、纸牌游戏和其他娱乐项目。直到 1 月 6 日的三

[3] 奇瓦瓦市政档案馆，第一增补本，得克萨斯大学艾尔尔帕索分校图书馆微缩胶片副本（以下简称 AACh, UTEP#501），5—7。

[4] 关于圣方济各节庆祝活动的描述，参见 AACh, UTEP #491, 43-19, 80-28, 87-6, 105-20。

[5] 同上，56-6；AACh, UTEP #501, 5-6。

[6] Francisco Almada, *Resumen de la historia del estado de Chihuahua* (México, 1955), 112; AACh, UTEP #491, 109-17, 133-15.

王节（the feast of the Three Kings）之后，矿场才能重新开工，其他经济活动才能恢复如常。[7]鉴于遵循着半岛习俗的各种游行活动在圣周期间纷纷上演，3月或4月的圣周（Semana Santa）显然体现了一种更为虔诚的纪念形式。例如，在圣周四当天，当地居民会组成特殊的仪仗队，护送着神圣的圣象穿过城市的街道。此外，圣周活动还为周边地区的工人提供了离开岗位的借口，表面上是为了履行参与圣周仪式的职责，但是很显然，大部分人在城镇里逗留，只是为了跳舞和赌博。[8]

　　几周之后的5月1日迎来了纪念城镇守护神的圣费利佩节（the feast of San Felipe）。官方的宗教仪式再次为烟花表演以及其他形式的娱乐活动拉开了序幕。[9]6月初的基督圣体节（Corpus Christi）则为奇瓦瓦市的重要庆典活动日程画上了圆满的句号。居民们需要装点庄严的圣体游行所经过的街道，违反者将面临行政区以及市政府规定的高额罚款。[10]

[98]

　　其他宗教节日的庆祝方式则较为低调，庆祝活动会被有意地压缩在一天的时间里，在某些情况下，甚至只会举行特别的礼拜仪式。直到18世纪40年代，3月19日的圣约瑟日（Saint Joseph's Day）成为市镇节日历上一个尤为重要的节日。1758年，奇瓦瓦市以及附近圣优拉利亚（Santa Eulalia）矿场的矿商和其他主要的企业家宣告圣约瑟成为采矿业的官方守护神，希望人们对于圣约瑟日庆祝活动的特殊热情能够为萎靡不振的工业带来新的机遇。从那时起，工人们拥有了一日的公共假期，该节日期间还

---

[7]　帕拉尔市档案馆（Archivo Municipal de Parral，以下简称 AMP），微缩胶片副本，reel 1729c，frame 1555; AACh, UTEP #491, 62-47, 100-21。

[8]　AACh, UTEP #491, 27-13. 关于帕拉尔的圣周庆祝活动，参见 AMP, reel 1780, frame 226。关于18世纪西班牙的这些纪念活动，参见 Antonio Domínguez Ortiz, *Hechos y figuras del siglo XVIII español* (Madrid, 1973), 101-103; William J. Callahan, *Church, Politics, and Society in Spain, 1750-1874* (Cambridge, 1984), 54。

[9]　AACh, UTEP #491, 56-6, 109-17; AACh, UTEP #501, 5-7, fol. 222.

[10]　AACh, UTEP #491, 57-14, 72-9, 84-9.

会举行特别的庆祝仪式。[11] 其他文献还提到 9 月份为庆祝多洛雷斯圣母节
（Nuestra Señora de los Dolores）而举行的宗教仪式，以及在 7 月 25 日圣地
亚哥节（the feast of Santiago）举行的游行活动。[12]

　　一些传统的墨西哥或伊比利亚节日庆典在奇瓦瓦市的节日历中出现了
缺失，或者说，至少是处于次要的地位，以至于在历史文献中几乎找不到
相关的记载。虽然这座城镇设有一个专门祭奠亡灵的兄弟会（cofradia），
但现存的历史记录中也没有提到任何有关亡灵节（11 月 2 日）的纪念活动，
从殖民时代到现在，墨西哥人都会在这一天缅怀他们逝去的亲人。[13] 更令
人惊讶的是，没有任何文献提及圣灰星期三（Ash Wednesday）之前为期三
天的传统狂欢节。尽管到目前为止，我们对于墨西哥狂欢节的早期历史还
知之甚少，但到了 17 世纪晚期，西班牙城市与印第安村落都开始欢度狂
欢节。居住在总督辖区首府的民众载歌载舞，饮酒作乐，乔装改扮来到街
上——男人扮作女人，平信徒扮作牧师，青年人扮作长者。

　　然而，民政当局以及教会权威却对这些庆祝方式嗤之以鼻。宗教裁判
所的管理者自 1679 年以来开始抨击狂欢节的习俗，禁止平信徒装扮成牧
师。在 1692 年 6 月墨西哥城骚乱爆发后的几十年间，当地官员对于首都秩
序的维护展现出极大的关切。1722 年，墨西哥大主教正式宣布异装癖为违
法行为。同年，卡萨·富尔特侯爵（Marqués de Casa Fuerte）胡安·德·阿
库尼亚（Juan de Acuña）接任总督一职，致力于遏制节日期间最为恶劣的

---

[11]　AACh, UTEP #491, 59-43, 85-22; Almada, *Resumen*, 112.

[12]　AACh, UTEP #491, 103-12, 109-17.

[13]　参见，例如，克莱因（S. L. Cline）在《殖民统治时期的库尔瓦坎，1580—1600：一个阿兹特克
　　　镇的社会历史》（*Colonial Culhuacan, 1580-1600: A Social History of an Aztec Town*, Albuquerque,
　　　NM, 1986）一书中关于殖民统治期间奇瓦瓦市的亡灵节庆祝活动的引用，第 25 页。与欧洲
　　　人相比，印第安人显然更乐意前往墓地，这也是亡灵节庆祝活动的特点。参见 Juan Pedro
　　　Viqueira Albán, ¿*Relajados o reprimidos? Diversione públicas y vida social en la ciudad de México
　　　durante el Siglo de las Luces* (México, 1987), 156-158。

过度行为。总督在 1731 年 12 月颁布了一项法令，宣布任何在即将到来的季节里遵循传统的大斋戒前习俗的人都将受到最为严厉的惩罚。显然，在教会与政府的共同努力下，许多狂欢节的庆祝活动被成功地从墨西哥城转移至边远的定居区。[14]

[99]

奇瓦瓦市的建立恰好与这些打压狂欢节活动的举措同时发生，城镇的官员们显然也顺应了发生在总督辖区首府的趋势。圣费利佩埃尔雷亚尔的市政府记录显示，不存在任何关于大斋戒前庆祝活动的官方规定；雇主们总是批评自己的员工动不动就编造理由来逃避工作，但他们从未抱怨过那段时间的停工问题。例如，1735 年 3 月 9 日，当天是一个星期三，矿主和商人聚集在一起，共同讨论白银产量下降的原因。他们抱怨称自己还没有从圣诞节假期的工作中断中恢复过来，而圣周和复活节就在眼前，但他们并没有提及狂欢节。[15]那年的圣灰星期三是 2 月 23 日，如果大斋戒前举行了任何重大的活动，那么该地区的重要雇主们在仅仅两周后起草报告时，肯定会对此记忆犹新。[16]

或许更能说明问题的是，普通人的例行法庭证词也未留下关于狂欢节的只言片语。如果被要求回忆某一事件发生的时间，人们通常会利用仪式历来引导自己。比如，"圣方济各节前一日""圣诞假期期间""圣周后不久"等短语经常出现在证词之中。虽然偶尔也会提及圣灰星期三，但殖民地的奇瓦瓦市民显然没有以狂欢节来推算时间，只提到过"狂欢节的星期一"（the Monday of Carnaval），这一说法由一名印第安人根据 1770 年的卡里奇克（Carichic）传教创造而得。[17]

---

[14]　Viqueira Albán, *¿Relajados o reprimidos?*, 139-147.

[15]　AACh, UTEP #491, 42-18.

[16]　关于圣灰星期三、复活节以及其他具有礼拜性质的节假日，参见 Jacinto Agusti y Casanovas and Pedro Voltes Bon, *Manual de cronología española y universal* (Madrid, 1952), 210。

[17]　AACh, UTEP #501, 3-19, 5-3.

奇瓦瓦市的王室庆典

即便没有大斋戒前的各种庆祝活动，生活在 18 世纪的奇瓦瓦市民仍然拥有很多机会逃离他们的日常生活。除了定期的宗教节日外，与其他西班牙的美洲殖民地政府一样，圣费利佩市议会也组织了用于纪念王室加冕、葬礼、婚礼以及王室成员诞生的公众活动。[18]1720 年，新成立的奇瓦瓦市议会的成员们向瓜达拉哈拉市的同僚们寻求了有关适当礼仪的建议，同时为这些不时之需做好了准备。

[100]

官员们通过查阅新加利西亚府（Nueva Galician capital）的官方记载，调取了 1665 年国王费利佩四世（Felipe IV）追悼仪式的详细记录。为逝世的国王举办了葬礼之后，瓜达拉哈拉市政府还精心筹备了一场仪式，地方显贵以及普通民众通过该仪式宣誓效忠于继任者卡洛斯二世（Carlos II）。身着制服的侍从以及马车夫跟随着当地的显贵们来到了主广场上专门为庆祝该节日而搭建的展台。展台的顶端立着皇室徽章以及新国王的全身像。皇家旗手（Alférez real）组成了一支五彩缤纷的游行队伍，他们高举着国王殿下的旗帜在城市各处游行，不时停下脚步并高喊口号以示瓜达拉哈拉市政府对于卡洛斯二世的效忠。每当教堂的钟声响起，聚集在此的群众就会高喊"阿门"和"万岁"（vivas）。[19]

奇瓦瓦市政府官员吸取了瓜达拉哈拉市政府的这些经验并在四年之后将

---

[18] 关于这些庆祝活动在秘鲁的更多信息，参见 John Preston Moore, *The Cabildo in Peru under the Hapsburgs: A Study in the Origins and Powers of the Town Council in the Viceroyalty of Peru, 1530–1700* (Durham, NC, 1954), 201–204; *The Cabildo in Peru under the Bourbons: A Study in the Decline and Resurgence of Local Government in the Audiencia of Lima, 1700–1824* (Durham, NC, 1966), 101。

[19] AACh, UTEP #501, 5–7.

之应用于各个场景之中。1724年1月10日，国王费利佩五世（Felipe V）决定让位于自己16岁的儿子路易斯（Luis）。政府当局迅速把这个消息传遍了帝国统治下的每一座城市。然而，当消息传到奇瓦瓦市之前，年轻的路易斯早已在九个月之前就死于天花了，又过了几个月，新西班牙北部边境的市民才得知费利佩五世再次登上了王位。[20] 在此期间，圣费利佩埃尔雷亚尔第一次举行了纪念波旁王朝的庆典仪式，这样的仪式此后又举行了很多次。

　　虽然奇瓦瓦市当地官员筹办的庆典活动无法与瓜达拉哈拉市政府为纪念卡洛斯二世而举行的奢华庆典相媲美，但他们还是为路易斯一世（Luis I）举办了一场令当地居民在多年后仍然记忆犹新的纪念仪式。一位名叫何塞·德·阿吉雷（José de Aguirre）的富裕矿商接受了令人艳羡的皇家旗手任务，尽管他一开始抱怨自己的生意使他无暇顾及其他事情，不过他最终还是在当地各种庆典活动的资金赞助以及开展过程中发挥了重要的作用。高举着王室旗帜的阿吉雷跟随着庄严的游行队伍围绕着城镇行进着，与此同时，市长巴托洛梅·加西亚·蒙特罗（Bartolomé García Montero）公开宣布了新国王的继位。教区教堂举行了一场庄严的《赞主诗》（Te Deum）咏唱之后，焰火、喜剧、民间舞蹈（bailes populares）、摩尔人与基督徒（the Moors and Christians）游行和斗牛表演（共有约200头牛）为人群带来了无限的欢乐。[21]

　　18世纪40年代及以后，从外部世界传入的仪式数量在逐渐增多。为了庆祝西班牙军队在卡塔赫纳（Cartagena）战役中战胜了英国，奇瓦瓦市议会在1741年适当地花费了43比索，举行了一场弥撒仪式和焰火表演，以此表达对"国王陛下（即费利佩五世）的爱戴"。几年后，市政当局接到

---

[20]　AACh, UTEP #501, 5–7; Lynch, *Bourbon Spain*, 81–84。

[21]　Almada, *Resumen*, 99–100; AACh, UTEP #491, 62–11; AACh, UTEP #50 1, 5–7. 关于在帕拉尔举行的路易斯国王纪念活动的相关引用，参见 AMP, reel 1724a, frame 212。

[101] 指示，被要求为纪念玛利亚·特蕾莎（María Teresa）公主与法国皇太子的婚礼举行一场公开活动。1746 年费利佩国王的悼念仪式以及费尔南多六世（Fernando VI）的加冕典礼意味着另一项皇室公告，从而加强了当地居民与波旁王朝之间的关系。[22]

就在 13 年之后，也就是卡洛斯三世（Carlos Ⅲ）继承王位时，类似的皇家公告再次出现。显然，在卡洛斯国王统治期间，他不仅重组了殖民政府，还大力地推动官方的庆祝活动。他曾于 1771 年以及 1779 年两次下令，要求所有的臣民一同见证最小曾孙的诞生；至少在后一种情况下，新比斯开（Nueva Vizcaya）总督认为一场庄严的弥撒仪式以及连续三个晚上通明的节日彩灯（luminarias）已然足矣。此外，在许多地方，国王对于圣灵感孕（Immaculate Conception）的虔诚之心也激发了民众为纪念玛利亚（Mary）举行庆典仪式的热情。此外，奇瓦瓦市政府在 1790 年和 1791 年分别为卡洛斯三世的逝世以及卡洛斯四世（Carlos IV）的继位举行了传统的葬礼以及加冕仪式。[23]

公民自豪感、王室忠诚度以及劳动纪律

整个 18 世纪，地方官员们一直担忧着民间及宗教庆典活动对于劳动纪

---

[22] AACh, UTEP #491, 56-6, 94-12, 125-7.

[23] 同上，87-6, 100-21, 126-7, 142-4; 奇瓦瓦市政档案馆，第二增补本，得克萨斯大学艾尔尔帕索分校图书馆微缩胶片副本（以下简称 AACh, UTEP #502），5-25; 另参见 Callahan, *Church, Politics, and Society*, 55。

律的影响；那些左右地方政治的矿业企业家在履行官方义务或开展商业活动时，不断表达着他们的失望，因为他们无法找到足够多纪律严明的工人来满足地方经济发展的需要。如此困扰在很大程度上影响了他们对于传统庆祝活动的规划和筹备。

圣方济各节引发了官方对于劳动纪律最为频繁的关注。当地官员担心，为期一周的假期会打乱工作节奏，甚至是那些极其顺从的员工也会被一群不守纪律的乌合之众所腐蚀，而这些人会一同来到奇瓦瓦市参加10月份的庆祝活动。圣诞季则再次增强了社会失控的可能性。雇主们抱怨称，过度的庆祝活动分散了工人们的注意力，使得他们无法兑现在假期后按时返回工作岗位的承诺。按照惯例进行账目的年终调整之后，很多工人干脆直接消失了，留下了尚未结清的债务。另一些工人则会在同意新年复工之前，要求雇主们预付相当数额的薪酬或提供等值的商品。[24]

对于主要的雇主的来说，长时间的庆祝狂欢不仅是一件麻烦事，而且还妨碍了自身企业的正常运转。18世纪奇瓦瓦市的市政官员们曾多次表示，他们偏爱那种标准化的、年复一年的工作方式，而这种工作方式通常与现代化以及工业化联系在一起。从某些方面看来，当地的环境更有利于推行这样的工作习惯。由于矿石开采以及冶炼并不像农业生产那样具有季节性循环的特征，即高强度的农耕期以及相对悠闲的休耕期循环交替，所以其工作周期本身也没有为工人参与庆祝活动提供明显的机会。矿石开采要求工作与娱乐之间存在清晰的划分，这也是工业化社会的特征，人们不应该像在丰收时以及农业日程的其他重要节点那样将劳动与社交习惯混为一谈。[25]

[102]

与此同时，鉴于工人经常短缺，而可用的工人又无法满足需求，雇主

[24]　Cheryl E. Martin, "El trabajo minero en Chihuahua, siglo XVIII," in *Actas del Primer Congreso de Historia Regional Comparada, 1989* (Ciudad Juárez, 1990), 185–196.

[25]　E. P. Thompson, "Time, Work-Discipline and Industrial Capitalism," *PP* 38 (1967).

们对于实现任何准工业化的劳动纪律模式都感到失望。雇主们还经常抱怨雇员太热衷于节日的庆祝活动，以至于任何对斗牛或其他预期的娱乐活动的投入缩减，都会造成工人们的抵制或导致他们移居到其他地方。当地官员可能也明白，一轮盛大的节日庆典甚至可能吸引来自其他地方的新工人。因此，他们能做的最大努力就是调整圣方济各节和其他庆祝活动的时间安排，使庆祝活动不至于延续至第二周。市政府颁布了法令，规定无论圣方济各节（10月4日）当日是星期几，庆祝活动都将从周日开始，直到下个周日结束。如此一来，工人们就可以在周一早上返回工作岗位，想必他们一定精神焕发，为即将开始的工作做好了准备。[26]

对于劳动纪律和稀缺资源保护的关注也对当地的王室庆典活动产生了重要的影响。政府官员尽可能将这些王室活动与日历上的常规节日进行结合。例如，当他们于1724年10月开会讨论效忠路易斯国王的宣誓词时，市议会成员明确表示，他们对于任何可能破坏矿石开采的行为感到担忧。因此，他们将仪式定在了12月24日。斗牛、喜剧表演以及向新国王致敬的游行为那年的圣诞节增色不少。1745年，为纪念玛利亚·特蕾莎公主婚礼的庆祝活动也改在圣诞周举行。[27]

在后来的一些场合，市政府还试图尽可能地推迟新国王的宣誓效忠仪式。1747年春天，当市议会成员得知费利佩五世去世的消息后，他们立即为国王陛下安排了一场葬礼游行，游行队伍配有号角以及裹着黑布的铜鼓。他们要求所有的本地居民都必须参加游行，经济条件允许的居民还会穿上丧服。[28]但由于费尔南多六世（Fernando VI）的宣誓效忠仪式更加隆重，

[26] AACh, UTEP #491, 10-53, 109-17.

[27] AACh, UTEP #501, 5-7, fol. 195; AACh, UTEP #491, 94-12.

[28] AACh, UTEP #491,84-30, 125-7. 关于得克萨斯州圣安东尼奥举行的葬礼仪式的描述，参见 Gilbert R. Cruz, *Let There Be Towns: Spanish Municipal Origins in the American Southwest, 1610-1810* (College Station, TX, 1988), 139-143。

花费也更多，因此市政府履行这部分职责的热情就大大降低了。最初，他
们同意在秋季的圣方济各节之后立即举行仪式，但经过进一步的讨论，他　　[103]
们决定将仪式推迟至 1748 年 6 月，大概是为了与基督圣体节合办。市政府
的数名成员表示，6 月举办仪式将对采矿业造成最小的影响。

　　1748 年 2 月 11 日，一份关于计划庆祝活动的官方通告赫然出现在奇瓦
瓦市的市政粮仓门口。通告上的活动包括 6 月 4 日下午由外科医生、理发
师以及药剂师公会一同出演的喜剧表演。而这些公会的成员立即对涉及的
费用提出抗议。一位药剂师还表示，他并不愿与外科医生和验血师合作演
出，就社会地位而言，这些人的行当与他并不匹配。[29] 在接下来的几周里，
其他人注意到，当地经济举步维艰，根本无法承担节日所需的费用或是停
工带来的负面影响。与此同时，一场天花疫情转移了人们对于庆祝活动的
注意力。

　　直到 5 月份，长期担任公民领袖的亚历山大·加西亚·德·布斯塔曼
特（Alexandro García de Bustamante）最终要求市议会再次推迟仪式。他指
出，在过去类似的场合里，奇瓦瓦市民总是展现出他们对于君主的忠诚。
加西亚补充道，如果要求他们在如此困难的情况下坚持举办活动，将会构
成专制并且有损国王陛下的威严。他提议将仪式推迟至秋天举行，但是有
必要预留出两周的时间，用以体面地庆祝所有的节日。尽管市政府非常担
心为期两周的庆祝活动将会造成采矿作业的长时间中断，但市政府最终还
是同意了加西亚的提议，将加冕典礼的欢庆活动定在 9 月 21 日（星期六）
举行。他们在宣告费尔南多六世继任之后，举行了整整一周的游行、喜剧、
斗牛以及摩尔人与基督徒模拟战斗表演，如此一来，奇瓦瓦市便"以最为
隆重的方式"表达了对于新国王的欢迎。而圣方济各节则将于 9 月 30 日星

[29]　AACh, UTEP #491, 125–7.

期一开始。

　　随着节日的临近，当地的公会以及民兵组织成员又开始抱怨他们在即将到来的活动中所扮演的角色。安德烈斯·德·比利亚尔巴（Andrés de Villalba），一名银精炼厂的督管（*mayordomo*）强烈抗议自己被选为摩尔人的首领。他表示，尽管市政府试图仿效 1724 年所举行的一系列活动，但却忽略了一个事实，即当时具有极高社会地位的富有矿商们承担了如今被指派给他的类似义务。不过，市议会否决了比利亚尔巴的提议，庆祝活动按照原计划进行。[30]

[104]　　1760 年，针对新国王继位的纪念仪式，奇瓦瓦市政府再次权衡了经济、社会秩序、公民自豪感以及作为臣属的忠诚度等方面相互冲突的因素。甚至在市议会得知费尔南多六世去世的消息之前，采矿业的进一步恶化以及印第安人敌对行动的升级已经完全破坏了该年的常规节日安排。直到 9 月 1 日，还没有人主动提出要为圣方济各节的斗牛表演筑起广场的围栏。按照惯例，当地的木匠会针对这项特权进行投标，再通过向观看斗牛的观众出售围栏内的空间获利。最后，胡安·伊格纳西奥·费尔南德斯·莱丘加（Juan Ignacio Fernández Lechuga）同意建造围栏，但他解释称，经济的萧条迫使他不得不提出比以前的特许经营者更为苛刻的要求。市议会极不情愿接受他的提议，并授予他在未来七年里建造围栏的权利，而不必向城镇财政部支付例行的年费。

　　在这次的会议上，市政府还规定道，圣方济各节的庆祝活动应该从 9 月 29 日星期一开始，直到下一个星期天结束。在接下来的几天里，人们对指定时间表所允许的实际斗牛次数产生了质疑。文献资料显示，牧师以往很少干预当地的斗牛活动，但费尔南德斯·莱丘加担心，教会当局可能

---

[30]　AACh, UTEP #491, 62–11.

会禁止庆典开幕日的斗牛活动，因为当日碰巧就是圣米格尔节（the feast of San Miguel），而接下来的周五则是耶稣受难纪念周的第一天，教会人士有时会反对在这一天举行斗牛活动。他担心自己没有足够的机会收回建造围栏的费用。因此，他要求斗牛和其他大众娱乐活动于10月6日星期一开始，也就是圣方济各节实际庆祝日的后两天。

也许费尔南德斯·莱丘加对于牧师意见的敏感可以归根于主教佩德罗·塔拉蒙·罗梅拉尔（Bishop Pedro Taramón y Romeral）的出现，这位主教最近刚刚来到奇瓦瓦市进行例行访问。[31] 市政府成员显然也认为他们制定的时间表可能会促使主教限制斗牛活动的次数。尽管一些官员担心节日的推迟会扰乱正常的工作安排，甚至比预期的时间还要长，但是市政府还是勉强同意了费尔南德斯·莱丘加的提议。毫无疑问，他们担心减少斗牛活动可能会对劳动纪律造成更大的损害。[32]

费尔南多国王的讣告终于传到了奇瓦瓦市。主教因此找到了一个合适的借口，将圣方济各节的斗牛活动全部取消了。他劝服市政府相信，在10月6日当周举行斗牛活动是对于已故国王的冒犯。于是，市议会成员决定将斗牛活动的举行推迟至圣诞节，与此同时，圣方济各节的其他传统活动也被缩减了。他们还在10月13日和14日为费尔南多国王举行了葬礼。尽管城市的财政状况不佳，他们还是拨出了557比索用于相关的纪念活动。 [105]

加冕典礼的安排再次成为一个问题。部分市政府成员指出，圣费利佩埃尔雷亚尔应该尽快向卡洛斯三世正式地宣誓效忠，尽管时间、金钱以及对于

---

[31]　关于主教来访的公开报道，参见 Pedro Tamarón y Romeral, *Demostración del vastísimo obispado de la Nueva Vizcaya, 1765* (México, 1937). 主教分别在8月6日至8月17日、9月13日至9月18日以及10月11日至10月27日期间停留在奇瓦瓦市；三段时间的间隔期间，主教参观了城市周边的环境。

[32]　AACh, UTEP #491, 100-9.

费尔南多的悼念造成了相关庆祝活动的推迟。现任皇家骑手的同党派人士认为，宣誓仪式至少应该在 1760 年年底之前举行。到了 18 世纪后半叶，骑手每年都会在市政议员（*regidores*，市政府的永久成员）之中产生，在任者的盟友们则认为，他理应获得履行其职责的机会，向一位新国王宣誓效忠。

不过，新比斯开的行政长官马特奥·安东尼奥·德·门多萨（Mateo Antonio de Mendoza）同意将宣誓仪式推迟至 1761 年，原因是寒冷的天气通常发生在 12 月。虽然他建议在 4 月份举行庆祝活动，但市政府成员对于他的建议有些犹豫，最终还是采取了往常的策略，将皇家庆典活动与传统的圣方济各节合并。1761 年 7 月 26 日颁布的一项法令确定了最终的议程。向国王卡洛斯三世宣誓效忠的仪式被安排在 10 月 3 日（星期六），次日将举行官方的教堂礼拜仪式。传统的喜剧表演、斗牛、烟火以及游行活动填满了接下来的整个星期。尽管指定参与者依然抱怨连连，但庆祝活动还是按计划进行，市政府的财政部门共支出 695 比索。[33]

节日庆典与殖民社会

关于民间及宗教庆典的记录较好地反映了 18 世纪奇瓦瓦地方社会的运作模式。显而易见，市政府官员和其他地方精英在该市所有的节日庆典中始终扮演着核心的角色。几乎所有的活动都是由市议会成员一手策划的，而他们与他们的同辈作为兄弟会（*cofradías*）的领袖，致力于筹

---

[33]　AACh, UTEP #491, 100-15, 100-21.

备和资助各种各样的宗教仪式。[34]同其他的殖民城市一样，神圣兄弟会
（Archicofradía del Santísimo Sacramento）负责筹办基督圣体节。该组织成
员几乎都是来自半岛的西班牙人，借用一位重要成员的话说，"这座城镇最
体面的人士"。[35]

　　事实上，市政府官员和其他地方精英试图利用地方节日来巩固自身地 [106]
位并强化等级观念的同时，也充分展现了他们的精明算计。他们及其家人
往往以一种符合他们所宣称的社会地位的方式来庆祝节日。他们会在专门
建造的平台上观看斗牛表演和其他的壮观场面，同时享用着为他们准备的
公费茶点。[36]1720年，第一届市议会在教区教堂里设立了专用的长椅，上
面饰有国王的纹章。市议会还采取措施，禁止有色人种（color quebrado，
字面意思为"复合色"）优先选择重要教堂仪式上的座位，并指示市政人员
清理市议会在前往仪式的途中可能经过的所有街道和门廊。[37]市政府官员
还会手持着象征自身权威的钉头锤在街道上列队行进，将此作为其地位的
另一个标志。在为了纪念王室而举行的各种仪式上，骑手和其他主要参与
者利用这个机会彰显了他们与国王陛下的特殊关系。[38]

　　市政府官员还规定了其他团体在当地庆祝活动中所扮演的角色。其中
发挥积极作用的最低社会阶层是镇上的手工业公会，市政府对于他们的参
与性质也做出了细致的规定。公会成员负责安排喜剧表演，以及制作用于
游行的彩车或凯旋花车（carros triunfales）。鉴于奇瓦瓦市档案中并没有提

[34]　AACh, UTEP #491, 59-43, 80-28, 87-6, 100-15, 109-17.

[35]　同上，56-6。出生于西班牙的奇瓦瓦市杰出居民同样会在自己的遗嘱中提及该兄弟会。参见，例如，同上，108-36, 109-6。

[36]　同上，109-17, 130-38。

[37]　AACh, UTEP #501, 5-7.

[38]　同上，5-6。当然，地方精英也希望在其他方面得到尊重。参见 Cheryl E. Martin, "Popular Speech and Social Order in Northern Mexico, 1650-1830," CSSH 32, no. 2 (1990): 305-324。

及那些存在于墨西哥城和其他主要城市中心的专业剧团，他们也可能亲自参与喜剧表演。[39] 一些工匠为他们的创造性才能找到了其他的出路。一位名叫佩德罗·诺拉斯科·巴埃洛斯（Pedro Nolasco Bañuelos）的裁缝经常为他的公会所呈现的喜剧谱写诗句。[40]

然而，手工业公会并不能代表地方社会的最低阶层。例如，银匠在许多庆祝活动中都占据着重要的地位。这些人中包括数名半岛西班牙人，他们在大多数庆典仪式中被指派的角色彰显了他们高超而精湛的手艺。为了纪念 1745 年玛丽亚·特蕾莎公主的婚礼，市政府命令银匠骑马游行，身着与其身份相称的华丽服装（lucimiento）。[41]

面包师公会在奇瓦瓦的节日仪式中也扮演着重要的角色，但主要的商人（往往是半岛西班牙人或外国人）通常会担任该组织的领导人。例如，佩德罗·安东尼奥·卡德雷查（Pedro Antonio Cadrecha）是阿斯图里亚斯（Asturias）来的移民，他的职业生涯始于 1730 年代末，当时的他在当地的一家商店当收银员。在接下来的十年里，他拥有了自己的面包房并开始

[107] 在圣方济各节的庆祝活动中担任面包师的领队（cabo de panaderos）。他在 1759 年以及 1766 年两度当选为市政府的地方行政官（alcalde），任期均为一年。另一位重要的面包师是法国人安德烈斯·福赞（Andrés Forzán），他负责为 1761 年的圣方济各节组织其所在公会的戏剧表演。在其他场合，一名来自热那亚（Genoa）的商人菲利克斯·夸伦（Félix Cuarón）协助策划了地方节日庆典期间上演的戏剧表演。[42]

工匠们在城镇为数不多的兄弟会中也发挥了一定程度的作用。裁缝们

---

[39] Viqueira Albán. ¿Relajados o reprimidos?, 57.

[40] AACh, UTEP #491, 125-12.

[41] 同上 , 94-12。

[42] 同上 , 8-11, 80-28, 100-21。有关佩德罗·安东尼奥·卡德雷查传记的详述，参见同上 , 7-16, 57-15, 89-2, 89-4, 89-22, 94-12, 99-7, 100-4, 100-8, 100-13, 108-36；以及 AACh, UTEP #501, 4-40。

拥有自己的组织，教区教堂还为他们专门设置了一排长凳。[43] 作为每年9月宗教仪式的赞助者，多洛雷斯圣母兄弟会也拥有来自社会各个阶层的成员。胡安娜·曼努埃拉·萨米恩托（Juana Manuela Sarmiento）是一家小商店的老板，也是木匠何塞·雷蒙多·德·卡斯特罗（José Raimundo de Castro）的妻子，直到1770年去世时，她一直是该组织的督管。[44]

其他积极参与地方纪念活动策划的团体还包括银精炼厂的督查员们以及其他社会地位相当的人。这些人经常被招募来扮演摩尔人和基督徒之间战争重演中的主要角色。[45] 在这些仪式中，维森特·巴尔加斯（Vicente Vargas）有时会扮演伟大的土耳其人（Gran Turco）；当他于1756年去世时，他的葬礼公告称其为一名西班牙人（español，字面意思为"西班牙人"，但可能出生于墨西哥），但他并没有被授予"唐"（don）的尊称。他的家人显然无法为他举行奢华的葬礼，因为他的葬礼上只有一个小型十字架（de cruz baja，字面意思为"与一个小型十字架一同埋葬"，富人阶层往往与一个大型十字架一同埋葬）。[46]

从理论上讲，技艺精湛的工匠以及他们的同辈可以借此机会形塑这些仪式所传达给民众的文化信息。也不是所有人都乐此不疲。1743年，何塞·德·波勒斯（José de Porras）发现，在圣方济各节的庆祝活动上担任摩尔人的首领是一项繁重的任务。虽然他邀请了不同的人来协助他，但这些人都各自找了借口推脱；因此，他要求市政府迫使他们参与其中。在18世纪30年代晚期矿业走向衰败之后，类似的抱怨变得越来越常见。[47]

---

[43] AACh, UTEP #491, 59-43.

[44] 同上，110-3。

[45] 同上，122-29。

[46] 同上，80-28; Genealogical Society of Utah, Chihuahua Burial Registers, 1756。

[47] AACh, UTEP #491, 96-36. 威廉·卡拉翰（William J. Callahan）指出，在18世纪的西班牙，工匠们并不愿意参加地方的节庆活动；参见 Church, Politics, and Society, 54。类似的情况也发生在法国，参见 Schneider, Public Life in Toulouse, 302-307。

在官方赞助举办的节日庆典中，社会地位低于能工巧匠的群体往往扮演着较为被动的角色。大多数普通工人只是作为观众，或偶尔成为官方施舍的受益者，因为当地的权贵们会在国王的加冕纪念日向聚集的人群投掷纪念币。另一方面，工人们有时会被要求分担庆祝活动的费用。国王卡洛斯三世葬礼的组织者就曾向矿工们征集捐款。如果工人们的督管被委派担任某些礼仪性的职务，比如摩尔人或基督徒的首领，那么这些工人也可能被招募来提供协助，尽管这可能有违他们的意愿。[48] 但是，其他主动参与的官方渠道仍然对他们关闭。市政记录并没有提及任何社会地位低于裁缝的群体组成的兄弟会或其他组织。即使奇瓦瓦市存在这样的工人组织，他们也无法参与全市范围内的庆祝活动。此外，这些庆祝活动也并没有为底层阶级的挫折感或年轻人的青春活力提供任何仪式化的、可接受的发泄途径。正如我们所见，西班牙及其殖民地的狂欢节仪式在传统上提供了这样的安全阀。而其他殖民地习俗可能导致一定程度的社会反演（social inversion）。通过对于波菲里奥统治期间标志着大斋戒结束的"焚烧犹大"（Juda-burnings）活动的生动描述，威廉·比兹利指出，犹大的雕像实际上常常与当地的显贵们相似。比兹利认为这种习俗可以追溯至中世纪的欧洲，或在殖民时期传到了墨西哥。[49]

正如我们所见，到了18世纪初，墨西哥城的官员们已经开始致力于打压大斋戒前的各种仪式，圣费利佩埃尔雷亚尔市政府显然也加入了他们的行列。此外，奇瓦瓦市的档案文件并没有提到"焚烧犹大"或任何其他明确允许象征性地推翻社会秩序的习俗。在殖民时期的奇瓦瓦市，最具

[108]

[48] AACh, UTEP #491, 62-11, 126-7, 130-38. 在近代早期的法国，"穷人"代表有时也会和其他社会群体的代表一同参加宗教游行。参见 Schneider, *Public Life in Toulouse*, 34。

[49] William H. Beezley, *Judas at the Jockey Club and Other Episodes of Porfirian Mexico* (Lincoln, NE, 1987), 89-93.

有这种意味的习俗可能是人们在游行队伍中作滑稽的装扮（*enmascarados ridiculamente*），就像铁匠和鞋匠出现在1745年玛丽亚·特蕾莎公主婚礼的纪念庆典上。但这些仪式都是由市政府规定的，任何隐含的社会反演都必须被程式化。[50]

市政府成员身处一个种族混合的社会，而且正如他们经常说的那样，身处"印第安敌军的边疆"，因此，他们认为没有理由鼓励任何关于社会动荡的拙劣模仿。可以肯定地说，在许多的社会中，这种哑剧表演通过为底层群体的挫败感提供一个毫无危害的安全阀，实现了社会稳定的强化。但是，这些仪式也给了人们一个机会，去想象一些背离当时社会秩序的行为，这些行为甚至可能演变为公开的反叛。[51]奇瓦瓦市的市政官员们显然赞成后一种观点。从他们的角度来看，当前的社会秩序极不稳定，不能再把危险的思想随意地灌输给那些他们认为处于社会底层的易受影响人群。

奇瓦瓦市历史发展的具体特征促使当地精英致力于尽可能地降低地方庆祝活动的破坏性影响。城镇的社会变迁过程可能阻碍了各种节日庆典的发展，它们深深地植根于流行的习俗之中，彰显着近代早期欧洲或墨西哥中部及南部印第安村落生活的特征。和墨西哥北部的许多其他矿区一样，奇瓦瓦市同样也是在一个非永久居住点一夜间兴旺起来的。在18世纪初银矿被发现之后，不同种族以及不同社会阶层的人纷纷聚集于此，期盼着迅速致富。毫无疑问，他们中的每一个人都带来了关于家乡节日庆典的回忆，或许还怀抱着在北部边境重建这种丰富仪式生活的愿望。 [109]

然而，大多数工人都是以个人或小团体的形式向北迁移，留下了错综

---

[50] AACh, UTEP #491, 94-12.

[51] 关于社会反演与社会稳定的问题，参见 Natalie Z. Davis, *Society and Culture in Early Modern France* (Stanford, CA, 1975)，各处，尤其是第103至119页；Burke, *Popular Culture in Early Modern Europe*, 201-204; Emmanuel LeRoy Ladurie, *Carnival in Romans* (New York, 1979).

复杂的传统人际关系网络，而这些关系往往支撑着家乡社群的各种传统仪式。他们到达奇瓦瓦后，很快便形成了一个种族多元化的工人阶级群体，其所属的社群则涵盖了广泛的地理及文化范畴。来自索诺拉（Sonora）的雅基印第安人（Yaqui Indians）、从北方某个采矿场迁移至另一个采矿场的永久移民、来自新墨西哥边境的难民以及来自墨西哥中部及南部人口密集的村庄的印第安人纷纷加入了工匠、骡夫、流动商贩的行列，由此解放了来自总督辖区不同城市和村庄的非裔墨西哥人。

至少对于最初的几代来说，这些工人很难在到达奇瓦瓦之后就立即形成复杂的社交网络。没有证据表明，在矿场、炼油厂或其他企业的工人之中存在着任何形式的正式组织。面对亲属的丧葬费或其他经济上的紧急情况，与其求助于某个互助协会，大多数工人还是会依靠雇主的贷款。镇上工匠公会的组织也较为松散，他们通常不会执行严格的成员标准，很显然，他们只会为了响应地方官员的要求而举行一些民间仪式。

来自帕拉尔的新比斯开矿业中心（成立时间比圣费利佩埃尔雷亚尔早了近一个世纪）的证据表明，奇瓦瓦市从一个杂乱无序的采矿聚居地迅速成为一个拥有市政府的成熟自治市的转变也阻碍了工人阶级社会网络的形成。与殖民统治时期墨西哥的许多其他社区一样，帕拉尔为拥有一个可以追溯至 17 世纪的帕尔多斯（*pardos*，皮肤黝黑的人种，或拥有非洲血统）兄弟会而引以为豪。该组织植根于圣胡安德迪奥斯（San Juan de Dios）医院，按照惯例，其每年 1 月都会举行纪念圣母无原罪（Nuestra Señora de la Purísima Concepción）的庆祝活动。这些庆祝活动以惯常的宗教仪式以及世俗的娱乐活动为主，包括斗牛表演以及摩尔人和基督徒游行，在此期间，帕尔多斯人会扮演伟大的土耳其人或其他的仪式角色。虽然一些杰出的地方居民试图定期打压与兄弟会活动有关的各种过度行为，同时将相关的庆祝活动限制在圣诞节与主显节（Epiphany）之间这段已经被"浪费"了

[110]

的时间内，但在殖民统治的大部分时间里，帕拉尔始终缺少一个能够承担起有关地方节日庆典的官方责任的市政府。当市议会最终于18世纪末成立时，它取代了帕尔多斯兄弟会，成为纪念圣母无原罪的庆祝活动的组织策划者。[52]

在奇瓦瓦，早期的市政府为地方精英提供了一种工具，让他们能够对仪式庆典保持更为严格的控制，而民间组织以及流行传统的缺失则给他们提供了一张白板，让他们能够在上面制定关于仪式生活的议程。同时，相对的文化同质性有助于他们明确议程的内容。事实上，18世纪奇瓦瓦市政府的所有成员都是半岛人（peninsulares），其中相当一部分人来自西班牙北部地理位置较为紧凑的地区。无论巴斯克人和加利西亚人之间存在哪些差异，西班牙移民在重建习惯性社交网络以及节日仪式方面所面临的障碍要比本土墨西哥人少得多，这些本土墨西哥人只经过了短暂的旅途便到达了他们位于奇瓦瓦的新家。他们对当地甚至整个殖民地习俗的让步可以说是微乎其微的。例如，1724年，市政府同意根据当地习俗（a la usanza de la tierra）举行一场摩尔人和基督徒之间的模拟战争，以此纪念路易斯一世的继位，但事实上，大部分的主要规划者和参与者都是半岛西班牙人。[53]

---

[52] AMP, reel 1724a, frame 212; reel 1746, frame 3; reel 1794, frame 105. 关于帕尔多斯人在墨西哥城
      庆祝活动中所扮演的角色，参见加西亚文件夹135（García Folder 135），本森拉丁美洲档案馆
      （Benson Latin American Collection），得克萨斯大学奥斯汀分校。

[53] AACh, UTEP #501, 5–7.

结论：社会控制的边界

　　18 世纪奇瓦瓦的市政领袖成功地创建了一个符合"文明"社会最低要求的基本节日历，同时通过抑制大众参与的方式尽量减少了节日庆典对劳动纪律造成的干扰，而劳动纪律对于实现其经济目标是至关重要的。然而，尽管缺乏正式的组织或传统意义上获得认可的仪式，工人们仍然设法在一定程度上掌控他们的闲暇时间。

[111]

　　工人们还成功地捍卫并增加了地方节日庆典带给他们的闲暇时间。市政府从未考虑过将圣方济各节的庆祝活动限制在七天之内，大概是因为工人们绝不会满足于此。由于工人们拒绝在圣诞节、新年、主显节以及年终其他特殊日子之间的短暂间隔内重返工作岗位，圣诞节的假期至少被延长了整整两周。[54] 换句话说，他们已经学会了搭桥连休（ *hacer puente* ），就像他们在 20 世纪的后代们常说的那样，在一个节日和另一个节日之间"搭一座桥"。

　　不仅如此，许多矿工显然很享受他们自己创造的每周假期。雇主们也从来没有成功地实行过六天工作制。事实上，根据矿场和精炼厂的管理人员所保留的账簿可知，许多工人会在一个典型的工作周里只干三或四天的活，至少在某些情况下，这就足以让他们获得足量的玉米和肉类配给作为工作酬劳的补充。[55] 此外，既定的习俗要求人们在星期六进行半天的劳动。一些工人设法通过加倍工作和周五加班的方式来延长周末的时间，如此一来，他们就可以连续休息两天。离开工作岗位后，那些在圣优拉利亚矿场

---

[54]　Martin, "El trabajo minero."

[55]　AACh, UTEP #491, 30–13.

工作的人便会步行三个小时来到奇瓦瓦，在那里，许多人拥有自己的房屋，还组建了家庭，周末的娱乐活动也比矿场来得更加丰富多彩。他们在奇瓦瓦度过了愉快的星期六和星期天，令他们的老板尤为反感的是，他们中的很多人将周末延长至星期一（非官方假日）。[56]

最后，工人们还塑造了他们庆祝地方节日的方式。虽然他们缺乏参与这些活动的官方渠道，但在适当的时候，他们还是为节日庆典创造了属于自己的非正式传统。为了纪念他们自己的婚礼和圣徒节，或者在没有任何特殊原因的情况下，他们将热闹欢腾的凡丹戈舞与官方赞助的节日庆典相结合，这些舞蹈活动一直持续至深夜，尽管当局一再试图制止他们。[57] 现存的记录还表明，工人们经常缺席圣方济各节和其他节日的宗教仪式，却很少错过斗牛表演和其他娱乐活动。民政和教会当局试图采取各种措施，劝服工人们参加宗教仪式。例如，有一次，他们下令禁止在节日当天下午一点之前举行斗鸡，如此一来，观众们就不会放弃参加教堂的礼拜活动。[58]

然而，没有人会真正地监督工人们是否在星期日或其他宗教场合参加弥撒。城镇的牧师们缺乏针对教区居民的某种父权式控制，这种控制在他们的同行对印第安人进行传教时得到了彰显。此外，尽管当地的习俗允许雇主对员工的性行为和私生活的其他方面进行实质性的监管，但很少有人会要求雇主对员工的宗教习惯实施控制。因此，工人们仍然可以无视那些据说是为节庆场合的教化启蒙而制定的精神信息。他们或许还拒绝了当地 [112]
精英试图通过财富及权力的仪式化展示实现的文化霸权的教化。

[56]　Martin, "El trabajo minero."

[57]　AACh, UTEP #491, 80-21, 116-21, 118-36; AACh, UTEP #501, 4-44; AACh, UTEP #502, 5-3.

[58]　AACh, UTEP #491, 23-15.

06 治安与善政：规范公共行为的市政府措施
（1821—1857）

安妮·斯泰普斯（Anne Staples）
墨西哥学院（El Colegio de México）

  关于公共空间的界定与规范是本文的重点。安妮·斯泰普斯将胡安·佩德罗·维奎拉·阿尔班（Juan Pedro Viqueira Albán）在《松绑还是镇压？》（*¿Relajados o reprimidos?*, México, 1987）一书中关于波旁改革派在墨西哥城建立公共秩序所做的努力的研究延伸至墨西哥独立革命之后的前半个世纪，同时为大卫·加里奥奇（David Garrioch）在《巴黎的邻里与社区，1740—1790》（*Neighbourhood and Community in Paris, 1740-1790*, Cambridge, 1986）一书中进行的研究提供了关于争议性公共空间的墨西哥案例。她对于官方的担忧做了直截了当的阐述：儿童和醉酒者是最难以管教的两个社会群体。当局希望通过对青少年的教育以及对酒精饮品售卖的监管来维持秩序，但是，除非受到严格控制，否则公共空间，尤其是节日期间的公共空间，为孩子气的行为和醉酒行为提供了充满诱惑的场所。她的文章还考察了波旁改革者所采取的举措，他们试图将下层社会群体与如今被认为是可耻的下半身功能联系起来，进而促成了无数关于清洁的城市法律的出台。就这一方面而言，她的文章对帕梅拉·沃克尔（Pamela Voekel）的研究做出了补充。[*]

在获得格勒诺布尔大学（Universite de Grenoble）、俄勒冈大学
（University of Oregon）、得克萨斯大学（University of Texas）的学位以
及墨西哥学院的博士学位后，安妮·斯泰普斯将研究重点放在了墨西
哥合众国成立初期的教会事务上，近年来，她开始关注教育历史，尤
其是读写能力的需求与发展。

[116] 尽管存在复杂的种族、性别、职业和社会划分，但是墨西哥人还是将
日常活动统一地划分为两个领域：家庭的私人生活和街头的公共生活。这
两个传统领域都有自己的行为规则和性别认同。街道属于男性，家庭属于
女性，尽管女性必须服从男性的权威。这两个领域及其毗邻和重叠的边缘
都值得深入而彻底的研究，特别是在发生了重大变化的19世纪。

例如，女性长期以来一直接受着这样一种观念，那就是男性应该尊重
女性在家庭中的作用，女性则不得对男性在家庭住所以外的活动提出控诉。
然而，到了19世纪末，女人变得越来越焦躁不安，她们开始寻求私人生
活之外的活动。男人做出的反应是不顾一切地继续用家庭生活来限制妇女，
宣称她们是"家中皇后"（*rienas del hogar*），是家庭的道德仲裁者，也是美
德的神圣守护者。鉴于此，女性被限制接触那些街道上受污染的公开世界。
并不是所有的女性都接受这种说法，这种说法一方面把她们置于更高的地
位，另一方面又把她们困在家里。这些善于挑战的女性试图重新定义自己

---

[*]   "Peeing on the Palace: Bodily Resistance to Bourbon Reforms in Mexico City," *Journal of Historical Sociology* 5, no. 2 (June 1992): 183–208.

在社会中的性别角色。对于她们的努力以及社会对此的反应——尤其是男性的反应——仍有待解读。[1]

19世纪的公共领域和公民文化同样为研究者提供了切入点。这篇文章只是初步的尝试，旨在通过对托卢卡（Toluca）、特拉科塔尔潘（Tlacotalpan）和墨西哥城的案例研究，理解1821年墨西哥独立至（大约）《1857宪法》颁布期间的街头生活。

改善公共空间内的行为

街头生活，连带着那些被禁止的也因此变得诱人的关于自由、活动、结社和拜访的愉悦，始终与社会等级制度和道德行为的主流共存着。但它们没有得到自由的发展，尽管所有的阶层都在某个时间聚集在一起，他们只是在一起而没有融为一体（*juntos pero no revueltos*）。每一个社会群体都有自己的行为准则，教会与国家强化了这些行为准则并试图让每个人拥有至少一个关于体面和得体的共同特征。为了达到这一目的，市政府在19世纪制定了公共行为准则。

---

[1] 近年来，关于19世纪墨西哥的妇女与性别的研究包括 Sylvia M. Arrom, *The Women of Mexico City, 1750–1850* (Stanford, CA, 1986); William E. French, "Prostitutes and Guardian Angels: Women, Work, and the Family in Porfirian Chihuahua," *HAHR* 72, no. 4 (November 1992): 529–553; Heather Fowler Salamini and Mary Kay Vaughan, eds., *Women of the Mexican Countryside, 1850–1990: Creating Spaces, Shaping Transition*:" (Tucson, AZ, 1994); Asunción Lavrin, ed., *Sexuality and Marriage in Colonial Latin America* (Lincoln, NE, 1989); Julia Tuñón Pablos, *Mujeres en México*: *Una historia olvidada* (México, 1987); 以及 Carmen Ramos-Escandón, *Presencia y transparencia*: *La Mujer en la historia de México* (México, 1987)。

每个社区都有捣乱分子——儿童和醉汉。虽然这些人不容易被控制，但是地方政府的确做出了努力。例如，政府试图控制酒精饮料的销售（尤其是龙舌兰酒）以及规范饮酒的行为。[2] 市政和教会官员也试图减少小孩子的胡闹行为，特别是在校期间。令人格外担心的是，年轻男孩们可能会在上学和放学的路上遇到年轻女孩们，并和她们一起玩耍，因此，为了降低这种可能性，男女生的课程表常常是错开的。[3] 学校一般不实行男女同校制度，即使在少数男女学生共用同一教学楼的情况下，男生和女生也会使用不同的入口。家长或老师让年龄稍大的孩子在上下学的路上监督他们的兄弟姐妹，通常是在上午和下午的时候。这是为了防止男孩和女孩在一起玩耍，以及避免不适当的胡闹、奔跑、喊叫或更为恶劣的行为扰乱公共秩序。[4] 尽管如此，他们还是违反了规定。由于学校没有卫生间，孩子们就在街上方便。

[117]

学生并不是唯一使用公共空间来方便的人。墨西哥城市政府或市政委员会下令拆除殖民时期废墟的原因之一就是因为它们被用作了小便池。此外，情侣们挤在废墟的阴影里，避开人们无礼的目光，小偷们则躲在摇摇欲坠的墙壁后面，伺机袭击路人。然而，没有人想要毁掉这些古老的废墟，因为它们原来是为缅怀耶稣受难而设的"苦路"（stations of the cross）。无论遭到怎样的亵渎或破坏，这些废墟仍然保持着它们的神圣性。甚至受迫的

---

[2] William Taylor, *Drinking, Homicide and Rebellion in Colonial Mexican Villages* (Stanford, CA, 1979); Viqueira Albán, *¿Relajados o reprimidos?*, 169–218; William E. French, 本书第十章 .

[3] "Reglamento para la educación primaria de la juventud en el departamento, 1840," in *Recopilación de los decretos y* órdenes *expedidos en el estado de Veracruz, desde el 4 de diciembre de 1840, al 24 de diciembre de 1852* (Xalapa, 1970), 10–11.

[4] Article 10, part 7, "Reglamento para las escuelas de primera educación, dotadas de los fondos de propios y arbitrios del departamento de Jalisco, aprobado por lajunta directiva de la instrucción primaria del mismo," 4 febrero 1841, in José Luis Razo Zaragoza, *Don Manuel López Cotilla, vida y obra de un ilustre jaliscense* (Guadalajara, 1961), 133–165.

劳工也不愿意用镐和铁锹破坏这些废墟。最后，士兵完成了这项任务，来自军事法庭的威胁减轻了他们将昔日圣地夷为平地的内疚心情。[5]

世俗化社会的趋势在许多方面影响了街头文化，而外国人的出现也给这个罗马天主教社会制造了不同以往的问题。各种各样的公共宗教崇拜构成了日常生活的一部分，其中包括向（位于建筑物角落或前门上方的）圣坛内的圣徒圣像鞠躬致意。礼拜时间决定了城市生活的节奏，人们在早晨、正午、黄昏和就寝时缓慢进行的祷告至少承认了一位守护圣徒的存在，而这位圣徒正从精心雕刻的壁龛里舒适地俯视着人类的蠢行。通常在墨西哥做生意的外国人不愿被这种闲散的节奏和超越世俗的关注点分散注意力。他们匆匆赶去完成自己的事情（至少这是他们不尊重这些圣像的借口），经过圣像时，他们从不鞠躬，甚至不会做一个简单的祈祷。一位美国鞋匠为他的失敬行为付出了沉重的代价。一名穿着制服的军官注意到，当一辆载着送给某些临终者的圣礼用物的马车经过身边时，这位鞋匠并没有走出自己的店铺并和其他路人一起跪在人行道上，而是直接跪在了店里。为了让他学会应有的尊重，那位军官用剑刺伤了他。[6] [118]

出于对失敬行为以及商业谋利欲望的担忧，墨西哥城政府和大教堂参议神父提议将圣像存放在建筑物内。在那里，圣像可以得到悉心的照看，也不会暴露在那些具有可疑宗教信仰的外国人面前，尽管《1824年联邦宪法》明确禁止除强制性罗马天主教之外的任何宗教。然而，在19世纪最初几十年里，教会和政府就允许街道上出现哪些类型的宗教活动所达成的共

---

[5] Andrés Lira, "La creación del Distrito Federal," in La república federal mexicana, gestación y nacimiento, vol. 7 (México, 1974).

[6] Carlos María de Bustamante, *Diario histórico de México, enero-diciembre 1824*, notes by Manuel Calvillo (México, 1981), entries 28 agosto 1824, 122; 4 septiembre 1824, 125-126; and 5 septiembre 1824, 126. 另参见 Salvador Novo, "La vida en la ciudad de méxico en 1824," in *La reppública federal mexicana, gestación y nacimiento*, vol. 8 (México, 1974)。

识越来越少。事实证明，更现代、更世俗的城市生活与教会强制实行的日常安排与活动格格不入。例如，由于政府取消了教堂的钟响，城市居民便不太愿意为了祷告而丢下手中的生产任务。[7] 为将死之人举办的临终仪式也不像以前那样讲究排场了，所以的工作就不太会被打断。法规还将特定人群的施舍活动限制在特定的区域内。

令传统天主教社会最为失望的是，政府下令禁止朝圣活动和公众宗教游行。如果不举办自殖民初期以来就有的基督圣体节游行，那么人们该如何适当地庆祝基督圣体节？怎样才能瞻拜苦路？又该怎样才能将天主教仪式的盛况缩减为教堂院落或圣殿就可容纳的规模？教会人士争辩称，他们世世代代都在市场、村庄广场、街道和马路上传播福音。怎样才能阻止教会人员在公共场合穿着教士服呢？要求教士们坐在马车内并将帘布拉下来，以此避免人们在街上看见他们身穿长袍，这难道不奇怪吗？然而，19 世纪50 年代的改革法案依然规定了上述做法，由此也改变了街道文化的色彩、形式，当然还有它的意义。这些举措试图将教堂从街道上移除，使其隐形化，仿佛它不再是公共生活中的重要元素。

国家对于教会管辖权的削弱进一步强化了自身的权力。国家也需要制定规章制度，使得社会能以一种有序的方式运作并得到平稳的发展。为了实现公共利益，国家通过法律的制定将启蒙运动的基本原则付诸实践。市政府负责维持城市生活的本质——礼仪和文明。每个城镇都制定了自己的规则，并根据城镇所在地区及其居民的特点对这些规则加以调整。19 世纪[119]制定的诸多规章制度之中，以下三个案例说明了对于公众行为秩序化的期望是如何通过法律得以彰显的。这些案例研究分别来自首都西部一个高海拔且气候寒冷的农业城镇托卢卡、坐落在距离韦拉克鲁斯（Veracruz）海岸

---

[7] Anne Staples, "El abuse de las campanas en el siglo pasado," *Historia Mexicana* 27, no. 2 (octubre-diciembre 1977): 177–194.

不远处的帕帕洛阿潘河（Papaloapan River）上的一个湿热的贸易小镇特拉科塔尔潘，以及墨西哥城。

城市法规

在托卢卡经历了因 1846 年和 1847 年美国入侵而造成的混乱之后，市政当局试图重新控制这座城市。作为第一步，他们要求包括儿童和游客在内的所有居民进行登记，以便官员可以注意到城市的陌生人以及异常的行为。旅店老板被要求汇报住客的来源地和去向地，以及他们身上的任何可疑之处。此外，托卢卡的城市外观也发生了改变。和墨西哥的其他城市一样，法律规定所有住宅楼都要标注编号，所有街道都要标写名称。当然，这也意味着一种前所未有的对于读写能力的需求。如今，居民、家庭住宅和商业店铺都拥有了专属的地址和电话号码，而不仅仅是诸如"就在那棵巨大的遮阴树的拐角处"或"就在桑切斯（Sánchez）的马厩旁边"之类的地址。为了固定商品的价格以促进公平竞争，商店被要求公布产品和价格的清单，由此产生了另一种以前不曾存在的对于读写能力的需求。这些标识，作为广告的雏形，为街道增添了更多的趣味。

卫生以及交通问题是所有市政条例的共同关注点。到目前为止，对于那些没有下水管道、市场建筑、区域划分以及封闭式供水系统的市镇来说，卫生是一大难题。最重要的任务是保持供水的清洁。城市法规严格禁止人们污染喷泉，或破坏喷泉的供水管道，不允许家畜在喷泉处饮水。人们还需要保持街道的清洁。对于那些不习惯将街道视为一个人人有责的共享空

间的人来说，这是一项艰巨的任务。自 1849 年起，托卢卡的房主们被命令
建造室内厕所，不得将便壶里的排泄物倾倒在街道上。法规还禁止包括儿
童及印第安人在内的所有居民在街道、墓地、广场或小巷中随意便溺。许
多其他城镇的法规也制定了同样的禁令。每周三和周六，房主们都被要求
清扫店铺和住宅门前的街道和人行道；店主们不得不在每日的早上 5 点到
7 点之间进行打扫。根据法规，为了防止清扫时扬起灰尘，房主们需要在
[120] 清扫之前用水喷洒街道，同时，他们需要清理所有的污物和垃圾，在此过
程中还不得妨碍路人。

　　街道、广场、公园和其他公共场所都有其特定的用途，其中不包括衣
物清洗与晾晒。禁令还涉及阳台的花盆，因为浇花的水难免会惊扰到路上
的行人。法规还要求修建排水沟（如此一来，屋顶上的雨水就不会滴落在
人行道上），同时禁止从屋顶向街道抛掷垃圾，以及利用人行道排放板油或
凝乳。此外，不得用敞开的容器运输气味难闻的产品，不得在人行道上摆
放摊位或是放风筝。携带大型物品的人员不得占用人行道，只能在街道上
行走——很多妇女常常被运送现烤面包的大篮筐撞倒。面包师们必须对他
们的送货员严加管教，还要确保烤炉里冒出的烟不会影响到社区居民的生
活。法规要求每个烤炉的烟囱至少要高出屋顶 6 英尺（约 1.83 米）。其他
的城市法规还规定不得在人行道上放置脚手架之类的障碍物，以及要求提
供夜间的照明。新房屋的建造必须与街道保持在同一直线，不得超出街道，
以免妨碍行人或兽力车。此外，街道成为那些旨在优化城市生活的法律所
关注的对象。这些法律明文禁止在主干道上驾驶马车、举行赛马以及喂食
家猪，同时禁止赶集日的交通运输，以及马匹、马车或其他交通工具在任
何时刻出现在人行道上。

　　除了对于日常行为的规定，其他法律还涉及了那些出现在街道上的人
的公共道德。法律禁止在下午 6 点以后出售含有酒精的饮料，并要求在晚

上 10 点关闭所有的咖啡馆和社交俱乐部。法律要求酒馆的吧台必须设置在大门的附近，这样一来，顾客们或许会选择小酌一杯就匆匆回家。出于同样的考虑，法律还禁止了那些可能会导致民众长时间逗留的音乐表演、比赛和其他娱乐活动。市政当局试图阻止售卖酒精饮品的商店成为人们聚集的场所，也不希望人们在门外聚集或是站在门口聊天。[8]

早在托卢卡被指定为墨西哥州首府之前，这座城市就已经着手改善自身的面貌了。早期的举措包括：1827 年将方济各果园的一部分捐款用于建设城镇的拱廊（portales）；1828 年制定法规以确保城镇多个区域的供水；1830 年改善路灯设施，扩大公墓面积；1836 年兴建阿拉梅达（Alameda）公园。[9]

[121]

这些法规在 19 世纪上半叶的反复出现（尽管存在轻微的变化）说明，政府有必要不断地向托卢卡居民强调他们的责任。此外，不同社区的规定存在相似性，这表明市镇当局拥有相同的关切、问题以及责任，只需要根据地方情况对这些规定稍做修改即可。

特拉科塔尔潘的城市改革

在傲慢的特拉科塔尔潘，官员们想要建立一种道德基调，比临近的阿尔瓦拉多（Alvarado）港的道德基调更为高尚，而后者至今仍然以其辛辣的

---

[8] Bando municipal publicado el 31 de enero de 1849 por José Jiménez de Velasco, alcalde primero constitucional de Toluca y presidente del ilustre ayuntamiento, Archivo Histórico Municipal de Toluca, ramo Presidencia, vol. I, exp.9.

[9] *Toluca en el siglo XIX*, Exposición documental Catálogo (México, 1991).

言语而闻名。城市法典的第一条规定警告说，亵渎上帝、圣母或任何圣徒之名的男性将面临法律的严惩（鉴于一个女人会这样做是不可想象的）。亵渎宗教信仰纯粹性的淫秽语言被认为是特拉科塔尔潘居民所能犯下的最为严重的失礼行为，也是不能容忍的。为了防止受到阿尔瓦拉多人的污言秽语的毒害，当地政府必须采取谨慎的态度，确保在以较高道德水准著称的特拉科塔尔潘镇听不见任何来自阿尔瓦拉多的粗鄙言论。

其他的措施也试图确保居民的体面，这种体面被认为是理性人的典型标志。宵禁之后，通常是在晚上 10 点之后，居民不得出现在街道上。除了那些为医生、接生婆或忏悔神父跑腿的人之外，其他违反宵禁规定却不能说明其紧迫原因的人将被判处十天的监禁，如果他们无法支付罚款，将必须接受清扫街道的惩罚。如果有人被发现在夜间持有武器，他 / 她的武器将会被没收。

特拉科塔尔潘关于公共道德的关注延伸至对于青少年放纵行为的谴责，他们中的大多数人热衷于各种不符合公共秩序的游戏。地方政府警告家长，如果他们的孩子在大街上参与任何不守规矩或危险的活动（如射箭），这些孩子将会被告上法庭。[10] 食品摊位、咖啡馆和台球厅的经营者被告知，如果他们允许未成年人进入自己的场所，将面临 5 至 50 比索的巨额罚款。市政府官员们也认为有必要制止那些恬不知耻的男孩和女孩在毗邻城镇的帕帕洛阿潘河里裸游（*enteramente descubiertos de sus cames*，字面意思为将身体完全地裸露）的可耻行为。这项法律警告称，任何以这种方式游泳或是在公共场所随意便溺的青少年将被告上法庭，而他们的父母也将面临罚款。

[122]

---

[10] Libro sesiones del ayuntamiento de Tlacotalpan, 24 octubre 1851, Municipal Archives, Tlacotalpan, Veracruz. 在墨西哥城，男孩们被禁止用那些可以上膛发射的玩具枪互相射击。Decreto 593, "Bando de policía," 5 enero 1829, in Manuel Dublán and José María Lozano, *Legislación mexicana o colección completa de las disposiciones legislativas expedidas desde la independencia de la república* (México, 1976), 2:89.

其他居民也被要求履行自己的义务。这些义务包括清扫街道，以及为街道和人行道除草——在从不缺水的特拉科塔尔潘，野草生长得格外茂盛。城市的街道必须在星期六的晚上焕然一新，以迎接礼拜天弥撒前后的每一个人。就像在托卢卡一样，对于人行道的交通管制是为了防止印第安人在人行道上行走，进而将人行道留给更多"体面"的人。任何背着东西的人都必须在街道上行走，否则将面临两个雷亚尔的罚款或一天的监禁。实际上，也只有印第安人符合这一描述，也因此遭受了惩罚。

其他的法规也体现了政府对于社区的关注。为了避免吵醒邻居，商店在凌晨4点之前不得开门，节假日期间则必须在下午3点的时候关门。有人生病时，社区内禁止举办任何舞会或家庭聚会，以免打扰病人的休养和康复。那些供应酒精饮品的私人娱乐活动，则必须向市政当局报备活动的日期与时间。

较为富裕的社区成员被期望得以改善特拉科塔尔潘和其他长期且严重缺乏资金的省级城市的生活质量。当地的神父试图说服临河城镇的成功商人（至少）在自家门前铺设道路，也希望这些商人的行为与热心能够得到其他人的效仿。在漆黑无月的夜晚，每一位居民（不管收入多少）都要在家门口挂一盏灯笼，直至市政府安装了一套公共照明系统。[11]

动物是街头生活的另一个组成部分。就像在托卢卡一样，法规禁止在街道上喂食家猪，但是狗却带来了更大的麻烦。[12]1850年，市政府就狗的数量过多而导致的问题发表了意见，并且容许居民在八天的时间之内用主人姓名的首字母对这些狗进行标记和识别。八天之后，没有被标记的狗将

---

[11] Libro sesiones del ayuntamiento de Tlacotalpan, 1 julio 1853; 11 abril 1855.

[12] "Parte oficial. Gobierno del estado Iibre y soberano de Veracruz. Circular," *El Zempoalteca*, 6 abril 1849, 2–3.

会被清除。[13]1851 年，当局扩大了处罚范围：晚上 11 点以后，任何在街上被发现的狗，无论是否被标记，都将被处死。在韦拉克鲁斯这座城市的农牧区，盗牛一直是一个不小的问题。很多规定试图予以解决，其中一项规定禁止在没有登记文件的情况下在市内驱赶牛群。屠夫也不得在没有原产地证明的情况下在当地市场屠宰或出售牛肉。[14]

[123]　　改革之前，教会影响了街头生活的诸多方面，并且不断努力协调着人们对于世俗和精神力量的需求。地区当局不得不将异教元素从复活节的公共庆典中剔除。他们奉命向当地的神父求教如何以最好的方式净化充满狂欢意味的游行活动，进而恢复公共宗教仪式的庄严肃穆，即便这些仪式并不是在教堂内举行的。[15]

首都的城市改革

　　显然，墨西哥城的城市条例由来已久，其中最开明的条例可以追溯至对于城市大区（cuarteles）的划分，以及雷维亚希赫多总督（Viceroy Revillagigedo）关于城市清理的各项规定。[16]国会在墨西哥独立之后通过

---

[13]　Libro sesiones del ayuntamiento de Tlacotalpan, 25 octubre 1850, and repeated 9 diciembre 1852.

[14]　同上，23 noviembre 1850。

[15]　"Reglamento de policia 1852," aprobado según libro sesiones del ayuntamiento de Tlacotalpan, 16 abril 1852.

[16]　Ignacio González Polo, "La ciudad de México a fines del siglo XVIII. Disquisiciones sobre un manuscrito anónimo," HM 21, no. 1 (julio-septiembre 1971): 29–47. 维奎拉·阿尔班（Viqueira Albán）在《松绑还是镇压？》（¿Relajados o reprimidos?）一书中对城市大区的划分进行了讨论。

了许多法令，市长则根据需要颁布了相关的条例。1825 年墨西哥独立后不久所颁布的详细法令揭示了墨西哥城的城市定位，鉴于这些法令试图解决很多在农村地区从未出现过的问题。例如，一项法令禁止抖动地毯、睡垫（*petates*）、衣物或其他可能会让过路人沾染灰尘的大型物件。人们可以在早上 6 点至 8 点之间对除了辣椒粉之外的食料进行过筛。为了使人们免受刺鼻粉尘的侵袭，辣椒粉只有过筛之后才能被带入城市。法令还禁止居民在街道上清洗碗盘和马匹。售卖用干草等填充材料包裹着的易碎品（比如玻璃器皿）的商贩被告知不得随意丢弃这些填充材料，公共食堂被禁止在公共通道拔鸡毛或将鸡毛和内脏丢弃在该处。同一项法令还告诫餐馆顾客不要将剩饭剩菜倾倒在人行道上，也不要把骨头抛掷给一直等在路边的狗。

如前所述，随着商店上方写有字母的标识的普及，书写成为日常生活的一部分。政府试图摘除那些大小和形状表明了店铺性质的传统标识。门面上杂乱无章的标识逐渐被替换。由于糟糕的拼写和字迹造成了各种问题，所以市议会成立了一个委员会，负责审核（被涂写之前的）标识是否存在拼写错误，并对未前往委员会进行标识审核的店主予以罚款。市议会禁止将人偶、动物或其他形象作为标识的一部分，仅允许使用字母和数字。如此一来，只有识字者才能获得信息。

在任何社区，一个家庭的欢乐都有可能给其他人带来不便。集会、舞蹈、私人剧场表演、洗礼或类似的活动总会引起市政当局的注意，特别是在人们喊叫或发出噪音的时候。在许多情况下，市政当局要求类似的节日活动提前获得批准，每当狂欢的人群变得过于喧闹，当局还会向他们征收罚款。[17] [214]

市政官员颁布法令的原因不仅仅是为了保持街道的整洁，他们还面临着基本的公共卫生问题，尤其是在灾难发生的时期，比如 1833 年的霍乱。1833 年 3 月，法令曾在三个不同的场合里要求人们在清扫街道、处理垃圾和人类排泄物时格外注意卫生。一项新的法令还规定每十五天清洗一次喷泉，而不是像以前那样每月清洗一次。政府还对墙壁、门窗和栅栏进行了粉刷和维护，旨在灌输讲究卫生的思想。为了避免霍乱的影响，市议会尝试了各种各样或有助于人们养成良好习惯的方法，但一切的努力似乎都是徒劳的。

1834年，出于副总统瓦伦丁·戈麦斯·法利亚斯（Valentín Gómez Farías）的改革热情，墨西哥城市政府研究了之前的法令并指出，城市卫生状况不尽如人意不是因为政府没有制定相关的法令，而是因为居民不遵守这些法令。之前的法令分别颁布于 1780 年 12 月、1790 年 8 月、1791 年 3 月、1796 年 1 月和 1822 年 1 月。鉴于此，市政府在 1834 年重印了《1822 年法令》，要求人们遵守这些维持秩序和体面的基本规定。[18] 如果主管官员无法严格地执行法令，任何政府都不能确保个人的安全、财产、健康和舒适。如果公众不立即服从权威，秩序就无法得到维持。当然，还有许多恶习导致了国家的腐败，冷漠、以权谋私，以及从（与负责城市治理的较低层级官员的）私人关系中获取特殊利益等行为使得任何完美的计划和法令都变得毫无作用。

困苦百姓与政府官员之间的持续给予和索取是街头生活的特点，前者将这个空间作为生活和工作区域的延伸，后者则渴望那些走在街上的民众都是有秩序的、整洁的、行为端正的人。墨西哥城的气候非常适合进行户外活动。各行各业的人，尤其是城市里的穷人，都在街道上度过了大部分的时间。无家可归者（lépero）在 19 世纪早期占了首都人口的很大一部分，

---

[18]   Decreto 1341, 15 enero 1834, in Dublán and Lozano, 2: 662–666.

他们在街头乞讨，在阳光下取暖，在喷泉里洗澡，夜晚睡在店铺门前。[19]

　　几乎每个人在白天的某个时候都会找个借口到街上去，那里挤满了行人、小贩、马车、马、狗以及（更多出现在农村地区的）牛和猪。19世纪的墨西哥市级政府努力尝试以一种开明的方式控制市民的公共行为。然而，对这些政府来说，人们依然坚持着个人主义的生活方式并坚信政府的法律法规对除了自己以外的每个人都适用。市议会一再地颁布同样的法令，只有通过最大化的努力，才能成功地将基本的行为规范融入城市的街道生活之中。

[125]

　　如果在繁忙的日子里游览墨西哥城的老城区，人们就会发现在过去的两个世纪里，所有那些具有价值的城市生活规范都产生了轻微的影响。同样的问题依然存在——市政府和上层阶级提出了相同的改革要求，又同样无法控制属于整个社会的空间以满足这些要求。虽然形式可能更为复杂，但是今天的市政法令所处理的问题与之前面临的问题是类似的，那就是关于如何规范公共行为的两难境地。

---

[19]　Fanny Calderon de la Barca, *Life in Mexico: The Letters of Fanny Calderon de la Barca with New Material from the Author's Private Journals*, edited and annotated by Howard T. Fisher and Marion Hall Fisher (New York, 1970), 91, 106, 175.

07　街头历史：改革大道与波菲里奥时期的墨西哥（1876—1910）*

芭芭拉·特南鲍姆（Barbara A. Tenenbaum）

西班牙语区（Hispanic Division）

美国国会图书馆（Library of Congress）

　　芭芭拉·特南鲍姆为雅各布·布克哈特（Jacob Burckhardt）在《意大利文艺复兴时期的文明》（*Civilization of the Renaissance in Italy*）一书中所提出的历史研究方法提供了一个有关墨西哥的补充案例，雅各布在该书中将"国家视为一件艺术品"，此外，芭芭拉·特南鲍姆还进一步阐述了唐纳德·奥尔森（Donald J. Olsen）在《作为艺术品的城市：伦敦、巴黎和维也纳》（*The City as a Work of Art: London, Paris, Vienna*, New Haven, CT, 1986）一书中所提出的观点，他认为，城市是"复杂却清晰的文档，可以告诉我们关于其统治者、设计师、建筑商、店主以及居民的价值观与愿望"。本文作者的研究（目前由洛克菲勒基金会提供支持）是难能可贵的。为数不多的平行研究还包括罗伯特·夸克（Robert Quirk）关于其墨西哥简史的介绍、吉尔·约瑟夫（Gil Joseph）和阿利安·威尔斯（Alien Wells）关于梅里达（Mérida）的文章以及托

---

*　作者在文章中感谢马里兰大学洛克菲勒人文学者奖学金（1991—1992）的支持。同时感谢编辑们提供了明智而有用的意见。

马斯·本杰明（Thomas Benjamin）关于革命纪念碑（Monument to the Revolution）的研究。[**]作者在哈佛大学（Harvard University）完成博士论文后，就一直从事着经济学研究，而这篇文章或代表着她的研究重点发生了转变，也预示着她将创作一本书，以一种独特的研究方法解读墨西哥的首都城市。[***]

[128]　　当墨西哥城的居民在 1910 年欢庆国家独立一百周年时，他们的城市已经发生了翻天覆地的变化，这些变化反映了一个国家所进行的艰巨斗争，一方面需要维护其主权，另一方面又要试图吸引必要的外国资本以实现经济的发展。在这个过程中，"官方历史"——有时是为了给外国人留下深刻的印象，有时是为了宣扬波菲里奥政府认为恰当的国家美德——由此诞生，城市街道上的每一个人都是见证者。

　　常言道，历史是由胜利者书写的。在墨西哥城，胜利者甚至在宣战之前就摧毁了失败者的据点。墨西哥官方在 1781 年建造了新西班牙圣卡洛斯三贵族皇家艺术学院（Real Academia de las Tres Nobles Artes de San Carlos de la Nueva España），作为对巴洛克风格的正面攻击。通过对于建筑项目的

[**]　Robert Quirk, "Mexico in Its Monuments," in *Mexico* (Englewood Cliffs, NJ, 1971), 1–4; Gilbert Joseph and Alien Wells, "Chilango Blueprints and Provincial Growing Pains: Mérida at the Turn of the Century," *Mexican Studies/Estudios Mexicanos* 8 (Summer 1992): 167–215; and Thomas Benjamin, "The Mythic Image: Mexico's Monument to the Revolution" (unpub. ms.).

[***]　特南鲍姆的经济学研究之中，最值得关注的是一项是《贫困的政治：墨西哥的债务与税收，1821—1856》（*The Politics of Penury: Debt and Taxes in Mexico, 1821–1856*, Albuquerque, NM, 1986）。

修改和纠正，与旧美学有关的建筑风格被毫不费力地扼杀了。[1]皇家艺术学院打着普世主义的旗号采用了新古典主义，并计划摧毁16世纪20年代建造的巴洛克式教堂与宫殿（*palacios*）。[2]

其中的一些新建筑将成为我们今天所认为的无价之宝，比如何塞·达米安·奥尔蒂斯·卡斯特罗（José Damián Ortiz de Castro）在墨西哥城大教堂（Cathedral of Mexico City）加盖的第二组塔楼，曼纽尔·托尔萨（Manuel Tolsá）又用一座中央大钟、扶栏以及其他装饰对这组塔楼进行了完善。出生于西班牙的托尔萨可谓新古典主义风格的化身，他还建造了阿帕尔塔多侯爵宫（Marqués del Apartado）和美景宫（Palacio de Buenavista）。在此期间，雷维亚希赫多总督对首都的布局进行了第二次修改，将郊区的四个大型广场纳入了城市的附属区域。此外，城市规划者新建了布卡雷利大道（Paseos de Bucareli）和阿桑萨大道（Azanza），同时在索卡洛广场（Zócalo）设立了由托尔萨制作的卡洛斯四世（Carlos IV）的宏伟雕像（《骑马像》[*El Caballito*]）。尽管这座城市仍然保留有巴洛克风格的特点，但它决心换上了一副全新的、更加欧洲化的面貌。

与杂糅浮夸的"墨西哥式"（即混合式，mestizo）艺术与建筑相反，这些建筑创新彰显了贵族们对于古朴的追求，同时也被视为实现国家凡俗化首要的，或也是最微妙的武器。伴随着波旁王朝到来的是法国人对于秩序、控制和精确的偏好，这与哈布斯堡王朝统治下殖民地生活的放荡不羁形成了鲜明对比。这种偏好对于墨西哥建筑的影响是深远的，尤以曼纽尔·托

---

[1] Jorge Alberto Manrique, "La ciudad de México en el siglo XIX," in *México Tenochtitlán, 1325–1975: Pasado, presente y futuro de una gran ciudad* (México, 1976), 23.

[2] 贾斯蒂诺·费尔南德斯（Justino Fernández）对这一过程的看法略有不同。虽然他承认曼里克（Manrique）所提出的观点，但他强调："事实上，对于[新古典主义]的接受以及延续表明，它表达了一种引发我们的独立运动的全新的改造观念。"参见 *El arte del siglo XIX en México* (México, 1983), 5。

尔萨的作品为甚，他制作的骑马像至今仍是这座城市的荣耀之一。

　　如果不是国库的破产使墨西哥城免于新古典主义的进一步复兴，相关的举措无疑会在墨西哥独立之后延续下去。[3] 然而，贝尼托·胡亚雷斯（Benito Juárez）和 19 世纪 50 年代自由派的上台为教会资本向世俗资本的转变注入了新的动力。为了修建甘特街（Gante）和九月十六日街（Sixteenth of September），殖民时期的修道院（比如，圣方济各修道院）由政府接管后被相继拆除；诸多案例之中，圣安德烈斯（San Andrés）医院的小教堂被夷为平地以修建希科田卡特街（Xicoténcatl Street），圣多明我修道院则变成了利安德罗瓦列街（Leandro Valle Street）。[4] 19 世纪 60 年代，法国的占领几乎在不经意间加速了墨西哥城的转变。显然，马克西米利安皇帝（Emperor Maximilian）决定建造一条大道，从他的查普尔特佩克城堡（Alcázar de Chapultepec）直通市中心的国家宫（Palacio Nacional）。为了纪念自己的妻子卡洛塔皇后（Empress Carlota），他将这条大道命名为皇后大道（Calzada de la Emperatriz）。[5] 马克西米利安皇帝委托著名的建筑师和城市开发商弗朗西斯科·索梅拉（Francisco Somera）负责道路建设的所有细节。选择索梅拉是理所当然的。1850 年至 1866 年间，他担任市议会（Ayuntamiento）的市政议员（regidor），负责道路、运河、下水道和人行道的管理，1856 年，他成为墨西哥河谷洪水问题研究委员会的成员。1862 年，他将由未经训练的"行政官员"组成的墨西哥城公共工程管理部（Obrería Mayor）改组为公共工程总局（Dirección General de Obras Públicas），其成员均为来自圣卡洛斯学院（Academia de San Carlos，也就

---

[3]　本文在讨论独立纪念碑时，将提及一些在 1842—1844 年圣安纳（Santa Anna）执政期间所规划的纪念碑和建筑物的案例。

[4]　有关教会城市遭到损毁的信息，参见 Salvador Novo, *La ciudad de México del 9 de junio al 15 de julio de 1867* (México, 1967), 18–19。

[5]　Salvador Novo, *Los paseos de la ciudad de México* (México, 1980), 35–36.

是索梅拉的母校）的土木工程师和建筑师。在帝国时期，他曾担任墨西哥城的市长（alcalde），后来又成为负责制定财产税税率的市政府财政委员会的主席。

但索梅拉最为人所知的身份是地产开发商。1858 年，他开始为打造这座城市的首批分区之一，也就是建筑师区（colonia de arquitectos）奠定基础，而他在政府中的地位使他能够更快地为这片区域的居民提供（比其他城市居民所得到的）更好的基本服务。自马克西米利安皇帝宣布建造新大道以来，索梅拉将今天的戈麦斯法里亚斯（Gomez Farías）街、苏利文（Sullivan）街、米格尔舒尔茨（Miguel Schultz）街以及起义者大道（Avenida Insurgentes）构成的梯形区域的一部分卖给了帝国政府（作为新建大道的附属区域），为此他获得了土地投机商生涯中的最高报酬。[6]

墨西哥帝国于 1867 年覆没，墨西哥人重新掌控了自己的国家，此时，总统贝尼托·胡亚雷斯做了一个决定，而这个决定将影响墨西哥及其首都数十年的发展——他再次暂停偿还外债。在接下来的一年里，前驻美公使、时任财政部部长的马提亚斯·罗梅罗（Matías Romero）宣布，墨西哥不允许将任何税收作为抵押以偿还外债，财政部将把注意力集中在偿还国内债务上。这项政策将持续生效至 1885 年。[7]

胡亚雷斯身边的保守派（改革战争和法墨战争的幸存者）为墨西哥向欧洲采取的金融孤立感到欣喜，其他领袖则渴望跟上欧洲大陆前进的脚步，

[130]

---

[6] María Dolores Morales, "Francisco Somera y el primer fracciohamiento de la ciudad de México, 1840–1889," in Ciro F. S. Cardoso, *Formación y desarrollo de la burguesía en México: Siglo XIX* (México, 1978), 188–230.

[7] 有关外债与墨西哥以及墨西哥城发展之间关系的更多信息，参见 Tenenbaum, "Mexico and the Royal Indian," Latin American Studies Center Ser. No. 14, University of Maryland, College Park, 1994; Tenenbaum, "Liberals without Money–Liberalism and Imperialism in Mexico, 1867–1885," in *Liberals, Politics, and Power: State Formation in Nineteenth-Century Latin America*, ed. Vincent C. Peloso and Barbara A. Tenenbaum (Athens, GA, 1996).

尤其在他们目睹了巴黎的盛况之后。后者终于在 1872 年塞巴斯蒂安·勒多·德特哈达（Sebastían Lerdo de Tejada）当选总统时获得了机会。他们很快重拾了马克西米利安皇帝对于建造大道的热情，将之更名为改革大道（Paseo de la Reforma）并鼓励市政官员制定关于道路美化的各项政策。这些人成了"亲法的进步人士"。墨西哥城自由派日报《19 世纪》（El Siglo XIX）的创始人伊格纳西奥·坎普里多（Ignacio Cumplido）也是巴黎美景的崇拜者之一。当乔治·尤金·豪斯曼男爵（Baron Georges-Eugène Haussmann）在拿破仑三世（Emperor Napoleon Ill）的密切注视下完成了指导重建的工作后，伊格纳西奥·坎普里多于 1848 年和 1860 年两次造访了这座光明之城。他对于巴黎的仰慕逐渐发展为一种渴望，渴望在墨西哥复制巴黎的美景。[8]于是，当他在 1873 年成为负责管理大道的市政府官员时，坎普里多仿照模仿香榭丽舍大街（Champs Elysées）在道路的两侧种满了树。[9]

著名的铁路企业家安东尼奥·埃斯坎东（Antonio Escandón）是另一位"亲法的进步人士"。作为非常成功的放贷人及企业家曼纽尔·埃斯坎东（Manuel Escandón）的弟弟，以及更加臭名昭著的放贷人及企业家艾乌斯塔奎奥·巴伦（Eustaquio Barron）的女婿，安东尼奥自 19 世纪 50 年代起便积极推动着墨西哥城与韦拉克鲁斯之间的铁路建设。在墨西哥帝国时期，他曾前往欧洲各国的首都寻找投资者，为自己的梦想融资，因此对伦敦与巴黎也非常熟悉。[10]埃斯坎东对新巴黎作为高利润商业空间中心的理解，

---

[8] 1851 年 9 月 5 日，坎普里多写信给他的朋友莱安·奥尔蒂戈萨（León Ortigosa）："我希望你在欧洲旅行时，能够随心所愿地利用这段时间，欣赏［巴黎］博览会的壮丽景象，以及这些真正文明的国家所展现出的一切事物。" *Correspondencia de Ignacio Cumplido a León Ortigosa en la Biblioteca del Instituto Tecnológico y de Estudios Superiores de Monterrey* (Monterrey, 1969), 44.

[9] Novo, *Los paseos*, 38.

[10] 相关的更多信息，参见 Barbara A. Tenenbaum, "Development and Sovereignty: Intellectuals and the Second Empire," in Roderic A. Camp, Charles A. Hale, and Josefina Z. Vásquez, eds., *Los Intelectuales y et Poder en México* (Mexico City/Los Angeles, 1991),77–88。

以及对一个进步而强大的城市应该如何向世界呈现自己的思考都反映了他
的企业家精神。巴黎以及由十二条大道汇集而成的星星广场（Etoile）象征
着国家权力的集中和拿破仑三世统治时期上层资产阶级（*haute bourgeoisie*）
的兴起。[11] 相比之下，虽然19世纪70年代的墨西哥几乎不存在平民统治
阶层，但埃斯坎东认为，建设一座美丽的新城市可以促进其经济发展，进
而刺激职业官僚体制的形成。在他的设想中，墨西哥城将拥有许多的星星
广场，它们被称为街心花园（*glorietas*），位于重要街道和改革大道的交会
之处。

　　1871年，埃斯坎东决心推动改革大道以及墨西哥城的改造，鉴于墨
西哥城与韦拉克鲁斯之间铁路的即将开通，他借机向首都赠送了一座克里
斯托弗·哥伦布（Christopher Columbus）的纪念碑以表达敬意。根据贾斯
蒂诺·费尔南德斯（Justino Fernández）的说法，马克西米利安皇帝曾提 [131]
议建造哥伦布雕像并要求工程师拉蒙·罗德里格斯·阿朗戈伊蒂（Ramón
Rodríguez Arrangoity）指导该项目。当时，雕刻家佩德罗·维拉尔（Pedro
Vilar）构想的是一尊站立在代表着四大洋的基座之上的哥伦布雕像。帝
国覆灭后，埃斯坎东重新提出了这一想法并再次拜访了罗德里格斯·阿朗
戈伊蒂。他所设计的哥伦布雕像站立在由四名来自殖民时期的修道士组成
的底座之上——佩德罗·德·甘特（Pedro de Gante）、巴托洛梅·德·拉
斯·卡萨斯（Bartolomé de Las Casas）、胡安·德·托尔克马达（Juan de
Torquemada）以及巴托洛梅·德·奥尔梅多（Bartolomé de Olmedo）。埃斯
坎东欣然接受了这个设计并为此支付了费用，给人的感觉是他将会在巴黎
定制这尊雕像，但他在1873年委托法国雕塑家查尔斯·科迪尔（Charles

[11] Anthony Sutcliffe, *The Autumn of Central Paris: The Defeat of Town Planning, 1850-1970* (London, 1970), 169; David H. Pinkney, *Napoleon III and the Rebuilding of Paris* (Princeton, NJ, 1958), 62-64; Howard Saalman, *Haussmann: Paris Transformed* (New York, 1971), 14-15.

Cordier）制作的雕像却与之前的设计不尽相同。科迪尔与侄子亚历杭德罗·阿兰戈·埃斯坎东（Alejandro Arango y Escandón，也是一名文学家和诗人）协商后，决定用胡安·佩雷斯·德·马切纳（Juan Pérez de Marchena）、迭戈·德·德萨（Diego de Deza）和托里比奥·德·贝纳文特（Toribio de Benavente，"莫托里尼亚"［Motolinía］）替换原来的底座人物，仅保留巴托洛梅·德拉斯·卡萨斯。这尊雕像于 1875 年运抵墨西哥，

哥伦布雕像

并在两年之后的 1877 年 8 月于改革大道的第二座街心花园揭幕，而此处正是马克西米利安皇帝之前设想的地点。具有讽刺意味的是，安东尼奥·埃斯坎东从未亲眼见过这座纪念碑；同年 5 月，他在乘坐火车从塞维利亚（Seville）前往科尔多瓦（Córdoba）的途中去世。[12]

就像所有被设立在改革大道街心花园之中的纪念雕像一样，这座哥伦布纪念碑也有着自己的故事。最初的墨西哥设计试图将这位航海家与征服联系起来，因此雕像中出现了梅塞德会修士巴托洛梅·德·奥尔梅多（Fray Bartolomé de Olmedo），在科尔特斯（Cortés）前往特诺奇蒂特兰（Tenochtitlan）的整个旅途中，他一直是随军牧师。

[12] José María Marroqui, *La ciudad de México*, 3 vols. (México, 1900-1903), 1:647; Fernández, *El Arte del siglo XIX*, 170-171; Luis García Pimentel, *El Monumento elevado en la ciudad de México a Cristobal Colón: Descripción e historia* (México, 1889). 围绕着这座雕像发生了许多故事。例如，一些消息提到，科迪尔推迟了雕像的装运日期，直到他收到了全额付款。

在他的众多成就之中，奥尔梅多被认为在新西班牙举行了第一次弥撒，竖立了第一座十字架，同时他还陪同佩德罗·德·阿尔瓦拉多（Pedro de Alvarado）征服了危地马拉。胡安·德·托尔克马达修士（Fray Juan de Torquemada）最令人难忘的功绩是他撰写了《二十一册仪式书》（*Twenty-one Ritual Books*）和《印度安君主国》（*Indian Monarchy*，即 *Monarquía indiana*）。此外，托尔克马达也是一位著名的建筑师，他于 1603 年至 1610 年间重新修建了圣地亚哥特拉特洛尔科教堂（Church of Santiago Tlatelolco）。显然，他与埃斯坎东有些共同之处，鉴于他设计了墨西哥城的瓜达卢佩（Guadelupe）和查普尔特佩克（Chapultepec）这两条街。佩德罗·德·甘特或许是三个人物中最出名的那个。他是方济各会修士，也是查理五世（Charles V）的亲戚，他在佛兰德斯（Flanders）出生并于 1523 年成为了第一批前往墨西哥的修士之一。后来，他在特斯科科（Texcoco）和墨西哥圣弗朗西斯科（San Francisco de México）创办了至少两所致力于印第安人教育的重要学校。

[132]

埃斯坎东和他的侄子决定专注于哥伦布的生活以及他为新世界带来的基督教的好处，如此一来，他们就巧妙地解决了关于征服的问题，并将新雕像的重点转移到了西班牙。雕像之中的两个新人物——佩雷斯·德·马切纳修士（Fray Juan Pérez de Marchena）和迭戈·德萨修士（Fray Diego de Deza）均来自哥伦布前往新世界之前的生活。"佩雷斯·德·马切纳修士"实际上是胡安·佩雷斯（Juan Pérez）和安东尼奥·德·马切纳（Antonio de Marchena）这两个历史人物的结合体。前者曾是拉比达修道院（Monastery of la Rábida）的守护者，根据波菲里奥时期著名历史学家加尔法·皮门特尔（García Pimentel）的描述，胡安·佩雷斯曾经带着哥伦布前往科尔多瓦，并会见了伊莎贝拉王后（Queen Isabella）及其宫廷官员。他利用自己的影响力赢得了皇室对于航海家冒险事业的支持。[13] 这座纪念碑通过一幅哥伦布拜访重建时的修道院的浅浮雕强调了其与拉比达修道院的联系，或许根据这一点可以推测哥伦布是从帕洛斯（Palos）起航的，因为那里离修道院只有一英里远。[14] 作为远航项目评审委员会的成员，以及继承人胡安王子（Prince Juan）的家庭教师，多明我会修士迭戈·德萨被认为是哥伦布在宗教法庭的有力支持者。1499 年至 1506 年期间，德萨曾担任宗教法庭庭长，后因科尔多瓦的骚乱事件被免职。[15]

这两个与墨西哥有关的人物从人文主义角度强调了西班牙在其殖民地的福音传播。托里比奥·德·贝纳文特修士（Fray Toribio de Benavente）之所以备受崇敬的原因在于，他非常尊重和热爱印第安人，一辈子都过着贫困的生活，人们称他为"莫托里尼亚"（Motolinía，意为"可怜的小家伙"）。此外，埃斯坎东及其侄子挑选他的原因据说还包括他建造了叔侄两人出生的城市——洛斯恩哲莱斯镇（Puebla de los Angeles）。至于恰帕斯的主教拉斯·卡萨斯就更不需要解释了，他为印第安人进行的辩护是众所周知的。[16]

不过，这座雕像不仅是为了纪念个人，也是为了纪念：

[133]　　　　天主教信仰，它所产生的影响不仅创造了一个新世界，而且还开创了有史以来最伟大的事业。天主教徒是那些为发现新大陆而投资的人……美洲所拥有的救赎信仰、文明和自由应该归功于马切纳

---

[13] García Pimentel, *El Monumento*, 3–4; *Espasa-Calpe, Enciclopedia universal ilustrada: Europeo-Americana* (Barcelona, 1921), 43: 654–655.

[14] Christopher Columbus, *The Log of Christopher Columbus*, tr. Robert H. Fuson (Camden, ME, 1987), 37.

[15] Espasa-Calpe, *Enciclopedia universal ilustrada: Europeo-Americana* 7:769.

[16] García Pimentel, *El Monumento*, 2–6.

（Marchena）［原文如此］的宗教热情，以及坚持在通过十字架实现的广泛征服之上加强这种宗教热情的伊莎贝尔一世（Isabel I）。[17]

实际上，这些信息意味着一种妥协。这座雕像呈现的都是与欧洲有关的内容，甚至还包括哥伦布写给天主教国王的信件的一部分，他在这部分中用拉丁语而不是西班牙语或纳瓦特尔语（Nahuatl）描述了航行的成功（如罗德里格斯·阿朗戈伊蒂所抱怨的那样），因此，这座雕像表明，"克里奥耳民族主义"的某些特点早在 19 世纪 70 年代就已经在帝国保守派支持者之中扎根，比如安东尼奥·埃斯坎东和他的侄子亚历杭德罗，他们曾在欧洲接受教育并在那里度过了生命中的大部分时间。[18]

针对阿兹特克人的重新评价（如今被称为"克里奥耳民族主义"）始于 17 世纪，其中值得关注的是耶稣会教士曼纽尔·杜阿尔特（Jesuit Manuel Duarte）关于阿兹特克神羽蛇神（Quetzalcoatl）的研究，之前这被认为是墨西哥大学（University of México）数学教授卡洛斯·西古恩扎·贡戈拉（Carlos Sigüenza y Góngora）的研究。西古恩扎·贡戈拉在他的作品中对比了阿兹特克贵族与希腊－罗马世界的皇族，甚至将前者与希伯来人、埃及人和基督徒进行了联系。此外，他认为羽蛇神实际上就是圣徒多马（Saint Thomas the Apostle）。耶稣会教士弗朗西斯科·哈维尔·德·克拉维耶罗（Jesuit Francisco Javier de Clavijero）在 1780 年于博洛尼亚（Bologna）出版的《墨西哥的古代史》（*Historia antigua de México*）中充实了有关阿兹特克人的新观点，尽管他从未接受过西古恩扎关于羽蛇神－圣徒多马（Quetzalcoatl-Saint Thomas）的论断。克拉维耶罗认为，上帝准许西班牙人

---

[17]　García Pimentel, *El Monumento*, 5-6.

[18]　Rodríguez Arrangoity, *Apuntes sobre la historia del Monumento de Colón* (México, 1877)，如贾斯蒂诺·费尔南德斯在《19 世纪的艺术》（*El arte del siglo XIX*）一书中的引用（第 171—172 页）.

征服阿兹特克人，以此惩罚印第安人犯下的罪行，但同时他也强调，阿兹特克人的多神论比希腊人或罗马人的多神论更为优越。[19]

当克里奥耳人将羽蛇神和圣徒多马联系在一起时，他们实际上把自己放在了"动机"和关于西班牙征服的神之旨意的中间——印第安文明向天主教信仰的转变，正如哥伦布雕像所表达的那样。如果圣徒多马确实在耶稣复活后来到了新世界，并且被视为或称为羽蛇神（在墨西哥）、维拉科嘉（Viracocha）（在秘鲁）以及其他前哥伦布时期的神明，那么新世界早在西班牙人到达之前就接收到了基督的圣言。如果基督早在当时就被发现是救世主（Savior）的话，那么西半球就应当与西班牙拥有同等的地位，这也成了克里奥耳人理应与西班牙本国及欧洲半岛人（peninsulares）平起平坐的有力证据。

[134]　　　短短几年后，也就是 1794 年，多明我会修士赛尔万多·特蕾莎·德·米尔（Fray Servando Teresa de Mier）发表了一篇布道，肯定了新旧世界的平等地位。在这项声明中，他将瓜达卢佩圣母的神迹显现与圣徒多马的传教联系在一起。1813 年，当他还在英国的时候，他出版了自己的著作《新西班牙革命史，旧时的阿瓦纳克》（Historia de la revolución de Nueva España, antiguamente Anahuac），其中明确指出西班牙对墨西哥没有任何贡献。这一论点的含意是显而易见的：如果西班牙不曾向其殖民地提供过任何东西，而阿兹特克信仰却与天主教有所联系，那么西班牙对于墨西哥的征服就是非法的，也是错误的。卡洛斯·玛丽亚·德·布斯塔曼特（Carlos María de Bustamante）进一步扩展了米尔的论点，最终，上述两位善辩者的

---

[19]　Benjamin Keen, *The Aztec Image in Western Thought* (New Brunswick, NJ, 1971), 192–193, 292–299. 有关克里奥耳人崇拜的演变的讨论，参见 Jacques Lafaye, *Quetzalcóatl and Guadalupe: The Formation of Mexican National Consciousness, 1531–1813*, tr. Benjamin Keen (Chicago, 1976)。

理论在自由主义政治思想中找到了归宿。[20]法兰西帝国战败后，这些思想成为墨西哥民族主义无可置疑的一部分，就像哥伦布纪念碑的重新设计所体现的那样。

从埃斯坎东委托建造雕像（1873 年）直到雕像揭幕（1877 年）的数年间，墨西哥政府经历了另一次变革。随着 1876 年图斯特佩克（Tuxtepec）革命的胜利，新晋官员们带着关于国家的宏大计划上台执政。其中一位是发展部部长维森特·里瓦·帕拉西奥（Vicente Riva Palacio），他是墨西哥州前州长马里亚诺·里瓦·帕拉西奥将军（General Mariano Riva Palacio）的儿子，另一位是后来不幸殉难的总统维森特·格雷罗（Vicente Guerrero，1829 年在任）的独生女玛利亚·多洛雷斯·格雷罗（María Dolores Guerrero）。直到 1876 年，维森特·里瓦·帕拉西奥已经为国效劳了足足20 年。他曾以候补身份参加了 1857 年的制宪会议并在墨西哥城市政府找到了一份文秘的工作。改革战争期间，由于他的自由主义政治倾向，菲利克斯·苏洛阿加（Félix Zuloaga）将他关押了起来，后来，米格尔·米拉蒙（Miguel Miramón）对他实行了单独拘禁。在胡亚雷斯战胜保守党之后，里瓦·帕拉西奥当选为联邦议员，加入《交响乐报》（La Orquesta）的编辑部并与胡安·安东尼奥·马特奥斯（Juan Antonio Mateos）共同创作了一系列剧本。当法军在 1862 年入侵时，里瓦·帕拉西奥成立了一支游击队，在伊格纳西奥·萨拉戈萨将军（General Ignacio Zaragoza）的指挥下，游击队在普埃布拉进行了艰苦的奋战；后来，里瓦·帕拉西奥还与杰西·冈萨雷斯·奥尔特加将军（General Jésus González Ortega）并肩作战。当流亡之中的胡亚雷斯在圣路易斯波托西（San Luis Potosí）建立自己的首都时，里瓦·帕拉西奥在当地从事《君主报》（El Monarca）的编辑工作，之后担任

---

[20]　Keen, *Aztec Image*, 317-320; Charles Hale, chapters 1 and 7, *Mexican Liberalism in the Age of Mora* (New Haven, CT, 1968).

了该州的共和党州长。不久后，他成为米却肯州（Michoacán）的州长并创
办了《啄木鸟报》（*El Pito Real*），他通过该报发表了激动人心的歌曲《再会
吧，卡洛塔妈妈》（*Adíos Mamá Carlota*），这首歌后来成为反抗军的颂歌。
1867 年 8 月，他告别了自己的军队，回到了他之前在《交响乐报》编辑部
的岗位；同年，他成为最高法院的法官。

[135]　　墨西哥恢复共和制后，里瓦·帕拉西奥与伊格纳西奥·阿尔塔米拉诺
（Ignacio Altamirano）共同致力于国家文学的发展。他开始撰写小说，比
如充满浪漫主义风格的《耶稣赴难路和塔博尔》（*Calvario y Tabor*），表达
了对于民族战士埃尔奇卡科（*el chicaco*）的赞扬，但很快又转向了殖民时
期的罗曼史，尤其强调关于教会的社会问题。由于他的竞争对手何塞·玛
利亚·伊格莱西亚斯（José María Iglesias）得到了总统塞巴斯蒂安·勒多
（Sebastián Lerdo）的支持，里瓦·帕拉西奥失去了最高法院的职位，之后
创办了《残暴者报》（*El Ahuizote*）并加入了反对派。波菲里奥·迪亚斯的
追随者在图斯特佩克起义中获得胜利后，新总统于 1876 年 11 月 29 日任命
里瓦·帕拉西奥为发展部部长。[21]

　　在 1876 年至 1880 年的这段时间里，由于里瓦·帕拉西奥成为一个名
为"民族主义神话学家"的新团体的拥护者，他开启了一项雄心勃勃的计
划，旨在更新整个墨西哥城，尤其是改革大道。正如他在《发展部备忘录，
1876—1877》（*Memoria del Ministerio de Fomento, 1876-1877*）中所指出的
那样：

　　　　公共纪念碑的存在不仅是为了永久地纪念那些值得人民感激的英
　　雄和伟人，同时也是为了唤醒一些人并强化另一些人对于正当荣耀以及

---

[21] Clementina Díaz y de Ovando, "Prólogo," in Vicente Riva Palacio, *Cuentos del General* (México, 1968), ix-xx.

艺术的热爱，这在纪念碑上得到了最美好的表达。建造休闲区域或林荫大道是为了分散社会成员的注意力，使得每个人都能够进行正当的娱乐和交往，从而消除社会孤立以及那些在缺乏交流的群体之中常见的恶习。[22]

　　这项声明彰显了里瓦·帕拉西奥对首都居民的关切，无论他们富有还是贫穷。在他看来，建造改革大道的目的是为了让墨西哥人了解国家历史的本质，或者，就像贾斯蒂诺·费尔南德斯说的那样，"是为了展现历史上鲜活而重要的事例，以此向世世代代的墨西哥人指明那些英雄和爱国人士的姓名，换言之，历史通过艺术变成了具有道德感的物品"。[23] 出于这段引言，里瓦·帕拉西奥发起了一场竞赛，旨在建造一座"最佳纪念碑，献给夸乌特莫克（Cuauhtémoc）以及其他在当时为保卫国家做出杰出贡献的领导人"。他还计划建造另外两座纪念碑并将它们与哥伦布雕像一同置于大道的街心花园：一座是为了纪念伊达尔戈（Hidalgo）和独立战争的英雄；另一座是为了纪念胡亚雷斯、改革战争时期的爱国人士以及那些在反法战争（被称为第二次独立战争）中表现杰出的人。最后，里瓦·帕拉西奥改变了主意，他决定定制另外两座雕像以取代之前的第三座雕像——一座是为了纪念胡亚雷斯和改革战争，另一座是为了纪念萨拉戈萨将军和反法战争的英雄们。[24]

　　当时拟建造的雕像中，只有两座后来在改革大道上出现过。第一座雕像旨在纪念夸乌特莫克，于 1876 年开始规划，最终于 1887 年揭幕，但墨西 [136]

---

[22]　*Memoria de Fomento, Colonización, Industria, y Comercio 1876–1877*, 3 vols. (México, 1877), 3: 353–354.

[23]　Justino Fernández, *El arte del siglo XIX*, 167.

[24]　同上，358。

哥城其实已经拥有一座向这位阿兹特克末代君主皇帝致敬的纪念碑，该纪念碑于 1869 年 8 月 13 日（即特诺奇蒂特兰被征服纪念日）在德拉维加大道（Paseo de la Viga）揭幕。在依照惯例发表的揭幕致辞中，演讲者为已然成为墨西哥爱国主义一部分的"克里奥耳民族主义"增添了三个新的主题。

首先，演讲者坚定地延续了米尔－布斯塔曼特的传统，将西班牙人描述为嗜血的恶棍，将夸乌特莫克描述为英雄。杰拉尔多·玛丽亚·席尔瓦（Gerardo María Silva）则将科尔特斯视为一位领袖："如果没有被那么多卑鄙的背叛所玷污……他的荣耀足以让他成为英雄，但是历史和传奇并没有授予他这样的称号，只有那些为祖国而战的人，或者是把这片土地从实施压迫的怪物手中解放出来的人会这样做，那些残忍地毁灭了这片土地的怪物则不然。"[25] 致辞并没有提及阿兹特克的活人祭祀以及强制收取的各类贡品。为了保持连贯性，演讲者紧接着来到了第二个主题——那些与西班牙人勾结并与阿兹特克人为敌的印第安人，比如特拉斯卡拉人（Tlaxcalans），必然被视为墨西哥国家的叛徒。[26] 结果是，夸乌特莫克和阿兹特克人成为整个共和国的同义词，尽管在被征服的时候，可能有多达二三百个不同的印第安人部落居住在这片后来被称为新西班牙的土地上。最后一个主题强调了将夸乌特莫克与之后的其他民族英雄联系起来的那一天。在演讲中，安东尼奥·卡里昂（Antonio Carrión）指出："墨西哥人的公共精神随着夸乌特莫克的气息一同消失，当然，它并不是永远地消失，而是经过了三百年的沉寂，在 9 月 15 日晚上的多洛雷斯（Dolores）被重新点燃。"[27]

尽管阿兹特克人的崇拜获得了公众的支持，但是上述三个关于前哥伦

[25] *Discursos pronunciados el día 13 de agosto de 1869 en la inauguración del busto de Cuauhtemotzin erigido en el Paso de la Viga* (México, 1869), 50.

[26] 同上，7。

[27] 同上，25。

布历史和西班牙殖民征服的新观点在 1867 年并没有被普遍接受，至少维
森特·里瓦·帕拉西奥并不接受这些观点。1871 年 9 月 16 日，在墨西哥
城阿拉梅达举行的一次演讲中，即将成为"民族主义神话学家"领袖的他使
用了完全不同的术语来描述这场征服。他将前哥伦布时期的印第安统治者
描述为"君主，他们的反复无常、血腥残暴就是唯一的法律，他们统治着
美洲的原住民，[并且]败给了科尔特斯、皮萨罗（Pizarro）和阿尔马格罗
（Almagros）麾下英勇的士兵；君主政体消失了，并让位于殖民统治"——
相比于埃斯坎东叔侄所坚持的保守派观点，这种说法更有利于西班牙的殖   [137]
民征服。里瓦·帕拉西奥还强调，由于血统的混杂（*mestizaje*）（他称之为
"征服者与被征服者的融合"），新世界注定成为民主与共和的大陆。[28]

　　直到六年之后，当里瓦·帕拉西奥宣布举行夸乌特莫克雕像大赛的时
候，他已经经历了意识形态的惊人转变，成为新兴阿兹特克崇拜的坚定拥
护者。尽管这其中无疑有许多原因，但似乎最有可能的是里瓦·帕拉西奥
开始更多地从宣传的角度看待过去，试图寻找潜在的英雄，而不是历史的
真相。这一转变符合时代的要求，因为那些推选迪亚斯成为总统的图斯特
佩克人想要创造一些独特的事物，用以宣告新时代的到来，就像阿尤特拉
人（Ayutla）曾经实施的改革那样。

　　于是，政府举办了夸乌特莫克雕像设计大赛。里瓦·帕拉西奥召集
数名评委成立了一个蓝带委员会，其中包括圣卡洛斯学院（Academy of
San Carlos）的英国绘画艺术家和设计教师胡安·圣地亚哥·巴格利（Juan
Santiago Baggally）；未来的科隆咖啡馆（Café Colón）和伊图尔比德宫
（Iturbide Palace）的建筑师埃米利奥·东德·普雷西亚特（Emilio Dondé
Preciat）；将查普尔特佩克遗址改造为马克西米利安宫殿的前"首位帝国建

[28]　Vicente Riva Palacio, *Discurso Cívico pronunciado en la Alameda de Mexico en el aniversario del
　　　glorioso grito de independencia el día 16 de septiembre de 1871* (México, 1871), 8-9.

筑师"（First Imperial Architect）、1847 年少年英雄纪念碑的建造者以及哥伦
布雕像初始项目的负责人拉蒙·罗德里格斯·阿朗戈伊蒂；前墨西哥城建
筑师曼纽尔·加尔格洛·伊帕拉（Manuel Gargollo y Parra）；当然，还有里
瓦·帕拉西奥本人。[29]

工程师弗朗西斯科·希门尼斯·阿里亚斯（Francisco M. Jiménez y
Arias）赢得了比赛并获得了 1,000 比索的奖金。他深谙如何撰写参赛提案
才能迎合里瓦·帕拉西奥的喜好；他还负责建造了位于奇瓦瓦的伊达尔戈
纪念碑以及位于国家宫的宇宙学家恩里科·马丁内斯（Enrico Martínez）纪
念碑。[30] 为了讨好里瓦·帕拉西奥，希门尼斯在提交给他的合同中写道：

> 没有任何一种建筑风格比再现更加适合，包括如今在图拉（Tula）、
> 乌斯马尔（Uxmal）、米特拉（Mitla）和帕伦克（Palenque）废墟中所看
> 见的那些精美细节，尽可能地保留了这片陆地上的原住民建筑的共性，
> 这些建筑拥有如此美丽的细节与恰当的丰富度，可以被用来发展成一种
> 我们能称之为民族风格的特有风格。[31]

当时的里瓦·帕拉西奥正在为墨西哥寻找一种民族文学风格，因此，
他将在视觉艺术领域提出类似概念的希门尼斯视为志气相投的人。

[138]   按照最初的设想，这座纪念碑包含三个青铜雕像——夸乌特莫克（高
达 4 米）；特斯科科之王卡卡马津（Cacamatzin）（高达 2.8 米）；以及在
提案中被认定为"在悲痛之夜（Noche Triste）带领祭司及阿兹特克人顽

---

[29] *Diccionario Porrúa de historia, biografía y geografía de México*, 3d. ed. (México, 1971), 382, 1915.

[30] *Memoria de Fomento 1876–1877*, 3:356; *Memoria de Fomento, Colonización, Industria y Comercio (1877–1882)*, 3 vols. (México, 1885), 3: 340.

[31] *Memoria de Fomento 1877–1882*, 3: 332–333.

强抵抗的"奎特拉瓦科（Cuitlahuac）（高达 2.8 米）。这座雕像的总预算为
152,032 比索，大约是 1877 年墨西哥城市政府税收总额的 20%。尽管如此，
希门尼斯对于这座雕像及其底座的描述却相当模糊，只是承诺这座雕像
"不仅具有阿兹特克建筑的特点，还包含着墨西哥其他建筑遗迹的风格，旨
在展现墨西哥共和国各地在建筑方面的造诣与成就"。[32]

　　等到雕像揭幕的时候，它的设计发生了很大的改变。那时，里瓦·帕
拉西奥已经不再参与这项工程。1880 年，他所在的政治团体建议发展部在
当年主办一场墨西哥环球博览会（Universal Mexican Exposition），如此一
来，墨西哥和其他国家就可以通过博览会展示自己的产品。波菲里奥·迪
亚斯拒绝了这个想法，他认为举办博览会是部分政府官员为争取 1880 年总
统提名而采取的策略。鉴于迪亚斯的反应，里瓦·帕拉西奥于 1880 年 5 月
17 日辞去了部长一职。[33]

　　卸任总统后，迪亚斯于 1880 年 12 月 1 日成为发展部部长并一直在任
至 1881 年 6 月。接替他的是卡洛斯·帕切科（Carlos Pacheco），他曾为
前总统处理过所有墨西哥城的商业事务。当希门尼斯在 1881 年 12 月 9 日
提出新的雕塑设计时，这座纪念碑的"雕塑部分"被摘除了 50% 以上，据
说是出于"预算的原因"。被削减的预算主要是用于建造雕塑的 44,637 比
索；新设计删去了奎特拉瓦科和卡卡马津的副雕像以及四个浅浮雕中的两
个。改动后的雕像仅保留了一个形象——站立在坚实底座之上的夸乌特莫
克——从而大大改变了雕像的意义。[34]

　　当该纪念碑于 1887 年 8 月 21 日揭幕时，其设计者希门尼斯已经去

[32]　*Memoria de Fomento 1877–1882*, 3: 332.

[33]　Díaz y de Ovando, "Prólogo," xx–xxi. 有关这些事件的另一个版本，参见 Ralph Roeder, Hacia el
　　　México moderno, Porfirio Díaz, 2 vols. (México, 1981), 1: 119–125。

[34]　Donald Coerver, *Porfirian Interregnum: The Presidency of Manuel González of Mexico, 1880–1884*
　　　(Fort Worth, TX, 1979), 45; *Memoria de Fomento 1877–1882*, 3:332–339.

夸乌特莫克雕像

世，而作为政府内部发起人的里瓦·帕拉西奥则以全权公使的身份被非正式地流放至西班牙和葡萄牙。西班牙发展部部长帕切科（Pacheco）委托米格尔·诺雷利亚（Miguel Noreña）——国家艺术学院（Escuela Nacional de Bellas Artes）的雕塑教师——设计这座雕像，以及加布里埃尔·圭拉（Gabriel Guerra）——仍忠于希门尼斯和里瓦·帕拉西奥所设想的"民族风格"——设计剩下的两座浮雕。市政府组织了一系列的纪念碑揭幕仪式。城市庆典（*festividad cívica*）的举行旨在"纪念被征服期间墨西哥城的英勇保卫者——不朽的夸乌特莫克（Immortal Cuauhtémoc），作为国家最后的统治者，他宁愿眼睁睁地看着家园被摧毁，也不愿接受用奴隶制的耻辱换取的和平"。

[139]

1887年8月21日上午8点，市民代表与军事领袖、市政府成员、工人团体成员、学生以及受邀的各个社区委员会代表聚集在改革大道与起义者大道交汇处的街心花园。迪亚斯总统达到后，士兵们鸣放了21响礼炮，军乐队演奏了国歌。由里瓦·帕拉西奥编辑的自由主义历史书册《穿越世纪的墨西哥》（*México a través de los siglos*）第一卷的作者阿尔弗雷多·查韦罗（Alfredo Chavero）发表了演讲。当最高法院的首席法官为纪念碑揭幕之后，21响礼炮再次鸣响，国家博物馆馆长弗朗西斯科·德尔帕索·特龙科索（Francisco del Paso y Troncoso）用纳瓦特尔语发表了演讲。弗朗西斯科·索萨（Francisco Sosa）、爱德华多·德尔瓦莱（Eduardo del Valle）和阿马里奥·何塞·卡布雷拉（Amalio José Cabrera）分别朗诵了诗歌，德米特里·梅亚（Demetrio Mejía）朗诵了散文选集，乐队进行了演奏。随后，来宾们再次唱起了国歌，21 响礼炮第三次鸣响之后，总统起身离开了。[35]

这座新的纪念碑唤起了人们在 1869 年夸乌特莫克半身像揭幕时所产生的相同情感。正如弗朗西斯科·冈萨雷斯（Francisco W. González）在《共和国的告诫者》（*El Monitor Repúblicano*）一书中所描述的那样，阿兹特克人作为整个国家象征的标准身份认同被加以阐释和放大。[36]然而，是里瓦·帕拉西奥的继任者弗朗西斯科·索萨（作为官方民族主义的主要倡导者）以最为明确的方式将墨西哥与阿兹特克历史联系在一起。在他为揭幕仪式撰写的小册子中，索萨指出："为了报答墨西哥人三个多世纪以来蒙受的恩惠，我们的政府为这座宏伟的雕像举行了落成典礼，以表达对于阿兹特克最后一位皇帝的永久性纪念，他是第一个，也是最杰出的民族捍卫者，该民族由特诺奇（Tenoch）缔造于 1327 年。"[37]

索萨并没有提到，政府为了自己的利益，决定利用公众对于夸乌特莫克的崇拜之情，删去这座雕塑的其他两个人物，转而将注意力集中在夸乌特莫克身上，并将纪念碑放在一个如此显眼的位置。波菲里奥政府希望这座雕像能够为国家灌输一种官方的自由主义的"民族"历史，同时为他们当前以及未来的统治赢得公众的支持。 [140]

和哥伦布雕像一样，这座雕像的设计也有着它的故事。贾斯蒂诺·费尔南德斯表示，这座纪念碑是"新本土主义风格"的第一个范例，它为"一个真正的民族建筑提供了可能性"。[38]雕像底座是由特奥蒂瓦坎（Teotihuacan）

---

[35] *El Monitor Republicano*, August 20, 1887.

[36] 同上，August 23, 1887。

[37] Francisco Sosa, *Apuntamientos para la historia del monumento de Cuauhtémoc* (México, 1887), 3, 27.

[38] Justino Fernández, *El arte del siglo XIX*, 168.

太阳金字塔的复制品制成的，顶部的设计来自位于瓦哈卡州米特拉古迹的萨巴特克（Zapotec）和米斯特克（Mixtec）建筑。中间部分的结构被设计成类似于恰帕斯帕伦克玛雅（Maya）遗址的碑铭神庙（Temple of the Inscriptions），但是用于支撑雕塑的石柱看起来又像是来自伊达尔戈州图拉（Tula）的石柱，当时的阿兹特克人认为图拉，也就是托兰（Tollan）是托尔特克（Toltec）帝国的中心。[39] 基于这些结构的石柱构成了夸乌特莫克雕像的底座，雕像身上披着一件刻有法典中出现的象形文字的长袍，但很容易被误认为是苏格拉底（Socrates）可能会穿的衣服。这座雕像生动地宣告了政府的决定，即墨西哥将正式承认在哥伦布发现美洲大陆之前的印第安人历史。加布里埃尔·圭拉在雕像一侧刻画的浅浮雕（名为《夸乌特莫克的苦难》）强烈地传达了这一信息，这幅浅浮雕描绘了西班牙人如何将夸乌特莫克的双脚置于烈火之中。在纪念碑上呈现这一具体事件意味着一项官方的声明——夸乌特莫克是一位民族英雄，他遭受了那些可憎的西班牙人的残忍对待。[40] 正如弗朗西斯科·冈萨雷斯在他的文章中所指出的那样，夸乌特莫克也是一位烈士：

> 我们并没有将夸乌特莫克视为阿兹特克国王的最后一位继承人……我们将他视为祖国的英雄……夸乌特莫克被征服，夸乌特莫克被关押和囚禁，夸乌特莫克虽然无法通过武力捍卫自己的王位，但是他依然为此勇敢地承受着无情、邪恶与可怖的折磨，那些毫无人性的征服者逼迫他放弃自己的权力。面对强取豪夺，他用英勇的牺牲发出了最为庄严的抗议，他的事迹必将为后世带来最伟大、最宝贵的结果。[41]

---

[39] *El Monitor Republicano*, August 20, 1887.

[40] Esther Acevedo de Iturriaga and Eloisa Uribe, *La escultura del siglo XIX* (México, 1980), fig. 219, 42.

[41] *El Monitor Republicano*, August 23, 1887.

发言结束时，作为一种常见的礼节，冈萨雷斯再次将夸乌特莫克的殉难与他在 1869 年维加大道的演讲中提到的伊达尔戈起义联系起来。他宣称，"夸乌特莫克英勇牺牲的种子在不朽的多洛雷斯神父（*cura*）的锄头下于 1810 年开花结果"，由此引出了有关 1869 年所唤起的阿兹特克崇拜的另一个主题，他将这种崇拜转化为对于耶稣基督的认同，他告诉人们高贵的阿兹特克人并非用了三天，而是用了整整三个世纪才得以死而复生。[42]

这尊雕像也彰显了波菲里奥的意图，即特诺奇蒂特兰的统治者从此以后将代表整个墨西哥民族。尽管雕像确实包含了其他印第安部落的元素——萨巴特克人、米斯特克人、玛雅人、托尔特克人——但他们仅仅被认为是阿兹特克人的先驱或支持者，阿兹特克人以胜利者的姿态站立在由其他印第安部落的元素组成的基座之上。通过这种对于印第安人（而不是西班牙殖民历史）的认同，尤其是对于阿兹特克人本身的认同，当时墨西哥谷的统治者波菲里奥政府，将自己定位为其祖先留下的帝国遗产的继承人。他们关于墨西哥历史的官方描述沿着改革大道巧妙地展开，正如拟建的其他雕像所展示的那样，从夸乌特莫克到伊达尔戈、胡亚雷斯，再到萨拉戈萨，当然还有最近翻修的查普尔特佩克城堡的现任主人，波菲里奥·迪亚斯——反法战争中的另一位英雄，显然也是战争胜利的产物。官方的历史学家们不仅利用阿兹特克人的象征证实迪亚斯对于国家的管理职责，还试图利用夸乌特莫克纪念碑以及官方对于阿兹特克人的崇敬再次强调墨西哥城的权威及其通过继承来统治整个国家的权利。圭拉雕刻的横饰带描绘的是落入西班牙人手中并遭受折磨的夸乌特莫克，铭文上写着"纪念夸乌特莫克以及那些为保卫祖国而英勇战斗的勇士们"。事实上，阿兹特

[141]

---

[42]　*El Monitor Republicano*, August 23, 1887.

克人以一种残暴的方式统治着墨西哥的大多数人，与夸乌特莫克为敌的印第安人比与他并肩作战的印第安人还多。因此，这座雕像是在向一位与大多数墨西哥原住民"英勇抗争"的人致敬，试图让他成为墨西哥身份认同的象征，让他的首都特诺奇蒂特兰成为古老的权力中心。

西班牙人也有自己的财政目标。他们坚称夸乌特莫克是自己的第一位祖先，以此维护他们在国家财政收入方面的权利，正如阿兹特克人曾经通过武力与恐吓获取税收与贡品一般。因此，这座雕像给政治和财政联邦制带来了象征性的致命一击，进而宣告了（位于墨西哥城并通过它实施统治）中央政府的至高无上。波菲里奥政府计划在他们关于自由主义的定义中加入中央集权主义，如今，后者最初的保守派支持者已经被彻底击垮，名誉扫地。事实上，早在 1873 年，大多数保守党人要么死了，要么被流放了，或者像埃斯坎东和索梅拉一样，成为新秩序的积极合作者。

[142]　　　　依照纪念碑所体现的计划，波菲里奥政府很快展开了针对残余的墨西哥联邦制支持者的围剿。虽然自由派颁布的《1857 年宪法》第 124 条规定要求在 1858 年 6 月 1 日之前取消 11 项商业税（*alcabalas*）和国内关税，进而为国内贸易自由提供了强有力的支持，但此后的政府始终未能执行这项要求。不仅如此，他们也未能执行自那以后通过的任何有利于国内贸易自由的法律。1877 年 10 月，也就是里瓦·帕拉西奥宣布建造夸乌特莫克纪念碑的两个月后，波菲里奥政府再次展开了关于州商业税的斗争。这场斗争在 1883 年曼纽尔·冈萨雷斯（Manuel González）总统任期即将结束时迅速升温，为了探讨相关的问题，韦拉克鲁斯州在当时召开了一次州长会议。根据与会代表进行的一项调查结果显示，商业税被保留了下来，因为这些税收占州财政总收入的比例高达 68%，其中大部分的资金流向了主要城市。1886 年 11 月 22 日，15 个州的立法机构接受了一项提案，该提案要求各州不得对外贸产品征税，也不得阻止货物进入或离开其领土。虽然有所进步，但大多数州

仍在继续征收商业税，这让那些已经废除该项税款的各州（比如韦拉克鲁斯州）感到恼火。这个问题直到 1895 年 5 月 30 日才得以解决，最终，财政部部长何塞·伊夫斯·利曼图尔（José Ives Limantour）于 1896 年 7 月 1 日彻底废除了商业税，同时也取消了各州相对于墨西哥城的财政独立。[43]

　　虽然没有任何社论提及政府建造这座昂贵的夸乌特莫克纪念碑的动机，但是墨西哥人也不会天真到通过它的设计解读出关于原住民（indigenista）的信息。从表面上看，公众对于前哥伦布时期高贵印第安人的敬意可以被视为一种激励的手段，激励生活在这个时代的印第安人摆脱堕落的状态。毕竟，这尊雕像展现了印第安人曾经并且可能再次拥有的英雄形象——强壮、聪明、国家领袖——一种可能为少数幸运儿带来伟大成就的社会达尔文主义。但是，向夸乌特莫克以及印第安人授予荣誉（或至少向阿兹特克历史授予荣誉）的行为，却发生在印第安人及其混血后裔由于不断深化的改革法律、新法规以及经济发展而被剥夺土地的时候。此外，几个世纪以来，那些热衷于赞颂古代印第安人的克里奥耳思想家们，如卡洛斯·西古恩扎·贡戈拉以及自由主义理论家何塞·玛丽亚·路易斯·莫拉（José María Luis Mora），他们关心的只是像夸乌特莫克这样的印第安统治者，而不是那个时代真正的印第安人。这样看来，夸乌特莫克服装上的希腊式细节以及他的白人特征都是经过深思熟虑的，起码也像报纸上刊登的图画一样有白人色彩。而克里奥耳神父米格尔·伊达尔戈（Miguel Hidalgo）是夸乌特莫克"后裔"的事实也绝非偶然。[44]

[143]

---

[43]　Daniel Cosío Villegas, *Historia moderna de México*, vol. 2, *El Porfiriato: Vida económica* (México, 1972), 904–918, 1234.

[44]　Keen, *Aztec Image*, 192–193; Hale, *Mexican Liberalism*, 218–220. 另一个例子是安东尼奥·佩尼亚菲耶尔（Antonio Peñafiel）为 1892 年在马德里举办的哥伦比亚展（Columbian Exhibition）所设计的墨西哥展品，它看起来更像是一个仿造的希腊神庙，而不是蒙特祖玛（Moctezuma）可能认识的任何神庙。参见 Ignacio Bernal, *A History of Mexican Archeology* (New York, 1980), 153。

无论改革大道传达了哪些信息，或者应该向那些注视着它的墨西哥人传达哪些信息，最初建造这条大道的目的都是为了给外国资本家留下深刻的印象。当夸乌特莫克纪念碑于 1887 年揭幕时，墨西哥的政治气候已经发生了重大的转变。1885 年，这个国家恢复偿还外债，不久之后就开始从国外获得大量贷款。[45] 突然之间，政府开始极力争取外国的投资、资本以及认可。正如《墨西哥金融家报》（*The Mexican Financier*）在 1887 年 9 月 9 日一篇名为《城市装饰》（"Municipal Embellishments"）的文章中所指出的那样：

> 在这条举世闻名的改革大道上……［夸乌特莫克的］巨型雕像于前几日揭幕，这是墨西哥在这片土地上所拥有最为尊贵的艺术品之一。因此，明智的市政当局在许多方面都提升了首都的吸引力……针对这些引人注目的城市装饰工程的花费是最英明的投资，由于城市的美化，游客们更愿意在冬季来此旅居，从而激发公民的自豪感与热情。我们相信这座城市的未来，相信它的统治者有能力使它成为世界上最美丽的首都之一。［这样一座城市］已经表明，它有权要求资本家提供必要的资金，用于开展永久性的伟大工程。[46]

改革大道原先是作为样板工程设计的，直到 1900 年后才得到开发。市政府文书记录（*Actas del cabildo municipal*）揭示了 1887 年至 1900 年期间割裂的墨西哥城。直至阿拉梅达公园的首都区域均属于当地的居民，而改革大道似乎被排除在外。例如，（除了 8 月 21 日的一系列庆祝活动外）市政府官员们并未计划在夸乌特莫克纪念碑前举办任何庆祝活动，然而他们

---

[45] Jan Bazant, *Historia de la deuda exterior de México (1823-1946)* (México, 1968), 119-135.

[46] *The Mexican Financier*, September 9, 1887.

却强烈支持民众在阿拉梅达举办庆祝活动。[47]1889 年，由埃米利奥·东德·普雷西亚特建造的科隆咖啡馆正式开业，尽管这间位于科隆纪念碑（Monumento de Colón）对面的咖啡馆成为商业交易的"合适场所"，但很少有人会在这条新大道附近建造住宅。

在夸乌特莫克雕像揭幕后，弗朗西斯科·索萨提议各州捐赠两尊真人大小的地方爱国者雕像，放置在大道两侧的草地上。墨西哥政府很快采纳了这个想法，1887 年 10 月 1 日，发展部部长卡洛斯·帕切科发布了一份倡议书（iniciativa），呼吁各州向位于墨西哥谷的首府捐赠两座本土英雄雕像以表达敬意。

然而，墨西哥国家政府再一次保留了对于整个过程的控制权，也许是为了避免令人为难的选择。例如，墨西哥城市政府甚至从未讨论过哪些形象应该被用来代表联邦区，只是在为 5 月 5 日和 9 月 16 日举办的庆祝活动照例支付 5,000 比索时，才向该项目捐赠了 2,000 比索。这些真人大小的雕像是在 1889 年至 1899 年之间被竖立起来的，大多是改革时期的人物，雕像本身显得毫无新意，由于受到外国文化的影响，它们没有体现出任何"民族风格"。尽管杰西·孔特雷拉斯（Jesús F. Contreras）出生于阿瓜斯卡连特斯（Aguascalientes），但大部分雕像都是由他建造的，同时他还得到了墨西哥政府的支持并在 1886 年至 1891 年期间前往巴黎工作。回国后，他在迪亚斯的赞助下成立了墨西哥艺术基金会（Mexican Artistic Foundation）并参与了改革大道的铜像制作。由索萨撰写的这位名人的传记（第一版）以法语出版并在 1900 年的巴黎博览会（Paris Exposition）上被直接送交给聚集于此的目标受众，这并非偶然。墨西哥人不得不等上整整一年才看到

[144]

---

[47] *Actas del cabildo municipal*, 1886–1890, "Paseos."

西班牙语的版本。[48]

波菲里奥政府从不掩饰他们想要给墨西哥一个名副其实的首都的愿望。正如弗朗西斯科·冈萨雷斯指出的那样：

> 充满着我们的感激之情的大道，始于托尔萨的著名作品［卡洛斯四世的雕像］，止于古代墨西哥君主的城堡［查普尔特佩克］，如今被改建为共和国领导人的娱乐场所，土地的自然之美与国内外艺术家创作的结合，使之成为我们的无价之宝之一，进而引起其他国家的嫉妒。[49]

正如冈萨雷斯所言，大道是专为精英阶层建造的，事实上，绝大多数城市居民可能直到革命之后才有机会见到它。随着城市的发展，相对于维森特·里瓦·帕拉西奥以及弗朗西斯科·索萨而言，安东尼奥·埃斯坎东和伊格纳西奥·坎普里多实现了他们的目的。大道为土地开发商创造了新的商业空间和绝佳的地块。然而，当最后一批雕像于 1899 年揭幕时，仍然没有人居住在改革大道附近。的确，当时最流行的做法是：在星期天的下午，从索卡洛广场驱车前往查普尔特佩克公园，并在黄昏时分返回家中。直到 20 世纪的第一个十年间，那些直接面对大道的社区——阿美利加、胡亚雷斯和夸乌特莫克——才得以被建造。[50]

如今被称为罗马（Roma）和玫瑰区（Zona Rosa）的城区（colonia）

---

[48] Francisco Sosa, *Los estatuas de la Reforma*, 3 vols. (México, 1974); Matthew D. Esposito, "From Cuauhtémoc to Juárez: Monuments, Myth, and Culture in Porfirian Mexico, 1876–1900" (M.A. thesis, Arizona State University, 1993).

[49] *El Monitor Republicano*, August 23, 1887.

[50] María Dolores Morales, "La expansión de la ciudad de México en el siglo XIX: el caso de los fraccionamientos," in *Ciudad de México: Ensayo de construcción de una historia*, coord. Alejandra Moreno Toscano (México, 1978), 190–200.

可以追溯至波菲里奥统治时期的最后十年，在这一段时间里，墨西哥城新建了很多城市分区，改革大道成为了一系列新兴大厦的首选地点，这些大厦的建造者是当时最著名的金融家们——曼特罗拉（Manterola）、谢雷尔（Scherer）、索洛萨诺（Solorzano）、布兰尼夫（Braniff）、阿布尔托（Aburto）等人，他们还在那里置办了住所。一条在1891年至1902年期间开通使用的电车线路沿着大道一直延伸至查普尔特佩克，最初由骡子驮运，后来则采用电力驱动。[51]　　　　　　　　　　　　　　　　　　[145]

1902年1月2日，为了给改革大道的街心花园增添光彩，波菲里奥·迪亚斯为一座新雕像（也就是独立纪念碑）铺下了第一块石头。[52] 这种致敬的想法并不新鲜；事实上，这个想法甚至在维森特·里瓦·帕拉西奥之前就已经存在了。它最初起源于安东尼奥·洛佩斯·德·圣安纳（Antonio López de Santa Anna）的不朽时代——1841年10月10日至1844年9月7日——在此期间，总统以一种炫耀的方式埋葬了他在韦拉克鲁斯抵抗法国人时失去的一条腿。早在1843年，西班牙著名的建筑师洛伦佐·德拉·希达尔加（Lorenzo de la Hidalga，1810—1872）就曾为纪念"独立与自由"设计过一座雕像，他于1838年来到墨西哥并在此度过了余生。在他的作品中，于1844年设计的国家剧院（Teatro Nacional），也被称为圣安纳剧院（Teatro de Santa Anna），令他名声大噪。

1843年6月27日，政府举办了一场独立纪念碑设计大赛，旨在选出最佳的独立纪念碑放置在位于索卡洛广场的国家宫与大教堂之间的转角处。1843年7月7日，当德拉·希达尔加还在国家剧院工作时，他提交了自己的参赛提案：

---

[51]　Salvador Novo, *Los paseos*, 41.

[52]　Francisco de Antuñano, *México. 75 Años. 1910–1985* (México, 1984), 138.

> 这必然是一座宏伟的纪念碑……它的艺术构造和哲学意涵将成为
> 一本敞开的历史书……以此打造一个自由的社会，让人们铭记他们的雕
> 像、浮雕与碑文。[53]

德拉·希达尔加将他的雕像分为两个部分。第一部分是墨西哥独立初
期的英雄以及其他爱国人士的遗体的一片埋葬地，以"彰显所有那些为实
现伟大目标而奋斗的人的荣耀与辉煌"。他建议在纪念碑上设立八尊雕像：
"在必要的情况下，历史以及组建政府的智者们应该指明那些必须出现在雕
像和碑文中的人物的姓名。"

尽管这位雕刻家羞于指定任何具体的人物，但是，当他注意到那些他
认为适合青铜浅浮雕的题材时——多洛雷斯呼声（Grito de Dolores）、伊瓜
拉呼声（Grito de Iguala）、凯旋军队入城（Entrance of the Triumphal Army）
和坦皮科战役（Battle of Tampico），他提出了一个特别的建议。虽然来自
圣卡洛斯艺术学院的委员会最终选定了恩里克·格里芬（Enrique Griffón）
的作品，且这幅作品已经淹没在历史的长河中，圣安纳本人却授予了德
拉·希达尔加委员会成员的身份。这也难怪，因为希达尔加的提议是为了
纪念伊图尔比德（伊瓜拉呼声和军队凯旋）以及圣安纳本人，后者曾在
1827 年的坦皮科战役中指挥墨西哥军队成功击退了巴拉达斯（Barradas）
的入侵。圣安纳在 1843 年 8 月 23 日批准建造这座雕像，同时指派后来因
美墨边境调查而出名的佩德罗·加西亚·康德（Pedro García Conde）监
督雕像的建造，但这座雕像从未被建成，因为总统在第二年被撤职了。[54]
马克西米利安也想要建造一座类似的纪念碑，1864 年 6 月，他委托华

[146]

---

[53] Lorenzo de la Hidalga, "Proposal for monument to Independence and Liberty," July 23, 1843, as
      printed in Justino Fernández, *El Arte Moderno en México* (México, 1937), 115–116.

[54] Lorenzo de la Hidalga, "Proposal," 115–116.

金·委拉斯开兹·莱昂（Joaquin
Velázquez de León）监督它的建
造，同年 9 月 16 日，他在索卡洛
广场上放置了第一块石头。但是，
这个计划又一次搁浅了。[55]

独立纪念碑

　　尽管里瓦·帕拉西奥曾设想
他的独立纪念碑可以为改革大道
增添光彩，但这座纪念碑的建造
过程却与 1877 年发展部发起的公
开的提案征集比赛相去甚远。这
座雕像从诞生到揭幕的整个过程
都笼罩在神秘之中。1878 年 5 月，
拉蒙·罗德里格斯·阿朗戈伊蒂
的提案获得通过，随后在 1886 年，
政府举办了一场全新的比赛，华盛顿建筑公司克拉斯与舒尔茨（Cluss and
Schultze）赢得了比赛的胜利，但是又一次，什么也没有发生。最后，在
1900 年，委员会将建造工作交给了安东尼奥·里瓦斯·梅尔卡多（Antonio
Rivas Mercado），他是一位在法国接受过专业训练的墨西哥建筑师。波菲
里奥·迪亚斯在 1902 年 1 月 2 日参加了雕像的奠基仪式，当天，国际泛美
会议（International Pan-American Conference）恰好也在墨西哥城召开，奠
基仪式清楚地说明了这一件事的重要性。主题演讲的发言人是工程师拉
蒙·伊巴鲁拉（Ramón de Ibarrola），为了与 20 世纪初的墨西哥保持一致，
他利用演讲的机会提醒围观者牢记国家领袖的荣耀：

[55] "Columna de la independencia," in *Diccionario Porrúa de historia, biografía y geografía de México*,
2d. ed. (México, 1964), 366.

[基石]将由一只手来奠定，这只手在战斗时坚强不屈，在胜利时宽宏仁慈，这只手还来自一位拥有强烈实践意识的公民，这种意识教他带领着自己的人民远离毫无意义的自相残杀，同时把精力投入有益的公共事业，通过铁路和电报线将国家的重要中心连接起来，建造和改善港口，建设灯塔，并运用这些方法将政府部门的实力与效率提升百倍。

[147]　　主题演讲以及一首胡安·德·迪奥斯·佩扎（Juan de Dios Peza）的原创诗歌朗诵结束后，时代（如果不是墨西哥独立本身）的英雄迪亚斯，他从一只银桶里拿起一把银铲，为雕塑铺下了第一块石头。[56]

　　次年，根据《公共组织法》（Law of Public Organization）的规定，由拉蒙·科拉尔（Ramón Corral）领导的内政部接管了包括建造纪念碑在内的多项事宜。1906 年年中，建造这座雕像的建筑工程师发现雕像在不断地倾斜，该部成立了一个委员会来研究这个问题。这座纪念碑于 1907 年 6 月被拆除，它的石料被用来建造位于勒孔贝里（Lecumberri）的新监狱。据《公正报》（El Imparcial）报道，拆除雕像和重建基座的费用高达 53.7 万美元，此工程直到 1909 年 5 月才竣工。

　　那时，政府已经有些慌乱了；为了能够在 1910 年 9 月 16 日的墨西哥独立百年庆典上为这座雕像顺利揭幕，政府付出了加倍的努力。而这份努力也得到了回报，如今被称为"天使纪念碑"的雕像就是在百年纪念日当天正式揭幕的。雕像的四角竖立着四位女神，分别代表着和平、法律、正义与战争，雕像的基座上刻有二十四个"先驱者、谋略家、女英雄、人民代表、作家、战士、国家领袖以及独立缔造者"的名字，包括阿

---

[56] *The Mexican Herald*, January 2, 1902.

尔达玛（Aldama）、阿连德（Allende）、加利亚纳（Galeana）、马塔莫罗斯（Matamoros）、米埃尔·伊特兰（Mier y Teran）、拉永（Rayon）、维多利亚（Victoria），此外还有伊图尔比德，尽管与德拉·希达尔加设计的两座浅浮雕相去甚远。底座的四尊铜像由恩里克·阿尔恰蒂（Enrique Alciati）设计建模，于意大利佛罗伦萨铸造，造价10.7万美元，描绘的分别是莫雷洛斯（Morelos）、格雷罗（Guerrero）、米纳（Mina）和尼古拉斯·布拉沃（Nicolas Bravo）四位人物。其上还伫立着"国父的典范伊达尔戈，他手举旗帜，为这座纪念碑增添了浓墨重彩的一笔"。一根圆形长柱构成了雕像的最后部分，圆柱上有一个戴着月桂花冠的可爱天使。这座纪念碑共耗资215万美元。[57]

天使纪念碑揭幕时，墨西哥正处于另一场运动之中，而这场运动将永远改变墨西哥的政治历史。没有人可以准确地判断哪些因素在哪种程度上引发了墨西哥革命，但可以肯定的是，从19世纪七八十年代的"民族风格"（如夸乌特莫克纪念碑）到以独立纪念柱为代表的泛欧洲主义的转变并不仅仅意味着艺术风格的差异。正如大道场景所生动展现出来的，波菲里奥领导下的国家已然迷失了方向，它通过对技艺的推崇来寻求国际社会的尊重，甚至让伟大的伊达尔戈及其成就也变得黯淡无光。

最终，"亲法进步派"和"民族主义神话家"都赢得了胜利。改革大道或许是墨西哥首都最重要也最美丽的大道，它通过石头壁画所传达的信息仍然在一代又一代的墨西哥青年人之中传承着。但这场胜利似乎是短暂的， [148] 改革大道的雕塑充分肯定了技艺、商业与政治集权的合谋，源源不断的污浊之气给这座夸乌特莫克誓死捍卫的可爱城市的未来蒙上了阴影。

---

[57] *El Imparcial*, September 16, 1910.

08　无产者、政治家与大家长：墨西哥工业化初期文化习俗的使用与滥用（1880—1910）

托尼·摩根（Tony Morgan）

安格利亚理工大学（Anglia Polytechnic University）

　　托尼·摩根，以布恩托诺（El Buen Tono）卷烟厂的厂主为例，考察了墨西哥的家长式工业主义、市场营销策略的兴起以及政府与企业之间的合作，尤其是为创建一个温驯的、互助的社会所进行的合作。摩根教授的是西班牙历史与西班牙语，他在安格利亚理工大学（Anglia Polytechnic University）完成的博士论文探讨了假日以及公众活动如何将政府、企业和劳工联系在一起。本文则围绕着波旁王朝时期的社会控制计划、关于秩序的实证主义要求以及维多利亚时代英国工厂厂主（威廉·利弗[William Lever]）和美国工厂厂主（乔治·普尔曼[George Pullman]）所实行的工业家长制展开。

波菲里奥·迪亚斯统治时期（1876—1910），墨西哥联邦区发生了巨大的变化，尤其是在 1890 年至 1910 年的首都工业鼎盛时期。随着人口的迅速增长，新兴职业不断出现，旧的职业也发生了转变，现代电力系统带来了电机、夜间照明以及快捷的运输。城市无产阶级出现了，但是他们没有足够的住房与医疗保障，只能勉强地生活下去。剥削无处不在，但机会也增加了。阶级之间的关系变得十分紧张，尽管还没有发展到崩溃的地步，精英阶层通过搬迁创造了社会距离，他们纷纷离开殖民城市中心，前往西部郊区的新建豪宅。陷入困境的市政府无法或不愿应付这些变化的[152] 速度与规模，政府的无能催生了人们的挫败感，致使新的中下层阶级选择支持弗朗西斯科·马德罗（Francisco Madero）所领导的 1911 年起义。政府官员们无法为这些新兴群体提供他们所要求的必要的教育、福利和娱乐。

不过，传统的墨西哥式庆祝活动、仪式场合以及精神气质经受住了这些变化。虽然工人们承受着施舍，但他们的内心依然是正直的；老板通常比较冷漠，但有些却对自己的员工爱护有加。新技术的标志出现在大街上，尽管这些事物往往超过了工人的负担能力。对于新兴工人阶级以及其他阶级的大多数人来说，休闲娱乐是一种稀缺品；但是，社交活动、音乐、不太完整的教育以及一些轻松的娱乐活动确实照亮了工业主义的阴暗面。在娱乐活动极度缺乏的情况下，一部分新的工业老板开始利用廉价的手段来讨好新兴工人阶层，试图赢得他们的政治支持。最终，实业家们拒绝与工人进行真正的政治对话，只是试图在波菲里奥·迪亚斯政权于 1910 年垮台时收买他们的支持。但是，这些孤注一掷的努力为时已晚。本篇文章探讨了首都的工业、政府与工人之间的联系，以及文化机制是如何将它们联系在一起的。

从 1877 年到 1910 年，联邦区的人口增长了 120%，从 327,000 人增长到 720,753 人。[1]1910 年的首都——如今已然是一个大都市金融与工业中心，同时也是国内流动人口的大熔炉——与迪亚斯传承下来的行政与商业中心截然不同。44% 的首都人口来自墨西哥的其他地方，为了寻求改变和机遇来到这座城市。他们通常会通过新的工作来实现自己的愿望，然而，他们在政治与文化上却被孤立了。都市精英与政府当局都忽视了民众日益增强的抱负，这种抱负是工业化的必然结果。几乎毫无例外，当局反而试图遏制变化并降低预期。[2] 他们深受家长式作风的影响，努力保持着殖民时代遗留下来的社会关系的传统性质。他们宁愿依靠政治合作与社会控制，直到他们想尽了所有的办法。回想起来，他们似乎并未意识到即将到来的各种变化。[3]

　　迪亚斯上台时，首都几乎不能被视为一座工业城市，其中只有两个行业——纺织业和烟草业——每个行业雇用了 1,000 人，每年的销售总额为100 万比索。这些经济活动是在拥有 300 名工人的大型工厂里开展的，但大多数的其他经济活动基本上都是手工业生产。[4]煤的缺乏和随之而来的蒸汽动力的短缺使得首都的工业生活被逐渐分散。一些大型的烟草厂坐落在市中心，但是，由于 19 世纪 70 年代的机械化程度较低，工厂的大部分产品都是手工卷制的。此外，纺织厂主要依靠水动力，因此，大部分的纺织厂都分散在联邦区边缘的工业区，如特拉尔潘（Tlalpán）、孔特雷拉斯（Contreras）、圣安吉尔（San Angel）、圣菲（Santa Fe）、查尔科（Chalco）和特拉尔内潘特拉（Tlalnepantla）。在那里，数家作坊主宰着工人的社会生

[153]

[1]　M. González Navarro, *Estadísticas sociales del porfiriato 1877–1910* (México, 1956), table 1.

[2]　有关的扩展性讨论，参见 A. L. Morgan, "Industry and Society in the Mexico City Area 1875-1910" (Ph.D. dissertation, CNAA, London, 1984)。

[3]　D. W. Walker, "Porfirian Labor Politics: Working Class Organizations in Mexico City and Porfirio Díaz 1876-1910," *The Americas* 37, no. 3 (January 1981): 257–290.

[4]　E. Busto, *Memoria de Hacienda de 1877–78* (México, 1878), anexo no. 3.

活，工人们聚集在此，作坊的主人则实行着一种类似于庄园生活的传统社会控制。[5]

更为廉价的蒸汽动力以及更为丰富的电力彻底改变了这种模式。1882年，政府部长卡洛斯·帕切科（Carlos Pacheco）的家中安装了第一套家用电力照明系统，到1900年，首都已有30,000户家庭拥有了照明设备。新能源的出现改变了家庭与工业生活。我们不难想象1902年发明的第一台商业化电动玉米饼机所带来的解放性影响，这些机器以每小时5,000个玉米饼的产量，通过25个特许经营店为首都提供食物。[6]运输系统的电气化改变了人们的出行方式。1898年，瓜达卢佩-圣安吉尔线的26英里（约42公里）实现了电气化，打造了一条贯穿城市南北的快速运输线。1856年，首都开通了第一条前往瓜达卢佩的骡马畜力运输线，虔诚的信徒可以乘坐畜力车来到大教堂，这条运输线原先计划的目的地是特拉尔潘，为了将工人和度假的人运送至工厂和南部村庄的温泉浴场。灯火通明的有轨电车在夜晚的街道上摇摇晃晃地行驶着，这番景象象征着不断变化的城市生活节奏。然而，某些方面的变化令人感到不安：从普埃布拉附近的内卡萨瀑布（Necaxa Falls）输送电力的电塔经常遭到农村居民的破坏；1900年，迪亚斯下令禁止将电车作为灵车，因为允许这种"神秘力量"来搬运尸体似乎是不虔诚的。[7]三年之后，他的态度软化了，电车送葬很快成了一种必要的礼节。1911年，长达213英里（约343公里）的电气化轨道于首都纵横交错。

[5] 据报道，直到1912年，90%的工人都出生在更为偏远的里奥翁多（Rio Hondo）棉纺厂附近。T. de la Torre to Departamento de Trabajo, February 12, 1912. AGN Trabajo 30.13.5.

[6] E. Galarza, *La Industria Eléctrica en México* (México, 1941), 16; *El Imparcial*, August 26, September 2, October 24, 1902; *Boletín Financiero y Minero* (后简称 BFM), October 21, 1904; *México Industrial* 1 (August 15, 1905).

[7] Bjorklund, *Foreign Office Diplomatic and Consular Reports*, no. 2693 (August 1901); E de la Torre Villar, "La capital y sus primeros medios de transporte," HM 9 (1959): 215–248; F. Calderón, "La república restaurada: Vida económica," in *Historia moderna de México*, ed. D. Cosío Villegas (México, 1955–1973), 670–694; *La Semana Mercantil*, September 18, 1905.

由于人们养成了使用快速交通工具进行工作和娱乐的习惯，电车的乘坐次数从 1887 年的 11,000,000 次上升至 1908 年的 70,357,671 次。[8]

伴随着 19 世纪八九十年代的发展热潮（尤其是 90 年代），电气化与其他任何因素一样，都推动了工业生活在市中心而非联邦区工业小村庄的发展与扩张，尤其是改变了传统烟草业与纺织业，进而激发了许多其他工业的出现。埃内斯托·普吉贝特（Ernesto Pugibet）的布恩托诺卷烟厂于 1894 年在市中心的新厂址开业，还赢得了来访的美国国务卿伊莱休·鲁特（Elihu Root）的赞誉，被他称为"世界上最好的工厂"。[9] 新纺织厂纷纷开张，比如 1895 年的拉贝菲秀娜达（La Perfeccionada）、1898 年的拉卡罗丽娜（La Carolina）及 1896 年的埃尔萨尔瓦多（El Salvador）；于 1906 年成立的卡洛斯·泽蒂纳（Carlos Zetina）的艾克塞西奥鞋厂（Excelsior）和美国制鞋公司（United States shoe Manufacturing Co.）；甚至是于 1900 年成立的铁宫（Palacio de Hierro）服装作坊（雇用了 800 人）——这些工厂为这座城市的心脏带来了现代的机械与技艺。由此推动了工人阶级与中产阶级的形成，他们拥有属于自己的城市生活方式，不再受控于那些限制着工业村庄的工作条件的老板。这二十年的时间里，各种各样的行业百花齐放，从根本上改变了城市中心的工作、居住、娱乐与社会关系的本质。[154]

最具影响力的是工作性质的变化。现在，非熟练工人也可以完成那些以前只有工匠和专家才能完成的工作。例如，1907 年，当首都的面包工厂发生了激烈的劳工骚乱时，一家现代化的面包工厂开张了，厂主在一封公开信中如是斥责罢工的面包师："再过几天，非熟练工人就会和那些长期从

---

[8] 有关政策变化无常的生动描述，参见 R. Beredicio and S. Applebaum, *Posada' s Popular Mexican Prints* (New York, 1972), 27; *La Semana Mercantil*, February 22, 1909; The *Times* (London), May 5, 1906。

[9] *El Imparcial*, October 1, 1907.

事这份工作的手艺人懂的一样多。"该工厂招聘新员工的广告吸引了 500 人
在上午 9 点之前就开始排队，鉴于机械化所带来的种种改变的重要意义，
《公正报》（*El Imparcial*）评论道："一个显著的特点是，前来应聘的人包括
裁缝、鞋匠、机械师、一位印刷工人和一位电话接线员。"换句话说，报道
继续写道："教育和自动化正在给工作带来革命性的变化，同时也破除了老
旧的工艺习惯。"同样地，机械化还为那些传统上被捆绑在一起的雇主与员
工松了绑。[10]

电气化产生的影响，以及电气化给工业带来的全新的、更为激烈的商
业化氛围，推动了一种早期消费主义的产生，包括新奇的事物和一种崭新
的愉悦感，从而为古板的工业文化注入了活力。这种"现代化"在首都的烟
草业中表现得最为明显。布恩托诺烟草厂的成立迫使大多数的其他小公司
合并成为另外两家大公司——墨西哥香烟（La Cigarrera Mexicana）和墨西
哥烟草（La Tabacalera Mexicana），这两家公司均在市中心建造了现代化工
厂。它们通过一系列旨在推广产品的噱头和措施，从根本上改变了商业对
人们的影响。

在 1900 年以前，市场营销和广告获得的关注较少，而且很大程度上局
限于那些受到限制的事实性报纸广告。这些适度的尝试并不包括某些事件，
比如，为了庆祝新烟草工厂于 1878 年开张，厂主阿方索·拉巴特（Alfonso
Labat）乘坐气球升空并分发免费的火柴，这一大胆的举动是为了推广工厂
生产的新雪茄 "L'Exposición de Paris"。[11] 这种维多利亚时代的表演行为在
当时其实并不常见，直到 1901 年，普吉贝特才开启了一个充满着激进的、
有趣的推广活动的新时代，从而改变了城市街道的气氛。为了宣传公司的
产品，他在巴黎和纽约亲自安装并操作工作机器，为巴黎的展览会投资了

[155]

---

[10]　*El Imparcial*, July 4, 6,8,1907.

[11]　*El Hijo del Trabajo*, November 24, 1878; *El Socialista*, June 13, 1880.

20,859 比索，同时还为他在百老汇的陈列室投资了 60,000 比索。[12] 作为或许是第一位名场海外的墨西哥企业家，他受到了广泛的关注。鉴于普吉贝特所开展的推广活动及其获得的关注，墨西哥香烟公司决定派姑娘们将公司的新品牌 "Electra" 的香烟分装包分发给男人们，同时将鲜花分发给在阿布雷乌剧院（Teatro Arbeu）观看《厄勒克特拉》（Electra）的女士们。[13] 自 1904 年起，普吉比特开始在自己的工厂免费放映电影。1905 年，墨西哥烟草公司为其品牌 "Flor de Canela" 的消费者在奥林马戏团（Circo Orrin）举办了一场盛大的晚会，作为庆祝独立日的活动；一部记录该品牌在圣路易斯展览（St. Louis Exhibition）上赢得最高奖（Grand Prix）的电影将晚会推向了高潮。姑娘们再次向观众分发免费的香烟分装包。布恩托诺香烟厂在几周之内就抢了竞争对手的风头，厂主在韦拉克鲁斯的西里亚科巴斯克斯公园（Parque Ciriaco Vazquez）举办了一系列的展览，其中包括据称是墨西哥的第一个电影式广告："广告的形式非常巧妙，因为各个场景之间都有一张静止的幻灯片，以带有强烈掩饰意味的谦虚姿态向民众透露了布恩托诺烟草厂坐拥 500 万美元资本的事实，凭借其隽永的品牌 'Canela'，该烟草厂稳居市场第一。"[14] 作为回应，墨西哥烟草公司发起了一场促销活动，消费者可以通过香烟包装袋赢得价值 100 美元的优惠券；公司还在《公正报》上刊登了其新品牌 "Sirenas" 带有轻微情色意味的广告，同时配有淫秽的歌词（与布恩托诺烟草厂展开了一场报纸广告大战）；每月进行抽奖活动，奖品是鳄鱼牌衬衫等；派出公司的礼仪小姐在斗牛时分发免费样品。到了 1910 年，布恩托诺烟草厂将每月的彩票奖金提高至 1.25 万美元，甚至将一辆全新的法国汽车作为奖品。这促使墨西哥烟草公司在那年的晚些时候为

---

[12]　BFM, February 8, 1901.

[13]　*El Imparcial*, April 7, 1901.

[14]　同上，October 14, 1905。

中奖者提供了一套新房子。[15]

广告与博彩的新型商业结合伴随着技术创新的推广与普及。1907 年，普吉贝特将一辆飞艇运至首都（据称是首都的第一辆受控飞行器），三年之后，他运来了一架布莱里奥（Blériot）单翼飞机——墨西哥的第一架飞机——以宣传他的品牌"Alfonso XIII"。工薪阶层的观众涌入阿拉梅达（Alameda）以观看布恩托诺烟草厂的免费电影，公司还在工厂旁的圣胡安广场（Plaza de San Juan）举行免费的杂耍表演，包括像自行车死亡之墙这样的新奇节目。1908 年，普吉贝特又运来了该市的第一辆运货车，并声称自己还带来了墨西哥的第一台无线电发报机。[16]

当然，这些娱乐消遣不仅仅是为了转移人们的注意力，波菲里奥时期
[156]的社会最高阶层开始意识到新工业主义的宣传能力与政治潜力。像布恩托诺烟草厂这样的新兴先进技术工业成为墨西哥现代化的有力象征，以至于迪亚斯总统的儿子有时也会通过该工厂（而不是铁宫）给来访的政要们留下深刻的印象。为了推广公司的产品，也为了取悦女性员工，普吉贝特在工厂宴请法国歌剧明星艾玛·卡夫（Emma Calve），甚至邀请她亲自操作机器，并为她打造了一个全新的品牌（毕竟，她因乔治·比才［Georges Bizet］的《卡门》［Carmen］而成名），迪亚斯的儿子则在工厂为前来参观的政客与军事家举办了多次午餐会。[17]除了美国国务卿鲁特和法国外交部部长之外，他还为来访的法国、德国以及英国海员举办了晚宴，希望这个模范工厂的魅力能够为他增添些许光环。[18]至少，他以自己父亲的名字来为贯穿工厂的中央大街命名了。

---

[15] BFM, September 10, 1907.

[16] *El Imparcial*, January 8, November 30,1907; May 17, 1910; H. Ruíz Sandoval, "Lecciones
      Industriales de Excélsior," no. 11 (*Excélsior*, México, 1960).

[17] *El Mundo llustrado*, January 5,1908.

[18] *El Imparcial*, February 15, March 7, 10, April 5, 7, October 4, December 24, 1907.

墨西哥烟草公司也不例外，该公司于1907年在厂区建造了一座拥有1400个座位的剧院，为民众提供马戏、歌剧等娱乐项目，夜间还会放映电影。尽管首都的精英阶层并不以工业主义著称，但据报道，"波菲利亚统治时期的社会精英"都参加了在工厂花园里举办的舞会。[19]

野心勃勃的新兴公司带来了多元性与创新性，而大都市的劳工世界也经历了多样化并得到了扩张的机会。不断发展的工业取代了手工业，同时见证了首都服务业的显著增长，白领工作岗位也大幅增加。从1898年到1910年，墨西哥服务业的总就业人数仅增长了6%，而联邦区的服务业就业人数则激增了45%，从125,374人增加至178,716人——这个数字比墨西哥其他地区的净就业人数还要多。公共部门的就业岗位从3,398个增加至6,184个，私营部门的白领员工数量则增加了一倍多，从12,040个增加到25,826个。还有很多人在铁路、煤气和电力公司、电信和电报公司、旅馆、商店、餐厅以及写字楼找到了工作。1900年后的十年时间里，虽然中产阶级薪酬的压力增加了，但联邦区的商品与服务范围也得到了进一步扩大。[20]

当墨西哥大部分其他地区的经济衰退加剧时，首都的社会结构变得更加多样化。那些对文化发展和教育感兴趣的新员工正好成为弗朗西斯科·马德罗及其进步、务实的自由主义模式的拥护者。同样重要的是，新兴企业的管理与技术人员的数量虽少，但增长迅速，由于教育和培训设施不足，这些人很难在公司获得晋升的机会，因此也变得越发沮丧。正如《拉丁美洲的进步》（*El Progreso latino*）带着困惑所总结的那样："国家取得的进步越多，智力与道德状态之间的反差就越大。人民并不认同当局的做法……当人民的精神沉睡时，他们就只会全力工作……得不到良好的

[157]

[19]　H. Ruíz Sandoval, "La Industria Cigarrera" (*Excélsior*, México, 1960).

[20]　González Navarro, *Estadisticas Sociales*, 48, 55.

教育……全国有多少所学校招收烟草厂和纺织厂的 117,992 名工人？只有两个。"[21]

马德罗于 1909 年发表的反连任宣言提及了上述问题，其关于工业的首要诉求就是改进技术培训。[22] 马德罗于 1912 年新成立的劳工部在其行动计划书的九大要点中，首先提出建立面向工人的技术学校，同时开设日间班和夜间班，"该项政策的实行可以依靠制造商的捐赠"。位于首都的大型现代化肉类包装工厂埃尔波波（El Popo）的英国经理对该市忽视教育的事实表示担忧："数量相对较少但雄心勃勃的中产阶级被忽视了……他们没有采取有效的措施来扩大民众实现抱负的途径。"[23]

民众也希望拥有更好的生活条件，虽然大多数人能力不足，但仍有相当一部分人提高了其余人的预期。开明的雇主们引领着潮流，政府当局却无能为力。新的住房开发项目重塑了首都的住宅面貌，居住空间的剧烈变化也越发显著。1898 年，《墨西哥金融家》（*Mexican Financier*）称，这座城市正在变得"像一个穿着凉鞋、披着毛料披风（*zárape*）、戴着礼帽的人……头顶的礼帽是……电灯、沥青或混凝土路面以及电车道，而凉鞋和毛料披风则象征着下层阶级的粗鄙不堪以及常常令人感到厌恶的不洁习惯，城市的街道足以证明一切，还有那些拥挤的贫民居住区，人们生活在非常狭小的空间里，仍然处于霍屯督人（Hottentots）的社会水平"。[24]

到这段时期结束时，偏远工业村庄的纺织工人仍然在公司建造的小木屋里忍受着原始的生活条件。到了 1912 年，位于孔特雷拉斯（Contreras）

[21] *El Progreso Latino*, July 21, 1905.

[22] M. González Ramírez, *Fuentes para la historia de la revolución mexicana* (México, 1957), 4:55–57.

[23] R. Sierra, October 29, 1912. AGN Trabajo 34.3.4.11. 工厂本身彰显了电气技术对于原始贸易的影响；它被誉为一次技术的奇迹，鉴于该技术（除了其他方面之外）第一次确保了冰块的稳定供应。J. DeKay, *Dictators of Mexico* (London, 1914), 19–32.

[24] *Mexican Financier*, February 11, 1898.

的圣特蕾莎（Santa Teresa）工厂的工人们还住在拥挤不堪的两室棚屋里，织物屋顶常年漏雨，地板潮湿，这里不仅住着他们的孩子，甚至还住着他们的动物。[25] 在天平的另一端，首都新建成的改革大道（Paseo de la Reforma）正炫耀着富人阶层的铺张奢华。在这两者之间，新的工人住房开发计划满足了兰乔德尔乔波（Rancho del Chopo）或印第安尼亚（Colonia Indianilla）等地区的居住对于低层次住房的部分需求。[26] 毫无疑问，广大的无产阶级仍然居住在市中心臭名昭著的棚户区（*casas de vecindad*），在极度贫困的条件下勉强度日。对于那些心怀憧憬的下层阶级来说，希望的曙光偶尔也会出现，比如，1905 年，埃内斯托·普吉贝特在布卡雷利街（Calle Bucareli）为布恩托诺烟草厂的员工们建造了样板房。公司的高管称，这是一家墨西哥工业公司建造由现代的、健全的、卫生的房屋组成的"模范劳工社区"的首个案例，同时也标志着一次突破。这些样板房配备有电灯、热水、淋浴，甚至还有电梯。这是一项罕见的创举，不过，当公司在1907 年的年度报告中指出，建造这些住房是"出于一种责任感与团结意识，考虑到工人阶级的处境，也为了改善这种处境，同时向工人表明公司关注他们的福祉"，其已经意识到了通过这种方式满足工人不断增强的愿望的紧迫性。[27]

[158]

不仅如此，布恩托诺烟草厂在其他很多方面都扮演着关注员工文化福利的模范慈善家的角色。那么其他工厂工人的遭遇是怎样的？通常来说，工厂工人遭受压迫是一种常态。一连串激进的抗议和劳工骚乱也证实了这

---

[25] R. Sierra, June 17, 1912. AGN Trabajo 31.3.7.14.

[26] M. Yamada, "Mexico City: Development and Urban Problems before the Revolution," *Latin American Studies* (Tsukuba, Japan), no. 7 (1983): 37; M. D. Morales, "La expansión de la Ciudad de México en el siglo XIX: El caso de los fraccionamientos," *INAH Cuadernos de Trabajo*, no. 4 (México, 1974): 71–74.

[27] Annual General Meeting in BFM, March 14, 1908.

一观点，大多数的抗议与长时间工作和低工资有关。就联邦区来说，尽管
这样的描述通常是正确的，但它并不能代表所有的情况。一些传统的厂主
的确为赢得工人的支持和爱戴付出了努力。例如，作为墨西哥历史最为悠
久的棉纺厂之一，位于联邦区南部的查尔科的米拉弗洛雷斯（Miraflores）
棉纺厂曾被誉为"模范居住点"，来自苏格兰的罗伯逊兄弟（Robertson
Brothers）是这家工厂的厂主。此外，工厂还配有设备齐全的学校、音乐
培训班、一座剧院以及高薪聘请的老师。因此，这家工厂得以在 1911 年
之前幸免于行业的动荡。位于特拉尔潘的拉法玛（La Fama）棉纺厂是墨
西哥另一个历史悠久的棉纺厂，其专制的厂主理查德·塞恩斯（Ricardo
Sainz）因其资助了特拉尔潘的两所学校、医生、药房以及乐队而备受赞赏。
位于市中心的两家传统羊毛工厂——拉维多利亚（La Victoria）和密涅瓦
（Minerva）也为工人协会提供了资助。[28] 阿方索·拉巴特（Alfonso Labat）
也很照顾自己的员工，为了庆祝 1880 年新火柴厂的开张，他举办了一场盛
大的宴会，500 名员工在这场宴会上尽情舞蹈，直到午夜 12 点。报道称，
这些人"满心欢喜地来到工厂，准备开始工作"，他们已经习惯了"在辛劳
的工作中欢笑与歌唱"。[29] 1877 年，伊格纳西奥·费雷尔（Ignacio Ferrer）
在他的模范巧克力工厂——塔巴斯科之花（Flor de Tabasco）开办了一所夜
校；1883 年，他在市中心新开了一家店，并举办了一场香槟宴会，他的员
工与受邀的显贵们共同出席了宴会。意识到工作环境的重要性，他在工厂
的院子里摆满了鲜花；意识到教育的重要性，他又创办了一所学校，每年
给员工们发放奖金。布雷克（Brecker）也不例外，他拥有墨西哥最古老的
造纸厂之一——位于圣菲的贝伦（Belém）。他给予了 500 名员工"如父亲

[159]

---

[28] *El Socialista*, November 6, 19, 1876; J. Figueroa Domenech, *Guia descriptiva de la República Mexicana* (Barcelona, 1899), 188; *La Convención Radical*, September 4, 1887.

[29] *El Socialista*, June 13, 1880.

般的关爱"，并为他们建造了一所学校。[30]

有时，雇主们会利用宗教来巩固这种关系，尽管在这个时候，相对于墨西哥的其他地区来说，这种关系在联邦区似乎没有那么重要，也几乎不被视为城市内部社会关系的一个组成部分。在工业村落里，宗教仪式始终是一种将工人束缚在工厂里的手段。例如，1876 年，理查德·塞恩斯在拉法玛棉纺厂的土地上建造了一座新教堂，教堂开放之际，他为支付落成仪式的花费克扣了工人的工资，作为补偿，这些人享用了一顿"丰盛的免费午餐"。[31] 其他工厂也在自己的土地上建造了教堂，比如贝伦造纸厂，其共同所有者胡安·本菲尔德（Juan Benfield）在那里建了一座教堂，"为了让工人们保持着对于上帝的虔诚"。[32] 在节日里，比如 12 月 8 日的圣神感孕节（Immaculate Conception），工人们被鼓励装饰拉法玛棉纺厂的拱门与通道。1880 年的同一天，位于附近的孔特雷拉斯的拉玛格达莱纳（La Magdalena）棉纺厂的厂主鼓励工人们抬着圣母像参与工厂与村庄的游行，据称，这尊圣母像的造价高达 1,000 比索。

劳工的报刊谴责这些行为是雇主与教会之间的勾结。[33] 直到 1911 年，宗教仍然是导致拉玛格达莱纳棉纺厂紧张局势的一个重要因素，当时，在一场有关村庄水权的争端中，工厂的工人们抱怨说："一种宗教崇拜被强加在我们身上。"村庄里还存在着教堂之间的竞争，拉玛格达莱纳棉纺厂的一大批雇员抗议称，他们希望建立一个天主教教堂的愿望被当局否决了。[34]

----

[30]　*El Hijo del Trabajo*, September 23, 1877, November 24, 1878, February 18, 1883; *El Socialista*, January 31,1886.

[31]　*La Unión de los Obreros*, September 16, 1877.

[32]　Figueroa Domenech, *Guía descriptiva*, 202.

[33]　*El Hijo del Trabajo*, January 11, 1880.

[34]　Srta. Luz Sánchez, headmistress of school no. 195 in San Angel district, to Díaz, and letter from 169 workers of La Magdalena to Díaz, March 17, 1911, AAAM, 1391.1.39.

更为世俗化的特点使得城市中心拥有了完全不同的氛围。事实上，这种氛围早在贝尼托·胡亚雷斯（Benito Juárez）将圣佩德罗教堂（Church of San Pedro）和圣巴勃罗教堂（San Pablo）捐赠给伟大劳工界协会（Gran Círculo de Obreros）作为工匠中心时就已经定下了基调；1879 年，市政府为工匠中心出资建立了一所夜校和工匠作坊。[35]在那里，宗教并不是雇佣关系的一种特征。

19 世纪 90 年代和 20 世纪，新公司在首都相继开业，一些开明的企业家通过简明的举措激励自己的员工，也收获了员工们的一片忠心作为回报。出生于瑞士的希波利托·尚班（Hipólito Chambón）是墨西哥最重要的丝绸厂的创始人；出生于德国的设计师阿尔贝托·兰茨（Alberto Lentz）是造纸厂的所有者；墨西哥人卡洛斯·泽蒂纳（Carlos Zetina）是著名制鞋厂的创始人；西班牙人阿尔贝托·阿雷亚诺（Alberto Arellano）拥有首都最大的服装厂拉乌尼奥（La Unión）；而普吉贝特也是工业家长制的五大践行者

[160]

之一。普吉贝特的布恩托诺烟草厂所提供的优越工作条件和薪资水准被传为佳话：他甚至推出了利润共享计划。他对女性员工的优待更是备受赞许，甚至还鼓励她们为那些潜在的破坏分子提供帮助。1896 年，首都女性烟草工人大罢工的领导者伊莎贝尔·格雷罗（Isabel Guerrero），一名致力于改善烟草女工命运的小学教师，收到了一份邀请——在蒂沃利（Tivoli）花园举办的布恩托诺烟草厂的午餐宴上担任客座诗人，以纪念一位受人爱戴的工厂女领班——莉娜·维加（Lina Vega）。100 名妇女参加了这个活动，午餐时段还有管弦乐队的演奏。一些男性工人后来也加入了她们，包括普吉贝特的朋友。"墨西哥万岁（Viva México）与女性万岁（Vivas）的呼喊声混杂在一起，传到了法国与西班牙，传到了他们的恩人普吉贝特先生的耳

---

[35]　Sección de Fomento de Artesanos to Cabildo, July 19, 1881, AAAM, 354.10.546

朵里，也传到了所有劳工和墨西哥妇女的耳朵里。"接着，他们乘坐着五辆专属马车离开了午餐宴。庆祝活动在一座剧院里继续上演，包括一首前奏曲、由弗朗西斯科·康普罗登（Francisco Camprodón）创作的戏剧《一日之花》（Flor de un día）、一首舒伯特的小夜曲、独唱曲以及更多的音乐表演，市议员佩德罗·奥尔多涅斯（Pedro Ordóñez，迪亚斯委任的官方劳工组织"劳工大会"［Gran Congreso Obrero］的协调员）担任司仪。庆祝活动最终于凌晨 5 点落下帷幕。工厂甚至为两位女性领班——利尼塔（Linita）和拉菲埃拉·纳尔瓦（Rafaela Narva）——举办了生日派对，共有 500 名女工参加了这一活动。这种团结并不是出于某种胁迫。1897 年，当受人爱戴的女领班丽塔·卡斯塔尼奥（Rita Castaño）去世时，500 名烟草女工加入了送葬的队伍，警察不得不出面干预，引导队伍穿越街道。人们普遍认为，普吉比特给予员工的关爱帮助烟草女工改变了她们的命运："烟草专卖店的那些女性老员工把自己雕琢得像工厂里的精致雪茄一般。"[36]

希波利托·尚班在首都建立了一个重要的丝绸产业并维系着该产业的持续发展，同时也雇用了大量的女性员工。1888 年，为了宣布开展丝绸贸易的计划，他赞助了一场剧院晚会。该活动以"劳工大会"组织作为依托，在总统妻子、媒体、银行业及工业代表的见证下，他在国家剧院（Teatro Nacional）宣布启动自己的计划，借此吸引工人阶级与中产阶级的支持和投资。他的工厂（共有 300 名工人）及其在米却肯州、格雷罗州、韦拉克鲁斯州、阿瓜斯卡连特斯州和墨西哥州建造的种植园和养蚕业培训学校都获得了飞速的发展。1901 年，他在工厂举办了一场午宴，以庆祝贸易版图的扩张，法国公社的主要成员以及佩德罗·奥尔多涅斯都出席了活

---

[36] *La Convención Radical*, October 4, 11, 1896; November 3,1895. *El Imparcial*, July 16, 1897; November 4, 1898.

动。"[37]1896年，他在伊拉普阿托（Irapuato）公开举办了公司的庆典活动，
迪亚斯总统甚至在当年面向国会的演讲中激动地提到了这一活动。尚班与
[161]（工龄长达二十九年的）员工们的感情是如此的深厚，1911年，当他从国
外返回墨西哥时，他与员工组织了一次前往蒂萨潘（Tizapán）的野餐旅行，
还请来了一支乐队，整个下午，大家在音乐的伴奏下舞蹈，跟着吉他纵情
歌唱。尚班给在场的每位女士都赠送了一块丝巾。[38]

　　阿尔贝托·伦茨（Alberto Lentz）与他在圣安吉尔（San Angel）的洛
雷托（Loreto）造纸厂的员工也有着类似的感情，该工厂经过返修后，与位
于特拉尔潘的佩尼娅·波布雷（Peña Pobre）造纸厂一同投入了运营。阿尔
贝托·伦茨不仅为工人们修建房屋，提供医生、药品、优厚的待遇以及良
好的工作条件，还为他们创办了一所学校，这一举动赢得了工人们的赞赏。
当他于1951年逝世时，3,000名工人及其家人一同陪伴在他的灵柩旁，由
此可见他的社会影响力之大。[39]卡洛斯·泽蒂纳比任何人都要关注首都制
鞋业的机械化发展。他的艾克塞西奥鞋厂（Excelsior factory）在1910年成
了墨西哥最大的工厂，每天生产1,200双鞋。他为自己的员工增设了一间
健身房和游泳池，还帮助他们修建住房，根据革命派督察员的说法，艾克
塞西奥鞋厂的标准远远超过了"革命派法案的要求"。[40]与阿尔贝托·兰茨
一样，阿尔贝托·阿雷利亚诺对待员工的方式也受到了诸多称赞。1911年，
工人们在蒂沃利花园为他庆祝生日，庆祝活动包括诗歌朗诵、合唱、午餐
会以及餐后的舞蹈表演。他的葬礼举行于1913年，大批员工带着自己的家

---

[37]　*La Convención Radical*, April 10, 1892; July 14, 1901.

[38]　*El Obrero Mexicano*, January 13, March 10, 1911.

[39]　B. Dromondo, "Lentz, un gran mexicano," *Excélsior*, December 24,1951.

[40]　E. Gruening, *Mexico and Its Heritage* (New York, 1928), 355.

人前来悼念。[41]

虽然这些案例较好地说明，最低限度的体面鼓励能够为首都的工人带来积极的影响，但例外仍然存在。总的来说，首都的精英阶层对于解决下层阶级的不满并没有表现出多少紧迫感。与其他工业化社会一样，墨西哥城的精英阶层普遍倾向于采用英国维多利亚时代工业精英的姿态，因此，无产阶级对职业道德产生了反感，开始酗酒和旷工。就这一点而言，政府在社会问题上所采取的放任政策助长了精英阶层的做法。一些富有同情心的人试图帮助首都的底层民众改善他们的处境，并于 1888 年创办了墨西哥慈善协会（Sociedad Filantrópica Mexicana）。但是委员会（包括理查德·塞恩斯在内）所发布的协会章程却揭示了其对于精英主义和道德教化的偏爱。他们坚信罪恶渗透了"所有的社会阶层"，决定"用一切可能的方法向民众宣扬道德的重要性"。说教式戏剧是他们的首选方法；他们鼓励民众创作积极向上的戏剧，同时分发免费的演出门票，"这些演出将坚决回避有关教条或政治的话题"。他们尤其致力于改善工匠和城市贫民的处境，他们向这些人分发"简单的道德教育读物，宣扬积极乐观的精神，好让工作变得不再苦闷无趣"。[42]市政府也贡献了自己的一份力量，1902 年，市政府协助曼纽尔·冈萨雷斯·柯西奥（Manuel González Cosío）工作坊的所有者在城市的工作场所分发了 1.5 万份传单。这些传单呼吁实业家和工人们抵制周末饮酒的行为，"这将有助于我们工人阶级的复兴"，也将改正"我们工人阶级陈旧而堕落的习惯……别让自己在每周的星期天和星期一喝得烂醉"。[43]这些举措似乎没有取得显著的成效。

[41] *El Obrero Mexicano*, October 20, 1911; F. Fernández del Castillo, *Historia de San Angel y sus alrededores* (México, 1913), 192-193.

[42] Constitution of the Sociedad Filantrópica Mexicana, March 31, 1888, AAAM,355.11.675.

[43] Arámburu and Lago, March 11, 1902, AAAM 3643.17.1507.

为了将城市劳动力与对于政权的政治支持捆绑在一起，首都的政治精英，连同新兴的商业与工业精英，都付出了不懈的努力，他们所展现的热情与诚恳虽然浮于表面，但盛大的排场却迎合了彼此的虚荣心，从而取代了民主制度或实质性的对话。从1891年起，波菲里奥军政府中央委员会（Junta Central Porfirista）每年都会举办纪念迪亚斯诞辰的庆祝活动。由卡洛斯·帕切科（Carlos Pacheco）领导的中央委员会共有28名成员，包括"银行界、政界、工商界以及军方的杰出人士"，这些人也是当时已成立的爱国协会——迪亚斯将军之友联合会（Círculo de Amigos del General Díaz）的成员。其中的领军人物包括城市实业家托马斯·布兰尼夫（Thomas Braniff，圣伊尔德丰索［San Ildefonso］羊毛工厂和维多利亚［La Victoria］羊毛工厂、布恩托诺烟草厂和圣拉斐尔［San Rafael］造纸厂的董事会成员）、伊尼戈·诺列加（Iñigo Noriega，来自圣安东尼奥阿巴德［San Antonio Abad］纺织厂和墨西哥烟草公司）、何塞·桑切斯·拉莫斯（José Sánchez Ramos，来自圣拉斐尔造纸厂）和吉尔莫·兰达·埃斯坎东（Guillermo Landa y Escandón，未来的联邦区行政长官）。他们在首都举办了一场盛大的庆祝活动（或也是全国各地的政要共同参加的第一次国民大会）以彰显迪亚斯身后的政商联合力量。1891年9月21日，全国主要城市的行政长官应邀出席宴会，铁路公司为他们提供了免费的客运服务。"国务秘书、大使、墨西哥城市政府官员、领事、州长、军队将领、墨西哥城的报社社长以及铁路、商业和农业公司的董事"也应邀参加了在国家剧院举行的宴会。565名宾客在20万朵鲜花的簇拥下，享受了一场持续至黎明的宴会、音乐会以及舞会。迪亚斯进步思想的众多受益者聚集在一起，承诺支持迪亚斯的统治。工人群体也没有被遗忘。作为当周庆祝活动的一部分，市政府成员以及拥护迪亚斯的劳工大会组织的领导人（佩德罗·奥尔多涅斯和何塞·玛利亚·冈萨雷斯［José María González］）费尽心思地组建了一支火炬游行队伍。伴随着旗帜和军乐队，这支由 3,000 名首都工人组成的游行队伍来到了总统宫殿，在迪亚斯的前面进行表演。自信与自得是促成政府与企业之间联结的主要因素，而工人们不过是配角。[44]　　　[163]

　　1910 年之前，一系列类似的活动都是为了深化政府与企业之间的联结，而这种联结的力量也得到了逐步的强化。1892 年，国会修改了宪法，允许迪亚斯竞选连任；第一个对此表示支持的人是拉斐尔·东德（Rafael Dondé，来自圣安东尼奥阿巴德纺织厂和布恩托诺烟草厂），考虑到迪亚斯是一个"具有丰富经验……且对外国资本抱有信心"的领导者，他认为那些不同意迪亚斯连任总统的人都是不爱国的。1892 年独立日游行期间，即便发生了针对迪亚斯的人身攻击，也无法阻止首都的互助协会以及政府官员以他的名义举行盛大的游行活动。这场游行被描述为"民众对于迪亚斯的支持的首次展现……游行的组织者则是大型企业与公司"。[45]

　　1896 年，波菲里奥军政府中央委员会组织了一次庆祝活动，以纪念迪亚斯总统任职二十周年。布兰尼夫、东德和桑切斯·拉莫斯（每一位都是非常富有的商人）再次担任活动的主要组织者。据说，布兰尼夫的身价为 500 万比索，另外两个人分别为 100 万比索，依靠的是他们与工业公司的联结。该活动是在布埃纳维斯塔（Buenavista）火车站的主站台（象征着以外资为中心的波菲利亚式发展路径），举行的"城市主要的银行家、实业家和商人"纷纷聚集于此。[46]

　　1899 年，随着世纪末热潮的不断升温，首都又举行了两场庆祝活动，试图将政权与改变这座城市的科技发展联系起来。9 月，迪亚斯将军之友联

[44]　G. Villanueva, *las fiestas en honor del Sr. General Porfirio Díaz* (México, 1891).

[45]　D. Cosío Villegas, *El Porfiriato: Vida política interior, vol. 2, Historia Moderna*, ed: Cosío Villegas (México, 1972), 384, 599, 653, 684–687.

[46]　*La Semana Mercantil*, April 6, 1896; *El Mundo Ilustrado*, April 12, 1896.

合会举办了一场由二十三辆装饰彩车组成的游行活动，每辆彩车都由一家
公司赞助。彩车所展现的画面包括：一位站在地球仪上的少女高举着一个
爱迪生灯泡（由电力公司赞助）；被白雪覆盖的一座山脉以及用于模型电车
的电源（由联邦区电车公司赞助）；一支高耸的烟囱上挂着墨西哥、西班牙
和法国的国旗，工厂工人围绕在烟囱的四周（由联邦区纺织厂赞助）；甚至
还有被放置在冰块上的牛头（由新开张的屠宰场赞助）。来自首都的领先实
业家们，尤其是因达莱西奥·伊巴涅斯（Indalecio Ibáñez）、萨图尼托·索
托（Saturnino Sauto）和安德罗·穆尼祖里（Antero Muñúzuri）负责组织
了此次游行。11 月，纺织厂彩车所暗示的国外企业的作用更加显著，作为
迪亚斯的拥护者，这些企业成为大型游行活动的主角。这一次，迪亚斯将
军之友联合会筹备了迄今最为壮观也最为公开的政治表演。主要的银行家、
实业家和商人举行了一场盛大的游行，"一言以蔽之，他们都是最富有的企
[164] 业家和最著名的商人"，作为外国企业在首都的利益代表，拉斐尔·东德
发表了主题演讲："如今，我们生活在和平的年代；在如此安全的环境下，
我们创办了不断发展和进步的公司……你就像最不知疲倦的实业家那样工
作着。"[47]

　　（国内外）企业与政府之间这种公开协作的精神继续发挥着作用。1901
年，鉴于墨西哥香烟公司凭借日本风格的展示台和工作着的香烟机为工业
人士赢得了奖项，联合会决定举办一些小型活动，比如鼓舞士气的晚间招
待会。[48]1904 年，联合会在他们的游行中融入了更为复杂的技术性表演：
电力公司的彩车上载着一台发电机模型，墨西哥香烟公司将一幅迪亚斯的
肖像放置在一台工作着的邦萨克（Bonsack）香烟机的顶部，横幅上写着
"他带来了和平，让他的人民感到幸福。人民爱戴他，上帝保佑他"。布恩

---

[47]　*El Imparcial*, September 7, 1899; September 16, 1899。

[48]　同上，September 23, 1901。

托诺烟草厂则更胜一筹，该工厂搭建了一座摩尔式的展示台，上面有 300 名身着统一服装、正在工作的香烟女工。[49]

　　1910 年的百年庆典将这些展演性的活动推向了高潮。不料，迪亚斯政府与首都商界人士在当时的相互吹捧却成为政权的绝唱。国家庆典委员会（National Celebration Committee）的权力主要掌握在首都商店主和实业家的手中，布恩托诺烟草厂的经理安德烈斯·埃扎吉尔（Andrés Eizaguirre）则担任委员会的司库。海外的消费宣传依赖于政府和企业家的共同努力。例如，由工人组成的工厂代表团在最早到达首都的美国、德国、意大利以及日本大使面前进行了游行表演。针对 9 月 21 日举办的泛光照明游行，内政部向 500 名乡村骑警提供了燃烧着的火把，紧随其后的是"9,000 名步行者，每个人的手中都举着一面由红色、白色和绿色组成的国旗以及一支价值 1.05 美元的蜡烛，内政部给每个人分发了衣物——要求他们衣着整洁，至少穿着裤子和鞋子"。内政部还建议各个公司组织自己的花车和工人代表团。[50]

　　最终，当州长兰达·埃斯坎顿于 1910 年创办了"联邦区道德与互助协会"（Sociedad Mutualista y Moralizadora del Distrito Federal）时，他试图（虽为时已晚）将这些阶段性安排纳入一个常设组织。这也是为了在新兴无产阶级之中支持政权合法地位的尝试的合理延伸。该组织的首次活动，也就是 1910 年 4 月所举行的支持迪亚斯的游行活动，凸显了其可能达到的宣传效果。在该组织获得批准并成立之前，一支由大约 5,000 名工人组成的游行队伍接受了迪亚斯的检阅，队伍中的工人们代表着联邦区大部分的大

---

[49]　*El Mundo Ilustrado*, December 11, 1904.

[50]　*La Semana Mercantil*, June 13, 1910; *El Imparcial*, September 5, 1910; AGN, Gobernación, Sección 10 "Centario," April 12, 1910.

[165] 型工厂和作坊，伴其左右的是乐队以及装饰着鲜花的姑娘。[51] 红、白、绿
       三色国旗贯穿了整个游行活动，爱国主义情怀仿佛一根长线将政权、大企
       业以及工人紧密地缝合在一起；但是，当政权在 1911 年遭遇危机时，这
       根长线却未能将其中三分之一的人牢牢拴住。工人们几乎没有选择的余地，
       也没有机会探讨这种合作关系所带来的好处，但是，置身于一种权贵政
       治（caciquismo）的文化之中，他们深知什么样的选择对于他们的就业前景
       而言才是明智的。这种对于政权表达支持的组织化展演以及为了谋取政治
       利益而滥用公共庆典的行为，在私下里引发了少有的疑虑，《墨西哥劳工》
       （El Obrero Mexicano）早在 1894 年就曾质疑道："是时候让我们公民将自
       身的利益摆在游行音乐之前，将国家摆在蓝焰礼花之前，别再吃萨尔瓦铁
       拉（Salvatierra）饼干了，做一些思考吧。我们众多的工人协会，是时候停
       止浪费你们的善意了，别再举着横幅前往国家宫，温顺地请求总统允许自
       己进入。是时候做一些更有尊严、也更实际的事情了。"[52]

           确实，在一段时间内，政权与有组织的首都劳工之间存在着家长式的
       密切联系，而当政权在 1910 年遭遇危机时，当权者转而采用旧时的手段，
       绝望地寻求着支持。自从当年贝尼托·胡亚雷斯造福于首都工匠们以来，
       首都劳工与政府之间曾保持着某种稳定的关系。直到 19 世纪 80 年代中期，
       政权对异见人士采取了镇压行动，因此，1870年代所形成的早期工人阶级
       激进主义在很大程度上遭到了削弱，联邦区的工人们后来也很少举行抗议
       活动。劳工协会虽然存在，但基本上是以一种受控或政府指派的形式而存
       在着。首都的制帽工人于 1853 年成立了第一个独立的工人协会，互助社
       的数量也在 19 世纪 60 年代激增。1874 年，作为勒多·德特哈达后援团的
       "劳工界"协会（Círculo de Obreros）组织了一场大规模的群众游行，旨在

       ———————————

       [51] *El Obrero Mexicano*, April 8, 1910.

       [52] 同上，August 12, 1894。

表达对于这位总统竞选人的支持，4,000 名工人参与了这场游行活动。[53] 但是，他们最终接受了迪亚斯批准成立的"劳工大会"组织的安排与赞助，所以他们在实业家真正引领浪潮之前就开始组织支持迪亚斯政权的游行活动。1887 年，3,000 名工人协会的成员在 2 月 5 日的庆祝活动上举行了支持该政权的游行，3,400 名工人协会的成员还参与了独立日的游行活动，迪亚斯热情地拥抱了"劳工大会"的领导人佩德罗·奥尔多涅斯，他也是这场游行活动的组织者。在当年早些时候的连任竞选中，政府赞助"劳工大会"购买了 12,000 面国旗以及数百枚用于燃放的烟花，由 10,000 名工人组成的游行队伍用了一个半小时的时间才全部通过了国家宫。[54]

1892 年，为了响应波菲里奥军政府中央委员会，10,000 名工人，包括许多互助协会，在 20 支乐队的陪伴下来到国家宫，在迪亚斯的面前列队经过，旨在呼吁工人们支持其连任。在接下来的十年里，首都的互助协会矢志不渝地支持着这位国家首领。 [166]

波菲里奥统治前期，家长式雇主就曾对首都的互助协会给予了支持和鼓励。随着独立工人团体的出现，互助协会有时成为雇主讨好雇员的一个有吸引力的选择——雇主们也毫不犹豫地借用企业文化来完成这项工作。例如，1879 年，首都最大的传统烟草工厂埃尔博雷戈（El Borrego）的厂主雷米西奥·诺列加（Remigio Noriega）在他的生日当天为自己的员工举办了一场午宴以及舞会，他利用这个机会成立了公司的互助协会，该协会的目标在于改善女性员工的生活水平，同时创办一所女童孤儿院。400 对夫妇在享用了葡萄酒和香槟之后，共同参加了一场剧院表演募捐活动，演出的剧目有一个恰如其分的名字——《用力不如用计》（Más vale maña que fuerza），他们还聆听了一场诗歌朗诵会，以及《诺拉》（"Nora"）和《游吟

---

[53]　Luis González, "La república restaurada: Vida social," in Cosío Villegas, *Historia Moderna*, 439-440.

[54]　Walker, 269-271.

诗人的祈祷》（"Miserere del Trovador"）的前奏曲。[55] 大多数互助社团都
有着政治维度的限制：通常情况下，协会的章程条款排除了有关政治和宗
教的讨论。由于佩德罗·奥尔多涅斯和何塞·玛利亚·冈萨雷斯等劳工领
袖的高压政治和不懈努力，到了 19 世纪 90 年代，这些协会已然成为不痛
不痒的存在，以至于首都的实业家周报《商业周报》（La Semana Mercantil）
在 1896 年冷嘲热讽地评论道："在老板和员工之间、劳动力和资本之间还
侥幸存在着某种共识……使得我们的互助协会成为旧世界所形成的强大势
力的拙劣替代品……他们所提供的无非就是一面装饰华丽的旗帜，以及偶
尔举办的晚宴或周年舞会。"尽管有关政治独立的潜力被削弱了，但这些互
助协会仍然存活了下来，1906 年，仅在首都地区就有约 50 个互助协会。[56]

当马德罗的政治宣传开始威胁到波菲里亚政权时，都市精英们终于意
识到他们忽视了首都的工人阶级及其需求。他们决定通过对于互助协会制
度的全面复兴、现代化以及政治化来争取这些工人的支持。为了赢得工人
们的支持，让他们相信政府的确在意他们并与他们站在一起，联邦区长官
兰达·埃斯坎东做出了非凡的努力。但是，这些努力都付诸东流了。

1910 年 7 月，埃斯坎东宣布成立联邦区道德与互助协会。他解释称，
[167] 迫切需要提高工人们的精神及物质福利，并表示"不缺钱"，且当局将提供
"无条件的帮助"。[57] 愤世嫉俗者指责说，该举措只是为了打压当地纺织工
人对于弗朗西斯科·马德罗的支持。[58] 联邦区长官的官方出版物指出，联
邦区道德与互助协会的隐秘目的是为了抑制政治化："确切地说，工人应该
只考虑自身的福利，进而投身于稳定的、明智的以及诚信的工作之中；他

[55] El Industrial, October 7, 1879.

[56] La Semana Mercantil, March 9, 1896; Ruhland, Directorio de la Ciudad de México, 1906-07
      (México, 1907), 859.

[57] El Heraldo de Morelos, July 18, 1909.

[58] A. M. Hernández, La mujer mexicana en la industria textil (México, 1940), 49.

必须拒绝煽动者，这些人背信弃义的言论使他相信那些不存在、也不可能存在的东西；他还必须付出同样的努力来拒绝所谓的政客，他们善用虚假的花言巧语混淆是非、颠倒黑白。"[59] 为了创立该协会，兰达·埃斯坎东投入了巨大的精力，他亲自走访了首都的许多工厂，出版了一份周报，还组织了多场戏剧活动。他在给联邦区所有工厂主的信中解释道，该协会的目标是在"互惠互助"的基础上增加"道德教化"的内容，旨在"促进工人的普遍教育水平，为他们提供建立娱乐及文化中心的所有必要手段……帮助他们远离堕落与罪恶之地"。[60]

　　该协会有着明确的政治目的，不过，为了赢得工人的支持，它所采取的首选方式是提供文化景观以及娱乐消遣并将之作为政治化倾向的一种转移——其实是过去二十年的一个缩影。当联邦区长官访问工厂并招募协会会员时，常常受到工人群体的夹道欢迎，他们自发地组织起来，一同高呼着"长官万岁"，此外，他还得到了诸多工厂的热情款待，比如，当他在1910 年 4 月访问希波利托尚本（Hipólito Chambón）丝绸织造厂时，不仅享用了香槟午宴，工人代表们还向他致以欢迎辞。兰达·埃斯坎东的私人秘书安东尼奥·佩拉尔塔（Antonio Peralta）作为《墨西哥劳工》（El Obrero Mexicano）的编辑，如实地报道了所有此类访问。烟草公司曾成功激发公众兴趣的手段得到了采用：每周会有 3 至 4 家工厂免费获得在伊达尔戈剧院（Teatro Hidalgo）观看"道德戏剧"的门票，这些门票被建议奖励给那些"表现良好、工作勤奋的员工"。为了展现"工人生活的现实，与人类的恶习以及不良行为作斗争"，该协会的剧团还上演了自己的舞台剧，但为数不多的观众无法负担所有的演出成本，行政长官不得不捐出 100 比索来弥补损失。一个名为吉尔莫·兰达·埃斯坎东教育与娱乐协会（Guillermo

---

[59]　*Boletín del Consejo de Gobierno del Distrito Federal*, September 10, 1909.

[60]　兰达·埃斯坎东写给工厂主的信件，刊登于 *El Obrero Mexicano*, April 29, 1910。

Landa y Escand6n Instruction and Recreation Society）的附属组织提议为工人的子女建立一所幼儿园，拉蒙·科拉尔（Ramón Corral）承诺支付 100 比索的每月租金以及家具的费用，贾斯托·塞拉（Justo Sierra）则承诺提供家具以及教师。[61]

[168] 为了招募会员，协会还提供了以下福利：1910 年 9 月，行政长官在巴尔布埃纳（Balbuena）为奥布雷洛·伊达尔戈公园（Parque Obrero Hidalgo）揭幕，同时免费分发了 20,000 份的玉米粽子和 10,000 升的玉米粥。在那里，一个由 300 人组成的妇女团体为工人子女们募集了衣物并举行了捐赠仪式，"那些将衣物分发给贫困儿童的孩子们大多来自中产阶级家庭"。旨在推广协会并招募会员的集会活动常常放映免费电影，有时甚至吸引了 800名工人。在一次类似的集会活动中，佩拉尔塔表示，创立协会其实是迪亚斯的主意，是他指派兰达·埃斯坎东成立了该协会。但在 1910 年 11 月，当马德罗提出圣路易斯波托西计划（Plan of San Luis Potosí）时，一种紧张的氛围悄然而至。在博拉斯剧院（Teatro Borrás）举行的一场集会活动被迫取消，由于该剧院老板事先曾同意举办一场反对连任的集会活动，当局关闭了该剧院。为了声讨这场集会活动，迪亚斯将军之友联合会计划在巴尔布埃纳公园为 13,000 名工人举办一场免费宴会以庆祝迪亚斯以及科拉尔的连任，但是该活动突然被取消了，"原因是那些负责装饰公园的人未能及时完成工作"。显然，来自马德罗派的威胁加速了事态的发展：12 月，该协会召开了第一次会议，共有 225 名代表出席。当局的强硬手段从一开始就很明确，兰达·埃斯坎东选定 5 名成员组成了执行委员会，并声称该协会拥有大约 5,000 名成员。不久之后，执行委员会甚至在兰达·伊斯坎东的办公室里开会，工厂经理也应邀前往他家讨论合作事宜。[62]

---

[61] *El Obrero Mexicano*, May 13, 1910; May 20, 1910; July 29, 1910.

[62] 同上，November 25, December 2, 1910; December 9, 23, 1910; January 27, 1911。

当委员会最终提出坚定的行动建议时，旧时互助协会的改良保守主义，连带着当局对于忽视工人阶级需求而产生的内疚感，占据了主导地位。他们想要建设娱乐中心、图书馆、学校、避难所以及体育馆，帮助工人们摆脱恶习。当协会于 1911 年 4 月正式成立时，当地工厂持有的资金份额令人惊叹：布恩托诺卷烟厂捐赠了 1,000 比索，拉森特拉（La Central）火柴厂捐赠了 500 比索，其他 11 家工厂各捐赠了 100 比索。随着政权的崩溃，该协会成为那些试图让工人阶级支持政府的各种努力的焦点。佩拉尔塔劝服该协会组织了一支致力于"保卫国家"的志愿队伍，此外，一个名为"公民宣传教育协会"（Asociación Docente de Propaganda Cívica）的附属组织还为其成员安排了电影放映、演奏会以及音乐会，在此期间，"工人被试图告知作为一个民主国家公民的职责，以及他应该如何在下次选举中进行投票"。该项声明的结尾以一种讽刺的口吻写道，"这些集会活动不带有任何政治性质"。[63]

事态的发展超出了社会的预期。直到 1913 年 2 月，该协会仍然拥有 [169] 5,674 名成员以及 112,579 美元的基金（兰达·埃斯坎东捐赠了 100,000 美元作为启动基金），同时使之成为首都地区最大的工人协会。但是，联邦区行政长官被迫在 1911 年与迪亚斯一同流亡国外，国家的庇护也因此消失了。工人们更愿意在 1912 年后马德罗给予的自由之下成立自己的工会与协会。但这只是短暂的插曲，政府很快又掌控了局势。1918 年，由政府出资成立的墨西哥劳工地方联合会（Confederación Regional Obrera Mexicana）再次提醒了工人什么才是对他们有益的做法，同时警告他们不要反咬那只喂养他们的手。

---

[63] *El Obrero Mexicano*, August 25, 1911.

09 波菲里奥时期瓜达拉哈拉市时髦阶层对托斯丹·凡勃伦理论的预演 *

威廉·比兹利（William H. Beezley）

得克萨斯基督教大学（Texas Christian University）

本研究聚焦节日表演的形式或结构，尤其关注游行。本文是对一些学者此前研究的延续，包括传播学专家苏珊·戴维斯（Susan G. Davis）**，历史学家玛丽·瑞恩（Mary Ryan）和人类学家弥尔顿·桑格（Milton Sanger）等。后者得出的结论是，这些活动"概括了一种文化"，揭示了社会的分层、族群之间的相互影响、神职人员与知识阶层的关系、历史与宗教的官方阐释版本、个人行为的理想模式等。*** 在其细微差别中，本文涉及了雅各布·布克哈特（Jacob Burckhardt）的论点，即认为艺术类别（这里指的是助记符和错视画）适用于社会分

---

* 本文节选自我目前正在开展的研究，题为《节日……宗教节日……游行中的墨西哥品德：社会传统的灵活助记符，1821 年至 1911 年》（"Holidays...Holy Days...Mexican Virtue on Parade: The Nimble Mnemonics of Social Tradition, 1821–1911"）。我曾在普林斯顿大学、加利福尼亚大学圣迭戈分校、杜兰大学、休斯敦大学等的研讨会上展示了本文研究的部分内容。我感谢参与这些研讨会的学者，尤其是阿卡迪奥·迪亚斯－奇诺奈斯（Arcadio Díaz-Quiñones）、埃里克·范·扬（Eric Van Young），理查德·格林利夫（Richard E.Greenleaf）和约翰·哈特（John Hart）等，同时我也感谢杜兰大学研究生凯伦·乔伊纳（Karen Joyner）提出有帮助的评论。

** Susan G. Davis, *Parades and Power: Street Theatre in Nineteenth-Century Philadelphia*, (Philadelphia, 1986).

*** 玛丽·瑞恩在下述文章中引用了桑格的观点："The American Parade: Representations of the Nineteenth-Century Social Order," in *The New Cultural History*, ed. Lynn Hunt (Berkeley, CA, 1990), 132.

析；同时特别提及了凡勃伦（Thorstein Veblen）和罗伯特·伊瑟伍德（Robert M. Isherwood）对巴黎的娱乐活动与街头文化的研究。米哈伊尔·巴赫金（Mikhail Bakhtin）对狂欢节庆祝活动的分析也为整篇文章提供了参考。

本文作者是迈克尔·迈耶（Michael C. Meyer）的学生，凭借其1987 年的著作《赛马俱乐部的犹大》（*Judas at the Jockey Club*）首次进入文化史的研究领域。

[174] 墨西哥的节日庆祝活动一向为教会和公民领袖提供了以生动的形式展示美德的机会。从西班牙人与阿兹特克人的第一次接触开始，仪式就主导了这些民族之间的文化互动。西班牙人为实现统治、为在某种程度上达到西班牙化、为改变原住民等所做出的努力，依赖于戏剧和音乐，依赖于景象和声音，依赖于政府组织的仪式所传达的情绪和神圣氛围，依赖于改编过的耶稣受难剧和美洲印第安人舞蹈所承载的欧洲基督教含义。殖民结束后交替更迭的墨西哥政府，以及在摆脱了西班牙控制后强化对教皇效忠的急于进取的教会，都利用倡导神圣职责与公民职责的公共表演来指导并启发民众。公共广场和大街成为倡导墨西哥和天主教美德的教室。

1821 年的独立促使人们为重塑墨西哥庆祝活动的周期做出广泛的努力。主要的宗教节日仍然排在日历上，但第一帝国的官员们制定了一份新的公民庆祝活动清单，以此纪念争取独立的斗争，致敬为此牺牲的烈士，并通过丢弃西班牙节日来消除殖民主义的残迹。宗教节日在独立初期制造了一些困难，因为政府官员试图促进工业发展和节俭习惯的养成，努力从独立战争和与西班牙商业决裂所造成的经济动荡中恢复过来。在众多义务参与的神圣节日里，大众因节日事务无法从事体力劳动，努力工作的倡议与节日由此产生冲突。为了在一定程度上调和墨西哥政府与罗马教廷的矛盾，格里高利十六世教皇（Pope Gregory XVI）于 1839 年向墨西哥主教们发布了一项指令：减少应该庆祝的宗教节日的数量，以此缩减教皇和墨西哥政府所认为的过多的节日数量。[1]

　　整个 19 世纪，民政部门遵循了这种模式。自 1839 年至 1876 年，波菲里奥政府掌权后，墨西哥市政厅在不同时期都试图规范（通常是压制）各种公众庆祝活动，以制止其认为的社会混乱。忏悔星期二（Shrove Tuesday）的狂欢节和圣周六（Holy Saturday）的焚烧犹大（Judas burnings）活动受到了政府的特别关注。狂欢节庆祝活动对公民秩序构成了潜在威胁，因为这些活动通常在晚上进行，狂欢者经常用面具和化装等伪装来掩盖自己的身份。因此，庆祝者在匿名性的鼓励和保证下采取行动，以能够藏匿武器或被盗物品的方式来装扮自己。这种危险很快促使更高阶层的人们将狂欢节的庆祝活动从街道转移到租借的剧院和公共礼堂中。焚烧犹大的活动遵循了西欧国家的许多其他盛行的狂欢节庆祝的方式，因被视为对公共安全存在危害而受到抑制（通常被描述为火灾隐患），或被简化为儿童的小型活动。[2]

　　[175]

---

[1]　Pope Gregory XVI, "Breve Pontificio sobre diminución de Días festivas en la República Mexicana," May 16, 1839, 墨西哥政府于 1839 年 9 月 14 日以拉丁文和西班牙语同时颁布（作为第 104 号法令）。图兰大学拉丁美洲图书馆珍藏本（Rare Book Collection, Latin American Library, Tulane University）。

[2]　这并不意味着墨西哥城不存在火灾隐患。在波菲里奥统治期间，火灾是对生命以及财产的重大威胁，《19 世纪》（El Siglo XIX）对此做了充分的报道。关于欧洲各国对于节日庆典的普遍镇压，参见 Mikhail Bakhtin, Rabelais and His World, trans. Helene Iswolsky (Cambridge, MA, 1965)。

波菲里奥时期的节日

波菲里奥时期的节日是该政权的一项创新，但同时也建立在墨西哥长期以来用庆典戏剧性地宣告主导文化的惯例之上。波菲里奥的仪式庆祝活动清晰无疑地展示了 19 世纪最后 25 年里的治理模式。墨西哥孔德派实证主义者的口号和理想"秩序与进步"（ORDER AND PROGRESS）推动并激励了波菲里奥·迪亚斯政府时期的行政政策和政府庆典。公民庆祝活动被赋予了特殊的重要性，以申明该政权反对教会权力的政治以及向世俗主义转变的现代化动力。这些由政府赞助的节日庆典活动彰显了独裁者和他全车厢旅伴（公众当时如此称呼该政权）的价值观，他们希望以此促进和展示波菲里奥时期人们对墨西哥美德的理解。

迪亚斯掌权时期，首都城市的市政厅为庆祝三项主要的公民庆祝活动做了预算拨款。每年最早的节日是 2 月 5 日，这是《1857 年宪法》的颁布周年纪念日，该宪法是西方自由主义在墨西哥社会的最重要表达。春天的5 月 5 日，墨西哥会纪念 1862 年战胜了入侵的法国军队，这是墨西哥军队取得的重大军事成就。秋天的 9 月 15 日和 16 日，墨西哥会庆祝在 1810 年9 月 16 日神父米格尔·伊达尔戈（Miguel Hidalgo）首次呼吁墨西哥人驱逐西班牙人并在自己的国家建立独立政府。

波菲里奥政府在首都的传统市中心索卡洛（Zócalo）庆祝这些节日，环绕四周的是民居、教会房屋、总统府和国家大教堂。然而，波菲里奥政府同时也推广了展示公民美德的新舞台——改革大道。这条大街的命名是为了纪念《1857 年宪法》颁布和自由胜利的年代，即贝尼托·胡亚雷斯（Benito Juárez）的改革时期。主要十字路口的街心花园使人联想到中央竖立着凯旋门（Arc de Triomphe）的巴黎星形广场，为波菲里奥政府提供了

以纪念碑形式展示其历史观点的场所。迪亚斯执政时期的第一任发展部部
长维森特·里瓦·帕拉西奥（Vicente Riva Palacio）领导一群官僚专门负责
用大理石和青铜永久保存他们对美德的理念。里瓦·帕拉西奥写下了对这
种波菲里奥政府的远见的赞颂："公共纪念碑的存在不仅旨在保存对值得人
们感激的英雄和伟人的记忆，而且也为了唤醒某些人或增强其他一些人对　　[176]
合法性荣耀的热爱。"[3]一份早期的计划提出，以夸乌特莫克、伊达尔戈和胡
亚雷斯的雕像为大道中心的交通环岛增加荣光。

　　改革大道成为彰显公民道德的全国性主干道。独裁者沿着这条绿树成
荫的大道放置了青铜雕像，墨西哥的每个州都有两位最伟大的英雄作为代
表。[4]当然，迪亚斯把这些英雄标榜为国家独立的自由派拥护者，却还是将
他们的雕像带到墨西哥城，让他们在其游行的街道上顺从地致敬。改革大
道成了波菲里奥时期集权的象征。

　　改革大道典型地体现了规划者的目标，即赋予主要道路隐喻的和特有
的意义。体现顺从意义的大道的两旁没有任何教堂或宗教建筑；相反，那
里出现的是商店、公园、家庭房屋和政府办公室。改革大道与古典罗马街
道一样，成为公共游行的走廊，而公共游行则通过取代自发的庆祝活动执
行了城市控制和监管的功能。[5]此外，沿街地段的所有权反映了墨西哥本
国和外国精英的结构。房地产的开发主要依赖于美国房地产公司的所有者，

---

[3]　参见本书中芭芭拉·特南鲍姆的文章（第七章）。

[4]　Francisco Sosa, *Las estatuas de la Reforma* (México, 1974).

[5]　约瑟夫·里克韦特（Joseph Rykwert）指出，这条大道除了其明显的用途外，还具有非常重要的
　　意义，"相关谚语的涌现就是证明：每个人都知道救赎之路是笔直的，入口却是狭窄的。"参见
　　他的论文 "The Street: The Use of Its History," in *On Streets*, ed. Stanford Anderson (Cambridge, MA,
　　1978), 22。该书中，另参见 Anthony Vidler, "The Scenes of the Street: Transformation in Ideal and
　　Reality, 1750–1871," 30。

墨西哥和英国的著名人物也拥有所有权。[6]

  波菲里奥政府在 1896 年增加了在改革大道上以及整个城市内举办的公共节日的数量，以强调三大主要节日已彰显的价值观，并扩展这些节日的庆祝活动。活动的恰当展现需要公共建筑的照明。在通电之前的早些年里，建筑的照明依靠装在各式烛台里的蜡烛。（新墨西哥州圣诞节期间使用的照明灯延续了这种做法。）这种照明方式需要大量的人来安排烛台并点燃蜡烛。在迪亚斯政府期间，照明转变为电力的展示方式。电灯使那些前来见证纪念活动的人成为旁观者、观察者而非庆祝者、参与者。电灯串联起来后，只需要一个人打开和关闭它们。此外，照明系统反映了波菲里奥政府希望创建的体系。那就是，每个灯都构成系统的一部分，并依赖于其他所有灯才能工作。串联在一起的灯隐喻了该政权如何用国家政府取代了独立的州政府。另外，电力展示比其他任何方式都更好地彰显了迪亚斯政府的现代化项目。例如，大多数墨西哥人只能惊叹于新建铁路所提供的速度和舒适性，但是在庆祝活动现场的每个人都可以亲见电力照亮黑暗的方式，

[177] 而无须考虑风雨等其他因素。[7]

  首都的市政府在 19 世纪 90 年代后期压制了大街小巷的自发性游行活动。这些庆祝活动就像狂欢节庆典一样，提供了以公众性社会逆流的方式颠覆现有秩序的机会，非破坏性地释放愤怒和沮丧。取而代之的是，波菲里奥政府支持了取代狂欢节、焚烧犹大和自发庆祝的各种游行活动。这些游行包括所谓的"花之战争"（Flowery War），这是带有浪漫性质的漫步游行，年轻的绅士们朝坐在精心装饰的马车上、穿着时髦的年轻女性扔花，

[6] APD, 参见 1885 年卷（1885 Bundle）的 002708–002710 号文档资料；参见托马斯·刘易斯（Thomas B. Lewis）的书信，他在纽约市成立了一家地产开发公司，致力于改革大道沿线的房地产开发。我要感谢约翰·哈特（John Hart），是他让我注意到这些文件。

[7] Rykwert, "The Street," 170–171; Thomas P. Hughes, *Networks of Power: Electrification in Western Society, 1880–1930* (Baltimore, 1983), 1–2.

马车一路驶过整条改革大道。犹大日的自发庆祝活动被有组织的自行车游行所取代，市政厅根据自行车的装饰和骑手的服装提供奖品。该活动甚至一度考虑清除观众中的流浪汉和游荡者。

规范公共生活的另一举措是：由塞巴斯蒂安·卡马乔（Sebastian Camacho）领导的市政厅在 1896 年决定禁止任何私人设立街头娱乐活动和销售摊位，以防止扰乱城市街头和阿拉梅达公园走道上的行人通行。市议员们打击了流动商贩、兼职木偶戏艺人、各种自制小吃和饮料的贩卖者、以魔术和音乐形式索要小费的街角临时表演者等。[8] 清理措施只要取得成功，就可能实现在一定程度上净化街道的目的，但却以使用街道的文化特色为代价。这些法律旨在通过威廉·怀特（William H. Whyte）所定义的词汇"无趣化"（dullfication）来创造现代化的整洁城市空间。[9] 此外，这些法规还促进摧毁了各社会阶层的所有墨西哥人共享的街道文化。共同的文化经验依赖于音乐、魔术和神话，其创造者包括讲述命运轶事和表演异域把戏的到处游荡的江湖人士、各种自然和非自然奇人怪事的展示者、完成奇迹般的身体特技的杂技演员等。街头娱乐世界带给人们梦想，让人们忆起童年并摆脱日常的烦琐工作，从而避免他们拥有更具政治破坏性的行为。将这些从魔术延伸到科学的技艺表演从公共空间移除，使得街道上的世界变得单调。[10]

---

[8] Ayuntamiento de México, "Paseos," *Discursos y memoria documentada, 1896*, 166–167.

[9] Stephen S. Hall, "Standing on those Corners, Watching All the Folks Go By," *Smithsonian* (February 1989): 123.

[10] 与本文提及的一些观点相比，街头娱乐活动及其所灌输的文化值得引起更多的关注。罗伯特·伊瑟伍德（Robert M. Isherwood）曾在下述文章中提供了颇具启发性的介绍："Entertainment in the Parisian Fairs in the Eighteenth Century," *Journal of Modern History 53* (March 1981): 24–48。

走近凡勃伦，权力的展演

[178] 波菲里奥政权的统治者们除了改变公共空间中公民和宗教节日的种类、周期和庆祝活动外，还进行了更为广泛和根本的变革。1876 年至 1911 年间，墨西哥上层社会的政治宠儿们、外国投资者的合伙人们、新型企业的精明企业主们，以及通过将家庭或乡村财产转换为商业农业而从土地贫民中涌现出的新贵们都获得了新的财富。随着美国西南部和其他海外地区的木材、煤炭、铜和牛类的新市场的出现，采掘类的自然资源产业继续占主导地位并极大扩张。商业农业蓬勃发展，取代了自给自足的生产模式和生产者。工厂和铁路提供了投资机会，显露出获得超出最大想象的利润的可能性。金钱及其可以购买的奢侈品大量出现：外国人把美元、德国马克和英镑摞成堆，新开设的银行成堆地发行银币和纸币比索。

墨西哥的财阀们满手握着美元，向巴黎、伦敦以及日渐重要的纽约的时髦风尚看齐，寻找生活、时尚、娱乐和态度的典范。墨西哥的时髦阶层几乎不认为本国历史文化中有任何值得保留的东西。自由改革之后的墨西哥，很少有人对传统天主教有任何特别的关注；他们放弃了源自伊比利亚半岛的文化遗产，因为西班牙在世界事务中的地位早在美西战争（Spanish-American War）的灾难性影响之前就已经蒙上了摇摇欲坠、问题重重的阴影；他们抵制那些看起来越来越奇怪古朴的饮食和穿着风俗，除了在节假日还会穿戴墨西哥宽边帽和斗篷外（当他们想与自己的过去保持联系时），其他时候都换上了礼帽和带马甲的西服；男人们剃掉了下垂的胡子，更喜欢留络腮胡；条件更好的家庭用白面包替代了墨西哥玉米薄饼（tortillas）。

由此，他们开始建立一个维多利亚时代的消费者社会，其特征是托斯丹·凡勃伦所说的可展示个人的或墨西哥的财富和声誉的炫耀性商品和休

闲消费。[11] 他们急于展露自己确实具备现代化的品格，在此过程中这些自
我定义的时髦社交名流丢弃了许多旧有的庆祝方式。时髦阶层不再以他们
和祖先曾有的方式来庆祝节日，因为那些庆典似乎已经过时，无法充分表
明新富人的地位和财富。社区庆祝仪式逐渐衰弱，这种情况甚至发生在残
存的督管制度（cargo system）还留有少许影响的小镇上。这些集体活动曾
经为城镇居民提供了更新并确认他们对公共品德和美好生活的普遍认同的
机会，如今被取代了，时髦阶层转向了与生命周期相关的仪式，即人类学
家所界定的过渡仪式，以此展现他们在社会上的突出地位。[12]

　　个人的各种仪式在家庭范围内庆祝，其举办通常是为了让社区的人得 [179]
以见证，但只能远距离观摩。孩子出生会以奢华的洗礼等仪式进行庆祝。
纪念圣徒们的节日为举办大型私人聚会提供了机会。15 岁成人礼（Quince
años galas）是富裕家庭中的父亲们会精心准备的活动，他们打扮光鲜，陪
伴衣着靓丽的女儿出场。婚礼成为展示财富的场合。所有这些活动都使旁
观者们聚集在家庭住所外或教堂外，即便他们并不参与活动。甚至是悲痛
的葬礼也要求家庭成员们在门口和去墓地沿途街上的观看者面前哀悼。总
而言之，对于波菲里奥时期的时髦阶层而言，针对个人的家庭节日庆祝活
动取代了一般性的社区活动。

　　富裕而有权势的人不再通过组织和赞助社区庆典活动来寻求对他们声
望和地位的肯定。因此，这些社区庆典活动逐渐衰败，或者说至少是落入
了官僚们的手中。识字的人们可以阅读有关私人聚会的信息，或者聚集在
教堂、礼堂和家庭住所外看一眼那些被邀请参加聚会的人。然而，他们只

---

[11]　Thorstein Veblen, *The Theory of the Leisure Class: An Economic Study of Institutions* (1899; reprint
　　　ed. New York, 1934), 84–85.

[12]　相关论述可参见 Stanley Brandes, *Power and Persuasion: Fiestas and Social Control in Rural Mexico*
　　　(Philadelphia, 1988), 54–55。

是以旁观者的身份观看，而不是参与共同活动真正仪式的公民。随着家庭仪式在波菲里奥时期变得越来越引人注目，它们成为报纸上社会版面的主要报道来源。个人的地位由此超越了社区的地位。

通过消费进行的炫耀行为取代了对社区仪式活动的赞助，以此来衡量其社会地位。私人节日庆祝活动反映了经济活动的个体性特征，这是由于在独裁统治期间个人获取利润的机会急剧增加。这些情况很快被作为新型实践的摄影以图像方式记录下来。例如，莫雷洛斯州（Morelos）的州长曼努埃尔·阿拉尔孔（Manuel Alarcón）聘请了美国最受资本市场欢迎的摄影师希拉特曼（H. F. Schlattman）拍摄其女儿的婚礼。很快，摄影师在任何社交聚会上都变得与仆人一样重要。[13]

照片提供的二维记忆导致墨西哥人沉迷于更昂贵的服装、马车和家具，以便当他们的子孙后代通过黑白照片检验先人的不朽记忆时，不至于认为他们是粗糙的、普通的或者（更糟糕的情况）陈旧而落后的。报纸的社会页面上的描述同样鼓励铺张的消费。此外，马克西米利安统治时期首次开始使用的访客名片（*tarjeta de visita*）以更为廉价的方式实现了与照片的结合，精英们开始收集名片并与社会显要人士相互交换，这在当时成为风尚。

[180] 迪亚斯经常在采访结束后分发自己的签名照片，或者与访客一起在他们自带的相机前摆姿势拍照。[14]

以私人方式庆祝一些社区性节日庆典的情况也出现了。耶稣受难日或悲伤星期五的隆重庆祝在波菲里奥时期发生了巨大变化。除了早期严格的

---

[13] 关于早期的摄影作品以及摄影师的信息，参见 *The Two Republics*, January 18, 1874; *Mexico City Herald*, February 17, 1896。

[14] Robert M. Levine, *Images of History: Nineteenth-and Early Twentieth-Century Latin American Photographs as Documents* (Durham, NC, 1989), 28–29; William Schell, Jr., "Integral Outsiders, Mexico City's American Colony (1876–1911): Society and Political Economy in Porfirian Mexico" (Ph.D. dissertation, University of North Carolina, 1992), 22–23. 位于得克萨斯州沃斯堡的阿蒙·卡特博物馆（Amon Carter Museum）拥有少量访客名片的藏品。

宗教仪式外，波菲里奥人在 19 世纪 80 年代加入了私人舞会的形式。歌剧《卡门》和《茶花女》（*La Traviata*）的表演使得哈巴涅拉（Habanera）这种被描述为来自古巴黑人奴隶的低俗舞蹈广泛流行。耶稣受难日晚上的聚会很快成为精英们尝试跳哈巴涅拉舞的场合。跳这种低俗舞蹈的时髦夫妻们藐视大斋节所要求的禁食和忏悔的约束指令。

个人主义创造了一种基于社区责任的自我服务感，一种在不论是否认可欣赏但需要现代生活榜样的观众面前进行表演的感觉。迪亚斯的生日成为最重要的国家法定节假日之一，他支持将自己的生日 9 月 15 日与独立日的庆祝结合起来，利用两者在时间上的巧合。由此，他的生日成为首都上流社会最奢华的庆祝活动之一。

1891 年庆祝迪亚斯生日时，由墨西哥最重要的政府和商界领袖组成的委员会在国家大剧院为包括全国各地的市长在内的五百名嘉宾安排了非凡的正式晚宴、音乐会和舞会。只有尊贵的男性宾客才能坐在剧院正厅的座位上，而他们的妻子和女儿则从剧院的包厢内欣赏演出。精致的菜单以法语呈现，以西班牙雪莉酒为特色，后续包括七种法国葡萄酒，并以干邑白兰地为结尾。音乐会则主要演奏意大利作曲家的作品，尤其是焦阿基诺·罗西尼（Gioacchino Rossini）。庆祝活动还装饰了城市内的主要街道，特别是普拉特罗斯大道（Avenida de Plateros），街道上伫立着优雅的门廊，以青苔修饰廊柱、以美丽而芬芳的花朵覆盖拱门。商人们沿着街道摆放了展示牌，中间以青苔分隔，展示着花卉纹章、彩带和三色国旗；两块牌子之间放有点缀着鲜花的柏树花环。普拉特罗斯大道和旧金山大街（San Francisco Street）上的所有房屋都装饰着旗帜、彩带和花环，城中的公共建筑也都放上了旗帜和彩带。最花哨的（或至少是最精致的）鲜花展示架装饰了西班牙和国家赌场（National Casinos）以及赛马俱乐部（Jockey Club）。类似的庆祝活动还包括新公共工程或私人工厂的落成典礼，一直延续到了 1910 年的总统生日。[15]

[181]   这样的庆祝方式为那些通过加入赛马俱乐部来确认名人身份的上层人士树立了榜样,他们对自己生日、结婚纪念日和其他纪念日的庆祝排场仅比总统生日小了一点。摄影技术为精英们记录下了这些庆祝活动,而总统则需要更宏伟的东西。很快,动态影像的新技术为波菲里奥的节日庆祝、公共庆典和公开露面提供了档案记录。[16]电影进一步拉开了活动的现场旁观者与为数更多的事后见证者之间的距离,后者显然无法以任何方式对事件产生影响。因此,侧重于过渡仪式的节日庆祝私人化倾向产生了,并在精英阶层和其他阶层之间拉开了更大的社会空间。

包括私人庆祝活动在内的炫耀性消费,不仅满足了个人自我价值的体现,而且还成为激励生活没那么幸运的人为之努力的目标,至少精英们如此认为。独裁者本人在他妻子卡门·罗梅罗·鲁比奥(Carmen Romero Rubio)的指导下领导了这场社会风潮。她的影响力当时被描述为是对具有混血血统的波菲里奥的"漂白",涉及餐桌礼仪、时髦的服饰用品以及生日和周年纪念日的别致庆祝活动。每场庆祝活动都有特色餐食,很快成为每个家庭的传统之一,这是由于女性家长坚守某些特色的食谱并监督宴会的准备和上菜过程。尽管墨西哥社会多年来已经发展出节日特有食品,如为万灵节准备的骷髅头(calavera)形状的面包和饼干等,但这些家庭食谱却为传统(即殖民时期)菜肴的变化创造了空间,例如不同种类的莫莱酱(mole)、圣母玛利亚的眼泪(在圣周期间准备的甜菜汁饮料)等宗教混合

---

[15] Gabriel Villanueva, *Las fiestas en honor del Sr. General Porfirio Díaz: Crónica completa* (México, 1891). 将该庆祝活动与琳达·柯西奥 – 纳吉在本书第一章所讨论的殖民时期基督圣体节活动进行比较;另参见托尼·摩根的文章(第八章)。

[16] 参见 William H. Beezley, "Popular Culture," in *Twentieth-Century Mexico*, ed. W. Dirk Raat and William H. Beezley (Lincoln, NE, 1986), 35。

食物以及圣诞节期间必做的玉米粽子。[17]

精英阶层的妇女纷纷仿效卡门夫人，强调礼仪、时尚和只适用于拥有仆人和安逸闲暇时光的上层人士的精致仪式。慈善事业和宗教祷告活动，尤其是涉及大笔支出的活动，使得这些夫人的公共展示能够以从欧洲引进的时尚来呈现。所有这些努力中，没人能与卡门夫人的筹款活动相比，其最终在 1895 年瓜达卢佩圣母（Virgin of Guadalupe）加冕时达到高潮。加冕圣母不仅给墨西哥人带来了一个新的宗教节日，而且还促进了 12 月 12 日圣母节（Virgin's Day）的扩大化庆祝。庆祝方式包括惯常的朝圣和敬拜，例如村民们一路跪拜着穿过几个街区到达教堂的神龛和忏悔室；此外，还出现了庆祝圣日的新方式。首都的富裕人群效仿联邦特区的州长佩德 [182] 罗·林孔·加拉多（Pedro Rincón Gallardo），他用电灯装饰了自己的屋子并在 12 月 12 日当晚通宵点灯。他的邻居，埃斯坎东一家以及其他时髦的墨西哥人也采取了同样的做法，为电灯增加了各种装饰。几乎每个家庭都会举办晚餐聚会为同样名为瓜达卢佩的亲密家庭成员庆祝，晚餐必须制作火鸡莫莱酱，这一习俗逐渐得到广泛的认可。卡门夫人周围圈子里的人发起了许多慈善和宗教祷告活动，所有这些活动都是上层社会的妻子们为了丈夫而进行的展示，引用凡勃伦独特的散文式描述即为，"由衡量金钱体面的标准所决定的、关于时间和食物的大量替代性消费"。[18]

不论男女，很少有墨西哥人认可英语里的谚语"人靠衣装"（clothes make the man）。大多数人可能会接受的说法诸如"衣服、马车、财产、地

---

[17]　关于当代精英家族、私人节日庆典以及广泛家族责任（包括家族中的女性所承担的节日盛宴监管工作）的研究，参见 Larissa Adler Lomnitz and Marisol Perez-Lizar, *A Mexican Elite Family, 1820-1980* (Princeton, NJ, 1987), 36, 118, 120, 157-191。关于家族四代的庆祝活动以及诸多食谱的简要描述，参见 Patricia Quintana with Carol Harrelson, *Mexico's Feast of Life* (Tulsa, OK, 1989)。另参见 Beverly Bundy, "The Tamale Tradition," *Fort Worth Star-Telegram*, December 18, 1991。

[18]　*Mexican Herald*, December 13, 1895; Veblen, *Theory*, 118.

产及包括假期旅行在内的庆祝活动等，定义一个人以及他的家庭"。那个时代的照片显示，时髦阶层的衣着越来越多地体现出欧洲风情；报纸上的广告通过对进口西服、帽子、鞋子和领带的宣传反映了同样的发展趋势。凡勃伦认为时尚是夸大消费的一种表达方式，这种消费是出于对他所定义的"金钱名望"（pecuniary repute）的社会认同的渴望。[19]

当然，处于这个"时髦社会"边缘地带的人们以其穿着来识别属于这个阶层的人。1896年当瓦哈卡（Oaxaca）州政府对村民征收新税时，圣胡安·基亚希吉（San Juan Quiahiji）领导了几个印第安人的城镇开展起义，目的是驱逐他们认定为"穿裤子的人"的压迫者。这场"反对穿裤子的人的战争"（War Against the Pants）被平息后，联邦部队处决了叛乱领导人，同时行政长官（jefe político）颁布了整体性的惩罚措施，命令村民们也要采取穿裤子的衣着方式。[20]

虔诚的女性社交名流帮助教会恢复了其显著地位。因此，教会得益于在19世纪90年代期间与波菲里奥政府新恢复的友好关系、新出现并扩大化的公民庆祝活动以及更多重要个人节日的诞生，也使得教会的节日庆祝活动得以更新并扩张。教会的新活力体现在波菲里奥时期创建的新教区，以及全国范围内耶稣会神父人数的增长（从1876年的39位增加到1910年的338位）。[21]不过，1895年瓜达卢佩圣母加冕仪式的成功举行可以被视为教会重新崛起的显著标志。

如果凡勃伦通过调查19世纪末的墨西哥社会而不是美国社会来寻找撰写炫耀性消费的灵感的话，他可能写出来的还是同一本书。

---

[19] Veblen, *Theory*, 167–187.

[20] James B. Greenberg, *Santiago's Sword: Chatino Peasant Religion and Economics* (Berkeley, CA, 1981), 51.

[21] *The New Catholic Encyclopedia*, IX, 779.

波菲里奥时期的瓜达拉哈拉市 [183]

　　与在墨西哥城中的发现相比，全国性的节日庆祝模式在其他城市里存在略微不同但通常更能说明问题的变形。瓜达拉哈拉市的市政厅与其所在的哈利斯科州（Jalisco）州长合作，共同挑选并组建由私人公民和公职人员组成的爱国委员会（junta patriótica），这一委员会负责组织公民庆祝活动。该委员会与墨西哥城的组织一样，使用市级和州级的资金拨款以及来自公会、职业团体和政府工作人员的捐款，投入最大努力庆祝独立日、五月五日节（Cinco de Mayo）和宪法纪念日（Constitution Day）。[22]

　　爱国委员会设法筹措资金，以增加市政厅提供的小额预算以及通常从州级财政获得的配套资金，这一做法延续到了 19 世纪 90 年代中期。该委员会的主席委任了募资人，并指定了他们各自负责的筹资对象团体。这些名单间接体现了政府所希望的参与庆祝活动的社区成员类型。此处，社会分层的影响最为明显。例如，负责 1877 年独立日庆祝活动的委员会通过财政拨款（412.38 比索）与社会捐赠（226.71 比索）筹集了必要的款项。在捐赠者名单上，医生名列前茅，尽管有些署名的医生什么都没捐。其他捐赠者包括联邦、州和地方政府的官僚以及小店主。[23]

　　瓜达拉哈拉市这一庆祝独立日和五月五日节等主要节日的模式延续到了 19 世纪 80 年代，委员会编织了更广泛的网络来筹集资金。1882 年，潜在捐赠者的名单上出现了联邦和州级政府的官员、市政府公务员、警察、驻军部队（军官和普通士兵）以及商店和企业的所有者。[24] 十年后，筹款

---

[22]　参见瓜达拉哈拉市市政档案总馆（Archivo General Municipal，以下简称 AGM）公民娱乐活动分区（Ramo of diversiones civicas）中关于爱国联合阵营的记录。

[23]　AAG, 1887, Caja 1224, Paquete 142, Expediente 109.

[24]　AAG 1882, Paquete 150, Expediente 8.

活动发展到了顶峰，当时任命的募资人针对不同团体进行筹款，其中包括西班牙、法国、美国、德国、意大利和斯堪的纳维亚的侨民（315.00美元）、纺织品和一般商店的店主（30.00美元）、行政长官和警察（57.01美元）、杂货商（13.50美元）、工匠（88.23美元）、神职人员（27.30美元）、地主、农场主和工业家（68.50美元）、政府雇员（45.00美元）、律师（18.75美元）、医生（25.00美元）、立法代表（12.00美元）和司法雇员（23.00美元）等。该委员会在1892年总共收到了1500多美元的捐款。[25]

尤其值得注意的是，19世纪90年代前的捐赠者名单里没有大主教和教会官员。这再次体现了教会与政府之间和解的时机，也体现了自由主义势力无视在波菲里奥政权兴盛时期对教会不得参与公共生活的规定。1892年，大主教及其大教堂分会出资捐赠了支持独立日和五月五日节庆祝活动的基金。

[184]

然而，我们可以在19世纪90年代中期看到瓜达拉哈拉市时髦阶层的阴影。从1895年起，爱国委员会变成了市政厅下属的一个机构，节日庆祝活动发生了巨大的变化。独立日庆祝活动传统上是在相距一个街区的武器广场（Plaza de Armas）和宪法广场（Plaza Constitución）举行的，有小夜曲演奏、戏剧表演、优秀学生颁奖仪式等，晚上还有从一个广场到另一个广场的火炬游行，以烟花和舞蹈表演结束。

从1895年开始，庆祝活动发生了许多变化，1895年本身就是一个醒目的例子：在下午举办的满是装饰的马车和花车游行取代了晚上的火炬游行。这种变动让人看到了瓜达拉哈拉市的波菲里奥时髦阶层非常有趣的一面。整个19世纪期间举办的火炬游行与自由和爱国主义密切相关。也许塔

---

[25]　AAG 1892, Caja 1247, Paquete 165, Expediente 39, Fiestas cívicas y diversiones.

帕蒂奥人（Tapatío，哈利斯科州居民的昵称）中的波菲里奥时期的当权者们试图以某种普遍的方式来限制所有可能挑战其权威的价值观的象征性标志（尤其是当这种权威越来越多地代表更少的行动自由和更多对欧洲文化的盲从模仿时）。也许这种变化只是代表了对欧洲活动的效仿，例如当代德国的盛大自行车和花车游行；具有讽刺意味的是，这是该国社会主义工人的庆祝活动。[26]

隆重的游行后，接着举办的活动是由哈利斯科运动俱乐部（Club Atlético Jaliscense）在阿拉梅达公园组织的自行车比赛。大多数情况下，节日庆祝活动是分散的，由该市五个管辖区的警察局长负责组织。分散化的庆祝活动限制了全市内火炬游行的规模，使秩序的维护更加容易。庆祝活动中另一个明显增加的项目是筹集资金、衣物和玩具并分发给每个区的贫困儿童和家庭。（校长们接到指示，递交各自学校内最贫穷孩子的名单。）这项政策的确为社区志愿服务注入了新的活力，与此相伴的是社交名媛们聚集起来组织针对贫困人群的捐款并赞助穷人的医疗和自助计划。

委员会不再为庆祝活动募集资金，而是派出代表指示社区团体为不同管辖区内的午后游行搭建彩车。这些代表包括律师或官员，他们负责决定每个团体应该制作何种类型的彩车并指导其后续的搭建工作。

公会不再作为对社区存在重要性的、具备技能和声望的工匠们的集合而进行游行。取而代之的是，1895 年之后，他们的彩车普遍带有营销信息，宣传瓜达拉哈拉市向墨西哥乃至国际市场销售的产品。公会成员只是通过他们与产品的联系而参与游行。游行以这种方式从曾经的庆祝活动参与者中创造了商品。在 19 世纪 90 年代末期的墨西哥城，由企业和外国侨民赞 [185]

[26] Vernon L. Lidtke, *The Alternative Culture: Socialist Labor in Imperial Germany* (New York, 1985), 75-101.

助的以展示工业产品为特色的彩车已经成为总统生日庆祝活动的一部分。公会成员们持续制作瓜达拉哈拉市的庆祝彩车，直到 19 世纪末。然而，彼时的庆祝活动已经变成了巡游式的商品展销会。[27]

类似的游行也出现在美国亚利桑那州图森市，由墨西哥人和墨西哥裔美国人社区负责组织。庆典成为中产阶级价值观的庆祝活动，也是一种赞美墨西哥的工具。妇女被当作美德的理想化代表，彩车则展示了在波菲里奥时期的墨西哥以及在墨西哥裔美国人中发生的资本主义化过程。[28] 庆祝活动揭示了庆典如何能够同时展示并代表一系列的想法和观点。

瓜达拉哈拉市的变化彰显了一个重大转变。庆祝活动与汉娜·皮特金（Hanna Pitkin）所说的"描述性代表"（descriptive representation）具有文化上的等效性。以前，社区的构成群体实际上是在向公众展示自己而不是抽象的符号，因此庆祝活动再现的是城市人口，形成了一幅对瓜达拉哈拉社会结构的详细的、描述性的画像。[29] 如今，他们则以代表时髦阶层财富和声望的符号的形式出现。

瓜达拉哈拉市的时髦人士与墨西哥城的精英们有着相同的目标，他们转向个人化的庆祝活动，保持街道的清洁。19 世纪 90 年代中期，市政

---

[27] 罗杰·亚伯拉罕斯（Roger D. Abrahams）认为，在美国，基于边境传统的游行活动很快成了商业广告，这些游行活动被组织起来，旨在展示来自东方的新产品。因此，这一过程也"象征着工商业的发展进步"。参见 "The Language of Festivals: Celebrating the Economy," in *Celebration: Studies in Festivity and Ritual*, ed. Victor Turner (Washington, DC, 1982), 161–177; 引自第 175 页。另参见本书中托尼·摩根的文章（第八章）。关于美国节假日商业特征发展的广泛讨论，参见 Leigh Eric Schmidt, "The Commercialization of the Calendar: American Holidays and the Culture of Consumption, 1870–1930," *Journal of American History* 78, no. 3 (December 1991): 887–916。

[28] Ellen M. Litwicki, "From *Patrón* to *Patria*: Fiestas and *Mexicano* Identity in Late Nineteenth-Century Tucson"，该篇论文发表于 1992 年 4 月 4 日的美国历史学家组织（Organization of American History）年会。

[29] Ryan, "American Parade," 137–138; Hanna Fenichel Pitkin, *The Concept of Representation* (Berkeley, CA, 1967).

厅开始主办一些节日庆祝活动，包括迪亚斯总统的生日庆祝、州长米格尔·阿胡马达（Miguel Ahumada）在哈利斯科州的就职典礼周年纪念日等。为了将瓜达拉哈拉市的庆祝活动集中化，行政长官尼古拉斯·埃斯波尼亚（Nicolás Espoña）告知市政厅，他打算审查所有公共娱乐活动的许可证，以确保公共秩序。[30] 此举当然进一步规范了庆祝活动，使它们变得更加不重要并制造了更多的规矩，破坏了它们作为年轻人以及不同阶级和种族群体活力释放渠道的价值。

庆祝活动揭示了性别角色的变化。19 世纪 90 年代开始的庆祝活动中，包括高级市政官的妻子和女儿等在内的女性们开始发挥作用。她们向每个管辖区内确认的贫困儿童发放衣服和玩具，使女性成为慈善的隐喻；一些年轻女性，如今看来是那些首次进入上流社交场合的富家年轻女子，作为美丽、青春、哈利斯科州和墨西哥的象征坐着彩车出场。一些女性为文学比赛中的优秀学生和获胜者颁奖，再次以普世母亲的象征奖励那些做出杰出贡献的人。 [186]

公民庆祝活动中几乎每个参与团体都体现了男性的社会或职业角色。女性是代表民族团结、墨西哥各州、自由以及最重要的母亲身份的符号。女性在社会中被否定了其政治角色，而是象征着团结，以及一个不存在难以处理的政治与经济分裂的社会。[31] 这种对女性符号性角色的创造在 1895 年的瓜达卢佩圣母加冕仪式中达到了顶峰。

---

[30]　AAG, 1889, Caja 1244, Paquete 162, Expediente 18, Espoña to Ayuntamiento, January 26, 1889.

[31]　Ryan, "American Parade," 148-150.

结　论

　　波菲里奥政府的当权者希望摒弃传统的公共庆祝活动，因为这些活动代表的是现代官僚所认为的原始的无序和放纵的自由。作为替代，波菲里奥时期凡勃伦式的政府使用了自行车游行和军事展示，两者都彰显了秩序和等级制、官僚主义和权威。[32] 这些庆祝活动具有说教目的，传授该政权的道德观念。政府要求每个人都应见证这些庆祝展示活动，例如一个公告中呼吁"所有人，无论贫穷还是富裕，无论年轻还是年老，无论男女，无论伟大还是平凡"都必须出席节日庆祝活动。[33]

　　波菲里奥政府所做的努力在某种程度上是为了试图发明传统，从而赋予该政权以历史。对历史事件的庆祝固定了庆典的时间，并要求对此事的庆祝具有一定的代表性（例如，五月五日节的确是在当天庆祝的）。这与以前庆祝民俗和宗教仪式的整套运作相矛盾，后者的历史对庆祝参与者而言并不重要，但每年都需要表演，其中只有一些具有一定代表性（狂欢节和大斋节是最好的例子）。区别明显体现在焚烧犹大和自行车游行活动之间。庆祝活动的代表性和展示性之间的差异体现在前者所要求的民众的普遍参与，以及后者所存在的民众角色降为观众的现象。[34] 墨西哥的波菲里奥节日传统鼓励庆祝活动，正如某张传单上所写的那样，"父母为他们的孩子树

---

[32]　Iu. M. Lotman, "Theater and Theatricality in the Order of Early Nineteenth Century Culture," in *Semiotics and Structuralism: Readings from the Soviet Union*, ed. Henryk Baran (White Plains, NY, 1974), 33–63, esp. 48–49.

[33]　Independence Announcement, 1889; AGM 1889, Caja 1244, Paquete 162, Expediente 124.

[34]　塞缪尔·金瑟（Samuel Kinser）在他的文章中对这个话题进行了偏僻入里的探讨："Presentation and Representation: Carnival at Nuremberg, 1450–1550," Representations 13 (Winter 1986): 1–41, esp. p. 6, and n. 14。

立榜样，教师为他们的学生树立榜样，老板为他们的工人树立榜样，富人为穷人树立榜样"。[35] 波菲里奥政府以及此后他们的革命挑战者都想要控制这些榜样的行为，以此管理调控庆典活动的内容，并进一步规范通过庆典活动所传达的关于道德的教导。对国家历史文化及其未来发展走向的理解处于危急关头，因为这些庆祝活动正如马莎·博尔（Marsha Bol）总结的那样"起着调解过去与未来之间关系的作用，不仅通过赋予其成员以传统观念，而且也提供一种通向未来的连续性"。[36] [187]

　　自 1521 年西班牙人到来后，墨西哥的公共庆祝活动就一直受到规范和再次规范。这些节庆活动包括教会和政府所认可的节日，以及其他带有自发性质的节日。后者经常遭到公职和神职人员的反对，因其为无序的寻欢作乐提供了受欢迎的机会。时髦阶层建立了新的并改良过的节日和庆祝形式。这些波菲里奥人假装是爱嬉闹的放纵人群，1895 年后在墨西哥城和瓜达拉哈拉市以特定的秩序、在特定的时间游行，代表了特定的形象。来到这座城市的新移民，其中许多人是刚刚建立日常新生活的村民，参与了城市生活的公共仪式，但其角色只是满怀欣赏的、行为规矩的旁观者。[37]

　　当然，整个国家稍大型城市中的区域性精英很快就接受了这些新形式的节日庆祝活动。到 1906 年，梅里达市的显贵们为纪念波菲里奥·迪亚斯而举办了名为"历史性游行"（Paseo Histórico）的活动。彩车穿过拥挤的人群，移动着展示墨西哥的历史，结尾则赞颂了波菲里奥政权。总统的半身青铜雕像穿越了这座州级首府城市，伴随着体现进步的工业、自由、和

[35]　Independence Announcement, 1889; AAG, 1889, Caja 1244, Paquete 162, Expediente 124.

[36]　"The Making of a Festival," in Eliot Porter and Ellen Auerbach, *Mexican Celebrations* (Albuquerque, NM, 1990), 114.

[37]　Ryan, "American Parade," 131–153.

平与人文科学等标志。[38] 其他州首府城市和主要城镇的居民都见证了这些新的节日庆祝活动，托斯丹·凡勃伦也承认了这一点。当时，波菲里奥政府控制了公共场所和庆祝活动。1910 年后，革命人士试图夺取并掌控公共空间和节日仪式的使用权，尤其是通过他们的教育政策以及反教会的运动。[39]

---

[38] Rafael de Zayas Enríquez, El Estado de Yucatán. *Su pasado, su presente, su provenir* (New York, 1908), 325–327.

[39] 关于革命性的庆祝活动，参见本书之后的其他文章；Evon Z. Vogt and Suzanne Abel, "On Political rituals in Contemporary Mexico," in *Secular Ritual*, ed. Sally F. Moore and Barbara G. Myerhoff (Amsterdam, 1977), 173–188, esp. 174–177; Ilene V. O' Malley, *The Myth of the Revolution: Hero Cults and the Institutionalization of the Mexican State, 1920–1940* (New York, 1986)。

10　被迫的进步：帕拉尔矿区工人与资本主义工作伦理的灌输

威廉·弗伦奇（William E. French）

不列颠哥伦比亚大学（University of British Columbia）

　　本书的编者之一威廉·弗伦奇以奇瓦瓦的一个采矿区作为案例，研究了 19 世纪晚期启蒙项目（Enlightenment Project）的完成。他的研究借鉴了汤普森（E. P. Thompson）和丹尼尔·罗什（Daniel Roche），将塑造工作和道德行为的话语进一步发展为争夺公共空间和大众娱乐活动的方式之一。他的分析考察了这种竞争的出现，即当工人发展并显示出他们对恰当的、令人满意的行为的理解时，通常会违背中产阶级的价值观，尤其是与时尚和奢侈品相关的价值观。作者认为，工人们为了保护自己的生活方式，经常诉诸詹姆斯·斯科特（James C. Scott）所说的"弱者的武器"（weapons of the weak）。这篇文章贡献了与以下几方面有关的比较文献，其中包括反抗与工作、时间和休闲相关的资本主义观念的灌输，性别的形成，以及自我代表和对新社会约束的抵抗（例如通过时尚）。

　　威廉·弗伦奇在卡尔加里大学（University of Calgary）拿到了硕士学位，在得克萨斯州立大学获得博士学位，其间他还熟练掌握了"大众阶层的胃部施坦威"（the stomach Steinway of the popular classes，即键盘式手风琴），这也是墨西哥北方（norteño）音乐中的重要乐器。

在波菲里奥政权统治期间，墨西哥北部的采矿业成为资本密集型的任务。被称为采掘型企业的大型工业机构从科阿韦拉州（Coahuila）北部的采煤场延伸到索诺拉州（Sonora）的铜矿，管理者们扩大了总产量，实行了规模经济，并开始实施更彻底的劳动分工。管理者通过利用包括压缩[192] 空气钻机、空中缆车和机械破碎机在内的节省劳力的机器，淘汰了工作岗位，并雇用了近期从农村来的工人取代那些能熟练使用传统技术的矿工。这些新进入工业劳动力队伍的许多人仍然保持着与土地的联系，将自给农业与在矿山和铁路的季节性有偿劳动结合在一起。为了将这些农民工塑造为纪律严明、服从安排的劳动力，管理者们动用了武力、经济激励和家长式管理。与世界许多地区一样，墨西哥北部向工业资本主义的过渡甚至花费了几代人的时间，因为这需要摈弃一种文化并吸收另一种文化。[1]

地方、州以及全国的精英们协助管理者完成了将农民转变为雇佣劳动者的任务。波菲里奥政权的统治者们致力于实现经济发展的理想，为此建立了新的警察部队，并采取措施打击恶习和大众庆祝活动。例如，奇瓦瓦州一支名为农村警察总队（Cuerpo de Policia Rural）的警察部队组建于1902 年，由矿业公司提供资助，负责护送有偿运输的货物到采矿现场，维持发薪日的秩序，并试图阻止工人饮酒、赌博和其他目无法纪的行为。[2] 在

---

[1] 关于该主题存在大量文献，参见 E. P. Thompson, "Time, Work-Discipline, and Industrial Capitalism," *PP* 38 (1967): 56-97; Sidney Pollard, *The Genesis of Modern Management: A Study of the Industrial Revolution in Great Britain* (Cambridge, MA, 1965); Herbert G. Gutman, *Work, Culture, and Society in Industrializing America: Essays in American Working-Class and Social History* (New York, 1977); Michelle Perrot, "On the Formation of the French Working Class," in *Working-Class Formation: Nineteenth-Century Patterns in Western Europe and the United States*, ed. Ira Katznelson and Aristide R. Zolberg (Princeton, NJ, 1986). 关于美国语境下的"采掘型企业"的讨论，参见 Ronald C. Brown, *Hard-Rock Miners: The Intermountain West, 1860-1920* (College Station, TX, 1979), 65。

[2] 参见矿业公司对农村警察总队做出贡献的文档资料，收录于伊达尔戈帕拉尔市政档案馆（Archivo Municipal, 以下简称 AM）。参见 presidente municipal, Santa Bárbara, to jefe político,（转下页）

整个墨西哥，特别是在北部地区，中产阶级拥护道德改革，以期激发他们所谓的社会其他阶层的道德重建。1900 年至 1910 年期间，奇瓦瓦州伊达尔戈地区的行政区和市政府官员在坐落于奇瓦瓦城的州政府领导下，对赌博、集市、马戏团、休闲活动、妓院以及酒精的买卖进行了监管。他们希望这些大众性的活动能被取代，在一代代的工人中灌输节俭、清醒、卫生和守时的价值观。这些当局主要试图将公共空间和街道留给中产阶级的墨西哥人，即那些体面的人（*gente decente*）。[3]

这样的发展主义议程并非起源于 19 世纪晚期的墨西哥资产阶级。正如苏珊·迪恩斯 – 史密斯在本书第三章的文章中所明确指出的那样，一个世纪以前的法国波旁王朝的官员们除了在烟草制造厂内强制推行工作纪律外，还试图重新规范并重新夺取公共空间，以达到改变大众实践和态度的目的。他们在其"道德说教的话语"中强调，好工人是顺从的国家公仆的代名词。独立后的继任政府遵循波旁王朝的先例，并利用教育向后代灌输崇尚工作、节俭和积极主动的价值观，试图将城市空间留为自己专用。19 世纪和 20 世纪里的墨西哥工人阶级，就像殖民时期烟草工厂的工人一样，继续使街道和工作场所成为被争夺的地带。他们在遵循、改造官方规定的行为并经常对其嗤之以鼻的同时，其实在这些空间内维护了自己的价值观。 [193]

（接上页）Parral, 12 diciembre 1903, caja 1903I; Albino Padilla, presidente municípal, Santa Bárbara, to jefe político, Parral, 11 octubre 1904, caja 1904B; F. Villegas, jefe municipal, Santa Bárbara, 14 agosto 1906, caja 1906T; Agustín Páez, jefe municipal, Santa Bárbara, 26 diciembre 1907, caja 1907ñ; E. de la Fuente, Villa Escobedo, 8 febrero 1908, caja 1908C; J. M. Delgado, jefe municipal, Villa Escobedo, 2 abril 1908, caja 1908C; Jorge Maul, jefe municipal, Villa Escobedo, 3 junio 1908, caja 1908ñ; Agustín Páez, 8 diciembre 1909, caja 1909A, and 10 febrero 1910, caja 1910H.

[3] 关于波菲里奥时期奇瓦瓦州道德改革的讨论，参见 William E. French, "Prostitutes and Guardian Angels: Women, Work, and the Family in Porfirian Chihuahua," *HAHR* 72, no. 4 (November 1992): 529–553。

奇瓦瓦州伊达尔戈地区的采矿业

19世纪晚期和20世纪初期，来自附近扎拉戈斯谷（Valle de Zaragoz）和巴叶扎（Balleza）等农业村庄的农民们加入了萨卡特卡斯州（Zacatecas）和墨西哥其他州移民的行列，来到位于伊达尔戈区的帕拉尔（Parral）、圣巴巴拉（Santa Bárbara）和米纳斯努瓦斯（Minas Nuevas，后更名为埃斯科贝多镇，Villa Escobedo）等采矿营地。在这里，美国冶炼和精炼公司（American Smelting and Refining Company）和其他主要来自外国的采矿公司雇用这些移民，开采该地区较为典型的大量低品位银矿。越来越多的采矿工人不再使用锤子、铁棒、黑火药和生牛皮袋等来提取矿石，而是采用最新技术，操作压缩空气钻机并用炸药对矿石进行爆破。他们在配备有电子照明设备、蒸汽驱动的提升机和现代排水泵的矿井中辛勤劳作。骡子拉磨车（*arrastras*）和汞齐化研磨天井系统被巨型机械碎石机和新型矿石提炼方法所取代。技术改变了采矿行业，管理人员需要更加顺从和可靠的矿工，但对他们的技能要求降低了。[4]

将农民和具有旧式技能的工人转变为顺从可靠的矿工是一个不平衡的过程。一方面，许多工人保留了与自给农业的联系，从而避免了对工资和市场运作的完全依赖。他们在工作中具有短暂无常的特性，可以丢下镐头

---

[4] 关于这些工作流程变更的详细说明，参见 William E. French, "Peaceful and Working People: The Inculcation of the Capitalist Work Ethic in a Mexican Mining District (Hidalgo District, Chihuahua, 1880–1920)" (Ph.D. dissertation, University of Texas, 1990), 10–67。关于索诺拉和科阿韦拉的情况，参见 Juan Luis Sariego, *Enclaves y minerales en el norte de Mexico: Historia social de los mineros de Cananea y Nueva Rosita 1900–1970* (Mexico, 1988)。墨西哥采矿业的经典著作依然是马文·伯恩斯坦（Marvin D. Bernstein）的《墨西哥采矿业，1890—1950：政治，经济和技术相互作用研究》（*The Mexican Mining Industry, 1890–1950: A Study of the Interaction of Politics, Economics, and Technology*）(Albany, NY, 1964)。

和铲子返回家中去耕种或收割农作物，这激怒了管理者们。根据雇主们的说法，这些工人是流动人口，他们对采矿并没有太大的兴趣，但当他们家中只剩一袋豆子和一碗玉米面的时候，他们自然就产生了兴趣。[5] 许多人离开矿山，去美国寻找收入更高的工作。[6] 另一方面，一些工人变得完全依赖工资而生活。绞车操作员或压缩空气钻机员等掌握了新技能的工人通常开始上夜校，穿着也与他们的上司们趋同。他们最希望的是，自己能被认可为中产阶级社会的成员。他们接受并重塑道德话语的基本原则，经常利用街道和其他公共空间违反那些规范公共行为的规定，宣扬他们的平等性。

尽管矿工们在获取除工资以外的替代品方面存在不同，但一些共同经历将他们捆绑在一起，其中包括对外国资本市场和银价世界市场的依赖。[194] 伊达尔戈区的工人经历了数个繁荣和萧条时期。例如，在帕拉尔，采矿业在 1895 年至 1903 年处于繁荣期，总人口增加到 1.6 万。而 1904 年至 1906 年的经济衰退迫使五千多名居民去别处寻找工作。情况持续恶化；1907 年后期的经济不景气迫使矿工大批离开。到 1909 年底，帕拉尔的人口已减少到 1903 年总数的一半。[7] 工人们也经常面临着危险。矿山过早爆破、钻孔后期爆炸、设备故障、经验不足的绞车操作员、下落的木材和岩石、洪水和坠落事故等都会夺走工人的生命。例如，1905 年，仅在拉帕米拉（La

---

[5] 雇主的说法摘自洛杉矶西方学院（Occidental College）爱德华·杜恩研究基金收藏（Edward L. Doheny Research Fund Collection）中的矿主访谈。

[6] 1908 年底，美国劳工统计局（U.S. Bureau of Labor）估计每年有 60,000 至 100,000 墨西哥人进入美国。关于劳工统计局的数据，参见 "Mexican Labor and Its Place in this Country," *El Paso Morning Times*, December 17, 1908; 简·戴尔·劳埃德（Jane Dale Lloyd）在《奇瓦瓦北部的资本主义现代化进程，1880—1910》(*El proceso de modernizaci6n capitalista en el noroeste de Chihuahua (1880-1910)* (Mexico, 1987) 一书中描述了奇瓦瓦州加莱亚纳区如何成为墨西哥移民前往美国的通道，第 46 页。

[7] 所有数据均来自伊达尔戈区行政长官的年度报告，以及来自伊达尔戈帕拉尔市政档案馆（AM, Hidalgo del Parral）的其他书信记录。

Palmilla）矿山，每月就有三至四名工人死亡。次年，当地报纸得出结论说，一旦工人进入地下，他们就面临着永远无法返回的紧迫危险。工人们也认同这一点。在给编辑的一封信中，一名工人提到说，矿工们应该在公司商店里享受更好的待遇，因为每天的工作都让他们的生命处于危险之中。[8]

换班后，伊达尔戈区的矿工们回到由其他工人及其家庭组成的社区里。圣巴巴拉附近的矿工不住在镇上，而是在靠近矿山的属于他们自己的社区内建造房屋或租赁房间居住，该社区被称为"最后的努力"（El Ultimo Esfuerzo）。尽管距离镇中心仅一公里，但当地官员将其描述为偏僻和孤立的社区。除了工人及其家人外，很少有人住在这些社区。在埃斯科贝多镇等更大一些的城镇里，工人占人口的绝大多数；即使在糟糕的年份，市政当局也很少在公共援助上花钱。这里不欢迎没有工作意愿的人，失业的男人别无选择，只能离开镇上去其他地方找工作。即使在帕拉尔，工人们也生活在远离市中心的社区内。许多工人从建造粗糙的土坯房屋里租赁房间，这些土坯房面积小、位置偏僻并且缺乏厕所和自来水。大多数人是以短期方式租赁房间，因为采矿经济的起伏波动导致工人们迁徙流动。[9]

工作经历使得工人们形成了有关工作流程及工人对生产所做贡献的价值的共同假定，而工资和矿工社区内的日常生活则促进形成关于个人价值及参加集会和举行群众性庆祝活动的权利的共同态度。此外，基于19世纪墨西哥自由主义思想的对个人权利的普遍理解为工人们应对资本主义和墨

---

[8] "Las minas y los mineros," *El Hijo del Parral*, 15 octubre 1899, caja 1900F, AM; "Desgracia en la mina del Refugio," *El Hijo del Parral*, 11 febrero 1906, caja 1906R, AM. 关于拉帕尔米拉（El Palmilla）矿山，参见 "Por Hidalgo del Parral," *El Correo de Chihuahua*, September 7, 1905。这份报纸可以通过得克萨斯大学奥斯汀分校本森拉丁美洲档案馆（Benson Latin American Collection）的缩微胶卷获取。关于其他的事故报道，参见 French, "Peaceful and Working People," 261–63。

[9] 关于生活条件的讨论，参见 J. Villegas, jefe municipal, Santa Bárbara, to jefe político, Parral, 7 julio 1906, caja 1906T, AM; Agustín Páez, jefe municipal, Santa Bárbara, to jefe político, Parral, 11 febrero 1908, caja 1908C, AM; presidente municipal, Santa Bárbara, to jefe político, Parral, 13 mayo 1904, caja 1904O; Leonidez Sapien, Parral, to c. pres. de la Junta Calificadora, 7 enero 1908, caja 1908R, AM。

西哥政府提供了依据。 通过这些经验和信念，异质化的劳动力群体理解了
工业化劳动的新环境与矿山生活的意义。

工人们对新秩序的回应 [195]

拉曼·爱德华多·鲁伊斯（Raman Eduardo Ruiz）认为，相邻的索诺拉
州矿业城镇出现了类似的情况，破坏了传统生活的基础，侵蚀了社会结构，
削弱了社会组织，所有这些都对矿工造成了损害。经济变化破坏了农村的
家庭价值观，因为"工人们离开了更有利于家庭生活的安全、熟悉的社区"，
来到矿业城镇讨生活，在喝酒、赌博和嫖娼中找到慰藉。[10] 对于鲁伊斯而
言，工人们犯罪并沉迷于恶习，由此证实了自美国引入的全新文化与经济
秩序的堕落不堪。[11]

与索诺拉州的同行们一样，伊达尔戈区的矿工们喝酒，赌博并经常光
顾妓院。洛斯阿祖勒斯（Los Azules）采矿营地的当地官员一致将工人们的
行为描述为可耻的及不道德的。每逢发薪日，工人们聚集在一起喝酒和赌
博，玩的是法律所禁止的诸如轮盘赌（*ruleta*）、击球游戏（*chuzas*）、撞球
（*frontones*）、塔特马多斯（*tatemados*）等。1904 年，公共安全部门的长官
打断了一场饮酒狂欢，将 36 名工人扔进了监狱。埃斯科贝多镇的市政长官
（*presidente municipal*）上报时说，夜间经常发生骚乱，醉酒的工人们会开
枪。圣弗朗西斯哥德尔奥罗（San Francisco del Oro）的发薪日成为喝酒和

---

[10]   Ramón Eduardo Ruiz, *The People of Sonora and Yankee Capitalists* (Tucson, AZ, 1988), 91.

[11]   参见 Ruiz, *The People of Sonora and Yankee Capitalists*, 64, 84, 90, 91, 94-99。

赌博的契机，地方当局只能将其描述为可耻的行为，以此推进各类酒精饮料的禁售。工人们前往圣巴巴拉购买大量龙舌兰酒，并在自己家中饮酒作乐、制造丑闻，这使当地官员十分受挫。伊达尔戈地区偏僻的铁路建设营地中，工人们通过饮酒、赛马和斗鸡等方式庆祝发薪日。[12]

相同的行为不仅限于采矿营地和其他有美国投资的地区，在整个伊达尔戈地区的农业城市里都很明显。鲁伊斯对传统社会价值观崩溃的哀叹忽略了一个事实，即这些"恶习"通常也代表了传统的、道德的社会。无论是以采矿业还是农业为主的地方，没有警察驻扎的地区都出现了大众痛饮狂欢的现象。例如，在巴叶扎周围的小型牧场内，地方当局发现想要禁止秘密销售酒精是不可能的。这些偏远地区的饮酒行为导致了日常性的丑行和犯罪。附近圣胡安庄园（Hacienda de San Juán）的主人甘博亚（M. Gamboa）经常抱怨说，他的雇员因为醉酒而没有出勤工作。1909 年，巴叶扎的年度节日庆祝活动期间出现了公开赌博行为。州政府官员震惊于当[196] 地官员许可了曾被禁止的纸牌游戏和博彩。中央政府也斥责一些市政厅允许在公共用地上蒸馏梅斯卡尔麟凤兰酒（*mezcal sotol*）。在该地区的另一个农业社区萨拉戈萨谷（Valle de Zaragoza），庄园和牧场里始终都有秘密的酒类销售行为。合法或非法售酒盛行的圣安东尼奥·德尔·图勒（San Antonio del Tule）、韦霍蒂坦（Huejotitan）、罗萨里奥（Rosario）等地，居民们发起请愿，希望摆脱无节制饮酒行为所带来的混乱、浪荡的叫喊，甚

---

[12]　关于洛斯阿祖勒斯，参见 el jefe de la seguridad pública, Los Azules, to jefe político, Distrito Hidalgo, 21 junio 1904, caja 1904G; presidente municipal, Santa Bárbara, to jefe político, 25 junio 1904, caja 1904O; Agustín Páez, jefe municipal, Santa Bárbara, to jefe político, 3 octubre 1908, caja 1908AA。关于埃斯科贝多镇，参见 presidente municipal, Villa Escobedo, to jefe político, 27 septiembre 1904, and 9 noviembre 1904, caja 1904C; reports from San Francisco del Oro, in presidente municipal, San Francisco del Oro, to jefe político, 13 abril 1906, caja 1906C; Agustín Páez, jefe municipal, Santa Bárbara, to jefe político, 2 enero 1911, caja 1911B。关于铁路工人，参见 J. J. Gutiérrez, presidente municipal, Santa Bárbara, to jefe político, 17 diciembre 1900, caja 1900SUSY, all in AM。

至开枪行为。就像采矿城镇一样，请愿者指出，此类丑行破坏了家庭生活，并可能导致后代也变得堕落。[13]

在采矿和农业社区里，当局所称的"丑行"包括一系列固定的脚本。首先，痛饮狂欢的人们占据街道，进行游行或跳舞。例如，在萨拉戈萨谷的一次著名事件中，参与者们以舞蹈形式嘲笑了另一位公民，然后沿着城市街道游行。另一个事件发生在圣巴巴拉，一群饮酒的工人伴随着音乐在街上游行（激起了那些自称为"平和邻居"的居民的极大愤慨）。[14] 喧吵的、"不恰当"的噪音是"丑行"第二阶段的特点。狂欢者经常大声侮辱、喊出猥亵言语或大声唱歌。此后，他们不可避免地会开枪。如果对骂的话，辱骂言语几乎总是在挑战旁观者和地方官员的男子气概。例如，在萨拉戈萨谷的"丑行"中，饮酒者在街上游行时大喊"懦夫去死"。韦霍蒂坦的一个违背公共秩序的人向旁观者叫板，称"如果他们是男人的话就去抓他"。圣巴巴拉的一名顽固分子反复执行了这一仪式：醉酒后拿着手枪，骑马穿过街道，威胁并咒骂他遇到的人，闯入商店，（据当地官员所说）他展示了所有种类的恶习。[15]

---

[13]　关于巴叶扎，参见 Miguel Armendáriz, presidente municipal, Balleza, to jefe político, 1 octubre 1904, folder 1904, caja decade 1900A; Armendáriz to jefe político, 10 octubre 1906, caja 1906Y; Armendáriz to jefe político, 23 enero 1909, caja 1909F; Mateo Moreno, jefe municipal, Balleza, to jefe político, 18 diciembre 1909。关于萨拉戈萨谷，参见 presidente municipal, Valle de Zaragoza, to jefe político, 18 junio 1903, caja 1903I; Francisco Chavez L., jefe municipal, Valle de Zaragoza, to jefe político, 16 octubre 1907, caja 1907A。另参见 presidente municipal, Huejotitan, to jefe político, 10 abril 1903, caja 1903J; thirty petitioners, hacienda de San José de Gracia, municipalidad de Valle del Rosario; to governor, 3 abril 1906, caja 1906N; jefe municipal, Huejotitan, to jefe político, 26 junio 1907, caja 1905G; petitioners from San Antonio del Tule, in Guillermo Porras, secretario, secretaría de gobierno del Estado, ramo de instrucción pública, 16 marzo 1909, caja 1909C, all in AM。

[14]　Presidente municipal, Valle de Zaragoza, to jefe político, Parral, 18 junio 1903, caja 1903I; Varios vecinos, "Escandalitos en Santa Bárbara," La Nueva Era, 28 julio 1904, 3:1, caja 1904A, AM.

[15]　Bernabé Uribe, R. 3e E. de la jefatura municipal, Santa Bárbara, to jefe político, 27 agosto 1906, caja 1906T; 关于韦霍蒂坦，参见 jefe municipal, Huejotitan, to jefe político, 26 junio 1907, folder Huejotitan 1905-1911, caja 1905G. 伊达尔戈区的档案资料中还出现了关于丑行的许多其他描述。

通过丑行，伊达尔戈地区的劳动人民拒绝了社会秩序的精英观念。官员们认为这些行为是可耻的，因为他们与该地区更"受人尊敬"的居民一起，从道德角度看待公共空间。妓院（ *casas de tolerancia* ）是道德失范的中心，而受人尊敬的家庭（ *casas de respeto* ）则是美德的化身。对体面的人而言，空间本身具有道德特征。墨西哥中产阶级预想到了恶习的城市地理分布，试图从市中心移走妓院、小酒馆和大众娱乐场所。例如，在圣巴巴拉和埃斯科贝多镇的采矿城镇里，官员们指定了专门的酒类销售区和妓院分布地。帕拉尔的官员们除了打击犯罪恶习外，还试图清除无围栏的地块和其他流动人员可能聚集的场所。[16] 与 18 世纪的法国一样，伊达尔戈地区的官员们试图通过在时间和空间层面固化大众阶层，以达到为体面的人保留重要公共空间的目的。[17] 他们认为，实现这一目的的方式包括从市中心取缔饮酒、赌博和其他形式的大众娱乐活动。

[197]

通过占据街道并违背中产阶级关于体面和尊重的价值观，大众阶层的饮酒狂欢者抵制了波菲里奥时期统治者借以实现统治的文化框架。他们坚持一种证明自我价值的独特方式。隶属有教养的社会（ *sociedad culta* ）的人们依据家庭、财富和人脉将社会分为有价值的和无价值的这两个群体，而流动人口和劳动阶层的成员则根据武力赋予个人荣誉。在讨论埃斯科贝多镇的一份请愿书时，行政长官将有价值的人（ *personas de valer* ）定义为商人、矿主和大型矿业公司的代表。那些签署了请愿书的人，包括矿场工人（ *barreteros y operarios* ），被他形容为没有地位的人（ *de ninguna representación* ）。[18] 诉诸武力作为最终的丑行，体现了一种关于价值的独特

---

[16]   Rodolfo Valles, jefe político, to c.c. miembros de la asamblea municipal, 2 julio 1906, caja 1906N, AM.

[17]   Daniel Roche, *The People of Paris: An Essay in Popular Culture in the Eighteenth Century*, trans. Marie Evans (Hamburg, NY, 1987), 272.

[18]   Rodolfo Valles, jefe poiftico, Distrito Hidalgo, to c. secretario del gobierno, 24 febrero 1906, caja 1906T, AM.

衡量方式——基于独立性、个人荣誉以及通过诉诸武力来保护这些特征的能力。正如伊达尔戈地区的一名流动人口成员所说："我有一支手枪和一支步枪来证明自己的价值。"[19] 作为个人美德的荣誉因此可以颠覆现有的社会秩序。

此外，小酒馆、台球厅和妓院成为表达大众文化的重要中心。这些墨西哥人像 18 世纪巴黎大众阶级一样，在酒馆中推行自己的规矩和行为准则。[20] 虽然改革者努力将妓院和小酒馆驱逐到特定和受限的区域并实行严格的关闭规定，但他们在这两方面都没有成功。在帕拉尔郊外，在圣巴巴拉和埃斯科贝多镇的矿山镇里，尽管建立了新的警察部队并将小酒馆限制在特定区域，但秘密的酒类销售行为依然困扰着市政官员。[21]

小酒馆、台球厅和妓院里的工人阶级饮酒者抵制中产阶级道德家和市政官员所提倡的时间限制，并推行自己的时间安排方式。进入 20 世纪后，帕拉尔的商店员工开始要求商人们在每周日下午 1 点后以及国家法定节假日关闭商店。1906 年初，伊达尔戈地区的行政长官实施了这项政策。同时，州级官员通过立法规定销售酒精类饮料的商店在周日下午必须关门。小酒馆和酒类商店店主在一定程度上出于无照经营和非法竞争的原因，毫不犹豫地在禁止的时间内接待饮酒者。尽管有新的规定，帕拉尔小酒馆的员工们愤愤地向州长抱怨说，大多数雇主无视法律，在下班后甚至在周日继续 [198]

---

[19] Jesús Lozano, juez, juzgado de paz del Tercero, Parral, to jefe político, 1 agosto 1904, caja 1904C, AM. 洛扎诺（Lozano）引述了他的话："我有手枪和卡宾枪，我用它们证明了自己的价值（Tengo pistol a y carabina, con que hacerme valer）。"其他学者也注意到荣誉与价值之间的紧密联系。参见 James Farr, *Hands of Honor: Artisans and Their World in Dijon, 1550–1650* (Ithaca, NY, 1988), 179。关于新西班牙殖民时期的荣誉，参见 Patricia Seed, *To Love, Honor, and Obey in Colonial Mexico: Conflicts over Marriage Choice, 1574–1821* (Stanford, CA, 1988), 62–65。

[20] Roche, *People of Paris*, 255.

[21] Jorge Maul, jefe municipal, Vilie Escobedo, to jefe político, 27 mayo 1908, caja 1908ñ; Agustín Páez, jefe municipal, Santa Bárbara, to jefe político, 17 enero 1910, caja 1910B, AM.

出售酒类，他们因此被迫工作到深夜。[22] 警方的报告证实了他们的指控。1906 年年中，指挥官（comandante）特里尼达·托雷斯（Trinidad Torres）报告说，虽然服装店和农产品商店会在周日下午早些时候关闭，但许多小酒馆却没有遵循该规定。国际化酒馆（La Internacional）、十五字酒馆（Las Quince Letras）、绿色酒馆（Cantina Verde）、中央酒馆（La Central）、天堂酒馆（El Paraíso）、弗朗西斯酒店（Hotel Frances）、大中央酒馆（Gran Central）和其他两个无名酒馆等仍在营业。[23]

妓院与小酒馆和台球厅一样，规定在这里无法实现渗透。妓院分区（Ramo de Tolerancia）的文件描述了该行业被法律许可的方面。帕拉尔在 1902 年有四所妓院，共包括 69 名妓女。到 1906 年，只有 24 名被列为头等级别的妓女和 19 名第二级别的妓女在地方当局认可的妓院里工作；至次年年底，五所头等级别的妓院和两所二等级别的妓院雇用了 68 名妓女。1908年，有 60 名女性登记为妓女。尽管这些女性大多数是墨西哥人，但也有一些法国、美国和日本的女性自称是妓女。法规还具体规定了妓院在奥坎波街（Calle de Ocampo）或农业街（Calle de la Agricultura）上的位置。[24] 受管制的妓院里也经常发生非法售酒、不遵守关门规定或出现其他丑行的

---

[22] Seven cantina employees, Parral to governor, Chihuahua, 22 enero 1906, caja 1906X. 帕拉尔的媒体对星期日休息运动做了充分的报道。参见 "El descanso dominical de los dependientes," El Hijo del Parral, 5 octubre 1902, 1, caja 1902D; "El cierre de las casas comerciales," El Hijo del Parral, 26 noviembre 1905, 1, caja 1906G, all in AM。

[23] Trinidad Torres, comandante, Parral, to jefe político, 22 mayo 1906, caja 1906H; Torres to jefe político, 28 mayo 1906, caja 1906G, all in AM. 其他的酒馆名称包括海鸥（La Gaviota）、新金岩（La Nueva Roca de Oro）、哥伦比亚（La Columbia）、新世界（Nuevo Siglo）、波西米亚（La Bohemia）、平安夜（La Noche Buena）、狂欢夜（La Verbena）、冰岩（La Roca de Hielo）、财富（La Fortuna）、未来（El Porvenir）以及黄金泉（La Fuente de Oro）。

[24] Number of prostitutes compiled from Padrón de las meretrices inscritas en el ramo de Tolerancia, 1902, caja 1902F; Médicos cirujanos municipales, 26 febrero 1906, caja 1906U; Partes rendidos por el Agente de Sanidad, dic. 1907, caja 1907L; Partes rendidos por el Agente de Sanidad, 2 mayo 1908, caja 1908S; Agustín Páez, jefe municipal, Santa Bárbara, to jefe político, 10 diciembre 1907, caja 1907H, AM. 据派斯（Páez）的统计，1907 年底，圣巴巴拉共有 39 名登记在册的妓女。

情况。许多女性拒绝登记或接受卫生官员的每月检查；她们还拒绝携带法律规定的记录本（*libreta*）。1909 年后期，16 名帕拉尔的妓院老板和注册妓女向行政长官抱怨说，秘密的卖淫活动非常盛行，以至于他们无法赚到任何钱。与酒商的情况一样，这些秘密卖淫的人不缴纳市级赋税，导致了不公平竞争。[25] 与小酒馆和台球厅一样，所有妓院里的流动人口和劳动阶层忽略了合法与非法之间的界限，并建立了他们自己的规则。

　　赌博代表了伊达尔戈地区大众文化的另一个组成部分。在周日或节假日，整个伊达尔戈地区工人都会赌博，这在发薪日也愈发普遍。生疏的铁路工人赌马和斗鸡，其他人则在集市和假日期间沉迷于赌博游戏，而整个塔拉胡马拉（Tarahumara）地区都对长距离赛的结果下赌注。工人们还聚集在矿山营地的小酒馆和台球厅里赌纸牌游戏。圣巴巴拉的市政当局报告说，每晚都有赌博发生，尤其是在某个特定的小酒馆。波菲里奥政权的最后十年里经常逮捕赌博者，即便如此也无法制止这种行为。[26] 除了聚众赌博和玩牌外，工人们还参与彩票和抽奖活动。在某些情况下，墨西哥中产 [199] 阶级甚至赞助了这些活动。例如，奇瓦瓦城一家工厂的员工们购买了老板在圣诞节期间发行的抽奖券，以获得大额现金奖励。

[25]　Sixteen prostitutes and matronas of Casas de Asignación, Parral, to jefe político, 26 noviembre 1909, caja 1909Q, AM.

[26]　J. J. Gutiérrez, presidente municipal, Santa Bárbara, to jefe político, Parral, 9 noviembre 1900, caja 1900SUSY; Agustín Páez, jefe municipal, Santa Bárbara, to jefe político, 12 noviembre 1906, caja 1906C; Páez to jefe político, 2 abril 1907, caja 1907J, all in AM.

节日与过渡仪式

　　个人庆祝活动为工人们提供了表达自我和争取公共空间的其他机会。《邮报》（*El Correo*）指出，大多数以体力劳动为生的人在生日、洗礼和婚礼宴席上花费奢侈。[27] 在矿区，家庭关系扩展到了工作场所（亲属通常在同一家采矿承包商工作或组成两人的钻探团队），并通过过渡仪式相关的庆祝活动进一步将工作场所与家庭联系起来。个人生活中的重要时刻使工友们可以一起庆祝，而采矿营地中的高死亡率则促使工人们经常向地区官员发起请愿，希望建立当地的公墓以便恰当地纪念死者。葬礼为展示社区的团结（而非阶级的团结）提供了机会。矿主佩德罗·阿尔瓦拉多（Pedro Alvarado）的妻子于 1905 年去世时，他在拉帕尔米拉（La Palmilla）矿山所雇佣的最贫寒的工人们抬着她的棺椁一路穿过街道游行至墓地。[28]

　　中产阶级的评论员们讨论了婚礼、洗礼和生日庆祝等仪式的支出，以及工人阶级妇女的奢华品位。他们坚持认为，任何人在赶集日、舞会或节日庆祝活动看到这些妇女的话，都会通过着装判断出她们是享受舒适生活的人。在社论撰写人的观点里，这种对奢侈享受的沉迷误导了其他人，更重要的是，导致妇女挨饿、过早衰老或生病。对中产阶级评论员们而言，这样对奢侈的追求是说不通的。[29] 矿山工人的行为同样看似不合逻辑。《邮报》提出疑问，那些在如此艰苦的工作中冒着生命危险赚钱的男人为何会那样轻易地消费，仿佛这些钱都是从赌博中得到的。其他评论员同意该观

---

[27]　"Uno de nuestros defectos," *El Correo*, May 12, 1905.

[28]　"Correspondencia del Parral," *El Correo*, May 11, 1905.

[29]　"Uno de nuestros defectos," *El Correo*, May 12, 1905.

点。美国的矿山管理者们认为，墨西哥工人只想向邻居炫耀自己的着装。[30]
在奇瓦瓦，工人阶级的消费习惯在较为富裕的评论员们看来似乎是不合
理的。

奇瓦瓦的工人们开始公开并象征性地展示一种他们认为是更优越的生
活方式。工人及其家人通过着装挑战丹尼尔·罗什所创造的引人深思的词
汇，即外表的社会等级。[31] 通过这种方式，他们要求融入高雅社会。墨西哥
工人们利用着装实现这一目的，复制了其他国家同阶层人群的行为。在关于   [200]
法国工人阶级形成的讨论中，米歇尔·佩罗指出，工人的期望通过着装得以
具体化，服装成为法国工人阶级预算中增长最快的支出。着装作为生活改善
的最显著证明，在墨西哥和法国都引起了大量批评。彼得·斯特恩斯（Peter
Stearns）提到，法国生产商惊诧于他们的员工们能在星期天时穿得起中产阶
级的服装，因此阐述了他们对社会标准被降低的不满。工人利用服装来主
张并不存在的地位平等。1860 年后，许多中上阶层法国公民对大量下层阶
级女性超越自身社会阶层的衣着打扮表示愤慨。[32] 服装在美国具有同样的象
征性意义。1908 年，《福特时代》（Ford Times）嘲笑了一名"时髦浮夸的员
工"，形容他戴着的"帽子价格比老板的还高"，"整洁无比"，穿得"像时尚
达人"。编辑总结说："穿着高领衣服的时髦员工不是那种脚踏实地艰苦工作

---

[30] "Uno de nuestros defectos," *El Correo*, May 12, 1905; Morse interview, Doheny Papers; Labor
      Conditions, Southern Sinaloa, Doheny Papers.

[31] Roche, *People of Paris*, 160.

[32] Michelle Perrot, "On the Formation of the French Working Class," 104; Peter N. Stearns, *Paths to
      Authority: The Middle Class and the Industrial Labor Force in France, 1820–48* (Urbana, IL, 1978), 78;
      Eugen Weber, *Peasants into Frenchmen: The Modernization of Rural France, 1870–1914* (Stanford, CA,
      1976), 21. 阿根廷的改革者指出，对于奢侈的追崇在很大程度上迫使女性成了妓女。参见 Donna
      J. Guy, *Sex and Danger in Buenos Aires: Prostitution, Family, and Nation in Argentina* (Lincoln, NE,
      1991), 49。19 世纪的中产阶级社会生活观察家认为，时尚界的奢侈之风也与女性美德的丧失存
      在关联。参见 Mariana Valverde, "The Love of Finery: Fashion and the Fallen Woman in Ninteenth-
      Century Social Discourse," *Victorian Studies* 32, no. 2 (Winter 1989): 169–170。

的人。"[33]在伊达尔戈地区，高雅社会的成员们希望着装能与生活中的地位相匹配。当局定期根据通缉犯的着装来描述他们的形象。他们认为，"穿着工人服装"这一说法足以作为识别依据。工人们在脱掉工作服并穿上周日的西装和鞋子后，表现出一副与中产阶级平起平坐的姿态。[34]

主张平等并不意味着工人们认为自己是对体面的人的苍白模仿。尽管存在劳动力的流动性和工作性质的变化，矿山工人文化的各个方面还是蓬勃发展。他们在属于自己的空间里建造教堂和神龛。例如，在奇瓦瓦州科拉利托斯（Corralitos）的圣佩德罗矿山，有一条短小通道从矿井入口通往地下教堂。矿山经理莫里斯·帕克（Morris Parker）观察到，它是一个神圣的礼拜场所，虽然通常无法容纳所有希望参加各种仪式的人。[35]后来，帕拉尔的矿工们在法蒂玛圣母（Our Lady of Fátima）教堂的地上空间里重建了地下教堂的世界，建造使用的岩石取自附近的矿山。在这座教堂中，祭坛由一块巨大的石板构成，像枝形吊灯一样从安装在天花板上的粗糙木头顶端伸出来。木头代表从地面伸入地下的树根，象征性地将教区居民运送到地下工作空间。[36]工人还继续以独特的方式庆祝其宗教信仰。在下矿井时，工人们经常用圣歌赞颂他们的守护神，一位当代评论员将其称为"不和谐且粗俗，却又温柔、甜蜜、充满信仰"。[37]

[201]　　就像工人们信仰的独特实践一样，采矿地区也出现了特有的仪式日

---

[33]　关于《福特时代》的信息，引自 Stephen Meyer Ill, *The Five-Dollar Day: Labor Management and Social Control in the Ford Motor Company, 1908–1921* (Albany, NY, 1981), 73。

[34]　Quotation from Juzgado 1° de Lo Penal, Parral, to jefe político, 15 mayo 1906, caja 1906D; 关于其他提及着装的逮捕令，参见 jefatura de cuartel, Ojuela, to jefe político, 4 noviembre 1902, caja 1902C; Juzgado 1° de Letras, Parral, to jefe político, 30 julio 1902, caja 1902D, all in AM.

[35]　Morris B. Parker, *Mules, Mines, and Me in Mexico, 1895–1932* (Tucson, AZ, 1979), 27.

[36]　作者于 1987 年 8 月在帕拉尔参观这座教堂时的亲自观察。

[37]　J. Trinidad Hernández y Chavez, "El barretero," *El Hijo del Parral*, 18 octubre 1903, 1:1, caja 1903C, AM.

历。[38] 最重要的节日是 5 月 3 日的圣克鲁斯（Santa Cruz）节。尽管这一
天在整个墨西哥广为人知，但庆祝活动主要是在奇瓦瓦州。在圣尤拉利亚
（Santa Eulalia）和圣多明哥（Santo Domingo），矿工们为纪念他们的圣人准
备了庄严的宗教仪式。这一天对帕拉尔的居民具有特殊的意义，因为这座
城市位于圣克鲁斯山脚下。同样在帕拉尔，每年的闪电狂欢晚会（Verbena
del Rayo）于 8 月 11 日举行。附近圣巴巴拉的社区里，人们每年庆祝 9 月
5 至 12 日的节日。[39] 奇瓦瓦和帕拉尔的狂欢节在 1902 年和 1903 年是政
府严格管制的对象；到 1905 年，《邮报》欣喜地发现，狂欢节的闹剧似乎
已成为历史。[40]

　　尽管对狂欢节有限制，但与之相关的狂欢活动仍在继续。例如，在
1903 年圣克鲁斯庆祝活动后不久，《新时代报》（La Nueva Era）谴责了参
加庆祝活动的居民们，因为他们喝得酩酊大醉，在公共场合行为不端。[41]
在该州的另一地区奥吉纳加（Ojinaga），评论家们对圣诞节的到来感到恐
惧，在他们看来，圣诞节对大众的意义只不过是连续喝酒和赌博一个月的
机会。[42]《邮报》在 1901 年帕拉尔举行的圣诞庆典时报道说，前几年的混乱
状态已经不复存在，并得出结论：人们的文化肯定正在改善——这是一件
真正值得庆祝的事情。[43] 中产阶级担忧的持续性表达揭示了大众阶层的狂
欢是这些庆祝场合的特征；在中产阶级评论者们看来，这种狂欢使庆祝活

---

[38] 关于欧洲语境下的采矿节的讨论，参见 Klaus Tenfelde, "Mining Festivals in the Nineteenth Century," *JCH* 13 (1978): 377–412。

[39] 关于帕拉尔，参见 "A traves del estado: Parral," *El Correo*, August 23, 1902; "En Hidalgo del Parral," *El Correo*, August 17, 1904; Francisco Cordero, Parral, to jefe político, 1 julio 1911, caja 1911S, AM。关于圣巴巴拉，参见 "Fiestas en Santa Bárbara," *La Nueva Era*, 22 agosto 1901, caja 19020, AM。

[40] "La entrada de la cuaresma," *El Correo*, March 8, 1905.

[41] T. A. Clara, "Mas reverencia," *La Nueva Era*, 7 mayo 1903, caja 1903H, AM.

[42] "A traves del estado: Ojinaga," *El Correo*, December 5, 1902.

[43] "Notas del Parral," *El Correo*, January 15, 1902.

动变成了丑闻。

矿主们用这些庆祝活动来推进自己的计划。帕拉尔的佩德罗·阿尔瓦拉多抓住纪念圣克鲁斯的仪式，认为这是一个与工人们建立家长式关系的机会。在瓜达卢佩圣殿的上午奏乐、在圣克鲁斯山上的乐队表演以及礼拜之夜后，阿尔瓦拉多还赞助了在波菲里奥·迪亚斯广场上的焰火表演。每枚烟花上都装饰有圣母像，其中一枚携带着一面写有"拉帕尔米拉矿业协会"（Negociación minera de la Palmilla）的布旗。之后，他招待了工人们。《邮报》估算，阿尔瓦拉多每年花费 3,000 比索来赞助这项庆祝活动。至少在 1904 年，由于地方当局的警惕和大众阶层的"恰当"行为，秩序一直得以维持。在培育这种关系的过程中，阿尔瓦拉多重返了旧的劳资关系，并没有创造新形式。美国冶炼和精炼公司和其他类似公司没有利用印着圣母的烟花、招待餐饮或家长式的关心，而是为工人提供公司商店、学校和按时出勤奖金等福利。[44]

州政府当局和矿主们还认为，互助会和夜校可以用以影响工人的行为。工人合作社（Sociedad Cooperativa de Obreros）在世纪之交之前在帕拉尔建立，为工人们开办了一所夜校。1904 年，67 名学生在学校注册，约 35 人定期参加会议。《新时代报》用极为家长式的方式描述了这个合作社促进工人阶级的教育和进步的目标，并报道说，合作社成功地将知识传授给了大多数完全无知的人们，尽管是在最基础的层面。[45] 互助会也赞助了面向工人们的夜校。1906 年，圣巴巴拉的一个名为"维森特·格雷罗"（Vicente Guerrero）的工人互助会开设了一所学校。埃斯科贝多镇的市政长官设立了

[202]

---

[44]　关于 1904 年庆祝活动的描述，参见" Por el Parral," *El Correo*, May 13, 1904。关于雇主们一边"回顾"旧秩序，一边摸索全新的客观纪律的讨论，参见 Pollard, *Genesis of Modern Management*, p. 182。可将其与摩根所讨论的墨西哥城发展情况进行对比。

[45]　"¡Importante á los adultos!" *La Nueva Era*, 18 agosto 1901, caja 1902G, AM.

名为"家庭保护"（Protección del Hogar）的互助会，在矿工因病无法工作时为其提供医疗和经济援助。[46] 当局将互助会和学校视为对工人阶级施加道德和纪律的另一种手段。尽管有这些意图，伊达尔戈地区的许多矿业公司报告说，它们的工人尚未加入这些社团。

在该州的其他地方，那些加入此类社团的工人发现，他们能够通过这些组织在对自己重要的问题上采取行动。例如，墨西哥木匠联合会（Unión de Carpinteros Mexicanos）的负责人员们控诉了外国管理者对待他们的方式。心怀不满的木匠们之所以怨恨外国老板，倒不是因为他的国籍，而是因为他在工作场所歧视他们。他付给外国工人的钱是付给墨西哥工人的两倍，而且还只以美国工人助手的形式雇用墨西哥人，并没有将他们视为熟练的木匠。[47] 在索诺拉州的卡纳尼亚（Cananea），美国籍技术工人的比例很高，付给他们的工资也更高，这促使墨西哥技术工人发起抗议并组织工会。他们对更高工资、晋升渠道和墨西哥本地化的需求没有得到满足，导致工人们在 1906 年举行罢工。[48] 在墨西哥大革命之前，技术工人要求工资和机会实现均等。他们通过互助会追求这些目标的实现。

大众观念与态度

工作条件促使技术工人们达成共同目标，伊达尔戈地区的居民们对政

[46] "Ecos de Villa Escobedo," *El Padre Padilla*, 15 noviembre 1905, caja 1906T, AM.

[47] "Vejaciones a mexicanos," *El Correo*, June 8, 1907.

[48] Alan Knight, *The Mexican Revolution*, 2 vols. (Cambridge, 1986), 1:146–150.

[203]　　府应当发挥的作用也形成了共同信念。所有人都憎恨专横的地方官员。在试图不冒犯州级领导人的请愿书中，签名者们抱怨道，尽管州政府是值得尊敬的、廉洁的和公正的，但地方官员却梦想拥有绝对的权力，并试图成为一方领袖。[49] 一名请愿人将圣尼古拉斯·德尔卡农（San Nicolás del Cañón，他称之为"远离高雅社会"的地方）的官员们形容为无知、专横、缺乏文化和荣誉感的人。他认为，这些官员通过使公民遭受野蛮和武断的法令，玷污了符合规则的行政管理。在将请愿书提交给州政府时，他明确指出，失败的原因在于个别官员的性格，而不是政府的体制，并且他表示自己相信如果能够使州政府了解真实情况，那么就会任命那些高尚可敬的官员。[50] 图尔·德·圣安东尼奥·德·阿雷瓦洛（Tule de San Antonio de Arévalo）的 50 名农业工人也表达了同样的观点。尽管许多人无法签署请愿书，但他们要求委任新的警察局长（comisario de policía），让他们可以不再受骚扰、平静地工作。[51]

　　伊达尔戈地区的矿山工人对此表示赞同。在波菲里奥统治快要结束时，帕拉尔的行政长官试图强制执行规定，要求在该市的各家各户安装新的卫生管道。市政当局促进卫生和清洁的努力，包括对违规行为处以罚款的威胁等，招致了大量的请愿。请愿者称自己是伊达尔戈地区的采矿工人，他们强调自己由于缺乏工作而无力支付改进工程的费用。克雷斯森西奥·塞恩斯（Crescencio Sáenz）掌握了许多成功拥有一小份地产的工人的心情，他抗议说这样的强制做法意味着强迫的进步（progreso forzado）。塞恩斯向

---

[49]　波菲里奥政府统治之前和之后，请愿者都使用了"领袖"（caciques）一词。许多居民在 1911 年给新州长的信中写道："对于领袖制（caciquillos）的滥用仍然广泛地发生在这片不幸的土地。"参见 vecinos de Hidalgo del Parral to c. gobernador, Chihuahua, 6 abril 1911, caja 19111, AM。

[50]　Rafael Contreras, San Nicolas del Cañón, to jefe municipal, Olivos, 23 diciembre 1905, caja 1905K, AM.

[51]　Five labradores, Tule de San Antonio de Arévalo, to jefe político, Distrito Hidalgo, 4 junio 1909, caja 1909B, AM.

当局官员讲解了政治经济学的真实规律。他设想了对进步概念的一种更加人道和道德的定义，将总量尽可能多的物品赋予数量尽可能多的个人。在这种更为友善和温和的进步模式下，经济将以协商一致的方式运作，在不耗尽资源的情况下开发资源。根据塞恩斯的说法，伊达尔戈地区的行政长官正在用他专横暴虐的地方统治破坏真正的进步，他对待居民的方式就像一名傲慢的苏丹。[52] 另一名请愿人的结论是，统治当局的功绩必须以他们的法令和决策所能带给穷人（他称之为大多数人）的幸福感来衡量。根据这一标准，他得出结论：瓦勒斯先生（Señor Valles）是有史以来最不适合统治伊达尔戈地区的政治家。[53]

　　请愿者辩称，所有墨西哥人都因公民身份而享有基本的个人权利，他们引用《1857年宪法》来支持其诉求。他们憎恨专横的当局，正是因为这些官员侵犯了这份神圣文件赋予他们的个人权利。瓜萨拉奇克（Guasarachic）的印第安总督（*gobernadorcillo*）何塞·帕兰（José Pallan）认为，宪法保护了墨西哥土地上所有人被赋予的个人权利。将这些权利纳入宪法，使帕兰为"生活在这个被庇佑的国家而感到非常自豪"。[54] 在地区牧场主和村庄中，请愿者称宪法为"我们最神圣的盾牌"和"我们共和国的基本文件"，并引用具体条款来支持其要求。矿业城镇的居民对宪法也同样熟悉。许多人告诉警察，除非在不法行为中被当场抓捕，否则他们既不会被逮捕，也不能被骚扰。当行政长官逮捕被控谋杀妻子的矿工维克多里奥·加西亚

[204]

---

[52]　Crescencio Sáenz in el secretario, secretaría del gobierno del estado, Ramo de Fomento, to jefe político, Distrito Hidalgo, 24 junio 1908, caja 1908B, AM.

[53]　Rafael Díaz in el secretario, secretaría del gobierno del estado, Ramo de Fomento, to jefe político, Distrito Hidalgo, 27 mayo 1908, caja 1908A, AM.

[54]　José Pallan, gobernadorcillo de Pueblo de Ouasárachic, to governor, found in el secretario, secretaría del gobierno del estado, Ramo de Fomento, 13 abril 1908, caja 1908J. 关于《1857年宪法》（Constitution of 1857）的另一种说法，参见 Rafael Contreras, San Nicolas del Cañón, to jefe municipal, Olivos, 23 diciembre 1905, caja 1905K, AM。

（Victorio García）时，加西亚向地区司法官员抗议说，行政长官违反了《1857 年宪法》第 14、16 和 23 条规定的对个人权益的保障。首先，加西亚声称他只能由一个司法机构所管辖的合法的法庭来审讯和判刑，而不是由行政长官来判决。其次，他声称他的个体和住宅都不得受到打扰，除非有来自主管当局的书面命令，而绝不是由行政长官执行的那种命令。最后，由于害怕执行逃跑法案（ley fuga，即在"试图逃跑"时被枪杀），他指出死刑已经被废除。[55]另一名因无法偿还债务而被关押在米纳斯努瓦斯监狱的矿工引用了第 17、18 和 19 条为自己辩护。此外，圣巴巴拉的扰乱治安的理发师里恩·普罗阿（León Proa）抗议称，逮捕他是违反宪法的行为。对普罗阿来说，贝尼托·胡亚雷斯已经把这些神圣的法律传达给了墨西哥人民，他打算捍卫自己的权利。[56]

这些观点构成了大众或民间自由主义。[57]在整个墨西哥，大众阶层从过去自己的经验和英雄事迹中吸取教训。他们尊敬贝尼托·胡亚雷斯，尊重《1857 年宪法》，同时还庆祝 19 世纪 60 年代在反抗法国人和保守派中获得的胜利；这些形象既激发了对滥用权力的政府当局的反抗，也证明了这种反抗的合理性。墨西哥的精英阶层曾利用过这些同样的事件，通过仪式

---

[55] Victorio Oarcía, barretero, to juez de distrito, 4 julio 1902, caja 1902D. 卢莎娜·洛佩斯（Lusana Lopez）对当地警方进行了严厉的谴责，并告知他们，除非当场抓获，否则就不能以秘密人员（clandestina）的罪名将她逮捕。参见 Lusana Lopez, Parral, to jefe político, 2 febrero 1909, caja 1909E, AM。

[56] León Proa, Santa Bárbara, to jefe político, 2 julio 1903, caja 1903I, AM. 普罗阿（Proa）表示："我为自己辩护，我坚信那些神圣的法律将会为我们带来荣光——贝尼托！胡亚雷斯！神圣的宪法法律！我要说出真相，而不是刻意歪曲，我要捍卫我的权利！"（Yo me amparo y mede fiendo con haquellas Sagradas Leyes que nos dejo haquel memorable-iBenito! ¡Juárez! Esas sagradas Leyes de La Constitución! y protesto decir verdad y no hobrar de malicia y ¡Defender mi derecho! ）Petition from operario in José María Muniz, Cárcel de Minas Nuevas, to jefe político, 8 agosto 1902, caja 1902M, AM.

[57] 艾伦·奈特（Alan Knight）提出了"民间自由主义"的概念，参见 "Revolutionary Project, Recalcitrant People: Mexico, 1910-40," in The Revolutionary Process in Mexico: Essays on Political and Social Change, 1880-1940, ed. Jaime E. Rodrfguez O. (Los Angeles, 1990), 233。

进行美化和理想化，以使社会秩序实现合法化，这印证了詹姆斯·斯科特的结论，即这样的过程总是为其主体提供批判的思想和可以用来塑造反抗的象征性工具。[58] 与汤普森所研究的 18 世纪平民一样，大众阶层借用了精英政治言论的主导议题，并转而用以反抗自己的统治者。[59] 这样的观点可能会挑战社会秩序，即便它们与同道而行的"自由主义者"所倡议的一样。例如，随着 1910 年墨西哥革命的爆发，伊达尔戈地区的工人们用对他们而言具有意义的词汇重新诠释了中产阶级革命者的信息：在他们看来，需要 [205] 打倒的最糟糕的地方头目是铁路建筑老板和矿工工头，而革命的目标是获得更高的工资和稳定的工作。[60]

当那些受民间自由主义鼓舞的人开始体验工业化工作的新条件时，一种不依赖于每日工资的共同意识出现了，尤其是那些具备技能的工人。按日计酬的工人（*jornaleros*）在请愿中要求解除关于退出就业市场的规定，强调他们可用的唯一资源来自工作。为了维持自己及家人的生活，他们"必须依靠最神圣的工作挣得每日工资"。[61] 44 名请愿的操作工（*operarios*）表达了同样的观点，表明他们除了靠工作挣来的钱外没有其他的资源。来自圣巴巴拉的一名男子解释说："我不工作的日子就是我的家人没饭吃的日子。"[62] 毫不令人奇怪的是，技术工人们要么联合起来捍卫

---

[58]　James C. Scott, *Weapons of the Weak: Everyday Forms of Peasant Resistance* (New Haven, CT, 1985), 338. 参见斯科特在该书中提出的关于霸权概念的批判，第 304—350 页。

[59]　E. P. Thompson, "Eighteenth-Century English Society: Class Struggle without Class," *Social History* 3, no. 2 (May 1978): 158. 19 世纪上半叶的美国工人持有的共和主义信仰包括联合、美德、独立、公民身份以及平等。肖恩·威伦茨（Sean Wilentz）得出结论，面对社会生产关系的变化，普通工人开始重新诠释他们的共同理想，并为这些术语的含义开展斗争。参见他的著作 *Chants Democratic: New York City and the Rise of the American Working Class, 1788–1850* (New York, 1984), 14。

[60]　N. B. Gonzaález, comisionado, Borjas, Ramal del Parral y más de cien firmas, to Sr. Abraham González, gobernador del estado, 1 agosto 1911, caja 1911S, AM.

[61]　Twenty-eight jornaleros, Parral, to gobernador, Chihuahua, in secretario, secretaría del gobierno del estado, Ramo de Fomento, 13 marzo 1908, caja 1908B, AM.

[62]　León Proa, Santa Bárbara, to jefe político, Parral, 2 julio 1903, caja 19031, AM.

自己的收入，要么要求增加工资。1906 年，在伊达尔戈地区，特科罗特斯（Tecolotes）矿山举行罢工的木匠们（技术工人）只提出了一个要求——加薪。此外，波菲里奥政权垮台后不久，特科罗特斯矿山的一名操作工试图赢得区选举，为此他向矿工们做出承诺，他当选后的第一个法令就是发起罢工，为矿工们争取加薪和减少工时。[63]

最重要的是，工人们构建了自己的世界观和自我观，以回应高雅社会成员对他们的贬低。那些完全依靠工资生活的人被认为在社会上没有地位，因而感到愤愤不平。1911 年年中，请愿的工人们哀叹道，许多人把无产阶级视为底层人民（pueblo bajo）。全国各地的工人对社会上其他人对他们的不尊重深恶痛绝。[64] 这些工人并没有拒绝中产阶级统治者的道德说教话语，而是努力争取被接受为体面社会的平等成员。

其他的墨西哥技术工人渴望得到尊重。媒体和波菲里奥·迪亚斯指责这些工人不懂如何专心工作，受此刺激，墨西哥机械工人联合会（Unión de Mecánicos Mexicanos）的技术工人们坚持说，他们从美式的学徒系统开始就一直接受培训。多年来，他们已经习得了与外国人一样的工作习惯，因此他们相信美国人和墨西哥人的工作在效率和数量上应被认为是相等的。1908年，该工会主席西尔维诺·罗德里格斯（Silvino E. Rodríguez）面对严厉的批评，捍卫了机械师们获得一个向工作致敬的假期的目标。墨西哥城的媒体指出，工人们已经享受了许多官方和非官方的假期，旷工给工业造成了巨大的损失。罗德里格斯的回应证明了技术工人们接受主流意识形态的程度。他

[63] Striking carpenters' demands in F. Villegas, jefe municipal, Santa Bárbara, to jefe político, Distrito Hidalgo, 4 agosto 1906, caja 1906T。工人们在关于排水需求的大部分请愿书中都提及了减薪问题；关于操作工候选人的讨论，参见 M. Cavazos, jefe municipal, Santa Bárbara, to jefe político, 23 noviembre 1911, caja 1911F, AM。

[64] Rodney D. Anderson, *Outcasts in their Own Land: Mexican Industrial Workers, 1906–1911* (DeKalb, IL, 1976), 68; petitioning workers in N. B. Gonzalez and more than one hundred signatories to Sr. Abraham Gonzalez, gobernador del estado de Chihuahua, 1 agosto 1911, caja 1911S, AM.

坚持认为他的工会是第一个将导致多个行业经济失败和工人阶级艰辛的"不计其数的节假日"减少到可控范围内的工会之一，同时他补充说，他希望将全年所有节假日的总数减少到八天。此外，他还向往工人阶级接受教育、提高道德和获得晋升——这些都是中产阶级改革者所采用的概念。[65]

　　在奇瓦瓦，为了展现自己渴望表现得像体面的人那样，越来越多的工人开始光顾剧院。剧院里的观众如今用大声吹口哨而不是礼貌地鼓掌来回应演出。《邮报》的一名撰稿人认为，这太过分了。他哀叹道："现在的斗牛场（plaza de toros）和剧院几乎没有区别了。"[66] 在奇瓦瓦州的圣尤拉利亚矿业镇，采矿工人们投票选出最勤劳和最值得尊敬的矿工，授予他50比索的奖金。虽然他们的生活和工作条件推动了一种独特世界观的形成，但许多工人依然接受了有一定修改的教化话语。在这一对话过程中，工人们以自己的经验和信仰为基础，对中产阶级的话语进行了改造，就像民间自由主义一样。

结　论

技术工人和非技术工人都具有许多所谓大众文化的特征。酗酒、赌博

---

[65]　罗德里格斯的观点引自 Marcelo N. Rodea, *Historia del movimiento obrero ferrocarrilero en México* (1890–1943) (México, 1944), 120, 125, 126。关于工人们对波菲里奥·迪亚斯的回应，参见第309页。米歇尔·佩罗强调，19世纪法国工人阶级的形象也是被动建构的结果。参见 Michelle Perrot, "On the Formation of the French Working Class," in *Working-Class Formation*, ed. Katznelson and Zolberg, 96。

[66]　"Locales y personales," *El Correo de Chihuahua*, February 27, 1902.

和卖淫在采矿中心里泛滥成灾。这些习惯并没有代表传统大众价值观的崩溃，而是反映了这种价值观的持续表达和活力。新的工人阶级在酒吧、台球厅和妓院里推行属于自己的时间安排和行为规则。靠工资卫生的雇佣劳动者与市政当局和中产阶级社会争抢街道和公共场所的使用权，并以荣誉感和体能而非家庭出身和财富来衡量个人价值。矿业城镇的居民以《1857年宪法》为依据要求享有墨西哥公民的权利，并对执政当局应当所起的作用持有自己具体的看法。伊达尔戈地区的农村居民也认同许多这样的价值观。它们在采矿营地的持续吸引力证明了伊达尔戈地区采矿劳动力的农村出身。

[207]　　　工人们广泛认同叛逆大众文化的许多方面，但技术工人们尤其地受到中产阶级道德化话语的吸引。他们开始在穿着上贴近社会上层阶级，加入互助会，参加那些承诺实现道德化、进步和启蒙的夜校。技术工人的消费模式在较为富裕的波菲里奥时期的人们看来是不合逻辑的，但这种模式象征性地体现了工人们对平等的主张，并有助于缓和阶级差异。尽管工人们主张平等，但这一对话过程也使工人们形成了看待自我价值的独特观念，这种价值观念在很大程度上是建立在他们对工资的依赖和对他们在生产过程中所起作用的自豪感之上的。在矿山和矿业社区中形成的工作文化的持续性活力也使工人们重新塑造了中产阶级改革的许多原则。他们提出了公平工作换取公平工资的概念，并把工资作为衡量社会价值和解决经济问题的依据。提高工资可以使艰苦的工作变得更容易接受。简而言之，工人们团结起来一起为工资谈判而斗争。通过争夺时间的价值而非控制时间，技术工人们吸收了工业资本主义文化的一个本质方面。他们没有摒弃大众文化，而是从中汲取灵感，对中产阶级话语进行反抗和重塑。

11 普埃布拉州特卡马查尔科的爱国主义节日建构（1900—1946）*

玛丽·凯·沃恩（Mary Kay Vaughan）

伊利诺伊大学芝加哥分校（University of Illinois-Chicago）

玛丽·凯·沃恩探讨了当地社区与政府机构代理人（如学校教师和农业管理当局）之间的协商沟通如何促成节日的庆祝活动，从而回应了朱迪思·弗里德兰德（Judith Friedlander）和艾伦·奈特（Alan Knight）对大众性节日的诠释。在此过程中，她还与安东尼奥·葛兰西（Antonio Gramsci）的霸权理论进行了对话，也在一定程度上与《大拱门》（*The Great Arch*）一书的作者菲利普·科里根和德里克·塞耶进行了对话。这篇文章论述了团队运动在学校的兴起，及其为男性展示攻击性和体能提供了另一个平台。最重要的是，作者展示了普埃布拉州的社区活力以及他们建设有利于社区发展的教育体系的能力。除了上述理论研究，作者还对墨西哥母亲节的发展与美国商业化母亲节的出现进行了有趣的比较。**

---

* 我要感谢朱迪思·弗里德兰德、乔·安·马丁（Jo Ann Martin）、芭芭拉·特南鲍姆、埃尔西·洛克威尔（Elsie Rockwell）、盖伊·汤姆森（Guy P. C. Thomson）、威廉·比兹利、威廉·弗兰奇和马克·齐默尔曼（Marc Zimmerman）在写作过程的不同阶段对这篇文章提出的评论意见。任何事实性错误和解释均由本人负责。

** 有关美国母亲节的讨论，参见 Leigh Eric Schmidt, "The Commercialization of the Calendar: American Holidays and the Culture of Consumption, 1870–1930," Journal of American History 78, no. 3 (December 1991): 887–916.

沃恩基于其在威斯康星大学的博士论文所出版的专著《墨西哥国家、教育和社会阶层，1880—1928》(*The State, Education, and Social Class in Mexico, 1880–1928*, DeKalb, IL, 1982) 至今仍是有关墨西哥教育的高水准著作。

[214]　　　　我们宁愿牺牲，也不愿被剥夺我们的权利……我们被威吓、被蛮力征服的时代早已一去不复返了。

　　　　　　　　　　　　　——奎斯塔布兰卡镇 (Cuesta Blanca) 人民，1941 年 2 月 20 日

人类学家长期以来一直将墨西哥乡村节日庆祝视为是集体复兴和凝聚力的象征。[1] 朱迪思·弗里德兰德对该领域的文献进行了到位的修正。她认为，全村范围内的节日庆祝往往与国家有关，而不是一个孤立的事件，这既肯定了当地的集体主义，也肯定了一种村落之外的等级秩序。她描述了两种节日的相似之处：一种是 16 世纪由村庄精英们组织的宗教祭典，以五彩缤纷的游行、音乐、熏香、花和戏剧等致敬基督教的诸位圣人；另一种是 20 世纪 70 年代在莫雷洛斯州 (Morelos) 的城镇里所庆祝的爱国主义节日，当地名人引领独立日的游行队伍穿过大街小巷，举着米格尔·伊达尔戈、何塞·莫雷洛斯 (José Morelos) 和埃米利亚诺·萨帕塔 (Emiliano Zapata) 等爱国英雄的巨幅画像。她认为，天主教传教士在 16 世纪所创建的宗教祭典使得印第安村民们成为西班牙殖民体系下"压迫自己的帮凶"。

---

[1] 关于该主题的丰富文献的考察出发点：Frank Cancion, "Political and Religious Organizations," in *Handbook of Middle American Indians: Social Anthropology*, vo!. 6, ed. R. Wauchope and M. Nash (Austin, TX, 1967).

此外，她还认定，20 世纪后革命时期的墨西哥政府也采用了与传教士相同的方式，通过仪式来达到类似的统治目的。在她看来，后革命时期的爱国主义节日传授的是一种适于维护国家权力和推进社会经济转变的词汇。节日是由国家强制施行的，通过学校教师和雄心勃勃的当地政客的协助而作用于被动的受害对象。[2]

她的解释与对 1910 年墨西哥革命的修正主义研究有很多相似之处，该流派自 1968 年以来占据主流地位。修正主义者将国家作为该革命事件中的主要行为体。他们将大众力量和运动在革命中的作用减到最小，重点关注那些野心勃勃的政客如何操纵民众而建立了一个掌控一切的独裁国家和脱离了人民意志和文化的政党——革命制度党（Partido Revolucionario Institucional，简称 PRI）。[3]

历史学家中对修正主义学派的主要挑战来自艾伦·奈特，他认为修正主义者对墨西哥政府的理解源于他们对其当前实力的评估。他在 1940 年以前看到的都是一个虚弱的革命国家，他更为肯定的是革命过程中的民众运动、人口发展趋势和社会经济变化。[4]奈特在提及 19 世纪和 20 世纪的爱国节日时，不认为这是后革命时代国家对 16 世纪传教士手段的调适性应用，[215]

[2] Judith Friedlander. "The Secularization of the Cargo System: An Example of Post-Revolutionary Mexico," LARR 16 (1981): 132–144.

[3] 关于修正主义历史的许多重要研究，参见大卫·布雷丁（David Brading）所著《墨西哥革命中的领袖与农民》（Caudillo and Peasant in the Mexican Revolution, Cambridge, 1982）以及阿纳尔多·科尔多瓦（Arnaldo Córdova）所著《墨西哥革命的意识形态：新政权的形成》（La ideología de la Revolución Mexicana: La formación del nuevo regimen, México, 1972）收录的文章。关于遭到背弃的大众运动的解释，参见（特别是）Arturo Warman, We Come to Object: The Peasants of Morelos and the National State, trans. Stephen K. Ault (Baltimore, 1980)。

[4] 关于他如何理解革命的最为详尽的阐述，参见 The Mexican Revolution, 2 vols. (Cambridge, 1986)。另参见 "The Mexican Revolution: Bourgeois? Nationalist? Or just a 'Great Rebellion'?" Bulletin of Latin American Research 4, no. 2 (1985): 1–37; "Interpretaciones recientes de la Revolución Mexicana," Memorias del Simposio de Historiografía Mexicanista (México, 1990), 193–210。

而是 19 世纪下半叶自由国家的一种典型仪式。此外，他还认为波菲里奥政
权时期的独立日庆祝活动的意识形态具有广泛的吸引力，其形成方式是通
过学校教师们围绕爱国主义、防御式民族主义和《1857 年宪法》相关的自
由主义原则等观念展开的演说。该意识形态抓住并赋予了 19 世纪内战中真
实政治经验的具体意义，并促进形成了一种对立的意识形态，由此引发了
1910 年的革命。[5]

　　奈特认为，墨西哥革命（1910—1940）中精心建构的爱国主义节日并
不是强加的行为，它是社区、民众运动和新兴国家之间互动过程的融合产
物。此外，与弗里德兰德相比，他更少强调节日中有关社会经济变化的词
汇，因为他淡化了革命国家在改变思想心态（mentalités）方面的作用。对
奈特来说，社会文化的变化是人口变迁和市场动态作用的结果，而不是依
靠国家的文化工程师、学校教师等的努力。[6]

　　近期有关爱国主义节日的研究提出了许多问题。节日庆祝仅仅是国家
强加于反抗社区的一个被置若罔闻的外来仪式，还是国家代表（教师以及
本地或区域性的政客）之间用以确定国家权力和统治的阴谋？还是说，革
命中的爱国主义节日是作为社会实体的社区、民众运动与新兴国家的结

[5]　"Intellectuals in the Mexican Revolution," in *Los intelectuales y el poder en México*, ed. Roderic A.
　　Camp, Charles A. Hale, and Josefina Zoraida Vazquez (Los Angeles and México, 1992), 141-172;
　　"Elliberalismo mexicano desde la Reforma hasta la Revolución. Una interpretación," *HM* 35 (1985):
　　59-85. 最近的研究再次印证了他关于大众自由主义的观点：Guy P. C. Thomson, "Popular Aspects
　　of Liberalism in Mexico, 1848-1888," *Bulletin of Latin American Research* 10, no. 3 (1991): 265-
　　292; "Bulwarks of Patriotic Liberalism: The National Guard, Philharmonic Corps and Patriotic Juntas
　　in Mexico, 1847-1888," *JLAS* 22 (1989): 31-68; Florencia Mallon, "Peasant and State Formation in
　　Nineteenth-Century Mexico: Morelos, 1848-1858," *Political Power and Social Theory* 7 (1988): 1-54,
　　以及 "The Conflictual Construction of Community: Gender, Ethnicity, and Hegemony in the Sierra Norte
　　de Puebla"（发表于 1990 年 5 月的芝加哥大学拉丁美洲历史研讨会）。另参见 Jean Pierre Bastian,
　　"El paradigma de 1789: sociedades de ideas y Revolución mexicana," *HM* 38 (1988): 79-110。

[6]　"Revolutionary Project, Recalcitrant People: Mexico, 1910-40," in *The Revolutionary Process in
　　Mexico: Essays on Political and Social Change, 1880-1940*, ed. Jaime E. Rodríguez O. (Los Angeles,
　　1990), 230, 247-250, 255-259.

盟者或创建者之间谈判后的建构产物？如果作为协商后的建构产物，那么爱国主义节日是否只是巩固了后革命时期国家联盟（包括市政官员、村社［ejido］领袖、当地经济精英、全国农民联合会［Confederación Nacional Campesina］及革命制度党成员等）中各独立元素的力量？或者说，节日是否在改变思想心态、定义身份认同、围绕一个国家项目而动员各种能量方面起到了更具创造性的作用？

考虑到爱国主义节日的本地化建设因地而异，本文以普埃布拉州中部以农耕为主、主张平均地权（agrarista）的地区特卡马查尔科（Tecamachalco）为例进行案例研究。在这里，1900 年到 1946 年间，爱国主义节日同时促成了国家和民族的形成。它不仅仅是一种强加的统治机制（国家的形成），而且还在利用各种能量和运动的过程中创造了身份认同和忠诚感（民族的形成）。[7] 该节日促进了民族国家及其地区代表（州级政府）的渗透力，同时也有助于使地方权力结构合法化、巩固社会凝聚力、加强与社区和国家有关的集体认同等。爱国主义节日从 19 世纪针对有限圈子的说教性仪式，在 1910 年至 1940 年间逐渐发展为更为包容性的节日。这种包容性是通过革命激变和国家建设的政治过程与日常生活中的社会条件之间的相互作用而实现的。在这个互动的空间里，国家建构得以实现。爱国主义节日的词汇和内容要求国家代表（其中许多人是学校教师）、地方政治团体（其中许多人主张平均地权）和村民在发起和响应变革时进行交流协商。

20 世纪 40 年代兴起的爱国主义节日不仅传播了来自上层的意识形态，也不仅是为了使地方、区域和国家各级当权者实现权力合法化，它吸引并动员了民众。节日庆祝中的符号、价值和行为融合在一种霸权话语中，由

[216]

---

[7] 关于国家构建与民族构建的区分，参见 Thomson, "Popular Aspects of Liberalism in Mexico," 265-268; 以及 David A. Brading, "Liberal Patriotism and the Mexican Reforma," *JLAS* 10 (1988): 27-48。

国家将其现代化项目与多种文化传统、社会价值观和话语联系起来，以促进政治稳定、快速的社会经济变革以及对当地习俗的尊重。思想心态的改变不单包括人口变迁和市场渗透的影响，还包括作为国家文化生产者的教师在爱国主义节日中所倡导的态度、价值观和行为。

波菲里奥时期特卡马查尔科的爱国主义节日（1900—1910）

特卡马查尔科位于墨西哥中部高原的普埃布拉盆地东侧，是一片由低矮、光秃的山脉分隔开的耕作山谷地区，往西到普埃布拉市的距离与其往东到东马德雷山脉（Sierra Madre Oriental）的奥里萨巴峰（Mount Orizaba）的距离相等。作为普埃布拉州的一个行政区，该地区在 1900 年由八个县组成。庄园和牧场等大中型地产以及村镇、村寨（rancherias）和农村社区等农业村庄以旱作方式耕种谷物，并生产龙舌兰酒、龙舌兰纤维、辣椒、洋葱和豆类等。1900 年，该地区只有 4% 的人口生活在庄园里，大多数人生活在村庄里，这些村庄在不同程度上从属于周围的庄园和牧场。虽然特卡马查尔科在遭遇西班牙人征服时是印第安人的居住地区，但 1910 年时该地区已有 90% 的人口说西班牙语。[8]

---

[8] Ministerio de Fomento, Dirección General de Estadíustica, *Censo general de la República mexicana verificada el 18 de octubre de 1900* (México, 1900); *Tercer censo de la población, México: 1910* (México, 1918); *Boletín de estadística del estado de Puebla, 1900–1911*; Vaughan, "Economic Growth and Literacy in Late Nineteenth-Century Mexico: The Case of Puebla," in *Education and Economic Development since the Industrial Revolution*, ed. Gabriel Tortella (Valencia, 1990), 89–112, 以及 "Rural Women's Literacy and Education in the Mexican Revolution," in *Women of the Mexican Countryside, 1850–1990*, ed. Heather Fowler Salamini and Mary Kay Vaughan (Tucson, AZ, 1994)。

市政档案资料显示，在波菲里奥统治时期，最隆重的爱国主义节日庆 [217]
祝活动是在县政府所在地（*cabeceras*）和少数其他规模较大和财富较多的
村镇举行。五月五日节会举办爱国嘉年华（*fiestas patrióticas*），庆祝 1862
年的该日共和国军队在普埃布拉击败了法国入侵者，这区别于 9 月 16 日
纪念墨西哥脱离西班牙的独立日。这一节日庆祝的侧重体现了地区主义的
力量。尽管如此，该节日同时彰显了国家和民族建设的进程，尽管只是
开端。公民—主体—爱国者的身份认同适用于实际的经历：普埃布拉人
（*poblanos*）曾两次与外国入侵者战斗，分别是 1847 年抵抗美国人和 1862
抵抗法国人。19 世纪末自由主义国家时期的爱国主义节日赋予了这些经历
一种特殊的意义，旨在创造忠诚感和身份认同。村民们被认为应该将自己
视为是成功反抗并击退了外国压迫者的"民主人民"和"墨西哥人民"的一
分子。[9]

由作为州长行政代表的行政长官所建立的爱国委员会负责组织爱国
嘉年华的庆祝活动。该委员会的参与人员包括所有州级和地方政府的官
员和雇员，还包括学校教师和活跃团体（*fuerzas vivas*）的成员们（包
括乡镇医生及主要商人在内的村镇杰出人士）。与负责宗教祭典的督管
（*mayordomias*）一样，该委员会资助庆祝活动，并组织相关的准备工作，
如清扫街道、美化城市广场、种植鲜花等。音乐、装饰、烟花、道具服装
和制服等的费用来自个人捐款。组织委员会采用的庆祝项目计划必须得到
市镇议会或市政厅以及行政长官的批准。

典型的庆祝活动开始于早晨 6 点。当乡村乐队奏起军乐时，炮兵鸣炮，
烟火在黎明的微光中绽放。市民们在市镇广场升起国旗，在公共建筑的窗

---

[9]   关于通过对外战争（百年战争）的普及而建构起来欧洲"人民"概念，参见 Ernesto LaClau and
Chantal Mouffe, *Hegemony and Socialist Strategy: Towards Radical Democratic Politics* (New York,
1985), 133。

户上展开国旗。9点整，行政长官在市政大厅会见游行队伍（*comitiva*，由学生、公共雇员和民选官员组成）和驻扎在当地的士兵。来自军乐队或爱乐乐团（*cuerpo filarmónico*）的乐手们也加入游行队伍。他们排成纵队走出大楼，以市民巡游（*paseo cívico*）的方式穿过主要街道抵达市镇广场。在那里，官方仪式以一位学校老师激动人心的演讲开始，演讲赞颂了爱国者英雄们，包括：墨西哥独立之父伊达尔戈和莫雷洛斯、普埃布拉战役的军事指挥官伊格纳西奥·萨拉戈萨（Ignacio Zaragoza）、自由共和国之父贝尼托·胡亚雷斯，还有击败法国的军事英雄、时任墨西哥总统的波菲里奥·迪亚斯。此后，学生们演唱赞歌，再由一到两个经过挑选的学生（通常是一个女孩和一个男孩）登上讲坛，发表一篇辞藻华丽的长篇演说，致敬祖国（*patria*）以及为保卫祖国领土、抵御外国侵略者而牺牲的普埃布拉的英勇战士们。之后，管弦乐队的音乐中止了单调的演讲，典礼以唱国歌结束。

[218]

庆祝活动在下午4点继续，市镇广场上开始举行音乐会并放飞氦气球。6点时，学生、公共雇员、官员和士兵们纷纷向下降的旗帜致敬。晚上，所有的公共建筑和主要街道上的私人住宅都以点亮煤气灯的方式来表达敬意。8点时，乐手们在广场上又开始演奏小夜曲，混合着独唱、华尔兹、斗牛舞（*pasos dobles*）和军号吹奏。晚上10点的烟花表演为当天的庆祝活动画上了句号。[10]

---

[10] Archivo Municipal de Tecamachalco（以下简称 AMT），Gobierno, Caja 129, Expediente 58, Relativo a la man era de solemnizar en el distrito el 40 aniversario del triunfo que tuvieron las armas nacionales el 5 de mayo de 1862, Palmar del Bravo, March 3, May 3, 1902, Caltenco, April 29, 1902, Tlanepantla, May 1902, Xochitlán, May 2, 1902; Gastos que hicieron el 9 de marzo en la funcion cívica, 1896; Caja 266, Expediente 13, Relativo a la Celebración del 5 de mayo, April 29, 1909. 关于该节日在19世纪60年代以及70年代普埃布拉北部的讨论分析，参见 Thomson, "Bulwarks," 61–67。

　　在大部分人都是文盲的社会里，该庆祝活动成为一种教育机制。[11]公民教育课从准备行动（清扫街道、装饰房屋、擦拭乐手和士兵制服上的钮扣、在市镇广场种花种树等）扩展到参与和观察。它的目的是通过教授一些基本的政治词汇来推广爱国主义，如祖国、独立（independencia）、宪法（constitución）、团结（unión）和进步（progreso）等。这些词汇在墨西哥都是新鲜且不确定的字眼，这个国家在 1821 年获得名义上的独立后经历了几十年的分裂性内战。国家拨出空间来教授爱国主义词汇。街道、公园、广场和学校等失去了它们的天主教名称，取而代之的是自由主义英雄的名字和历史政治相关的概念（改革、宪法、独立等）[12]。该节日的空间被用于让人们更深入地学习爱国主义的词汇。

　　该节日阐明了一种围绕着未来以及进步和改变的概念而调动的国家意识形态。波菲里奥政权的官员们在市镇广场和所有市属学校里安装了显著的大钟，这象征着一种关于使用和调动时间的新观念，一切都着眼于未来。利用学童作为节日庆祝里的主要演员，进一步体现未来导向。节日仪式期间，男孩和女孩平等地获得演讲的机会，这在意识形态上说明了未来应该是什么样子——这是对正在变化但尚未实现目标的现今所发出的道德规诫。

---

[11]　关于墨西哥宗教节日的说教意味的深入讨论，参见 Robert Ricard, The Spiritual Conquest of Mexico (Berkeley, CA, 1966), 此外，弗里德兰德在《督管体系的世俗化》（"Secularization of the Cargo System"）一文中将自己的观点与相关讨论进行了巧妙融合，第 136—139 页。不存在其他将爱国主义节日作为教育方法进行详细分析的研究。关于节日教育方法的启发性讨论，参见 Mona Ozouf, Festivals and the French Revolution, trans. Alan Sheridan (Cambridge, MA, 1988), 166-171, 198-213。

[12]　相关案例包括，以普埃布拉著名的自由主义英雄之一命名的胡安·克里斯托莫·波尼拉广场（Plaza Juan Crisóstomo Bonilla）；在每个重要的城镇，都有街道被命名为改革大道（La Reforma）、宪法大道（La Constitución）以及独立大道（La Independencia）；还有以米格尔·伊达尔戈、维森特·格雷罗、何塞·玛丽亚·莫雷洛斯·伊帕文（José María Morelos y Pavón）、何塞法·德·多明格斯（Josefa de Domínguez）等爱国英雄命名的学校。关于空间教育方法的讨论，参见 Ozouf, Festivals, 126-127, 147。关于同时代莫雷洛斯所采用的教育方法，参见 Friedlander, "Secularization of the Cargo System," 139-140。

尽管特卡马查尔科地区女孩的入学率不断增长，但其人数直到波菲里奥政权晚期仍只有男孩入学人数的三分之二。1902 年，6 至 14 岁年龄段 41% 的男孩和 24% 的女孩登记在学。[13]

[219] 官员们利用爱国主义节日的戏剧性来推进历史性的进步运动。1902 年，在特卡马查尔科的区政府驻地，五月五日节游行队伍行进到了一家以普埃布拉州州长穆西奥·马丁内斯（Mucio Martínez）命名的新医院。医院的大楼是"改善"工程的一部分，其他还包括创办学校、引进煤气照明、引进电报和电话服务等，这些都是行政长官在特卡马查尔科推进"文明"和"现代化"的项目。为了确保整个社区都意识到他对文明所做的贡献并使人们牢记进步的意义，行政长官引领着游行队伍到达这所新建大楼，参加在此举办的落成典礼，并由市政厅秘书官方性地朗读有关五月五日节意义的文本。[14]

爱国主义节日类似于宗教节日，两者在波菲里奥政权晚期的特卡马查尔科城镇里和平共存。[15] 爱国主义节日模仿了宗教庆典，包括使用游行、音乐、烟火等，以及以说教为目的的空间占用方式。爱国英雄们有圣人的光环。祖国的概念最常以圣坛的形式进行象征化和纪念；公共辞藻建立在天主教的意象之上，例如，"祖国的圣殿"，尽管它的直接起源可能是共济会。此外，与节日相关的嵌入机制类似于 16 世纪基督教修道士的做法。首先，节日的建构者把重点放在了年轻人身上，引导学生们投身于爱国主义

---

[13] Vaughan, "Economic Growth and Literacy," 99-100, 104-107. 关于教师通过小学教育传播新思想的讨论，参见 François Xavier Guerra, *México: del antiguo régimen a la Revolución*, vol. 1 (México, 1988), 394-443。

[14] AMT, Gobierno, Caja 129, Actas de Cabildo, May 3, 1902.

[15] 关于宗教节日和爱国节日之间的相似性，参见 Friedlander, "Secularization of the Cargo System," 138-141；以 及 Klaus Jacklein, *San Felipe Otlaltepec: Beitrage zue ethnoanalyse der popoloca de Puebla, Mexiko* (Gottingen, 1970), 271-274。关于北部山脉（Sierra Norte）地区的激进替代举措，参见汤姆森（Thomson）的文章（本书第十五章）以及" Bulwarks," 32-33。

文化。其次，他们把庆祝活动的组织和实施任务交给了当地的名人。在边
远城镇，节日庆典的主力不是市政厅成员们而是庄园管理者、商人、店主、
工匠、牧场主和富裕的农民。

　　嵌入机制减轻了节日的强制特征。爱国主义节日与宗教节日一样，被
用来确认村庄的身份认同、凝聚力和权力结构。事实证明，这种作用对该
地区很重要，这一地区的村庄和庄园之间和内部由于争夺有限的土地、水
和其他资源而长期存在竞争关系。[16] 在 19 世纪，爱国主义节日对于合法改
变地方权力结构变得十分有用。庄园的分裂、村社共有土地的私有化以及
商业化促成了牧场工人阶层的出现以及农民阶级内部的社会分化。[17] 从普
埃布拉到瓦哈卡的铁路穿过特卡马查尔科，不仅进一步推进了这些变化，
而且促进了庄园的商业化，它们的利益代表者是重要城镇的市政厅。[18]

　　这些变化既不突然也不广泛，因此暗示有潜在可能进一步扩大圈子，
吸纳新的爱国主义团体和自由主义词汇。特卡马查尔科并没有经历"富有"
和"贫乏"之间突然、剧烈的两极分化，否则将限制凝聚性仪式的发展可 ［220］
能。殖民地时期的天主教秩序也没有在此重获统治地位。庄园的主人们大
多不在家，只有一小部分人住在大庄园里。与墨西哥西部的许多地方不同

[16]　Philip A. Dennis, *Intervillage Conflict in Oaxaca: San Andres Zautla and Santo Tomás Mazaltepec* (New Brunswick, NJ, 1987), 29, 151-152, 155-156; Charles Gibson, "Indians under Spanish Rule," in *Colonial Spanish America*, ed. Leslie Bethell (Cambridge, 1989), 378; William T. Sanders and Barbara J. Price, *Mesoamerica: The Evolution ofa Civilization* (New York, 1968), 183.

[17]　*Directorio general del estado de Puebla, 1891; Tercer censo de la población: 1910*; 关于公有土地的私有化，参见 AMT, Gobierno, Caja 129, Expediente 25, "Relativo al reparto que de terreno del fundo legal del pueblo de Cuesta Blanca hizo la respectiva Junta Auxiliar," January 22, 1902; 关于农民间纠纷所突显的社会分化问题，参见 AMT, Gobierno, Caja 129, Expediente 51, "Solicitud ... vecinos Tlacotepec pidiendo que se declare de uso publico el agua pluvial que se deposita en el jaguey conocido con el nombre de Rojas," Luciano Reyes et al. to ayuntamiento, March 15, 1902。

[18]　关于授予帕莱蒙库图伦茨（Palemon Coutolenc）庄园及面粉厂的用水特权，参见，例如，AMT, Gobierno, Caja 129, Expediente 57, April 29, 1902, 以及 Expediente 17, May 7, 1902。

的是，教会在 19 世纪晚期的特卡马查科并没有恢复其组织力量。[19]尽管民
众的宗教信仰仍然很强烈，但牧师很少，而那些担任牧师的人与官员合作，
提供重要的统计数据来帮助民事信息登记。也没有证据表明当地的精英阶
层通过建造新神殿或赞助宗教朝圣来赞颂自我及其权力。他们对通过展示
信仰来提高自己的地位的做法并不感兴趣，这可能促成了新的爱国主义社
会的发展。

　　这种环境有利于文化上对名人的模仿，特别是在那些截然不同的社会
群体比邻而居的稍大城镇里。[20]在这些城镇里，人们以最隆重和最有影响
力的方式庆祝爱国主义节日，与此形成对比的是村寨或农业社区等几乎所
有家庭都从事自给自足的生产、佃农或农业雇佣劳动的地方。来自村寨或
农业社区的人们可能会长途跋涉去参加他们所属的村镇和重要城镇里的爱
国主义节日。如果村寨坐落于庄园的边界内，它们很可能仍会受到与大庄
园相关的更陈旧的集体崇拜与仪式的影响。[21]

---

[19]　关于西方的天主教运动，参见 Manuel Ceballos Ramírez, "Las lecturas católicas: cincuenta años
　　　de literatura paralela, 1867-1917," in *Historia de la lectura en México* (México, 1988), 153-204;
　　　Jean Meyer, *La cristiada*, vol. 2, *El conflicto entre la iglesia y el estado, 1926/1929* (México, 1973),
　　　31-53; Karl Schmitt, "The Díaz Conciliation Policy on State and Local Levels, 1876-1911," *HAHR*
　　　40 (1960): 513-532; Agustín Vaca, "La política clerical en Jalisco durante el Porfiriato," in Jalisco
　　　en la conciencia nacional, vol. 2, ed. José María Muria, Cándido Galván, and Angélica Peregrina
　　　(Guadalajara, 1987), 471-479。

[20]　Maurice Agulhon, *The Republic in the Village: The People of the Var from the French Revolution to
　　　the Second Republic*, trans. Janet Lloyd (Cambridge, 1982), 121-127.

[21]　*Directorio general del estado de Puebla*, 1891. 看起来，其中的很多村寨被纳入了庄园的经济范
　　　畴、社会范畴，甚至是空间范畴。奎拉（Guerra）提出了一种关于集体崇拜与仪式的传统形式
　　　的概念，不仅与大庄园紧密相关，同时还以两极化的方式与新兴的自由主义思潮共存着，参
　　　见 *México: del antiguo régimen a la Revolución*, 1: 132-138。赫伯特·尼克尔（Herbert J. Nickel）
　　　也在自己的书中提到了这些大庄园的传统社交性质，参见 *Morfología social de la hacienda
　　　mexicana* (México, 1988), 269-289, 307, 389。关于宗教信仰与大庄园的紧密联系，参见
　　　AMT, Presidencia, Caja 74, Juan Amador, Esteban Morales, Paulino López, Ranchería La Portilla,
　　　Tecamachaico, June 20, 1938, 尤其是将他们的圣母像从玫瑰庄园（Hacienda de la Rosa）的礼拜
　　　堂中解放出来的部分。

在特卡马查尔科地区的城镇里，财富和"文化"被视为是具有显著地位的标准。波菲里奥政权晚期的普埃布拉州城镇里，最受尊敬、地位最高的群体中包括乐手。他们可能与前西班牙和殖民地音乐文化中典型的纯粹宗教功能和乐器有关，但许多人也学习了欧洲铜管乐器以及在改革战争和法国入侵期间引入的军乐和世俗乐。波菲里奥时期，铜管乐队开始与爱国主义节日紧密联系在一起。[22] 许多作为世俗文化传播者的乐手获得地位的部分原因是他们在城镇与城镇之间旅行并传播新的信息和文化形式。在仍以文盲为主的农村地区，他们在前电子时代所起的作用相当于电视机和电唱机，很多时候也起着书籍的作用。引进欧洲歌剧、舞蹈和军乐的人跨越了不同的世界，诠释了那些虽然不同但可以共存的意识形态，并将多样化的社会群体联系起来。他们中的许多人强烈认同爱国主义节日的价值观，同时也是这些节日中娱乐活动的主要提供者。库诺帕兰（Cuaucnopalan）当地的两大家族之一是加西亚（García）家族，其成员都是教师和乐手。所有的男童都会演奏一种乐器，男童和女童都要离开村庄前往普埃布拉市的卫理公会学校继续深造。作为库诺帕兰的可靠公民，该家族为了祖国和未来而进行流动。[23] [221]

另一方面，我们不应该夸大在特卡马查尔科地区积极参与波菲里奥时期爱国主义节日的各类圈子。稍大城镇里的日薪工（人口普查用语，指那些靠日薪生活的、缺乏地产的贫困人口）以及贫困小村庄和大庄园里

---

[22] 参见汤姆森的文章（本书第十五章）以及"Bulwarks"，51—61。在特卡马查尔科，波菲里奥政权末期最著名的乐团包括卡尔特佩克（Caltepec）的爱乐乐团（Cuerpo Filarmónico）、帕玛尔·德尔·布拉沃（Palmar del Bravo）的伊达尔戈乐队（Banda Hidalgo）以及驻扎在首都地区的联邦军队分遣队的军乐队（AMT, Caja 129, Expediente 58, Relativo a la manera de solemnizar en el distrito el 40 aniversario del triunfo que tuvieron las armas nacionales el 5 de mayo de 1862, March 3, 1902）。关于普埃布拉乐队以及音乐家的更多信息，参见本人与伊绍拉·马丁内斯（Isaura Martínez）的访谈（1989 年 6 月 19 日，普埃布拉）；Marco Velázquez, July 3, 1991, Puebla; Horacio Caro, July 7, 1991, Puebla。

[23] 与卡罗（Caro）的访谈。

的大多数人可能仍然是庆祝活动中的边缘人群。受过教育的人更有可能参与活动，因为他们接受了学校教育、有高社会地位的职业，或者拥有激励他们学习读写的抱负。但在 20 世纪早期的特卡马查尔科，受教育人群的小圈子进一步缩小。1900 年，该地区 12 岁以上的男性中只有 23% 的人识字，而 1910 年这一比例保持不变，因为识字的男性通常会离开当地。[24]

在大革命前的十年里，破坏农作物生长的天气、通货膨胀和土地缺乏使得许多人生活艰辛，由此促进了移民现象。从 1900 年到 1910 年，特卡马查尔科的人口减少了 3%。整个地区的家庭都因为行政长官为改善市政所征收的课税而背负越来越沉重的负担。这些从村民那里以货币或劳力所征收的赋税似乎是无法被满足的，村民们的应对能力也十分有限，以至于在 1909 年，特卡马查尔科市政厅内负责财政的市政议员（regidor）只能两手一摊，说居民们是众所周知地贫穷，没有改善的希望，无法再支付赋税。同年，在引发墨西哥革命的富有争议的总统竞选期间，特卡马查尔科爱国委员会的大多数人都退出了，声称他们不能或不愿履行那一年举办爱国主义节日的义务。[25]

[24] Vaughan, "Economic Growth and Literacy," 99–100, 104–109; "Rural Women's Literacy and Education in the Mexican Revolution," appendix tables.

[25] Estado de Puebla, *Memoria instructiva e documentada que el Jefe del Departamento Executivo del Estado presenta al XX Congreso Constitucional* (Puebla, 1908), 256–257; AMT, Sección Gobierno, Caja 266, Sesión pública ordinaria, Ayuntamiento, March 3, 1909; 同前 , Noticias de ingreso y egresos, February 14, 1910; Expediente 11, Actas de Cabildo, March 3, August 4, 1909.

革命时期特卡马查尔科的爱国主义节日的复兴

特卡马查尔科地区的革命始于 1910 年的一场市民中产阶级的抗议活动。1913 年，一些牧场主拿起了武器；到 1915 年，一场全面的土地革命揭开了序幕。[26] 这场由不同人群组成且强有力的运动不仅向牧场主和庄园主发起了挑战，也体现了村寨、社区和更小型村庄对占主导地位的大型城镇和县政府所在地的不满。城市政治团体加速了土地革命的进程，他们定期深入农村，为自己的派系争取支持。作为回报，他们分配土地，或是在主张平均地权的农民与州级或联邦政府的农业改革官员之间建立联系。在 20 世纪 30 年代之前，没有一个城市派系获得对普埃布拉州农村的控制权，当时的特卡马查尔科地区已经展开了一场重新分配财富和权力的重要斗争。[27] 直到 1930 年，特卡马查尔科有整整三分之一的男性人口从土地改革中受益。他们粗暴而果决；想要获得某块土地时，就侵入占领。当被赋予他们不想要的土地时，这些人就拒绝接受，转而侵占他们所觊觎的土地。[28]

［222］

---

[26]　AMT, Seccion Gobierno, Caja 266, Sesión pública, Actas de cabildo, March 17, April 21, June 23, and August 4, 1909; 同前, Seguridad Pública, Caja 342, José María Trejo, Presidente Auxiliar, Tenango, May 12, June 20, 1913; No. 22, Antonio Ruiz, Quecholac, September 13, 1913; Pedro Oropez, Palmar, to Jefe Político, July 2, July 3, July 14, July 19, 1913; Heliodoro Vera, Palmar, August 19, 1913.

[27]　关于普埃布拉的革命后政权巩固，参见 Julio Glockner Rossainz, *La presencia del estado en el medio rural: Puebla (1929–1941)* (Puebla, 1982); Jesús Márquez Carrillo, "Los origenes de Avilacamachismo: Una arqueología de fuerzas en la constitución de un poder regional: el estado de Puebla, 1929–1941"（本科毕业论文，普埃布拉自治大学［Universidad Autónoma de Puebla］，1983 年）; Mary Kay Vaughan, "Actuación política del magisterio socialista en Puebla y Sonora (1934–1939)," *Critica* 22–23 (1987): 90–100; Wil Pansters, *Politics and Power in Puebla: The Political History of a Mexican State, 1937–1987* (Amsterdam, 1990)。

[28]　Vaughan, "Rural Women's Literacy," appendix tables. 如需针对该主题的记录进行抽样，参见 Archivo de la Reforma Agraria, Estado de Puebla（以下简称 ARA-P），Expediente No. 174, Tecamachalco, May 8, 1931; Acervos Presidentes, Fondo Lázaro Cárdenas Ríos, AGN（以下简称 LCR-AGN），Expediente 404.1/9136, Rosendo Pérez, Presidente Comité Ejecutivo Agrario, Cuaucnopalan,（转下页）

由于受到不那么富有的人使用暴力手段的挑战，特卡马查尔科主要城镇里的中产阶级和活跃团体暂时遭受了重创。爱国主义文化和与之重叠的教育文化似乎随着"下层人民"（the "unwashed"）的出现而被动摇了。这并不是说平均地权运动的领袖们是文盲，也不是要贬低学校教育——许多人会读会写，有几个人曾在波费里奥政权开办的学校里学习，还有许多人把升学看作是公职人员的特征。[29]更确切地说，为重新分配而进行的斗争使保守派和新势力在更涉及本能和实质的问题上进行交战。牧场主和庄园主通过他们的佃农和租户来对抗主张平均地权的农民。城镇之间为同一块土地和水源而争斗。主张平均地权的农民们争夺村社公地的土地。村社公地的新制度在城镇里建立双重管理机构后，村级权力就被架空了。对那些热情的权力竞争者而言，是否要从斗争中抽出时间、与人握手会面并组织爱国委员会便成为一个棘手的问题。[30]

爱国主义仪式沦为席卷该地区的暴力和争斗的牺牲品，直到20世纪30年代初联邦教师介入，他们偶然发现爱国主义节日可以成为一种吸引人们上学并接受其现代化意识形态的机制。当联邦学校督察员赫苏斯·冈萨雷斯（Jesús H. González）在1932年来到特卡马查尔科督管现有为数不多的几所联邦学校并创办新校时，他有了宏大的计划。由中央政府的公共教育部（Secretaría de Educación Pública，简称SEP）所设想并规划的学校不

（接上页）August 5, 1938. 关于土地侵占，参见（例如）ARA-P, Expediente No. 174, Tecamachalco, October 30, 1925, January I, 1926。

[29] 持不同政见的阿尔塞塞卡（Alseseca）农民指责一位市政府成员的失职行为，鉴于他将居民为改造学校所缴纳的税费据为己有。AMT, Legajo 74, Reunión de Regidores, Junta Auxiliar, Alseseca, Tecamachalco, September 6, 1938.

[30] 关于庄园主与主张平均地权的农民之间的纠纷，参见下述档案中的大量文件：LCR-AGN; AMT, Presidencia. 后者详见 Caja 74, 1938, Cayetano Santos, Municipal President, Tecamachalco, to Municipal President, Quecholac, January 21, 1938, 尤其是关于圣西蒙（San Simon）村社土地所有者对于弗朗西斯科马德罗（Francisco I. Madero）村社土地所有者的土地的侵占。

仅仅是一个教授写作、阅读、算术和爱国主义思想的地方。它旨在对彻底的社区转型产生影响。这位学校督察员将自己视为 19 世纪行政长官的继承者、基础设施的现代化者、公民空间和意识的建设者以及高效且健康的日常习惯的改革者。像他的前任一样，他将会使落后的内陆腹地向新世界敞开——修路，引进邮政服务，同时促进商业、科学农业和现代医学的发展。他这种生产主义（productivist）的话语在 20 世纪 30 年代早期中央政府的教育官僚中十分典型：净化一个堕落的民族，并为了"进步"而重塑它。[31]

[223]

　　令这位学校督察员懊恼和失望的是，他的话语在混乱中飞逝而过。他缺乏行政长官的权威：与后者一样的是，学校督察员需要村庄劳动力和资金来实施他的项目，但不同的是，他无法迫使村民们服从。在这些任务上，他缺乏那些争论不休的地方领袖的持续支持。此外，《1917 年宪法》禁止了为社区改善项目而进行的无报酬义务劳动。特卡马查尔科的村民们对有关公民义务的呼吁表现出了具有辨别力的反应。他们从个人、派系和集体等层面来考虑这些项目对自己而言的直接利益，由此决定是否被说服后去登记参与。[32]

　　更糟的是，20 世纪 30 年代正是经济萧条的年月。反复的干旱和严寒使收成少得可怜，迫使许多家庭到其他地方寻求生计，也没有给这位学校督察员留下多少作为农学家的回旋余地。[33]冈萨雷斯想要杜绝人们的饮酒行为，然而龙舌兰酒的生产是农民们为数不多的现金收入来源之一，并被

[31]　冈萨雷斯的思想贯穿在他所有隔月提交的报告之中：SEPI AH, Departamento de Escuelas Rurales（以下简称 DER），Caja 905, 1932; Caja 969, 1933; Expediente 207.1,1935; Expediente 316.1, 1936。

[32]　AMT, Año de 1936, Presidencia, Legajo 68, Dolores Navarro, Poblado de San Antonio La Portilla, to Municipal President, May 2, 1936; Juan López, Juez de Presidencia Auxiliar, Alseseca, to Municipal President, October 23, 1936.

[33]　SEP/AH, DER, Caja 905, González, Informes, July, August, November 1932; Caja 969, González, Informes, June, August 1933; Informe anual, December 1933; Expediente 207.1, González, Informe, October-November 1935; Expediente 316.1, González, Informe, April-May 1936; Plan de Trabajo, Año de 1936, January 1936; LCR-AGN, Expediente 564.1/2091, Odilón Luna, Presidente, Comisariado Ejidal, San Mateo Tlaixpan, to Cárdenas, January 18, 1940.

新的主张平均地权的农民们商业化。他想通过引入针对传染病的预防接种、更有营养和多样化的饮食、更卫生和有效的家庭组织方式来改变农民的家庭。然而，大多数农村妇女不愿意让老师到她们的家里去，也不参加学校的晚间成人课程。冈萨雷斯很难将入学率提高到超过 1909 年的水平，更别说将学校打造为乡村生活的中心和现代化新思想的象征了。使情况更为复杂的是，1935 年至 1936 年，联邦政府带有社会主义色彩的教育政策中的反宗教因素在天主教盛行的特卡马查尔科激起了强烈抗议，学校都被清空了。[34]

在这种带有相当抵抗性的封闭环境下，联邦学校的教师们通过爱国主义节日找到了突破口。在公共教育部接管较大城镇里的学校后，爱国主义节日仪式的举办是意料之中的事，然而伴随着地方革命而产生的政治争端阻碍了庆祝活动。学校教师进而填补了市政当局在这方面的空缺，承担相关责任，在波菲里奥时期的此类活动中起到主要但非决定性的作用。教师们还发现，更小一些的村庄对爱国主义庆祝活动也存在需求。不同村庄间相互竞争的古老精神使得庆典仪式得到精心准备，土地改革的推进对此也起到了促进作用。与此同时，处于附属地位的村庄反抗占统治地位的村镇和市政府所在城镇，而那些曾经并入庄园的村庄则寻求建立自己的自治身[224]份。爱国主义节日成为社区尊严和独立地位的象征。联邦学校督察员和他带领的教师们抓住这一节日，借此将抗争的激情和对自治的渴望引导到一

---

[34] 关于对社会主义教育的反抗，参见 Vaughan, "Rural Women's Literacy and Education in the Mexican Revolution," 10–21; SEP/AH, DER, Caja 969, González, Informes, June, September 1933; Informe, Instituto de Mejoramiento, July 28–29, 1933; Informe Anual, December 1933; Expediente 207.1, González, Informes, February-March, August-September 1935, Informe Anual, December 1935; Expedierite 316.1, González, Informes, February-March, June-July 1936; LCR-AGN, Expediente 533.3175, Fidencio Velazquez, Comisariado Ejidal, San Mateo Tlaixpan, to Cárdenas, February 25, 1935; Expediente 541/711, Fausto Molina Betancourt, SEP-Puebla, to Cárdenas, February 17, 1936。

个和平并体现公民性的方向上。[35]

那么，教师们如何利用爱国主义节日来推广他们的思想？首先，这一节日提供了一种独特的方式来说服那些拖延、迟疑且贫困的村民建造新校舍或改造现有的校舍。如果修建学校的目的是在爱国主义庆祝活动期间举行落成典礼并向路那边的村民炫耀一番，那么修建学校的热情就会大大增强。毕竟，学校建筑在19世纪已经成为公民社会成熟的象征，尽管在很多情况下，它一开始是作为行政长官的强制命令且始终是税收负担。其次，与波菲里奥时期一样，准备爱国主义节日庆典成为一种"边干边学"的实践，是政府行为模式的一堂课：街道需要清理，道路需要修复，垃圾需要焚烧，城镇广场需要用绿植和鲜花美化。庆典准备过程为实践公共教育部最为标榜的运动之一提供了机会——即栽植树木以作装饰、栽培果树和保护土壤。再次，教师们利用节日来扩大教育文化的参与度。他们在节日期间为学生们举办拼写和数学方面的学术比赛。这契合了城镇内部以及城镇之间的竞争本能。[36]

利用爱国主义节日宣传学校的现代化思想是从小事着手的。1933年，奥科蒂特兰（Ocotitlán）的一名学校教师动员了一个委员会，竖起旗杆并

---

[35] SEP/AH, DER, Caja 905, González, Informe, September 1932; Informe, Instituto de Mejoramiento Profesional, Xonaca, July 28–29, 1932; Expediente 316.1, González, Informe, October-November 1935; Archivos Particulares de las Escuelas Rurales Federales（以下简称 APERF），Escuela Rural Federal（以下简称 ERF）Santa Rosa, Informe sintético, June 12, 1932; ERF Chipiltepec, Tochtepec, Tecamachalco, Informe sintético de visita de inspección, August 17, 1933. 关于特拉斯卡拉（Tlaxcala）的情况，参见 Elsie Rockwell, "Schools of the Revolution: Enacting and Contesting State Forms (Tlaxcala, 1910–1930)," in *Everyday Forms of State Formation: Revolution and the Negotiation of Rule in Modern Mexico*, ed. Gilbert Joseph (Durham, NC, 1994)。

[36] SEP/AH, DER, Caja 905, González, Informes, July, September 1932; Informe, Instituto de Mejoramiento Profesional, Xonaca, July 28–29, 1932; Caja 969, González, Informe, June, July, March 1933; Expediente 207.1, González, Informe, October-November 1935; Expediente 316.1, González, Informe, Plan de Trabajo, January 1936, Informes, February-March, April-May, June-July, August-September 1936; SEP/AH, ERF Santa Rosa, Informe sintético, June 12, 1932; ERF Chipiltepec, Tochtepec, Informe sintético, August 17, 1933.

购买了一尊伊达尔戈的半身像，在五月五日节的庆典上放置于基座上加以奉拜。当一群村民在扎瓦特兰（Zahuatlan）建造新校舍时，教师邀请了来自其他三个城镇学校的学生和老师，以市民节日和体育比赛的形式来庆祝校舍的落成。[37]

诸如篮球和棒球等富有竞争性的团队运动的引进，使一个又一个城镇重燃并扩大了对爱国主义节日的兴趣。特卡马查尔科几乎没有学校拥有繁盛的花园、鸡舍或蜂箱，但所有学校都有运动场和一面墨西哥国旗。[38]公共教育部的城市教育者们希望体育能够约束农村居民不受控制的冲动和狂暴的情绪。他们希望体育竞赛能取代与赌博、饮酒和嗜杀相关的斗牛和斗鸡活动，并"振兴一个堕落的民族"。[39]然而，国家层面的政策制定者们只是模糊地意识到篮球和棒球会在像特卡马查尔科这样的地方受到欢迎。[40]这些运动在农村的男性青年中流行起来，对那些忙于更重要事情的政治领导人而言是再好不过的事了。体育运动的花费很少；它们不消耗任何有更紧迫用途的重要资源，同时重申了男性的主导地位、体魄及其炫耀式展示等古老原则。[41]当时，男性的攻击性摆脱了传统的社会控制机制，通过超出寻常水平的政治暴力与犯罪活动进行发泄，而体育运动则提供了另一种发泄的途径。

[225]

[37]　SEP/AH, DER, Caja 969, Gonzalez, Informes, May, July 1933.

[38]　SEP/AH, DER, Expediente 316.1, SEP Cir. Num. IV-42-132, April 25, 1936; APERF, ERF Colonia Francisco I. Madero, Quecholac, "Datos escolares," November 29, 1938; ERF, Pericotepec, Tochtepec, "Datos," November 1938; ERF Chipiltepec, "Datos," November 30, 1938.

[39]　关于堕落民族的振兴，参见 SEP/AH, DER, Expediente 207.1, González, Informe, October-November 1935；关于对狂暴情绪的约束，参见 Guillermo Bonilla y Segura, *Report on the Cultural Missions* (Washington, DC, 1945), 23–25；关于利用体育竞赛替代血腥活动的信息，参见 Dennis, *Intervillage Conflict*, 31, 以及 Robert Redfield, *Folk Culture of Yucatán* (Chicago, 1941), 274–275。

[40]　SEP/AH, DER, Caja 905, González, Informes, April, May, August 1932. 学校督察员的大多数报告中都提到了体育运动在为联邦学校、教学安排以及节庆活动赢得支持方面所发挥的重要性。参见，例如，Expediente 207.1, González, Informe Anual, 1935；关于体育运动在节庆活动中的重要性，参见 Expediente 207.1, González, Informe, October-November 1935。

[41]　Robert Redfield, *Chan Kom: Village that Chose Progress* (Chicago, 1950), 15, 136.

此外，体育娱乐也扩大了爱国主义节日庆祝活动的参与圈。这些活动之所以吸引观众，是因为它们展示了镇上符合条件的年轻男人的力量和能力。年轻女性很喜欢这些活动，并鼓励家人参加。[42] 在学校出勤率问题上，当篮球队在学校主办的节日期间与另一支队伍对抗时，即便是最顽固社区内的学校成员也能集聚起来。在某种程度上而言，运动员取代乐手而成为世俗节日中的娱乐元素。聘请乐手对于小而贫穷的城镇来说通常过于昂贵，或是当政治争端使得筹集资金变得困难的时候也存在这种情况。[43] 运动员的替代作用体现了使节日民主化的过程。与成为乐手相比，成为一名运动员需要更少的深奥技能和昂贵训练。

体育比赛能吸引大众的特点很快引起了处于角力状态的各派系的注意，他们对赞助爱国主义节日表现出更大的兴趣，将其作为一种合法化的机制。竞争性的团队运动被证明有助于表达与和解社区之间和内部的激烈对抗状态。此外，在 20 世纪 30 年代，普埃布拉市的政治家们很快意识到，体育赛事可以在将地方权力纳入他们正在建设的国家政治机器方面发挥作用。因此，地方、区域和全国层面的权力追求者在体育竞赛中找到了合法性的催化剂和国家构建机制。[44]

如果说体育运动具有吸引力是因为符合现有的价值观并将正在出现的政治结构合法化，它们同时也引入了新的关系和价值观。学校督察员把运动员视为他在改变习俗过程中的军团（falange），以及他改革运动中为健康和戒酒而奋斗的光辉骑士。那些在运动场和球场上表现出色的人在成为英

---

[42] Redfield, *Chan Kom*, 15, 136；与卡罗的访谈；与奥古斯蒂娜·巴罗哈斯·卡罗（Augustina Barrojas de Caro）的访谈（1991 年 7 月 7 日，普埃布拉）。

[43] SEP/AH, DER, Caja 905, González, Informes, April, May, August 1932；与蕾娜·卡莫娜·曼扎诺（Reyna Carmona Manzano）的访谈（1991 年 7 月 5 日，普埃布拉）。

[44] Dennis, *Intervillage Conflict*, 90; Redfield, *Chan Kom*, 15, 136; AMT, Año de 1935, Presidencia Municipal, Caja 65, Actividades de Asociaciones Deportivas; Secretaría de la Económia Nacional, September 1934; Asociación Guerrero, Tecamachalco, May 12, 1935.

雄的同时也阐明了学校的信息，因此他们为公共教育部的现代化话语打开
了空间。[45] 从这个意义上说，他们也像 19 世纪的许多乐手一样，是新旧世
界之间的媒介。通过团队运动，运动员们清楚地表达了个人主义、流动性、
年轻朝气和不利于传统农民社会的改变等新价值观。

[226]   团队运动隐形中削弱了在农民文化中作为仲裁者的最长者的威望，为
年轻男性带来了更大的声望和独立空间。[46] 新的运动员们巧妙地挑战了地
位和实力取决于土地所有权和田地耕种的观念。就像培养他们的学校一样，
体育运动使得团队成员们的视野和精力向外部和上部扩展。一个典型的体
育团队会到处旅行去参加比赛。[47] 团队运动调动起了城镇之间古老的竞争
本能，却将一种性质不同的人类能量流动推向了新的方向。它们把团队合
作与个人主义和向上流动的渴望结合起来，以显著的现代化方式推进人类
发展：激励自我，世俗化并自主地实现对身心的有效运用。[48]

    体育竞赛的引进代表了儿童、青少年和青年的新开端，这对男孩和
女孩都很重要。在墨西哥的一些农村地区，变革进程导致父母对子女婚
姻选择的控制力下降。学校在其内部和周围打造了一个相对不受家庭控
制的世俗空间，年轻人在这里开始以潜在的新方式将自己与父母区分开
来。[49] 如果说体育竞赛展现的是传统意义上的男性为英雄主角、女性为支

---

[45] 参见，例如，SEP/AH, DER, Caja 905, González, Informes, April, August 1932; Caja 969, González, Informe Anual, 1933.

[46] 冈萨雷斯指出，它们吸引的是年轻人，而不是那些不断"阻碍"学校教育的、超过 50 岁的长者。González, Expediente 207.1, González, Informe Anual, December 1935.

[47] 与维克多·阿尔巴（Victor Alba）的访谈（1991 年 7 月 8 日，普埃布拉）。

[48] 关于现代性与身体，参见 Michel Foucault, *Discipline and Punish: The Birth of the Prison*（New York, 1979；中文版参见《规训与惩罚：监狱的诞生》，刘北成、杨远婴译，北京：生活·读书·新知三联书店，2019）。

[49] Redfield, *Chan Kom*, 129–137; Friedrich, *Agrarian Revolt in a Mexican Village*, 49; Oscar Lewis, *Life in a Mexican Village: Tepoztlan Restudied* (Urbana, IL, 1971), 78–79; Lewis, *Life in a Mexican Village*, 383–410; Rockwell, "Rural Schooling and the State," 22–23.

持性的旁观者的性别定位的话，那爱国主义节日的其他内容则为女性打开了活动领域，使她们趋同于更积极的女性公民理念——这些领域包括舞蹈、戏剧、演讲、创意写作、歌唱，以及手工艺、农业和家禽养殖的展览等。

篮球和棒球的流行和普及为增加爱国主义节日的数量提供了由头，并为教师们介绍爱国主义、民族文化和历史等新概念提供了空间。[50] 到 20 世纪 20 年代末，公共教育部开始出版针对和有关农民的文学作品，以代替面向波菲里奥时期读者的为城市中产阶级所写且关于该阶层的作品。[51]《费尔明》（Fermín）等教科书将农民重新塑造为城市改革者的形象。作为曾参加过立宪军队的庄园劳工的儿子，费尔明获得了土地，成为一名现代商业化农民。他倡导学校教育和地方对土地法的权威，同时还阅读历史书籍和报纸，并在他所在的镇上组织爱国主义庆祝活动。[52]

像《费尔明》这样的教科书阐述了一种在波菲里奥时期所缺失的包容性的、平民主义的意识形态。这种意识形态在爱国主义庆典的材料中得到了进一步的建构。埃米利亚诺·萨帕塔在民族英雄的殿堂中占有一席之地。在爱国主义圣坛上呈现的萨帕塔的形象已经通过民谣（corridas）、诗歌和演讲等方式进行加工净化，以贴近公共教育部的理想标准。这个萨帕塔没

---

[50] SEP/AH, DER, Caja 905, González, Informes, April-May, July-August 1932; Informe, Instituto de Mejoramiento, July 27-28, 1932; Expediente 316.1, González, Informes, April-May, June-July, August-September 1936.

[51] 关于特卡马查尔科地区的教科书的变化，参见 APERF, ERF Santa Rosa, Inventario, April 5, 1932; ERF Nazareño, Roger Sanchez Parra, Inventario y Correspondencia, June 11, 1936; Entrega en los principios de los labores escolares, February 8, 1937; ERF San Juan Ocotlán, Miguel Sánchez and Benito Mendez to SEP, August 19, 1932; ERF Caltenco, Inventario general de todo 10 existente en la escuela rural federal de Caltenco, Tochtepec, March 27, 1939。

[52] Vaughan, "Ideological Change in Mexican Educational Policy, Programs, and Texts, 1920-1940," in Los intelectuales y el poder en Mexico, 515-518; Manuel Velazquez Andrade, Fermín, trans. Marcel Carl (México, 1933), 1-19.

有和他的伙伴们（*cuates*）一起小酌几杯，没有以斗鸡形式进行赌博，没有
扛着瓜达卢佩圣母的旗帜去打仗，也没有为了回归前资本主义秩序而领导
一场区域性的运动。他象征着所有墨西哥农民为土地、社会公正和现代化
而进行的斗争，并通过政府找到了实现这些目标的方法。[53]

　　随着农民革命的概念进入爱国主义节日，一场更普遍的对国家历史
和文化的重新建构也得到了体现。孩子们表演的舞蹈和歌曲，如瓜达拉
哈拉市的哈拉维舞（*jarabe*）、索诺拉州的雅基族印第安人鹿舞以及伊达
尔戈、韦拉克鲁斯、普埃布拉等地区瓦斯特克人（Huasteca）的瓦潘戈舞
（*huapango*）等，复原了原住民的过往，并承认了墨西哥民间文化的异质性
是民族文化的基础。[54]与此同时，剧场被用于吸引公众来见证有关国家历
史的经验教训（如独立运动的反叛者、胡亚雷斯幼时放牧的艰辛生活等），
并通过引导新的社会行为来动员民众为未来做准备。孩子们表演话剧，内
容包括使用肥皂的重要性（《水公主和肥皂国王》[*La Princesa Agua y el Rey
Jabón*]）以及酒精的害处，比如展示醉酒的父亲给家庭带来的痛苦等。[55]

　　随着 1935 年社会主义教育政策的引入以及教会与国家之间争夺对农民

[53]　关于萨帕塔，参见 *El maestro rural*, vol. 1, March 1, 1932, no. 1, SEP, p. 9; vol. 3, December 15, 1933, pp. 34–35; SEP/AH, DER, Expediente 316.1, González, Informe, June-July 1936; Ilene O'Malley, *The Myth of the Revolution: Hero Cults and the Institutionalization of the Mexican State, 1920–1940* (Westport, CT, 1986), 42–70。

[54]　SEP/AH, APERF, ERF Chipiltepec, Tochtepec, Informes sinteticos, August 31, 1932, August 17, 1933; ERF Santa Rosa, Informes sinteticos, June 12, 1931, June 26, 1933; ERF San Juan Ocotlán, September 7, 1933; SEP/AH, DER, Caja 905, González, Informe Anual, December 1932; *El Maestro rural*, vol. 1, no. 1, March 1, 1932, pp. 14–15; vol. 1, no. 3, April 1, 1932, p. 21.

[55]　SEP/AH, DER, Caja 905, González, Informes, July, September, October 1932, Informe Anual Escolar, December 1932; Expediente 207.1, González, Informe, October-November 1935, Informe Anual, December 1935; Expediente 316.1, González, Plan de Trabajo, January 1936; APERF, ERF Santa Rosa, Informes sintéticos, June 12, 1931, September 7, 1932, June 26, 1933; ERF San Nicolás El Viejo, Tlacotepec, "Datos," November 1938; ERF Pericotepec, "Datos," November 25, 1938; ERF Palmarito, Informes sintéticos, May 18, July 21, 1933; ERF Chipiltepec, Informes sintéticos, August 31, 1932, August 17, 1933; ERF San Juan Ocotlán, Informes sintéticos, July 16, September 7, 1933.

的精神控制的加剧，公共教育部在乡村地区大量发放节日相关的材料，旨在注入一种生产主义、民族主义和世俗的意识形态。这种意识形态侧重国家对于农民与其"阶级敌人"斗争的认同，后者指的是导致落后和苦难的庄园主和牧师。国民革命党（Partido Nacional Revolucionario，简称 PNR）的社会文化行动委员会向市级的领导者们发出指示，要求他们根据取代宗教节日（*fiestas religiosas*）的全新"民族主义日历"在周末宗教仪式上开展文化运动。这些节日的重点是政府对墨西哥社会主义的诠释，包括保护阶级利益、去狂热化、卫生和农业现代化等。[56]

特卡马查尔科的联邦教师们每隔一周会聚集在合作中心（Centros de Cooperación），暂时逃离敌对的气氛，学习公共教育部所出台的新的社会主义版本的历史，增加了对 20 世纪 30 年代早期历史的平民主义和农业角度的诠释。此前，历史的主要行为者都是为建立国家而奋斗的非凡英雄。国家也转而成为通过独裁统治来推行进步和现代化的主要行为体。到 20 世纪 30 年代中期，被重新定义的历史突出了各阶级为争取权利、正义和现代化所进行的社会斗争。不同社会群体被允许为争取权利和改善生活条件而进行流动，这改变了自治型行政国家的旧观念。社会群体通过像萨帕塔那样以他们"对无产阶级的爱"而著称的英雄们进行奋斗。《1917 年宪法》成为肯定集体或阶级权利的文件，同时也补充了《1857 年宪法》中关于个人权利的解释。[57]

[228]

这种出自中央政府的虚华辞藻为那些被农村的敌意和冷漠所困扰的教

---

[56] AMT, Año de 1935, Presidencia Municipal Caja 65, PNR Comité de Acción Social y Cultural, México, Presidente José M. Davila and Vice Presidente, Antonio Mediz Bolio, to Presidente Municipal, Tecamachaico, February 1935. 公共教育部拥有另一张精心制定的节日历，与国民革命党的节日历相似，但活动安排更为紧凑。参见 Ignacio García Teliez, *Socialización de la cultura: Seis meses de acción educativa* (México, 1935), 142–144。

[57] Vaughan, "Ideological Change in Mexican Educational Policy," 518–526; 另参见 SEP/AH, DER, Expediente 316.1, Gonzá!ez, Indicador de Actividades, January 25, 1936; Informe, October-November 1936。

师提供了援助。特卡马查尔科地区的人们逐渐接受这一说辞，并在协商过程中对政府说辞进行审查删剪、选择和重新诠释。1936 年，在宗教势力反对社会主义教育的浪潮中，由教师们组织的爱国主义庆祝活动举办得非常顺利，学校督察员终于长舒了一口气。[58] 他没有注意到的是，尽管官方指示要与牧师和迷信做斗争，但这些节日在宗教问题上一直保持沉默。村民们成功地审查删剪了政府意识形态攻击中最具争议性的部分。同一年，拉萨罗·卡德纳斯（Lázaro Cárdenas）总统为了回应全国范围内对社会主义教育的广泛抗议而取消了该教育政策的反宗教重点，由此为特卡马查尔科人提供了获得胜利果实的空间。他们获得的不仅仅是继续庆祝宗教节日的权利。与社会主义教育中的反宗教方面进行斗争隐喻了他们反对激进地干预社会习俗的斗争。教师们得知该信息后，被迫进行更为敏感的协商。他们开始尊重农民家庭的隐私，领会某些草药的疗效，试图建立与牧师的友谊，理解父母对男女同校教育的焦虑，调整他们的教学计划以适应孩子因需要帮家里干活而导致的短暂且不规律的学习经历。

　　学校督察员也没有注意到，爱国主义庆祝活动的社会意义与其意识形态的内容完全无关。该节日从社区的集体生活中获得了强大的支持，并趋向于摆脱对意识形态的依赖。大多数人喜欢从繁重的工作和日常生活的压抑中抽出时间来享受一场篮球比赛。青春期的女孩们把她们的母亲拉进节日里，为她们做服装或准备一顿集体大餐；这倒不是因为女孩们对有关萨帕塔的演讲感兴趣，而是因为她们期待着能在节日里遇到年轻的"意中人"。[59]

---

[58]　SEP/AH, DER, González, Informe, September-October 1936.

[59]　Agulhon, *Republic in the Village*, 91; APERF, ERF Pericotepec, Tochtepec, "Datos," November 25, 1938; ERF Chipiltepec, Sara Robles Jímenez, "Datos que deben rendir los Directores de las Escuelas rurales federales en la República," November 30, 1938; 与卡罗的访谈；与巴罗哈斯·卡罗的访谈.

　　尽管市民们很喜欢节日，但他们很快就将公共教育部提出的难以满足的节日日历缩减为一些基本活动。教师们成功将 9 月的独立日庆典与五月五日节相提并论。村民们也接受了母亲节和纪念革命的庆祝活动（如 11 月 20 日的 "阿亚拉计划"[Plan de Ayala]或 "卡兰萨土地改革法令"[Carranza agrarian-reform decree]纪念活动）。但是，以树木、卫生和节欲为主旨的节日活动持续时间较短，观众也更少。和其他大多数公共教育部提出的节日一样，它们最终都被降级到只在学校里举办。[60]   [229]

　　就像村民们限制节日数量一样，节日本身也在不断扩大，以表达在革命过程中塑造出来的新的身份和认同。联邦学校在 1938 年为国家石油征地而动员地方支持，由此获得了爱国主义节日赞助者这一最高声誉。在普埃布拉州，该活动通过报纸、电台、国民革命党和公共教育部的大量印刷品宣传等进行推广，得到了强烈的民众支持，激发了根深蒂固的防御性民族主义情绪以及在革命和重建等社会大变动中的参与感。教师们在社区里组织露天市集、节日庆祝、抽奖和舞会来帮助偿还国家债务。[61]这样的动员有助于治愈围绕社会主义教育的争论所造成的创伤。通过这种方式，特卡马查尔科人加入其他墨西哥人的行列，一起表达了前所未有的在国家集体中的成员身份感。

---

[60]　SEP/AH, DER, Caja 905, González, Tecamachaico, Informes, September-October 1932; Expediente 207.1, González, Tecamachaico, Informe, October-November 1935; Informe Anual, December 1935; APERF, ERF Santa Rosa, Tecamachaico, Informes sintéticos, June 12, 1931, September 7, 1932; Micaela Reyes Limón, Plan de Trabajo, 1939. 关于国民革命党围绕树木而开展的节庆活动的更多依据，参见 ATM, Año 1935, Presidencia, Caja 65, Juan B. Tejada, Mayor de Gobierno, February 27, 1935, to Presidente Municipal, Tecamachaico; Maldonado, Presidente Municipal to Secretario General de Gobierno, Departamento de Fomento, Puebla, March 21, 1935。

[61]　Vaughan, "Socialist Education in the State of Puebla in the Cárdenas Period," in *El campo, la ciudad y lafrontera en la historia de México*, ed. Ricardo A. Sánchez Flores, Eric Van Young, and Gisela von Wobesar（墨西哥城，即将出版）以及 "Women School Teachers in the Mexican Revolution: The Story of Reyna' s Braids," *Journal of Women 's History* 2, no. 1 (July 1990): 162.

如果不是因为 20 世纪 30 年代末和 40 年代初墨西哥政府得以巩固，那么建立在市民和教师之间零散且非正式的协商基础上的节日庆祝活动将只是昙花一现。虽然爱国主义节日在不同城镇之间以及城镇内的不同派系之间的竞争中蓬勃发展，但相比波菲里奥政权时期，革命时期的特卡马查尔科伴随着权力和资源的再分配而产生冲突，使得节日庆典有所衰弱。20 世纪 30 年代末期，国家的巩固更加明确地划定并稳定了地方的权力范围、权力更迭过程以及财产所有权。主张平均地权的农民被吸纳入全国农民联合会的地方分支。中产阶级则被吸纳入地方性的国民革命党的市政委员会，该党后被称为墨西哥革命党（Partido de la Revolución Mexicana，简称 PRM），再后来成为革命制度党。两败俱伤的内部斗争中伤痕累累的胜利者接过了地方政府的控制权，承担起了波菲里奥政权时期前任们的职责。虽然冲突一直持续到 20 世纪 40 年代，但政治经验以及政党和国家的形成过程在这些人中间创造了一种共同的公民话语，他们将祖国等同于进步、政党、国家以及学校教育。[62] 市长、村社委员会（*comisariados ejidales*）的官员和活跃团体的其他成员（如牧场主、商人、新公共汽车公司的老板等）组成了负责爱国主义节日庆典的爱国委员会。

20 世纪 40 年代，特卡马查尔科人精心装扮他们的节日。社区越富裕、越团结，节日庆祝活动就越精心复杂：演奏音乐的是乐队，而不是留声机。

---

[62] 该案例说明，政党成员与政府成员之间正在产生一种共同的话语。1938 年，萨克拉曼多·乔佛尔（Sacramento Joffre），作为一名来自毗邻特卡马查尔科的柴奇克穆拉（Chaichicomula）的农民领袖，以及农业社区联盟（Liga de Comunidades Agrarias）和普埃布拉州农民工会（Sindicatos Campesinos del Estado de Puebla）秘书长（*secretario general*）在给公共教育部部长的信中写道，来自特卡马查尔科阿尔塞塞卡镇的代表们曾请求他指派一名教师，"因为他们是如此无知，带着对于人民进步与文化的严重偏见（porque estan creciendo en la mas completa ignorancia, con grave prejuicio para el progreso y cultura del pueblo en general）"。SEP/AH, APERF, ERF Alseseca, Sacramento Joffre, Secretario General, Comité Central Ejecutivo, Liga de Comunidades Agrarias y Sindicatos Campesinos del Estado de Puebla, to SEP, Fausto Molina Betancourt, August 19, 1938. 就学校教育而言，阿尔塞塞卡镇曾是最为分裂以及顽固不化的社区之一。

基于公众强烈的呼声，爱国主义节日摆脱了其在洁净的 30 年代（受到滴酒　　[230]
不沾的学校督察员冈萨雷斯的影响）所形成的那种斯巴达式清苦风格。带
有银色马刺的老练牛仔们（*charros*）骑着骏马、戴着绣有锦缎的宽边绒帽，
跟随着游行队伍悠然前行。村里的妇女们准备了大桶大桶的莫莱酱。村民
们彻夜跳舞，欣赏精心准备的烟花表演。[63]

爱国主义节日：国家强制行为还是霸权表达？

　　爱国主义节日庆典象征着新国家对乡村生活的渗透。这场革命加速了
地方政府资源基础弱化并不断提高对外部国家机构依赖的长期趋势。地方
政府常常在市政当局、村社公地权力和宗教权力之间出现权力的碎片化，
因此很容易受到外来调解和支持的影响。土地改革进程在村庄和中央政府
之间建立了牢固的联系。1902 年五月五日节医院的落成典礼与 20 世纪 40
年代后的爱国主义节庆相比显得逊色暗淡，后者包括庆祝联邦政府在瓦尔
塞奎洛（Valsequillo）的灌溉工程中的运河开通、建立新的合作社、从国家
埃吉达尔信贷银行（Banco de Credito Ejidal）获得贷款等。[64] 体育运动团队

---

[63]　与教师们的访谈：索科罗・里维拉・马丁内斯（Socorro Rivera Martínez），普埃布拉，1991 年
　　　7 月 6 日；卡罗；蕾娜・卡莫娜・曼扎诺，普埃布拉，1991 年 7 月 5 日；维克多・阿尔巴・埃
　　　尔南德斯（Victor Alba Hernández），普埃布拉，1991 年 7 月 8 日。

[64]　关于学校教育在国家渗透中的作用，参见 Elsie Rockweli, "Schools of the Revolution"; Gilberto
　　　Loyo, *La política demográfica de México* (México, 1935), 291, 333-334; Guillermo de la Pena,
　　　"Poder local, poder regional: perspectivas socioantropológicas," in *Poder local, poder regional*, ed.
　　　Jorge Padua N. and Alain Vanneph (México, 1988), 41-46; *Herederos de promesas: agricultura,
　　　politica y ritual en Los Altos de Morelos* (México, 1980), 129-130, 138, 307-312; Lewis,（转下页）

又一次成为两者之间联结的象征，他们沿着国家的干线公路到处旅行，参加由地方、大区以及全国层面的革命制度党所赞助支持的比赛。

国家渗透不一定就是国家强制行为。不应该将市政官员和村社委员会成员视为冒名顶替者。他们曾为获得自己的职位资格努力奋斗，不管手段是否公平或和平。为了实现这一目标，他们代表了一些团体的利益和议题的立场。爱国主义节日的政治词汇中所加入的新概念，如《1917年宪法》、社会正义、集体权利、土地改革、以解放人类为导向的历史进步道路等，对领袖及受他们保护的人而言有着真正的意义。主张平均地权的农民关于历史、法律和程序的观念与爱国主义节日所阐述的理念逐渐趋同，这体现在1941年由科艾斯塔布兰卡（Cuesta Blanca）镇的村社土地所有者（*ejidatarios*）和政治官员寄给总统曼努埃尔·阿维拉·卡马乔（Manuel Avila Camacho）的一封信中。他们愤怒地回应了州长对一名投诉自己的水资源被占用的租户的维护：

[231]

> 帮帮我们，请下达您的最终指令，允许这个村镇使用水资源，正如**共和国宪法第27条**的第一段中明确解释的那样："国家……有权对用于公共利益的私有财产施加限制。"基于该法律并受到最基本的**正义**的保护，我们愿意冒任何风险，以现任政府**明确的革命**精神为依据，我们希望政府能知道如何倾听**全体人民的呼声，而人民如果没有水这种宝贵的资源，就会被饿死，**我们希望政府能忽视一个人的个人利益，这个人在缺乏必需的事实和先例的情况下，竟敢要求不属于他的**权利**……公民洛佩兹·伊托尔萨（López y Tolsa）必须牢记，科艾斯塔布兰卡的人民为了不让他们

（接上页）*Life in a Mexican Village*, 221–252; Warman, *We Come to Object*, 288–291。关于学校教育为这些机构的进入以及为庆祝其与社区之间的关系所作的有意识准备，参见 SEP/AH, DER, Expediente 207.1, González, Informe, October-November 1935。

的权利被剥夺，是宁愿做出牺牲的。他应该知道，我们被恐吓并遭受野蛮暴力的时代早已过去……我们尊重最高政府，从过往经验以及正义的角度我们知道，这一决定将开创一个先例，强化最高政府的威望，让我们坚信正在进入一个我们被视为有权利意识的公民而得到对待的新时代。在最高政府做出有利决定期间，我们必须使用这些水资源，因为给庄稼浇水的时间到了，否则就意味着庄稼的损失。我们相信正义。[65]

村民们在信中表达了他们与政府之间高度紧张的关系，尽管如此，信件中所用的语言还是由他们自己和政府代表共同建构而成的，他们甚至还在爱国主义节日期间宣读了这封信。

国家对乡村生活的渗透也与市民生活的现实融合在一起。从 1910 年到 1940 年期间，特卡马查尔科的生活发生了改变。[66] 革命在那里展开，那是一场重新分配财富和权力的激烈斗争。它撕裂了社区，破坏了社会结构。斗争在遭受干旱和霜冻的荒芜土地上展开，在受致命病毒威胁并为寻找工作而背井离乡的饥饿人民中展开。然而，解体带来了重组。新的政治秩序以新的准入机会、代表权和奖励制度等建立起来。人们的生活越来越多地与外部相联系。这种联系尤其体现在村民们在谈判修建连接普埃布拉和特华坎（Tehuacán）的新公路的过程中。有些市民们通过公共工程部（Secretaría de Obras Publicas）寻求建筑团队中的工作机会，有些人的山羊和奶牛被卡车撞倒了，有些人被命令必须将牲畜用围栏圈养起来，有些人与牧场主争吵有关修建支线道路的权利，有些人为了适应新的车辆而扩修

---

[65] LCR-AGN, Expediente 404.2/55, Aniceto Mezo, Vicente Alducín, Domingo Trujillo et al., Cuesta Blanca, to Manuel Avila Camacho, February 20, 1941. 着重部分为本章作者所标明。

[66] 在《农民的道义经济学》中，詹姆斯·斯科特研究了随着 20 世纪现代化进程的加快，国家和市场渗透过程对传统农民社区的影响。参见 *The Moral Economy of the Peasantry* (New Haven, CT, 1976), 203–231。

了小径，有些人把成袋的粮食拖上公共汽车以运往特佩阿卡市场（Tepeaca Market），有些人用佩里格里诺（Peregrino）家族的出租车将生病的孩子送往特卡马查尔科的医院。[67]

　　爱国主义节日庆祝变成了一种与国家相联系的现代化动员仪式。英加·克兰狄能（Inga Clendinnen）写道：仪式不仅巩固了现实，而且创造了现实。[68] 爱国主义节日是否使人们过高估计了这些外部联系的作用？也许是的，但我们必须考虑到一系列相互关联的政治、社会和经济进程。墨西哥政府通过土地改革、与社会和政治运动的互动、学校、政府内部残酷的政治整合等方式，形成了一种有说服力的、霸权性的话语，以此进行在排除其他选择的情况下以新选择为目标的大众动员。在 20 世纪四五十年代，特卡马查尔科的爱国主义庆典话语与当地历史之间存在真正的融合现象。国家在此期间并没有实行纯粹的民主，也没有带来显著的经济繁荣，但确实提供了政治稳定和明显的生活改善，具体体现在新的灌溉运河、配置天然气和电力系统的深井、便宜的公共交通、高速公路、机械玉米研磨机、水果的商业化发展、用于应对流行病和地方流行性细菌感染的疫苗接种和抗生素等。[69] 这几十年间，该地区人口增长，鲜有人迁移至其他地方。教

[232]

---

[67]　AMT, Ano 1935, Presidencia, Caja 65, Contract, Jose Peregrino and Elipidio Navarro, January 15, 1935; Carlos Maldonado to Pascual Peregrino, March 11, 1935; Eligio Avelino, Sebastian Martfnez et aI., La Purfsima, to Presidente Municipal, Tecamachalco, March 1935; Presidencia, Ano 1936, Legajo 68, Juan Tejada to Presidente Municipal, Tecamachalco, April 24, 1936; Dolores Navarro, San Antonio La Portilla, to Presidente Municipal, Tecamachalco, May 2, 1936; Presidencia, Ano 1938, Caja 74, Cayetano Santos, Presidente Municipal, to Secretario General, Gobierno, Puebla, May 12, 1938; Lic. Alfonso Meneses, Oficial Mayor del Gobierno, Puebla, April 22, 1938.

[68]　*Ambivalent Conquests: Mayan and Spaniard in Yucatán, 1517-1570* (Cambridge, 1987), 115.

[69]　作为 20 世纪 40 年代和 50 年代最重要的技术革新之一，灌溉体系是通过位于瓦尔塞奎洛的运河工程或深水井实现调控与分配的，最先依靠石油运行，之后依靠电力运行。由于灌溉体系通常由国家负责调控与分配，所以国家与地方档案馆中存有大量相关文件。参见，例如，AMT, Legajo 74, Año 1938, Presidencia, Asamblea de la 4 Convencion pro-Irrigación del Valsequillo, Tehuacan, December 3, 1938。

师们将其视为（电视、水土流失以及居民大批迁移发生之前的）爱国主义节日的黄金时代。

将爱国主义节日视为霸权表达渠道的看法强调了其包容的方面，这与弗里德兰德所强调的强制行为形成对比；同时，这种看法也强调了节日的动员性，对比奈特所认为的国家作为文化创造者几乎没有影响力的观点。霸权在葛兰西的术语中意味着达成共识的统治。胁迫可能先于共识，而且持续成为国家权力的一个方面，但是霸权建立在道德和智力的说服之上。[70] 它包含了一系列的符号、图像和对过去与未来的展望，生根于社会主体之间，塑造身份认同、记忆、忠诚和意义，并激发了行动。这些意识形态元素不能简单地由精英阶层通过操控学校、俱乐部和政党等机构来从顶层传

---

[70] 正如威尔·潘斯特斯（Wil Pansters）所写的那样（*Politics and Power in Puebla*，8-16），霸权概念是对政治权力研究的有益补充，这些研究重点关注的是公司、官僚结构与裙带关系（例如，Susan Kaufman Purcell, "Mexico: Clientelism, Corporatism, and Political Stability," in *Political Clientelism, Patronage, and Development, ed. Lemarchand Eisenstadt* [Beverly Hills, CA, 1981] 以及 de la Peña, "Poder local," in *Poder local, poder regional*, 27-56）。虽然葛兰西的理论结构是零散的，且被穿插在他的作品之中，但他的论文仍然具有启发性。参见 "State and Civil Society" and "The Modern Prince" in *Prison Notebooks: Selections*, trans. Quintin Hoare and Geoffrey Nowell Smith (London, 1971)。关于霸权概念的解释，参见 Karl Boggs, *The Two Revolutions: Gramsci and the Dilemmas of Western Marxism* (Boston, 1984), 153-198; Chantal Mouffe, "Hegemony and Ideology in Gramsci," in Mouffe, *Gramsci and Marxist Theory* (London, 1979), 68-204; Raymond Williams, *Marxism and Literature* (London, 1977), 108-127; J.Y. Femia, *Gramsci's Political Thought: Hegemony, Consciousness and the Revolutionary Process* (Oxford, 1981); Jackson Lears, "The Concept of Cultural Hegemony: Problems and Possibilities," *American Historical Review* 90, no. 3 (1985): 576-593; 以及 Ernesto Laclau and Chantal Mouffe, *Hegemony and Socialist Strategy: Towards a Radical Democratic Politics* (London, 1986), 65-91。葛兰西将霸权主义与特定的社会阶级（资产阶级或工人阶级）联系起来。我用"革命后政权"来代替"阶级"，因为，尽管每个人似乎都认同革命后墨西哥政府举措的资产阶级性质，但通常很难在其意识形态的构建中定位资产阶级。我对于话语霸权的理解受到拉克劳（Laclau）和莫菲（Mouffe）的启发，参见 *Hegemony*, 93—193。我将霸权概念应用于对墨西哥革命的意识形态文化分析则受到了弗洛伦西亚·马隆（Florencia Mallon）的研究的启发，尤其是《社群的冲突建构》（"The Conflictual Construction of Community"）以及乔安·马丁（Joann Martin）即将在《人种史学》（*Ethnohistory*）发表的文章《真实性之争：墨西哥莫雷洛斯的历史再现之争》（"Contesting Authenticity: Battles over the Representation of History in Morelos, Mexico"）。

播。[71] 更确切地说，墨西哥政府通过爱国主义节日所发出的霸权话语是由
涉及多重社会群体和交织多种话语的互动过程所形成的。霸权只能从构成
一个国家的各种文化传统中建构出来："民族主义情绪依赖于……将一种长
久存在的、深刻的个人存在感与国家的延续融合在一起。"[72]

　　1917 年至 1940 年间墨西哥所进行的国家建构使得民族建构达到了前
所未有的规模。当特卡马查尔科的农民、牧场主和庄园主努力重新定义权
力和财富的参照标准时，他们的区域性国家建构为身份认同和忠诚的建构
打开了空间。学校进入这个空间，以关于身份认同、道德行为和历史时间
等的扩展化词汇进行填充。这种词汇本身就是革命斗争的产物。可以肯定
的是，公共教育部挪用并重新组织了这种语言，但其挪用和传播都不构成
霸权。作为国家代理人的教师不能强迫学生使用这种语言，也不能迫使其
流传。社会主体对词汇做出了选择性的反应，采用、重新解释、丢弃和内
化词汇的某些部分。正如国家在灌输词汇方面没有自主权一样，社会主体
在解释词汇方面的自主权也受到其与政治权力、社会机构、经济资源和具
体事件的关系的影响。

[233]

　　霸权话语的成功建构有赖于它为区域多样性和地方层面的多元话语提
供的空间。这一建构过程通过特卡马查尔科的爱国主义节日得以表达，并
在国家精心安排的现代化动员中产生回响。尊重习俗是"动员"的前提。高

---

[71]　阿尔都塞（Althusser）关于那些用于实现自上而下思想灌输的意识形态创造机构的概念（参见
　　　Luis Althusser, "Ideological State Apparatuses," in *Althusser, Lenin and Philosophy and Other Essays*
　　　[New York, 1975]）扩展了下述研究对于霸权主义的解释：Pansters, *Politics and Power in Puebla*,
　　　8–16; Williams, *Marxism and Literature*, 108–14; Boggs, *Two Revolutions*, 153–198。似乎也强调
　　　了下述研究的观点：Philip Corrigan and Derek Sayer, *The Great Arch: State Formation, Cultural
　　　Revolution and the Rise of Capitalism* (London, 1985)。关于针对该观点的批评以及由墨西哥初
　　　等教育学者撰写的另一种分析模型的阐述，参见 Justa Ezpeleta and Elsie Rockwell, "Escuela y
　　　clases subalternas," *Cuadernos Politicos* 37 (1983)。

[72]　Martin, "Contesting Authenticity," citing Bruce Kapferer, *Legends of People, Myths of State: Violence,
　　　Intolerance, and Political Culture in Sri Lanka and Australia* (Washington, DC, 1988).

度的地方调解决定了变革的意义和行为以及变革的速度和性质，因为动员仍然取决于与政治权力、社会组织和经济增长有关的地方性因素。在特卡马查尔科，一种混合的土地均分法成功地实现了政治权力，修改了农民家庭的生产单位及其家长制的习俗，并加速了商业化进程。邻近市场和城市的地理位置促进了商业交流和流动。区域性的国家政治机器围绕生产主义的典范（例如体育赛事、农业和牲畜展览、医院庆典等）实现了爱国主义节日庆祝活动的制度化。[73] 节日的三个方面——政治词汇、体育活动和母亲节庆祝活动——阐明了特卡马查尔科地区霸权话语的包容性和动员性。

　　革命进程促进了爱国主义节日的民主化。《1857 年宪法》强调个人权利，《1917 年宪法》则强调集体权利是社会正义和国家发展的基础。尽管社群权利深深植根于中部高地村庄的政治文化和实践中，但却被刻意排除在 19 世纪的自由主义话语之外；在自由主义话语中，企业权利被认为是落后和不道德的。集体主义的观念和实践通过农民动员运动的力量和随后的土地革命，渗透入了后革命国家的话语空间，结合了个人权利的概念，并将爱国主义的意义从 19 世纪对外国压迫者的敌意扩展到了抵抗所有形式的压迫的斗争。爱国主义与"墨西哥人民"为"解放"（正义与物质满足）而进行的进步斗争的历史解释紧密相连。

　　奎斯塔布兰卡人民们的信以新的、扩展的逻辑阐述了旧的元素。村镇会议的组织和程序，以及集体撰写的致总统（国王）的信件（请愿书）的组成，都来自于印第安人社群（República de los Indios）；这是一种法律上的假定，建立了自治的印第安人村庄和西班牙殖民地家长式的国王之间的

[234]

---

[73]　参见，例如，AMT, Año de 1935, Presidencia, Caja 65, Juan B. Tejada, Oficial Mayor de Gobierno, Puebla, to Municipal President, February 27, 1935; Municipal President to Secretario General de Gobierno, Departamento de Fomento, Puebla, March 21, 1935; Tejada, Oficial Mayor de Gobierno, Puebla, to Municipal President, May 8, 1935。

关系。村民们在传统的农民道义经济范畴内为自己的行为辩护——利用别
人号称拥有所有权却并无法律支持的水。他们希望总统（国王）能够理解
为确保生存而采取的法外措施。[74] 然而，这一行动并不能简单地以与习惯
性使用和需求有关的古老权利为由而被认为是正当合理的。请愿书的作者
们将他们的行动置于为实现正义、公民身份和解放（简而言之就是现代化）
而进行的一场大众化的全国性斗争的背景之下。在意识形态上，他们不再
采取防御性的局部策略。他们的话语背景变成了一个开放的舞台，超越了
村社委员会、村庄或现有国家的边界。霸权话语是反霸权、对立话语表达
的衍生和建构。

体育比赛也是特卡马查尔科地区节日中具有包容性和动员性的方面。
它们象征着一种相比于波菲里奥时期的爱乐乐团或学生演说家更加积极的
自我和精力投资。这些赛事崇尚墨西哥中部农民文化中的价值观（展示男
子气概、男性统治和女性从属、社团凝聚力）和实践（村庄内部和村庄之
间的集体竞争）。体育运动也鼓励改变，体现在基于成绩的竞争力、个人
成就、流动性，以及年轻人相对自主的空间。在特卡马查尔科，体育赛事
的意义和功能通过不同的权力中心进行调解传达。擅长体育运动可以为个
人职业发展带来重要的"关系"：进入当地的父权制权力结构，进入国家的
政治机器，或者通过教育获得专业化的城市就业机会。正如墨西哥不同地
区的节日政治词汇意义有所不同一样，体育赛事在普埃布拉州的重要性可
能是其他地方所缺乏的。区域政治机器将体育赛事制度化，作为党派建构、
招募和合法化的机制。市场的活力以及城市之间的邻近效应促进了与竞争

---

[74] Scott, *Moral Economy of the Peasantry*, 32–34. 关于实践中的墨西哥农民道义经济的详细描述，
参见 William Taylor, *Drinking, Homocide, and Rebellion in Colonial Mexican Villages* (Stanford, CA,
1979), 111–151。

性团体运动相关的水平和垂直的流动性。[75]

　　最后，革命节日远比 19 世纪时更加包容女性。节日让女学生得以参加诸如戏剧、舞蹈和产品展览等新的活动，让母亲得以参加烹饪、缝纫等传统活动。母亲节成为最重要的节日之一。农民家长和国家教育工作者以不同的方式评价和理解母亲的角色。[76]前者重视女性在受保护的、从属的家庭活动范畴内与家庭生产单位有关的作用。国家希望母亲们能扮演更积极、更公开的角色。学校向未来要做母亲的女学生们传达与男人同样的信息，这些信息有关效率、活动、卫生和生产主义等。通过土地改革重建的自给自足的小农经济家庭加剧了性别建构的矛盾，因为土地改革似乎巩固了旧式的父权行为。然而，市场的渗透要求并促使农民妇女在贸易、生产和移民等方面发挥更大的公共作用，以满足家庭的生存需要。玉米粉碎机的引进使妇女获得了时间上的自由，同时，廉价的公共汽车使她们的行动更加方便，鼓励她们越来越多地参与经济活动。因此，性别关系中的一个两难问题是，如何在允许妇女从事新的活动和学习领域的同时维持父权制控制的地方传统。[77]

[235]

---

[75]　例如，雷德菲尔德所著的《尚科姆》一书中曾提到，竞技体育在 20 世纪 30 年代颇受欢迎，但随后便失去了光彩。雷德菲尔德指出，作为农民的父辈们不仅认为田径运动是一种对于精力与时间的浪费，或许由于田径运动是在田间进行的，还会对衣物造成不必要的污损。女性认为参加这些竞赛是不恰当的。尽管存在种种阻扰，20 世纪 40 年代的年轻男人仍然在继续这些比赛。见 Redfield, *Chan Kom*, 136-137. 将特卡马查尔科与尚科姆区分开来的变量似乎是地方国民革命党对于体育运动的制度化举措、来自教师官僚机构的大力支持以及普埃布拉州更高水平的商业与城乡交流。

[76]　Vaughan, "Rural Women's Literacy"；同前，"Women, Class and Education in Mexico, 1880-1920," *Latin American Perspectives* 4, no. 1-2 (1977): 63-80.

[77]　20 世纪 40 年代，其他村庄也遭遇了同样的两难局面。刘易斯在《墨西哥乡村生活》一书中感受到，由于这些因素，传统的父权制家族组织出现了裂缝。参见 Lewis, *Life in a Mexican Village*，特别是第 50—79 页，第 317—352 页，以及第 383—410 页。雷德菲尔德在《尚科姆》（第 126 页、第 137—138 页、第 143 页和第 160 页）一书中也表达了类似的观点，他着重研究了旨在挑战传统性别角色的学校教育（摆脱父母的控制、更大的青春期空间，女孩用裙装替代无袖衫 [huipil]，以及她们对于体育运动的参与、对于更加显眼的公共活动的参与以及（转下页）

当这两种话语交锋时，母亲节庆祝活动是一个部分解决问题的方案。
20 世纪 40 年代母亲节庆祝活动中所致敬的是沐浴在痛苦的感伤中的墨西
哥女性形象，让人想起墨西哥教堂里的圣母。女性被视为无尽的爱和牺牲
的象征。戏剧性的小品试图赚取观众的眼泪，剧院便成为对坚忍的母亲形
象所遭遇的生活的沉重打击表示集体同情的地方。[78] 母亲的形象将农民家
庭的诚实正直及其等级结构进行了人格化处理。母亲节期间的戏剧变成了
一个公共性的悲伤会演，实现了村庄、家庭和性别从属合法化。与此同时，
母亲节的庆祝活动（通过展览她们的生产活动）强调了妇女作为积极生产
者的身份，强调了她们作为学生学习新的世俗技能并建立父母家庭之外空
间内的身份，（通过舞蹈和表演）强调了她们作为表演者的身份，也强调了
她们作为公民的身份，这种通过演说被赋予的公民身份将她们的活动与其
为祖国所做的牺牲联系在一起。

结　论

历史学家必须考虑人类学家对村民们从属于内部和外部掌权者的分
析和敏感性。朱迪思·弗里德兰德在 20 世纪 70 年代研究过的韦亚潘
（Hueyapan）印第安人确实受到了墨西哥权力结构的不利影响，但在爱国

（接上页）与异性的自由交往）。雷德菲尔德可能更强调学校教育（相对于市场或政府来说）作
　　为变化因素的重要性，因为尚科姆的学校教育不像特波兹特兰（Tezpoztlán）和特卡马查尔科的
　　学校教育那样具有很强的渗透力。另参见 Vaughan, "Rural Women's Literacy"。

[78]　与维克多·阿尔瓦（Victor Alva）和艾达·加西亚·曼萨诺（Ida Garcia Manzano）的访谈，普
　　埃布拉，1991 年 7 月 7 日。

主义节日上，他们却不得不听从一种人为制造的"印第安特色"（Indian-ness），并崇拜脱离语境的地方英雄埃米利亚诺·萨帕塔。历史学家分析了这种爱国仪式的形成过程。作为一名历史学家，艾伦·奈特把握住了仪式化意识形态的累积过程，认为其是社会群体与国家修辞之间的互动。弗里 [236]德兰德和奈特都以怀疑和不信任的态度看待国家。回顾 20 世纪 70 年代的墨西哥，弗里德兰德认为它是一个不相容的、反应迟钝的统治机构。奈特在分析 20 世纪 30 年代的墨西哥时，认为它是无能、软弱的文化变革机构。他对于国家在改变心态思想方面所起作用的否定似乎有些言过其实。1940年至 1968 年间，在社会经济快速增长的背景下，政治控制在维持社会稳定方面的重要性可能比不上国家构建一种具有说服力的霸权话语，这种话语将传统神圣化并鼓励变革。教师作为国家的代理人，促成了这一话语的多元化创作。

12 民众对卡德纳斯主义教育改革的反应

恩格拉西亚·洛约（Engracia Loyo）

墨西哥学院（El Colegio de México）

本篇文章，连同此前和之后的文章，构成了如今对拉萨罗·卡德纳斯（Lázaro Cárdenas）的总统任期（1934—1940）及其变革性计划（卡德纳斯主义［Cardenismo］）的重新评价的一部分。最近的许多研究集中关注卡德纳斯政府在"国家建构、社团主义和资本主义发展"等方面的举措。但也有其他研究考察了创造一种革命文化的尝试，对应近期有关法国大革命的许多学术成果，例如林恩·亨特（Lynn Hunt）的研究。* 卡德纳斯的教育运动，尤其是在农村地区的教育运动，以及诸如土地改革等其他项目，都在重要的案例研究中得到了修正主义者的检验。例如，马乔里·贝克（Marjorie Becker）分析了米却肯州贾拉库罗（Jarácuaro）的农民为挑战卡德纳斯官方举措所做出的努力，在此过程中，还分析了这些农民的机动性和政治特征。恩格拉西亚·洛约与玛丽·凯·沃恩（Mary Kay Vaughan）和埃尔西·洛克威尔（Elsie Rockwell）一样，专注研究教育相关的问题。这些研究探讨了发生在乡村的文化协商，并以此方式为弗朗索瓦·傅勒（François Furet）的

---

* Alan Knight, "Mexico, c. 1930–46," in *The Cambridge History of Latin America*, ed. Leslie Bethell (Cambridge, 1990), 7:3–82（引自第 7 页）; Lynn Hunt, *Politics, Culture and Class in the French Revolution* (Berkeley, CA, 1984).

法国研究提供了墨西哥案例的补充。[**]

谢丽尔·马丁为这篇以西班牙语撰写的文章提供了英文翻译。

[248] 拉萨罗·卡德纳斯总统执政期间（1934—1940），墨西哥革命达到了
高潮。卡德纳斯实现了许多民众的愿望，并实施了彻底的改革，改变了这
个国家的面貌。这项"六年计划"（Six-Year Plan）最初是由前总统普鲁塔
尔科·埃利亚斯·卡列斯（Plutarco Elías Calles）的支持者设计的，目的是
限制卡德纳斯担任总统后的行动，但在最后一刻被国会中的激进分子修改
了——在这项计划的支持下，卡德纳斯得以实现面向广泛人群的革命目标。
该计划的重点是国家干预，尽管存在矛盾和含糊不清之处，但它授权给卡
德纳斯，使之得以对国民生活的一些根本方面进行规范，其中包括农村、
工业和教育等。

本文概括性地提到了"六年计划"中提出的教育改革，以及这些项目在
企业家、土地所有者、家长、有组织的工人、学生和教师等群体中引起的
反应。本文尤其挑选出"大众"的反应进行分析，包括农村教师和"板凳"
（de banquillo）教师（他们不属于任何特定的组织，在日常工作中被赋予了

**   Becker, "Black and White and Color: *Cardenismo* and the Search for a Campesino Ideology," *CSSH*
29 (July 1987): 453-465；同 前, Setting the Virgin on Fire: Lazaro Cardenas, Michoacan Peasants
and the Redemption of the Mexican Revolution (Berkeley, CA, 1995); 参见（本书第十一章）沃恩
的文章。关于的洛克威尔（Rockwell）的观点，参见" Schools of the Revolution: Enacting and
Contesting State Forms (Tlaxcala, 1910-1930)," in *Everyday Forms of State Formation: Revolution
and the Negotiation of Rule in Modern Mexico*, ed. Gilbert Joseph (Durhain, NC, 1994)。关于教人识
字的改革举措，参见 Elaine Cantrell Lacy, "Literacy Policies and Programs in Mexico, 1920-1958"
（博士毕业论文，亚利桑那州立大学，1991), 108-147，该篇论文重点关注了卡德纳斯执政期间
的情况；以及 François Furet, *Interpreting the French Revolution*, trans. Elborg Forster (Cambridge,
1981)。

传授社会主义教育的责任）的反应。同时，本文也考量了那些受到这些改革影响的农民团体的反应。

有关卡德纳斯的改革已经得到了充分的研究。例如，总统迅速且壮观的土地分配行动提供了大量的信息。与他的前任不同，他主张摧毁大庄园制，用个人和集体的村社公地制度取代大庄园体系。征收石油工业是国家干预的一个明显案例，其目的是调节资本家与工人之间的关系，并实现《1917 年宪法》的目标，这也是许多工作的主题。[1] 普遍的共识是，征收石油行业并不是事先策划的行为，这让所有人，尤其是外国经营者感到诧异。

相比之下，1934 年的教育改革则酝酿已久。多年来，墨西哥的各个部门一直在努力使公共教育具有"革命性"的方向。改革家们认为《1917 年宪法》模棱两可，甚至毫无意义，因为该宪法规定教育应由普通人而非神职人员负责。他们倾向于将其替换成一个更明确地与他们的激进目标相一致的设计。

阿尔贝托·布雷莫茨（Alberto Bremauntz）是一位特别热诚的社会主 [249]
义教育支持者，也是为在国会中推动改革做出最大努力的议员之一。他概述了影响教育改革运动的一些情况。其中包括西班牙教授弗朗西斯·费雷尔·瓜迪亚（Francisco Ferrer Guardia）在巴塞罗那创立的理性主义学派，由西班牙无政府主义者传入墨西哥。自改革运动开始以来，新学派就在一些工人组织以及革命性的教师和知识分子中间赢得了广大的追随者。理性主义教育的支持者认为，以科学和理性为基础的教育可以塑造新一代的墨西哥人，使他们摆脱偏见和宗教狂热。[2]

---

[1] 关于拉萨罗·卡德纳斯改革的许多著作之一是 Tzvi Mediz, *Ideologia y praxis politica de Lázaro Cárdenas* (México, 1985)。

[2] 关于墨西哥的理想主义教育，参见卡洛斯·马丁内斯·阿萨德（Carlos Martínez Assad）的选集 *Los lunes rojos* (México, 1986)。

　　加泰罗尼亚无政府主义者阿马多·费雷斯（Amadeo Ferres）和西班牙教育家弗朗西斯科·蒙卡莱诺（Francisco Moncaleano）是最早在墨西哥传播理性主义教育的人。费雷斯创办了《墨西哥印刷报》（*El Tipografo Mexicano*），这份报纸将他的思想传播到共和国的各个州。蒙卡莱诺则组织了周日集会，让工人们学习无政府主义思想和巴塞罗那理性主义学派的原则。这些集会促成了世界工人之家（Casa del Obrero Mundial）组织在1912年的建立。理性主义学校在十年的时间里扩散到了各个州，特别是尤卡坦州（Yucatán）和塔巴斯科州（Tabasco）。工农学校也在20世纪初开始出现。

　　这个教育改革计划，甚至在正式批准之前，就已经在各种大众团体中引起了不同的反应。据布雷莫茨自己所说，1924年的墨西哥地方工人联合会（Confederación Regional Obrera Mexicana）第四次大会"标志着一个最终接受社会主义教育的时代的开始"。在那次会议上，有组织的劳工反对"世俗教育"，甚至反对理性主义教育，而倾向于"积极的、斗争性的、致力于消除偏见的"学校。[3]

　　几年后的1932年，联邦教育监察员和主任会议上的参与者们认为，教育应以满足工人阶级的经济需求、转变生产体系、用"坦率的集体主义"方式分配财富为导向。1932年在贾拉帕（Jalapa）举行的教育大会、1933年4月的全国学生代表大会和全国教师联合会，以及1933年7月16日在米却肯州莫雷利亚（Morelia）举行的支持卡德纳斯的学生全国代表大会，与会者们都同意教育应采取社会主义的发展方向。当众议院的议员们开始处理教育改革的迫切要求时，他们点燃了墨西哥社会的火药桶。议员们就改革方案进行辩论时，党派追随者和反对者们在大街上、媒体上和大学里激

[250]

---

[3]　Gilberto Guevara Niebla, *La educación socialista en México, 1934–1945* (México, 1985), 32.

烈交锋。

1933 年 9 月，墨西哥大学第一届大会（Primer Congreso de Universitarios Mexicanos）通过的决议在大学人群中引起了分歧，并在整个社会造成了真正的混乱。布雷莫茨回忆说，这场充斥着敌意的争论"极其重要，因为它突出了意识形态冲突，一方是以阿方索·卡索（Alfonso Caso）为代表的唯心论者、天主教和反革命势力，另一方是大学改革思想和以社会主义原则为明确导向的大学教育方向"。[4] 最后，大会得出结论，认为大学有义务塑造国民思想，大学校长应该为社会主义战胜资本主义做出贡献。

这些决议引起了轰动。许多学生走上街头抗议这一改变，倒不是因为改变的内容，而是因为觉得这种强行实施的方式侵犯了他们的学术自由权利。各种不同的团体自发地在全国四处游说，敦促大学毕业生和大学赞助者们支持教育自由。与改革党派的对抗经常以暴力告终，骚乱导致一些高等教育机构关门，例如萨尔蒂约市（Saltillo）的源泉协会学院（Ateneo Fuente）。

瓜达拉哈拉市的学生占领了大学，但很快就被撤离了。第二次尝试失败后，他们被关进了监狱，并报以绝食抗议。1933 年 11 月 15 日，在校长拒绝支持学术自由后，一场抗议集会爆发了。警方试图用棍棒和过度的武力制止集会。作为回应，200 名学生占领了师范学院，在那里他们遭遇了枪击，导致几人受伤。最后，这所大学被关闭。其他的大学也发生了类似事件。[5]

这项改革计划在 1933 年 12 月变为众所周知的事之后，公众对它的支持和反对之声成倍增加。下一年的 4 月，圣路易斯波托西州（San Luis Potosí）的学生们聚集在该州最大的和平剧院（Paz Theater）。这次大会得到了墨西哥州文学学院（Instituto Literario/Literary Institute）学生们的热烈

[4] Niebla, *La educación socialista en México*, 43.

[5] Sebastián Mayo, *La educación socialista en México: El asaltó a la Universidad Nacional* (Buenos Aires, 1964). 本书中描述了学生游行示威及镇压行动。

支持，他们组织了一次抗议活动并占领了大楼。与此同时，支持社会主义的学生们组织了他们的第一次全国代表大会，于 5 月 27 日在塔巴斯科州召开。一位目击者形容现场说："对社会主义的颂扬达到了极致的程度。他们唱着《国际歌》（*Internationale*）和其他革命歌曲，为马克思鼓掌，并举起红色和黑色的旗帜。" 800 名支持社会主义的学生、工人和农民在萨卡特卡斯州（Zacatecas）集会，共同倾听 14 位发言者表达对塔巴斯科州会议的支持。当新莱昂州（Nuevo León）政府宣布支持改革时，学生们占领了蒙特雷大学（University of Monterrey），引发了与警方的暴力冲突。全国各地的大学教师和学院纷纷举行罢工，抗议政府的镇压。[6]

[251]

国会最终在 1938 年 10 月批准了这项改革。修改后的《宪法》第三条规定："国家传授的教育应是社会主义的，除排除一切宗教教义外，还应反对狂热和偏见。为达到此目的，教学和活动的组织方式应使青少年对世界和社会有一个理性和确切的概念。"[7]

这一变化得到了迅速的反响。批评者和支持者都转向媒体和街头来表达他们的观点。日报变成了法庭，同时也为持不同政见的知识分子攻击该改革计划提供了一个绝佳的平台。《欧米伽》（*Omega*）和《自由人》（*El hombre libre*）上的文章再现了 1917 年制宪会议上自由主义者之间的旧斗争。这两份报纸都宣称支持父母不受限制地自由决定子女的教育。与此同时，捍卫国家具有维护公共利益的责任的那些人则持相反观点。

几年时间里，各种团体在媒体上谴责社会主义教育，称其是"无神论的、异化的且反道德的"。这些批评者认为"社会主义"一词含糊不清，改革计划因侵犯了学术自由而违反了宪法。他们还反对改革所含的政府的集权化措施，以及改革在方法上的缺点和容易引起的误解。例如，其中一家

---

[6] Mayo, *La educación socialista en México*, 283–291, 308–309.

[7] 该文本存在多种版本可供参考。参见，例如，Guevara Niebla, *La educación socialista*, 63。

报纸告诉其读者："学校告诉男女学生，他们可以完全屈从于自己的性本能。"这一空想式描述的作者认为，其必然结果是"导致大众的道德沦丧，引发无政府状态"。[8]

相对温和的《至上报》（*Excelsior*）预测道："社会主义相关的论点将成为孕育反抗现有秩序的未来反对者的温床。"不过，该报纸采取了一种总体上和解性的语调。它认为，改革的批评者和支持者都做了"愚蠢的事"，前者给改革计划加上了毫无根据的意图，而后者则为了支持改革而提议传播共产主义式的宣传。该报的结论是，"这两方团体都是在小题大做"。[9]

这场争论并不仅限于报纸。集会和示威活动在全国各地扩散。坦皮科（Tampico）的家长联合会（Unión de Padres de Familia）号召五千多人来到自由广场（Plaza de La Libertad）反对改革。在哈利斯科（Jalisco）和杜兰戈（Durango）等传统的天主教州，家长们同样公开抗议强制推行社会主义教育。联邦特区发生了众多暴力冲突事件，警察试图镇压参与者中包括妇女和儿童的游行。同样在墨西哥城，一群支持教学自由的大学生朝官方报纸《国家报》（*El Nacional*）的办公室投掷石块。当第一届韦拉克鲁斯州社会主义学生大会在奥里萨巴（Orizaba）的亚威剧院（Llave Theater）召开时，"天主教"青年和妇女的团体用"学术自由万岁！"和"基督王（Christ the King）万岁！"的呼喊声打断了大会。[10]

那些支持改革的人表现出了更大的热情，尽管一些历史学家质疑他们

[252]

[8]　*El hombre libre*, October 24, 1934, cited by Adriana Sakaar Eguiarte in *La Reacción ante la educación socialista*（未发表论文，Y.I.A., 1981）.

[9]　*Excelsior*, November 3, 1934, cited by Jorge Mora Forero, La ideología educativa del régimen cardenista（博士毕业论文，墨西哥学院，1976 年）.

[10]　同上，43。

示威活动的自发性。[11]《国家报》以详尽的细节描述了一场有组织的工人游行，吸引了超过 150,000 名参与者，年龄从 15 岁到 80 岁不等，"这些人涵盖了所有社会阶层，代表了绝大多数的墨西哥人民"。在"秋高气爽"的一天，6,000 名教师与农民、工人、来自塔巴斯科州的学生以及公共和私营部门的雇员们一起进行了长达 6 个小时的示威，"没有发生任何不愉快的事件"。他们随着 96 个乐队和街头流浪表演团体的伴奏行进，与此同时，印着革命歌曲的传单铺天盖地地从阳台和飞机上落下来。教堂中庭的柱子上飘扬着红色的条幅，数以千计的人喊道："打倒教士，打倒反动分子！"同一家报纸还写道，支持教育改革的集会"比 5 月 1 日的团结一致的游行要盛大得多"，那次游行是支持征收石油行业。[12] 索诺拉（Sonora）等州也报道了类似的支持改革的热情。

信　条

虽然 1934 年颁布的"六年计划"详述了《宪法》第三条中有关教育改革的特点和目标，但它没有定义"社会主义"一词。该计划只阐明，小学和中学教育应该以"墨西哥革命所支持的社会主义信条的方向和主张"为基础。改革计划的撰写者们在十七个部分中概述了大众教育应遵循的优先发展方向，号召发展"集体主义将促进合作和团结、以便更好地分配财富"的意

[253]

[11]　参见 Victoria Lerner, La educación socialista, vol. 17, *Historia de la Revolución Mexicana* (México, 1982)。

[12]　*El Nacional*, October 29, 1934, cited in Guevara Niebla, *La educación socialista*, 65-88.

识。学校应该是"实用的，积极满足学生的需求、同时积极为城市与乡村的广大群众提供教育"。[13]

改革计划一经通过，卡德纳斯和他的教育幕僚和主要理论家不仅在公开声明中支持改革，而且还扩大了社会主义教育的目标和范围，使其总是有利于弱势阶级。渐渐地，他们为改革计划赋予了额外的任务，提出要强化文化项目，"革命以此解放劳动人民，使他们科学地做好准备"；并提出要将教室转变为"有利于无产阶级的明确的斗争工具"。

卡德纳斯的第一任教育部长伊格纳西奥·加西亚·特列斯（Ignacio García Téllez）向文化特派团做了演讲。这些特派团由来自不同学科的教师组成，他们穿梭于各个社区，向教师和其他成年人提供各种形式的指导。他们的主要目标是改进各领域内教师们的准备工作，同时也在许多社区从事重要的社会工作。这些工作于1923年启动，到1938年已经扩展到全国各地，彼时特派团的基本职能已经发生变化。[14]加西亚·特列斯说，社会主义学校应该将其工作扩展到课堂之外，使学生们成为"更好的生产要素"，并为工人赋权，以便"一段时间以后"他们能够参与社区治理。[15]关于这点，著名教育家拉斐尔·拉米雷斯（Rafael Ramírez）在他的《农村教育课程》（Curso de educación rural）中强调，社会主义教育应伴随工人走向无阶级的社会。最近的世界经济萧条和苏联的繁荣让很多人相信，社会主义制度很快就会在世界范围内推行。对拉米雷斯来说，教育人民意味着"鼓动他们，以唤醒他们共同的良知"。他补充说，教育应该使人们社会化，教邻居们集中努力和资源，以满足他们的共同需求和愿望。[16]

---

[13]　*La educación pública en México, 1934–1940* (México, 1941).

[14]　如今，这些特派团继续在农村社区开展推广工作。

[15]　"La función de las Misiones Culturales ante la Reforma Educativa," no. 8, *El Maestro Rural* (April 15, 1935).

[16]　"La educación socialista y la escuela rural," no. 11, *El Maestro Rural* (December 15, 1934).

《农村教师》(*El maestro rural*)杂志是宣传改革的主要手段之一。该杂志的作者们建议赋予社会主义学校以任务，包括"让学生们认同无产阶级的抱负，加强团结的纽带，为墨西哥创造以革命的方式在文化和经济上团结起来的可能性"。尽管改革计划的宣传通过各种媒介进行传播（包括文化特派团、社会主义导向的课程、教育督察员发布的信息以及大量印刷材料）

[254] 许多教师坦白说该计划"出乎他们的意料"。他们只是收到消息称"现在我们所有的学校都是社会主义的了"，因为修改后的《宪法》已经在 12 月 1 日生效。一些教师抱怨说，他们从来没有收到过可以具体操作的改革计划，许多其他教师也认为"它的表述不够精确并存在很多矛盾"。[17]

教师和农村社区的反应

社会主义教育提供了各种各样的可能性。对于负责实施的教师来说，它就像一个多面体，可以从不同的角度进行考虑。由于这个原因，教育工作者对该计划产生了多样化的、往往是相互矛盾的反应。一些教师完全拒绝该计划，宁愿离开这个职业也不愿意以违反他们原则的方式教学。那些激进的左派人士，主要包括隶属于某个政党或工会的城市教师，利用该计划作为传播马克思主义意识形态的理由。在这两个极端之间还有一大批教师，尤其是来自农村地区的教师们，支持社会主义教育却并不完全了解。他们的观点是，"只要它是'拉萨罗爸爸'（Tata Lázaro）的计划"，就一定

---

[17] Edgar Robledo Santiago, "El maestro rural," in *Los maestros y la cultura nacional, 1920–1952* (México, 1987), 122.

对人民有益。例如，加隆·埃斯科贝多（Galán Escobedo）认为，社会主义学派是"最具人道主义的，也是最与人民的苦难相一致的"。他承认，他把社会主义教育解读为"全面改善生活、促进农民进步的方式"。[18]

农村教师对于教学新导向的解读及他们推行的原因，决定了他们所在社区的反应。农村教师和社区对改革的反应很难确定，因为报纸或官方文件并没有对此进行详细报道，但个别教师留下了个人记述。其中一份记述称，教师们听说卡德纳斯计划推行一种社会主义形式的教育，这种教育形式将迅速解放无产阶级广大群众，并支持他们为实现重大的社会和经济进步而斗争。记述者还肯定地说，一旦农村教师确信社会主义学校有益于群众，他们就热情地支持改革计划。12月20日，来自全国各地的20,000多名教师在墨西哥城举行示威，以此表达他们的支持。[19]

一些社区几乎没有经历新计划影响下的改变——除了在学校唱国歌。"我们每周一都要向国旗致敬，而以前只有在公共场合才会这样做。"此外，像5月1日这样的节日现在也被庆祝，人们歌唱农村赞美诗或《国际歌》。[20]　[255]许多社区要求教师继续保持与以前一样的日常工作，因此，学校是否采取新的教育方向实际上取决于教师。一名教师观察到，"我们有教学的自由"，而另一名教师则认为，"社会主义教育之下符合逻辑的事是讲述我们人民的斗争"。[21]

一些教师加强了他们在社区内的工作；他们十多年来一直在做这件事，把自己的任务扩展到课堂之外。他们坚信，现在的教育工作者比以往任何

---

[18]　Efren Galán Escobedo, "El compromiso del maestro rural," in *Los maestros y la cultura nacional, 1920-1952*, 47.

[19]　Juan Ramírez Ceballos, "Testimonios y relatos," 同上，vol. 3, 23.

[20]　该信息来自于数名教师的口述，其中包括伊斯梅尔·布兰科·纳赫拉（Ismael Blanco Najera）。

[21]　Galán Escobedo, "El compromiso del maestro rural," in *Los maestros y la cultura nacional*, vol. 3 (1989), 47.

时候都更应该帮助社区的社会化，促进实现更好的生活条件。他们认为，教师应该组织公民集会，以找到解决社区问题的方法。除了组织体育活动、露天节日庆典以及合作社外，他们还应该努力改善公共卫生并打击酗酒行为。最终，他们应该教社区居民如何提高生产、如何建立沟通方式，以此帮助他们摆脱由来已久的隔离状态。

相比之下，在其他社区内，社会主义教育完全改变了日常生活，因为许多教师们相信为工人们带来更好的生活意味着颠覆既定的秩序。一位名叫胡安·拉米雷斯·塞瓦洛斯（Juan Ramírez Ceballos）的教师肯定地说，对他的许多同事来说，社会主义教育包括"遵守（《1917 年宪法》）第 2、3、27、123 和 130 条"。因此，他们在日常工作中努力消除宗教狂热，教授公民教育课程，组织动员农民，向他们展示如何准备土地请愿书。他们还煽动了庄园和牧场上的罢工，这些庄园主和牧场主拒绝签署集体劳动合同。庄园主们对此的回应是诉诸武力。多年来，自称是基督军（cristeros，1926 年至 1929 年的天主教徒叛乱）的团体一直号称要打击"共产主义者"或"宗教敌人"。他们流窜在国家中部，破坏城镇，切掉教师的耳朵，烧毁乡村学校，这一切都是为了阻碍劳动改革、土地分配和大众教育。一位教育家将这段时期称为"教师的艰难时期，20 世纪 30 年代，有钱人和宗教势力付给土匪的钱似乎足够恐吓教师，迫使我们离开工作的地方"。[22]

在许多地方，社会主义学派遭到误解，成为在整个社区内流传的恶毒谣言的对象。一名老师回忆说：

> 教育在小小的查科阿苏尔（Charco Azul）正在取得迅速的进展。但是有一天，一个恶毒的人散布谣言称，卡德纳斯政府正在强制推行

---

[22] Juan Ramírez Ceballos, "Testimonio y relatos," *Los maestros y la cultura nacional*, vol. 3, 27.

社会主义教育……［这个人］还添加了一系列愚蠢的夸大之词，例如， [256]
他声称教师们将把孩子们带到墨西哥城，然后政府将在那里把他们送
往苏联，之后会将他们杀死并制成肥皂和其他产品……社区开始对教
师失去信任……人们开始分裂……在一次试图杀害教师的袭击后，乡
村防卫队（Rural Defense）的副指挥官与袭击者们武力相交。从那时
起，学生和老师们除了带着课本和笔记本参加夜间课程外，还带着装
满子弹的弹夹。[23]

　　几乎在一夜之间，曾经和平的社区和村庄变成了基督军威胁的牺牲品，
他们四处游荡，在公共场所迫害或攻击教师。在许多宁静的村庄里，原本
安宁的小广场、学校、集市和其他人们喜欢聚集的地方现在都成了危险的
场所。教师瓜达卢佩·皮门塔尔（Guadalupe Pimental）的证言最具说服力：
"这场斗争短暂而残酷。一些同事失去了生命……人民付出的代价是非常高
的……作为这些地方的居民，我们已经习惯了生活在持续不断的警报状态
中，任何一种噪音都会让我们吓得跳起来。"[24]
　　一些教师认为改革是要重新驱逐教会在农村生活中所占据的中心位置，
并反对人们的宗教狂热。他们把热情发挥到极致，提倡打破旧习，破坏圣
像、焚烧圣人雕像、占领教堂、组织街头游行并歌唱"革命"圣歌。社区
对这些极端措施的反应同样是暴力的。教师玛丽亚·德尔卡门·卡诺·桑
多瓦尔（María del Carmen Cano Sandoval）还记得一个文化特派团的成员们
和瓜纳华托州（Guanajuato）圣费利佩托雷斯莫查斯市（San Felipe Torres
Mochas）村民之间的血腥冲突。根据卡诺·桑多瓦尔的说法，公众舆论变

---

[23]　José Sánchez Jiménez, "Mí participación en la gesta educativa," in *Los maestros y la cultura nacional,*
vol. 2, 143–144.

[24]　María Guadalupe Pimental, "Recuerdos del 36," 同上 , vol. 2, 132–133.

得"愤怒",因为农民们"想要收回土地,重新成为有土地的人",也因为教师经常被要求参加社会主义游行。一次有大批人聚集的活动上,乐队走在最前列,此后是市政府的人和教师,然后是民众。示威者们唱着贬斥地主的歌曲,大声谴责神职人员和资本家。镇上的居民因此鄙视教师,甚至不愿意卖给他们食物。在文化特派团结束工作的那天,正当教师和学生们聚集在普埃布洛的广场上时,其中一名教师遭到了大砍刀的袭击,"因为他煽动人们觊觎本不属于他们的东西"。紧接着,其他示威者们被藏在教堂里的人用石头投掷并开枪袭击。大量的教师和农民被杀害或受伤,最后卡德纳斯总统

[257]

不得不亲自来到这场悲剧的现场,以恢复秩序。[25] 在墨西哥州的撒罗斯托克(Xalostoc),激进的教师们占领了一所教堂的圣器室并将其用作教室。作为回应,牧师和信徒们开始用石头砸学校。村子里的宁静生活被一种持续的焦虑所取代;许多人担心基督军可能会通过攻击教师来恐吓他们。[26]

　　有很多因素使改革在墨西哥某些地区的影响大于其他地区。地方特色、宗教热情的差异、地方官员的态度以及他们与联邦教师的关系,甚至是督察员和教师的热情,都决定着新学校是否能成功。因此,只有在地方层面上研究社会主义教育,才能更好地理解它。例如,在普埃布拉,人们的传统宗教信仰与马克西米尼奥·阿维拉·卡马乔(Maximinio Avila Camacho)的政策相辅相成。卡马乔是一名保守派人士,坚持认为有必要保持地方层面对教育的控制,联邦教师的存在对他构成了威胁。因此,该地区的社会主义学校更像那些 20 世纪 20 年代的学校,而没有遵照公共教育部中心办

---

[25] María del Carmen Cano Sandoval, "Memorias de una maestra," in *Los maestros y la cultura nacional*, vol. 4, 149–150.

[26] Ramírez Ceballos, "Testimonio," 35. 在附近的圣克拉拉和图尔特佩克(Tultepec)等村庄也发生了类似的事件。

公室所发布的激进改革蓝图。[27]

　　哈利斯科是另一个有着根深蒂固的天主教传统的州，社会主义教育的实施在这里重新开启了旧的冲突。农民、地主和其他保守势力之间的对抗情况成倍增加。在洛斯阿尔托斯（Los Altos）和科洛特兰（Colotlán），教师们不断受到袭击，许多学校被烧毁或以其他方式被摧毁。课程几乎中止了。在该州的北部，宗教团体发起了一场有力的反对教师的运动，在大小村庄里散发匿名传单，煽动农民攻击学校，并威胁如果他们不这样做就把他们逐出教会。庄园主们禁止雇工和佃农送孩子去学校。他们还不断地骚扰和威胁教师，并拒绝支付他们的工资。[28]

　　与此相比，墨西哥州州长何塞·路易斯·索奥尔扎诺（José Luis Solór-zano）以支持教育变革的方式代替其对社会改革的支持。他还希望在讨好联邦政府的同时改善自己的公众形象和革命形象。除了有力批判宗教狂热主义之外，他最初几乎没有为实现教育改革做出任何努力。到了1935年，学校里发生的变化更多是由于公共教育部和联邦教师的倡议，而不是地方政府的任何行动。1936年和1937年是社会主义教育的鼎盛时期，该州政治力量的重新洗牌和保守派的威胁阻碍了其进一步发展。尽管遭到了教会和保守派的反对，这项改革在一些地区还是生效了，不过，对改革的接受显然在很大程度上取决于教师或派到该地区的教育督察员。[29] [258]

　　社会主义教育在格雷罗州引发了巨大的骚动，部分原因是这个计划得到了第七区督察员的大力推广，"他是一个热情而有才华的演说家，他的

---

[27]　Mary Kay Vaughan, "Socialist Education in Puebla in the Cárdenas Period"，该论文发表于第七届墨西哥与美国历史学家大会（the Seventh Conference of Mexican and United States Historians），瓦哈卡，墨西哥，1985年10月23至26日。

[28]　Pablo Yankelevich, *La educación socialista en Jalisco* (Guadalajara, 1985), 94-97.

[29]　Alicia Civera, "Política educativa del gobierno del Estado de México, 1920-1940" (Licienciatura thesis in Pedagogy, Universidad Nacional Autónoma de México, Facultad de Filosofía y Letras, Colegio de Pedagogía, 1988).

激情和热忱感染了所有人"。这名督察员煞费苦心地确保他所在地区的教师们得以被教导，接受新思想。因此，他试图获取马克思主义相关的书籍，以便为每个教师提供私人图书馆。阿马多·加西亚·帕斯托尔（Amadeo García Pastor）回忆说，《资本论》（Das Capital）、《共产党宣言》（The Communist Manifesto）以及列宁、马克思和恩格斯的传记都是必读书目，还要唱《国际歌》、组织游行、背诵革命诗歌等。然而，当格雷罗州组织教师资格认证课程时，教育工作者和学生之间产生了激烈的分歧。"有一部分是无神论教师，另一部分是马克思主义者，还有一部分是先锋派，以及社会主义者。"由此产生的冲突有时会导致流血事件。[30]

尤卡坦州的社会主义教育同样在教师和年轻人中激起了极大的热情。根据教育家布里托·桑索尔斯（Brito Sansores）的说法，教师们与当局密切合作："我们唱《国际歌》、农村赞美诗以及其他歌颂劳动、平等、和平和兄弟情谊的歌曲。"农村赞美诗的歌词如是劝诫道："让我们前进吧，农民们，向田野前进/播下进步的种子/让我们一起前进，不要磕磕绊绊/为国家的和平而努力。"另一首流行的"革命"赞美诗是这样写的："太阳又圆又红/像一个铜轮/每天你都看着我/但你总是看到我的贫穷。"教师们还组织了一群社会主义青年，他们转而"感染了农民、工人、商人、专业人员和工人领袖"。[31]

这项教育改革虽然是在 1934 年底由国会的激进派议员们首先提出，却得到了来自卡德纳斯的大力支持。由于卡德纳斯积极鼓励并最终实施了该计划，他被誉为"社会主义教育之父"。该计划赢得了一些人的赞誉，他们认为这是创造一个更公平社会的方式，或者是一种让人们为 20 世纪 30 年

---

[30]　Amadeo García Pastor, 未出版的回忆录。

[31]　William Brito Sansores, "Mí labor en el sector educativo," in *Los maestros y la cultura nacional*, vol. 3, pp. 73–93.

代世界各地迅猛变化而预示的新社会秩序做好准备的方式。另一方面，社会主义教育遭到了那些认为自己利益受到威胁的人的唾弃，同样藐视它的还有那些常常有正当理由认为他们的自由和习俗被侵犯的人。

13　焚烧圣徒、塑造思想：圣像破坏，公民仪式与失败的文化革命 *

阿德里安·班杰斯（Adrian A. Bantjes）

美国怀俄明大学（University of Wyoming）

　　在下文中，阿德里安·班杰斯提供了一个墨西哥的案例研究，可以与最近的法国革命史学相比较。他分析了革命者用来证明他们创造"新墨西哥"运动的现代化修辞。他的研究与林恩·亨特探索法国创造"新公民"的尝试类似。** 最重要的是，班杰斯用鲁道夫·埃利亚斯·卡列斯（Rodolfo Elías Calles）执政期间索诺拉州的情况来验证莫娜·奥祖夫（Mona Ozouf）对大革命时期法国节日的研究。奥祖夫的论点的一部分是在参考爱弥尔·涂尔干（Emile Durkheim）的《宗教生活的基本形式》（The Elementary Forms of Religious Life）的基础上发展而来，她考察了法国为创建一个能确保社会团结的公民宗教所做的努力。这一努力包括焚烧旧文化的象征，以便革命文化的凤凰可以从灰烬中重生。*** 班杰斯分析了官方性质的圣像破坏行为，索诺拉州的学校教师从教堂里收集并焚烧圣像；这一分析为大卫·弗里德伯格（David

---

* 这项研究得到了得克萨斯大学奥斯汀分校拉丁美洲研究中心与荷兰－墨西哥文化交流项目的大力支持。我要感谢艾伦·奈特（Alan Knight）和本书编者对本文早期版本的指正。

** Lynn Hunt, *Politics, Culture, and Class in the French Revolution* (Berkeley, CA, 1984；中文版参：《法国大革命中的政治、文化和阶级》，汪珍珠译，北京：北京大学出版社，2020).

*** Mona Ozouf, *Festivals and the French Revolution*, trans. Alan Sheridan (Cambridge, MA, 1988).

Freedberg）的圣像破坏理论解释提供了一个墨西哥的情境。**** 此外，本文对索诺拉州经验的仔细考察表明，这与弗朗索瓦·傅勒（François Furet）对政治表象常常掩盖真实社会及其利益的运用形成了对比。*****

班杰斯在得克萨斯大学获得了博士学位，此前曾在荷兰莱顿大学和墨西哥城的墨西哥学院求学。

[262]　　索诺拉州南部的马约印第安人（Mayo Indians）仍然记得 1934 年那灾难性的一天。那天，马约河谷的乡村警察局长胡安·帕切科（Juan Pacheco）走进朱佩莱（Júpare）的小教堂：

> 他就这么走进了教堂。那时，教堂的门从来不像现在这样锁着。他放火烧了教堂。那只是一栋泥土和藤条所建的带有钟的小屋子。它燃烧起来并倒下了。他收集了所有的孩童像（the Little Children，教堂里的圣徒像）并全部掳走。当他们来到河边准备过河时，圣胡安（San Juan）从［帕切科］身上跳了出来，跳进了现在有座小桥的河中。［帕切科］掏出枪向圣胡安射击，但这个小圣人（santo）却躲到水里，使得［帕切科］没法伤害他。此事发生的地方如今有一个十字架竖立在大橡树下。［帕切科］走到丛林中现在竖着［小十字架］（the Little Crosses）的地方，在那里把孩童们全都烧掉了。这也是为何［小十字架］如今立在那里。［孩童像］被烧焦的躯体躺在那里……我们的上帝……会让他痛不欲生

**** David Freedberg, *Iconoclasts and Their Motives* (Maarsen, The Netherlands, 1985).

*****François Furet, *Interpreting the French Revolution* (Cambridge, 1981), 58.

的。那些小小的躯体遭受了极大的痛苦。[帕切科]和他的[事业]将被
圣父摧毁。[1]

这一事件被马约人的口述传统记录了下来，至今仍然生动地存在于马
约人的集体意识中。毁坏朱佩莱教堂和焚烧圣徒像并不是孤立的革命破坏
行为，而是 1910 年革命后整个墨西哥经历的更广泛的文化冲突的一部分。

研究墨西哥革命的历史学家往往从社会经济和政治的角度来看待 1910
年至 1940 年期间的发展。他们把这个过程概括为土地革命、资产阶级革
命或失败的社会主义革命。文化的起源和革命的后果所受到的关注相对
较少。[2]

文化转型是更广泛的革命"计划"的完整组成部分。革命精英们设想的不
仅是一场政治和社会革命，而且是一场文化革命。这一文化蓝图的起源早于

---

[1] N. Ross Crumrine, *The Mayo Indians of Sonora: A People Who Refuse to Die* (Tucson, AZ, 1977), 21.
克鲁姆林（Crumrine）在他的研究中更改了名字、地点与日期，但是从其他资料可以明显看
出，他指的就是帕切科于 1934 年在朱佩莱所犯下的罪行。参见 "Mechanisms of Enclavement
Maintenance and Sociocultural Blocking of Modernization among the Mayo of Southern Sonora,"
in *Ejidos and Regions of Refuge in Northwestern Mexico*. ed. Crumrine and Phil C. Weigand,
Anthropological Papers of the University of Arizona, no. 46 (Tucson, AZ, 1987), 24; Charles J.
Erasmus, *Man Takes Control: Cultural Development and American Aid* (Minneapolis, MN, 1961),
276–77; Erasmus, Solomon Miller, and Louis C. Faron, "Cultural Change in Northwest Mexico," in
Contemporary Change in Traditional Communities of Mexico and Peru (Urbana, IL, 1978), 97。

[2] 相关综述，参见 Alan Knight, "Revolutionary Project, Recalcitrant People," in *The Revolutionary Process
in Mexico: Essays on Political and Social Change. 1880–1940*, ed. Jaime E. Rodríguez O. (Los
Angeles, CA, 1990), 227–264。最佳的区域研究典范为：Carlos Martínez Assad, *El laboratorio de
la revolución. El Tabasco garridista* (México, 1979)。其他重要的案例研究包括 Marjorie Becker,
"Black and White and Color: Cardenismo and the Search for a Campesino Ideology," *CSSH* 29, no.
3 (July 1987): 453–465; Mary Kay Vaughan, "El Magisterio socialista en Puebla y Sonora: Model
pedagógico y fracaso escolar. Reconversión política y modernización económica," *Crítica: Revista
Trimestral de la Universidad Autónoma de Puebla* (July-December 1987): 90–100; and Adrian A.
Bantjes, "Politics, Class and Culture in Post-Revolutionary Mexico: Cardenismo and Sonora, 1929–
1940" (Ph.D. dissertation, University of Texas, 1991)。关于教育，参见 Mary Kay Vaughan, *Estado,
clases sociales y educación en México (1921–1940)* (México, 1974)。关于革命精英，参见，例如，
Enrique Krauze, *Reformar desde el origen: Plutarco Elías Calles* (México, 1987)。

武装斗争阶段，可以追溯到波菲里奥时期的"品格教育"（character education）、19 世纪的自由主义，甚至是殖民晚期由启蒙思想激发的波旁改革。[3]

革命者们极大地改变了这一文化计划，使它变得激进，因此该计划呈现出一种独特的、更为紧迫的、暴力性的特征。到了 20 世纪 20 年代和 30 年代，新精英阶层对他们所认为的传统社会的落后习俗失去了耐心，他们试图通过一场名副其实的文化革命摧毁旧墨西哥，并在其废墟上建立一个新的乌托邦社会。20 世纪 20 年代期间，革命领袖普鲁塔尔科·埃利亚斯·卡列斯试图将他的文化信条强加于人民，但不幸失败了，整个国家进而陷入了被称为是基督军叛乱的血腥宗教内战，导致了政府与天主教抵抗运动之间的僵局。

[263]

革命领导人们并没有放弃文化计划。20 世纪 30 年代期间，他们进行了第二次更为复杂的尝试，试图实施一场文化（或者按照卡列斯的说法，"心理"）革命。劝导与暴力相结合、教育与迫害相结合的方式，取代了单纯的胁迫。这种趋势最明显地出现在许多"革命的实验室"里，如塔巴斯科州、米却肯州和索诺拉州。革命精英们在这方面运用了一系列的文化武器（圣像破坏、公民仪式、教育、剧场、语言、艺术和诗歌等）来对抗他们所理解的"宗教狂热"和"迷信"。

民族革命领袖如普鲁塔尔科·埃利亚斯·卡列斯、弗朗西斯科·穆希卡（Francisco J. Múgica）、托马斯·加里多·卡纳瓦尔（Tomás Garrido Canabal）、萨尔瓦多·阿尔瓦拉多（Salvador Alvarado）、阿达尔韦托·特赫达（Adalberto Tejeda）、拉萨罗·卡德纳斯（Lárazo Cárdenas）和鲁道夫·埃利亚斯·卡列斯等，都认同所谓的发展主义的意识形态。[4] 他们相信，只有通过塑造思想，通过创造"新人"——现代的、有活力的、世俗的、受过教育的人，——他们才能建立一个新的墨西哥社会。他们认为主

---

[3] Alan Knight, *The Mexican Revolution* (Cambridge, 1986), 2:501.

[4] Alan Knight, *The Mexican Revolution*, 1:69–70.

要的障碍是宗教和罗马天主教会，这两者都与落后、迷信和狂热联系在一起。本文论述了革命者试图从上层实施文化革命的意识形态和手段。

这一过程的第一阶段包括对旧文化秩序的去神圣化，尤其是宗教，主要方式包括革命性的圣像破坏、讽刺批判和宗教迫害等行为。下一步是制造一种"神圣性的转移"，从天主教转向一种新的世俗或公民宗教，一种新社会的革命宗教。这种转变将通过公民仪式、理性主义和"社会主义"教育来实现，取代宗教仪式和教会控制的教育。

在北部的索诺拉州，革命精英试图发动这场想象中的文化革命。在1929年至1935年间统治该州的卡列斯派（Callista）展示了一种狂热的反教权的、雅各宾式的文化模式。他们不满足于派系控制，也不满足于实施他们的经济发展和现代化计划的机会，因此试图创造新的"秘诀"（mystique），革命能否完成都取决于此。州长鲁道夫·埃利亚斯·卡列斯及其在索诺拉州的雅各宾派追随者们没能赢得人民的心和思想。相反，他们被迫采用鲁道夫的父亲普鲁塔尔科以前所用的相同的强制手段。焚烧圣徒像、关闭教堂、迫害神职人员和信徒等都反映了索诺拉州的卡列斯派对他们不愿理解和接受的社会的不耐烦。这场所谓的去狂热化运动变成了一 [264] 场象征符号的战争：红色和黑色的旗帜与圣人的形象相对抗。卡列斯党人打开了潘多拉的盒子，从盒子里爬出了叛乱这一棘手祸患，既有天主教的，也有世俗的。这种抵抗不仅造成索诺拉州卡列斯派系的灭亡，还导致了文化革命许多方面的最终失败。[5]

---

[5] 1935年，随着一场大量天主教徒参与的武装起义的爆发，卡德纳斯政府推翻了卡列斯的继任者，州长拉曼·拉莫斯（Ramón Ramos）的统治。

革命意识形态

　　20 世纪 30 年代，索诺拉州和其他许多州都经历了一场现代化的革命精英所持的发展主义意识形态与更广泛的民间社会的某些 "传统" 部门的信仰体系之间的冲突。这种现代化意识形态的起源一直被认为是基于游牧边界（*frontera nómada*）的生活体验。北方（*norteño*）牧场主们与野蛮的印第安人和荒芜的沙漠荒原进行了艰苦的斗争，可能产生了一种北方的（主要是索诺拉州的）、小资产阶级的、世俗的和现代的世界观。[6] 但是这种关于北方文化的浪漫主义观念多少存在一些问题。的确，与墨西哥其他地区相比，北方社会的受教育程度更高、更世俗化、经济更多样化、更 "美国化"，可能更容易接受激进的现代化意识形态，但发展主义并不是北方独有的现象。这种思潮的主要代表人物，如阿尔瓦罗·奥夫雷贡（Alvaro Obregón）、萨尔瓦多·阿尔瓦拉多（Salvador Alvarado）、普鲁塔尔科·埃利亚斯·卡列斯和鲁道夫·埃利亚斯·卡列斯等人确实来自北方，但是包括菲利浦·卡瑞尤·普埃托（Felipe Carrillo Puerto）、阿达尔韦托·特赫达、托马斯·加里多·卡纳瓦尔、弗朗西斯科·穆希卡、拉萨罗·卡德纳斯和何塞·瓜达卢佩·祖诺（José Guadalupe Zuno）等在内的其他人，则来自中部和南部各州。出于同样的原因，将这些人视为是 "弱势" 地区的产物可能也会产生误导，索诺拉州、塔巴斯科州、韦拉克鲁斯州和尤卡坦州（Yucatán）等边界

[6] Hector Aguilar Camín, La frontera nómada: Sonora y la Revolución Mexicana (México, 1985); Barry Carr, *The Peculiarities of the Mexican North, 1880-1928: An Essay in Interpretation*, Occasional Papers, no. 4 (Glasgow, 1971), 6-7, 9-13; Jean Meyer, "Mexico: Revolution and Reconstruction in the 1920s," in *Cambridge History of Latin America, 1870-1930*, ed. Leslie Bethell (Cambridge, 1986), 5:155; Alan Knight, "El liberalismo mexicano desde la Reforma hasta la Revolución (una interpretación)," *Historia Mexicana* 35, no. 1 (1985): 84.

地区实际上与国际市场有着密切联系。[7]

相反，革命意识形态可能是 19 世纪发展导向的自由主义思想和革命实践作用下共同的政治文化和教育的产物。许多革命领袖都认为自己是自由主义者，他们与 19 世纪的先驱者们同样坚信："封建"庄园、罗马天主教会以及传统墨西哥的落后习俗和道德是进步道路上的障碍。这些革命者的首要目标是建立一个现代平等主义社会，其基础是由强大的中央集权国家主导的充满活力的资本主义经济。[8]卡列斯用与波菲里奥时期修辞中孔德的旧箴言类似的话说道：创建这个基于"秩序和进步"的新的、现代化的墨西哥，需要净化传统社会或将其彻底摧毁。这意味着对罗马天主教会发起战争，"狂热"、"迷信"、无知、恶习和贫穷等都被看作是相互关联的问题。[9] [265]

革命的语言清楚地描绘了现代化的计划。正如林恩·亨特在她对法国大革命的研究中所言，这种语言不仅仅是空洞的辞藻，而是"政治和社会变革的工具"，是"重建社会和政治世界的一种方式"。[10]像他们的法国前辈一样，墨西哥领导人寻求创造"新人"。他们将通过教育、公民仪式及必要的强制手段等方式塑造受过教育的、现代化的、忠于新国家的"新人"的需求作为是自己的"神圣职责"——与此形成对照的是莫娜·奥祖夫提出的"神圣性转移"概念。[11]卡列斯强有力地指出：

---

[7]　Francisco Naranjo, *Diccionario biográfico revolucionario*, rev. ed. (México, 1985); Martínez Assad, *El laboratorio*, 39.

[8]　奈特强调的是一种共享教育经验——参见 *Mexican Revolution*, 2:238-239; ibid., 500; Jean Meyer, Enrique Krauze, and Cayetano Reyes, *Estado y sociedad con Calles* (México, 1977), 321, 328-329; Knight, "El liberalismo," 69。

[9]　Krauze, *Reformar desde el origen*, 33, 58; Charles A. Hale, *The Transformation of Liberalism in Late Nineteenth-Century Mexico* (Princeton, NJ, 1989), 96; Knight, *Mexican Revolution*, 2:501; Meyer, *Estado y sociedad*, 321.

[10]　Hunt, *Politics, Culture, and Class*, 24.

[11]　Meyer, *Estado y sociedad*, 320, 330; Martínez Assad, *El laboratorio*, 62; Mona Ozouf, *La fête révolutionnaire 1789-1799* (Paris, 1976), 243-244, 268.

革命还没有结束。我们必须进入一个新的革命时期，我将其称为是心理革命时期：我们必须进入并控制青年的意识，因为青年的意识确实并必须属于革命……我们不能把祖国的前途和革命的前途交给敌人。当反动派宣称儿童属于家庭、青年属于家庭时，他们是在误导我们；这是一种自我中心主义的学说，因为儿童和青年都属于社会，而革命对意识发展负有不可推卸的责任，即消除偏见并形成新的民族精神。[12]

教育是现代化计划的核心。激进的州长们把教育作为他们的首要任务，其中的许多人在波菲里奥时期就接触过现代教育方法。他们坚持所谓的强调"科学"和唯物主义（即无神论）的理性主义教育。[13] 在实践中，他们的理性主义通常仅仅意味着反教权主义和去基督教化，导致了以激烈的方式压制"旧墨西哥"并在无知和迷信的废墟上构建一个新社会。革命化的反教权主义或雅各宾主义，是这一思潮的重要组成部分，是启蒙运动和 19 世纪自由主义的遗产。它成为发展自由主义（developmentalist liberalism）的主要特征。革命精英中的许多人认为宗教是实现他们所期望的进步的主要障碍。[14]

20 世纪 30 年代早期索诺拉州的卡列斯主义必须被置于这种现代化的意识形态背景下来理解。州长鲁道夫·埃利亚斯·卡列斯努力执行这一革命计划。他被灌输了自己父亲的教条主义热情和威权主义作风，最终引起了民众的普遍反感。他实施了广泛的现代化计划，包括：大力支持农业商

---

[12] Jean Meyer, *La Cristiada*, vol. 2, *El conflicto entre la iglesia y el estado 1926–1929* (México, 1973), 208; Martínez Assad, *El laboratorio*, 83.

[13] Krauze, Reformar desde el origen, 11–13; 普鲁塔尔科·埃利亚斯·卡列斯曾在索诺拉担任教师，而他与穆希卡也都是由教师抚养长大的。Martínez Assad, *El laboratorio*, 14, 36.

[14] Meyer, "Mexico: Revolution and Reconstruction," 167; Knight, *Mexican Revolution*, 2:500–501, and "El liberalismo," 85; Meyer, *Estado y sociedad*, 320.

业化；建立坚实的基础设施系统（灌溉系统、道路、通信等）；组织农业生 [266]
产者、工人和农民组织沿着原始社团主义路线努力创建一个"强大的、有
组织的、集体主义的"国家；开展"自上而下"的适度的、先发制人的土地
和劳动力改革；扩张教育系统；发动了一场普遍而残酷的排外运动，导致
成千上万的中国人被驱逐出境。[15]

索诺拉州的去狂热化运动，1931—1935

"被诅咒的是偶像崇拜和造就它的手。"

——胡安·德·托尔克马达修士，
《印第安君主国》

州长现代化计划中最具争议的部分是他所谓的去狂热化运动。卡列斯
继承了他的父亲，也就是"最高领袖"（jefe máximo）的狂热反教权主义。
父子俩都坚决反对"被证明是进步和革命的敌人"的罗马天主教会。[16] 老卡
列斯认为他的家乡索诺拉州是自由主义和现代化的堡垒，与更加"狂热"的

---

[15] Manuel S. Corbalá, *Rodolfo Elías Calles: Perfiles de un sonorense* (Hermosillo, 1970), 154-155, 158; 关
于中国人的情况，参见 Evelyn Hu-DeHart, "Sonora: Indians and Immigrants on a Developing Frontier,"
in *Other Mexicos: Essays on Regional Mexican History, 1876-1911*, ed. Thomas Benjamin and William
McNellie (Albuquerque, NM, 1984), 201-203; José Carlos Ramírez, "La estrategia económica de los
Callistas"; Rocío Guadarrama, "La reorganización de la sociedad," in *Historia contemporánea de Sonora,
1929-1984*, 2d ed. (Hermosillo, 1988)（以下简称为 HCS）; Bantjes, "Politics, Class and Culture."

[16] *Memoria General: Informe rendido por el C. Rodolfo Elías Calles, Gobernador Constitucional del
Estado, ante la H. XXXII Legislatura local, el 16 de septiembre de 1934* (Hermosillo, 1934), 4, 15, 35.

中部和南部各州截然不同。他极力鼓励自己的儿子压制他所称的"小神父"（curitas）、"表面虔诚的老妇人"（viejas beatas）和"不良天主教元素"。[17]

州长卡列斯可能受托马斯·加里多·卡纳瓦尔和自己父亲的影响，开展了一场激烈的宗教迫害运动。这场讨伐运动包括：驱逐所有的神父和牧师；关闭教堂和小礼拜堂；清除宗教符号和图像（即神像、祈祷台和十字架等）；通过教育和大众宣传进行去基督教化的运动，具体手段包括演讲、歌曲、公民仪式和反教权的讽刺话语等；以及压制宗教崇拜。这种激进的反教权主义最终激起了广泛的天主教势力和族群势力的反抗，体现在欺骗性的手段、非暴力反抗、暴动以及最后的武装反抗等方面。[18]

卡德纳斯总统（1934—1940 年执政）最初支持反教权运动。他算不上是像卡列斯父子那样的"牧师袭击者"（comecuras），但在 20 世纪 30 年代早期担任米却肯州州长时也实施过类似的反教权措施。他还赞扬了加里多·卡纳瓦尔在"革命实验室"——塔巴斯科州的极端主义活动，目的是消[267]除卡德纳斯所说的"征服了大众的偶像崇拜"。[19]此外，直到 1934 年，官方政党国民革命党（Partido Nacional Revolucionario，PNR）的备忘录里还在强调有必要严格执行所有反教权的立法。[20]

建立新社会的第一步是销毁所有与宗教相关的明显象征，以破坏它们所代表的更广泛的意义体系。革命者只有通过清除牧师、教堂和小礼拜堂、圣徒像、十字架、宗教文献和其他"狂热主义"的表现形式，才能开始重新

---

[17] Rodolfo Elías Calles to Plutarco Elías Calles, 1931, Archivo de Plutarco Elías Calles in Archivos de Plutarco Elías Calles y Fernando Contreras Torreblanca, Mexico City (以下简称为 APEC); Plutarco to Rodolfo Elías Calles, n.d., APEC.

[18] Bantjes, "Politics, Class and Culture."

[19] Martínez Assad, El laboratorio, 54–55.

[20] Instructivo PNR, 1-11-34（日期显示为日－月－年），Archivo Administrativo del Gobierno del Bstado de Sonora（以下简称为 AAGES）235"35"/21.

构建国家的任务，并通过在课堂和民间节日中阐述的公民宗教来教育新公民。1931 年到 1932 年间，索诺拉州政府颁布了一项法律，将神父和牧师的人数限制在每 20,000 名居民中只能有 1 人。[21]1932 年，州政府当局要求神职人员登记，在暂停宗教活动后神职人员们才服从了这一规定。到该年年底，该州法律只许可了 13 名天主教神父和 8 名新教牧师。[22] 尽管州长卡列斯意识到其雅各宾式的行动可能会在表面虔诚的老妇人中引起负面反应，但他依然以鼓吹反对联邦教育的罪名将几名神父驱逐到美国。[23] 索诺拉州的主教胡安·马里亚·弗蒂诺·纳瓦雷特·伊·格雷罗（Juan María Fortino Navarrete y Guerrero）于 1932 年 2 月转入地下活动。最终，在 1934 年 5 月 22 日，索诺拉州政府驱逐了所有的神父。[24]

从 1931 年开始，大多数索诺拉州的教堂和小礼拜堂——从埃莫西约（Hermosillo）大教堂到昆帕斯（Cumpas）的小福音传教者圣殿——都被关闭、停止供拜，并贴上带有总统或州长颁布的法令的封条。所有这些建筑"都无一例外地在尖顶上飘扬着红黑相间的旗帜，这在墨西哥人民心中是布尔什维克的象征"。[25]1934 年期间，政府当局和乡村教师关闭或烧毁了

[21] Rocío Guadarrama, "Los cambios en la política," *HCS*, 179–180.

[22] Voetter, Guaymas, to State Department (以下简称为 SD), 29-2-32, Records Relating to the Internal Affairs of Mexico, U.S. State Department, 1929-1940, 812.00, reel 18 (microfilm) (以下简称为 SD/18); Relación de los sacerdotes autorizados para ejercer sus ministerios en el Estado de Sonora, 8-11-32, Dirección General de Gobierno, Ramo de Gobernación, 2.340 (22), AGN (以下简称为 AGN, DGG).

[23] Rodolfo to Plutarco Elías Calles, 1931, APEC; Maney, Guaymas, to SD, 4-9-31, SD/18. 关于纳科萨里（Nacozari）的神父，参见 Boyle, Agua Prieta, to SD, 29-2-32, SD/18；关于马格达莱纳（Magdalena），参见 Robinson, Nogales, to SD, 30-4-32, SD/18；关于卡纳尼亚（Cananea），参见 Gibbs, Cananea, to Robinson, 25-3-34, Record Group 84, Consular Post Records (hereafter RG 84), Correspondence of the American Consular Agency, Cananea, 1934–35, Vol. 27, National Archives, Washington, DC。

[24] Boyle to SD, 31-5-34, SD/18.

[25] Joseph B. Carbajal, S.J., to Representative John P. Higgins (Massachusetts), Affidavit Roman Catholic priest, San Antonio, 8-6-35, Religious Persecution in Mexico Papers, May-July 1935, Latin American Library, Tulane University.

马约河谷（包括特西亚［Tesia］、纳沃霍亚老城［Pueblo Viejo de Navojoa］、圣伊格纳西奥［San Ignacio］、圣佩德罗［San Pedro］、朱佩莱和马西亚卡［Masiaca］等）的大部分原住民教堂，禁止宗教仪式并焚烧圣像，马约印第安村民对此深感不满。[26] 马约河谷的乡村警察局长开展的圣像破坏行动包括亲自关闭马约的教堂、烧毁朱佩莱的小教堂以及捣毁那些孩童像，人们至今仍对此记忆犹新。当地学校的老师们把教堂的钟从被烧毁的废墟中拿走。这些亵渎神灵的行为不仅引发了短暂的马约起义，还引发了一场延续到 20 世纪 60 年代的千禧年信徒运动。[27]

[268]
州政府经常将教会拥有的房产移交给工会、农民组织和国民革命党的委员会，或者将其改造成办公室、会议室、学校、人民文化中心（casas del pueblo）或粮仓。马格达莱纳（Magdalena）、埃莫西约和其他地方等都在教堂里举行舞会，以强调对他们的亵渎。一些教堂，如埃莫西约的卡门教堂（Capilla del Carmen）和阿拉莫斯教堂（church of Alamos）等，遭到洗劫、破坏或摧毁。[28]

索诺拉州的宗教迫害和塔巴斯科州一样，经常涉及蓄意破坏宗教用具和教堂艺术。墨西哥的雅各宾派们特别关注圣徒像，他们称之为"奉若神明之物"（fetishes）或"崇拜物"（idols）——这在大革命期间的法国是很熟悉的术语——他们认为这是只顾自己不顾他人的神职人员用来麻痹和剥

---

[26]   Profesor Federal Arturo Madrid Jiménez to Gobernador de Sonora, 7-6-35, AAGES 231.5"35"/38.

[27]   Erasmus, *Man Takes Control*, 276–77; 同前，"Cultural Change in Northwest Mexico," 97; Crumrine, *The Mayo*, 25.

[28]   Guadarrama, "Los cambios," *HCS*, 181–182（关于一份不完全名录，参见 Apendice 1），197–199，以及相关的补充文件："Templos retirados por decreto presidencial" in AGN, DGG 2.340 (22) 29. 1934 年，作为一座守旧的城镇，瓜伊马斯（Guaymas）的教堂仍然处于开放状态；Ray to SD, 1-6-34, SD/18; El Día (Guaymas), March 4, 1967; Gilberto Suárez Arvizu, "Fundación de la Universidad de Sonora," *VII Simposio de historia de Sonora: Memoria* (Hermosillo, 1982), 426。

削无知迷信的广大半异教徒农民的 "咒语"。[29]

革命中的圣像破坏不应被视为是纯粹的破坏行为，而是一种触及宗教象征结构的核心的尝试。罗伯特·贝拉（R. N. Bellah）将宗教定义为 "一套象征性的形式和行为，将 [个人] 与 [他们] 存在的根本条件联系起来"。因为人类理解世界的努力在很大程度上依赖于符号，所以任何世界观之间的斗争都包括努力消除一个合法体系的符号，并以新的体系取而代之。[30]

根据大卫·弗里德伯格的观点，反圣像者破坏圣像，不是因为他们相信圣像本身的魔力，而是为了打破所指（signified）和能指（signifier）之间的统一，并显示出他们凌驾于这两者力量之上的优越性。圣像破坏引发了如此深刻的反应，正是因为这些符号是人们以此来引导自己的更广泛的意义系统的一部分。圣像破坏并不是一种破坏行为，而是构成了 "意识形态领域的冲突"。马丁·沃恩克（Martin Warnke）评论说: "对宗教符号的侵犯…… [被认为] 和杀害无辜的人一样令人发指。" [31]

在整个州内，即便是最小的村庄里，也有一小部分由作为圣人焚烧者（quemasantos）而为人所熟知的教师、市长和武装警察等监督公开焚烧神物的行为，并很快成为一种破坏圣像的公民仪式。大众的反圣像主义是一种罕见的现象。在马约河谷，联邦学校督察员、几位来自瓦塔万波（Huatabampo）的教师、乡村警察局长、瓦塔万波农民（agrarista）头领的小集团，以及其他卡列斯派的教师和工会领袖等，代表了反教权的现代化的元素。农村教师发挥了特别重要的作用，他们作为 "工人和农民在知识方面的指导者"，甚至遍及最小的社区。教育官员们认为，相比于教学活动，

---

[29] Meyer, *La Cristiada*, 2:200-201, 203-204, 206.

[30] *Beyond Belief* (New York, 1970), 21; Clifford Geertz, *The Interpretation of Cultures* (New York, 1973), 99, 140-141.

[31] *Iconoclasts and Their Motives*, 25-37; Martin Warnke, "Bildersürme," in *Bildersturm. Die Zerstürung des Kunstwerks*, ed. Warnke (München, 1973), 10.

瓦塔万波学区内的教师们反而更重视去狂热化运动和组建工农组织。[32]

最著名的革命圣像破坏案例是毁坏马格达莱纳教堂里的圣方济各·沙

[269]勿略（San Francisco Xavier）雕像。这位圣人被认为能创造奇迹，受到

广泛的尊敬，尤其受到印第安帕帕戈人（Pápagos）的尊敬，就连雅基人

（Yaqui）和混血人群也一样。庆祝这位圣人的节日是该地区最重要的宗教

节日，许多居民在每年的这一天都要去神龛参拜。[33]教师们冲进教堂，烧

毁了里面的大部分圣像。之后，当局移走了圣方济各的雕像，将其暂时存

放在埃莫西约的政府宫（Palacio de Gobierno）。最后，他们把雕像放在索诺

拉州啤酒厂的烤箱里烧掉了。信徒们立刻做出了回应："许多天来，来自埃

莫西约不同街区的人们前来朝圣，他们把每天从烤箱中取出的灰烬装在小

纸袋和荷包里，相信里面可能装着圣人的一些骨灰。"有一种说法提到，实

施这一亵渎行为的是一名虔诚的雅基司炉工，他事先并不知情，在得知自

己所做的事情后发了疯，不久之后就去世了。[34]

类似的命运也降临在了阿孔奇（Aconchi）教堂内备受爱戴的埃斯基普

拉斯我主基督（Nuestro Señor de Esquípulas）雕像上。根据殖民时代的、反

映典型的村落之间竞争关系的口述传说，负责运送雕像到邻近城镇阿里斯

---

[32] Director de Educación Federal Fernando Ximello to Profesor Celso Flores Zamora, Jefe del
      Departamento de Enseñanza Rural, Informe sintético, octubre-noviembre 1935, SEP/AH 249; Inspector
      General de Educación Federico A. Corzo to Profesor Celso Flores Zamora, Jefe del Departamento de
      Enseñanza Rural, Informe sintético de labores, mes de octubre, 8-11-35, SEP/AH 249.

[33] Robinson, Nogales, to SD, 31-7-34, SD/18; Rosalío Moisés, Jane Holden Kelley, and William Curry
      Holden, *A Yaqui Life: The Personal Chronicle of a Yaqui Indian* (Lincoln, NE, 1971), 6, 14, 82, 126;
      Muriel Thayer Painter, *With Good Heart: Yaqui Beliefs and Ceremonies in Pascua Village* (Tucson,
      AZ, 1986), 83, 130–131, 154.

[34] José Abraham Mendívil, *Don Juan Navarrete y Guerrero: Como pastor y como hombre* (Hermosillo,
      1975). 戴维·拉比（David L. Raby）在《墨西哥的教育与社会革命，1921—1940》（*Educación y
      revolución social en México [1921-1940]*, México, 1974）一书中考察了教师的参与（第162页），
      根据一位证人的访谈内容可知，来自社会主义教师集团（the Bloque de Maestros Socialistas）的
      四十位教师冲进教堂并焚烧了宗教雕像。书中给出的日期（1939年）有误。

佩（Arizpe）的骡夫们在阿孔奇停留过夜，当他们在第二天早上试图继续赶路时，雕像变得非常沉重，被震惊的骡夫们不得不把它留在了阿孔奇，当地人欢呼雀跃。这座雕像象征的不仅仅是宗教崇拜的形象，它是这个社区的象征，是其自豪感和历史感的象征。圣人焚烧者在当地一家铁匠铺的锻铁炉里烧毁了这座雕像。[35]

　　当地警察和教师在州政府的大力鼓励下，在索诺拉州各处公开焚烧宗教用品。农村教师每两个月填写统计表格，其中包括焚烧圣物数量的数据。1934 年 9 月至 1935 年 2 月，阿拉莫斯学区的教师们在诸如波特雷罗·德阿尔坎塔（Potrero de Alcantar）、亡灵村（Los Muertos）和拉斯卡布拉斯（Las Cabras）等偏远村庄共焚毁了二十六件圣物。[36] 马丁·梅尔卡多（Martín S. Mercado）是乌雷斯（Ures）学区的教育督察员，他命令学校校长们，在 1934 年的社会主义革命游行（Manifestación Socialista Revolucionaria）期间，"所有教师、农民、工人、儿童、妇女和成人等必须把所有的圣徒像带到无产阶级的篝火边，包括图像、雕塑、神物、旗帜、宗教法衣、书籍等教会和神职人员用以使人们麻痹至昏昏欲睡的物品，把所有这些东西堆在一起，用火点燃，同时歌唱社会主义赞美诗（Socialist Hymn）、劳动赞美诗（Labor Hymn）、《马赛曲》（*Marseillaise*）或墨西哥国歌"。[37]

　　索诺拉州的联邦教育主管兰贝托·莫里诺（J. Lamberto Moreno）自豪

---

[35] Hector Rubén Bartolini Verdugo, *Monografía de Aconchi (Acontzi)* (Hermosillo, 1983).

[36] Gobernador Constitucional Interino Emiliano Corella M. to Comisario de Policía Yécora, 26-12-34, AAGES 235"35"/4; Ray to Yepis, 19-1-35, RG 84, Correspondence American Consulate Guaymas, 1935, vol. 5, 800; report by Inspector Ramón R. Reyes, 1935, SEP/AH 211.4. 更多案例，参见 SEP/AH。

[37] Profesor Martín S. Mercado, Inspector of the Ures School District, to Maestros Directores, 10-11-34, SEP/AH 366.6.

地向墨西哥城的上司们写信说，教师们焚毁了数千座宗教圣像。[38] 他被这样的仪式深深打动了：

[270]

为了证明索诺拉州联邦学校的学生所持有的自发的反宗教态度，我谨向您通报以下事件：当我说明自己要在马约的印第安村庄马科亚惠（Macoyahui）开展巡察时，三十五名男孩女孩前来见我，称他们都在等着我焚烧村里的教堂和他们家中的圣物，他们的老师，果敢的安东尼娅·蒙特斯（Antonia Montes）小姐，在公共土地委员会（Comisariado Ejidal）和教育委员会（Education Committee）的帮助下，已经设法拿到了这些圣物。柴堆被点燃后，印第安孩子们开始跳帕斯克拉舞（pascola），伴随着原住民音乐的欢乐之声，人们开始往火堆里扔圣物，一件接着一件，直到柴堆变成一团巨大的篝火，吞噬了狂热主义和剥削的象征……在托伊班波（Tojibampo）村也发生了类似的事情。我到达后不久，母亲联盟（Union of Mothers）、教育委员会和幼儿学校社团（Infant School Community）组织了一场反宗教的社会仪式……继续焚烧他们用木头、布料和铬等制成的圣物。当篝火点燃吞噬这些圣像的时候，孩子们唱起了社会主义赞美诗和墨西哥国歌，庄严地表达他们对由目前共和国政府所支持的革命思想的坚持。[39]

尽管这名主管热情高涨，但他所认为的破坏圣像的自发行为很可能是精心策划的，目的是误导并满足容易上当受骗的局外人。马约人以其强烈

---

[38]　Director de Educación Federal J. Lamberto Moreno to SEP, Informe de labores de la Dirección de Educación Federal en Sonora, relativo al tercer bimestre (enero-febrero) del año escolar en curso, 1935, SEP/AH 249.

[39]　Director de Educación Federal J. Lamberto Moreno to Profesor Celso Flores Zamora, Jefe del Departamento de Enseñanza Rural y Primaria Foránea, 20-4-35, SEP/AH 249.

的宗教信仰而闻名，并在 1935 年参与了一场主要基于宗教原因的反卡列斯派的叛乱。

去狂热化运动甚至包括努力消除圣徒名字的行为。带有宗教名称的活动，如区域性的集市等，都改变了名称。纳沃霍亚市政当局将一年一度的"圣胡安"（San Juan）大甩卖更名为"六月"（June）大甩卖。[40]

索诺拉州的去狂热化运动包括使用强迫手段来劝阻信徒不实践他们的信仰。该州宣布弥撒、祈祷和庆祝宗教节日等为非法活动，违反者将被处以巨额罚款和监禁。[41]1935 年，工人和士兵们突袭了马格达莱纳市在里卡多·杜拉佐（Ricardo Durazo）家中举行的一个秘密的复活节庆祝活动，逮捕了在场二百人中的四十人。当局对参与膜拜者处以每人 25 比索的罚款，而杜拉佐则被处以 200 比索的重罚。朱佩莱村的村民们组织了一个圣灵降临节（Pentecost）的庆祝活动，充斥着"焰火、巨人、鞭炮、祈祷和歌曲"，一名来自瓦塔万波的教师终止了庆祝活动，并逮捕了一些喝醉的村民。在纳沃霍亚为圣米格尔节日庆祝活动做准备期间，州长卡列斯下令关闭了一所马约的教堂，由此引发了一场暴乱。[42]

官员们没收、仔细登记并销毁私人拥有的宗教用品。在突袭了马格达莱纳市一所私人住宅内的秘密弥撒后，当局没收了十二幅宗教画、四个小雕像、三个小徽章、一个小十字架、一个小玻璃烛台、三根蜡烛、五根未 [271]

[40]　Presidente municipal, Navojoa, to Manuel Soto y Olea y Hermano, 1935, AAGES 235"35"/31.

[41]　Gobernador Constitucional Interino Emiliano Corella M. to Comisario de Policía Yécora, 26-12-34, AAGES, 235"35"/4; Gobernador Constitucional Interino Emiliano Corella M. to Presidente municipal Divisaderos, n.d., AAGES 235"35"/ 25; 关于监禁，参见 AAGES 235"35, 例如 , ACTA, 8-1-35, AAGES 235"35"/2.

[42]　Director General de Educación Federal W. Dworak to Gobernador de Sonora, 24-4-35; Tesorero General de Sonora Vicente Contreras to Presidente Municipal, Magdalena, 14-6-35, both in AAGES 235"35"/29; Profesor Federal Arturo Madrid Jiménez to Gobernador de Sonora, 7-6-35, AAGES 231.5"35"/38; and Francisco Alfredo Larrañaga Robles, *Monografía del Municipio de Navojoa: 1982* (Navojoa, 1985[?]), 92–93.

燃尽的蜡烛、五本祈祷书和一本没有封面的书。[43]

神圣性的转移：公民仪式

　　一旦旧墨西哥被摧毁，新的革命者就会被创造出来，革命的公民宗教也将取代罗马天主教。由于卡列斯派的精英们认为纯粹的镇压不足以实现这些目标，因此还将通过"社会主义"教育和公民节日塑造新的墨西哥公民，无论是儿童还是成人；这将填补宗教被摧毁后留下的精神真空。这场为了赢得索诺拉州人民的心和思想的运动包括：反教权的讽刺话语；世俗的公民仪式；组建反教权主义的组织，如反教权联盟（Liga Anticlerical）和革命青年组织（Juventudes Revolucionarias/Revolutionary Youth）——一个堪比加里多的红衫军（Red Shirts）或卡德纳斯的革命青年集团（Bloque de Jovenes Revolucionarios）的激进组织；以及协同安排向青年灌输理性主义的观点。[44]

　　许多革命者最终寻求创建一种新的公民宗教，即让新的社会体系合法化并提供意义、促成团结的一系列的信仰、仪式和象征。革命者们认为，罗马天主教为墨西哥社会带来了一定程度的社会凝聚力和团结度，例证就是路易斯·拿破仑·莫罗内斯（Luis Napoleón Morones）可悲且失败的尝试。他遵循罗伯斯庇尔（Robespierre）的理念，试图建立一个分裂的墨西

---

[43]　Acta, in Director de Educación Federal Fernando Dworak to Gobernador Interino, 24-4-35, AAGES 235"35"/29.

[44]　Corbalá, *Rodolfo Elías Calles*, 154–155, 158.

哥教会。卡德纳斯派主导的米却肯州的革命者们吸收了天主教礼拜仪式的元素，并培育所谓的社会主义的圣礼。[45]

索诺拉州的卡列斯派们并不寻求利用宗教作为维持社会团结的手段。相反，他们试图用世俗的公民仪式来代替宗教仪式。尽管关于这些节日起源的信息很少，但墨西哥政治精英们所熟知的法国革命的例子，可能提供了一些启示。历史学家莫娜·奥祖夫巧妙地证明，法国的革命节日如何通过转移神圣性填补了压制宗教仪式之后所留下的真空。类似的过程也发生在革命时期的墨西哥。周日弥撒之后，按照惯例人们会去小酒馆，这些都被国民革命党所赞助的文化周日（domingo cultural/ Cultural Sunday）所取代，相当于墨西哥版的"十日聚会"（fête decadaire）。同样地，像劳动节（Labor Day）这样的世俗节日逐渐取代了宗教节日。[46] 瓦塔万波人民之家 [272]
的委员会占领了当地的教堂，移走了祭坛和圣人雕像，并着手"竖立起一个小亭子，在那里举行了一个又一个星期天的文化节活动"。卡列斯派工会成员们和教师们总是参加这些庆祝活动，而镇上的富人通常抵制这些活动。这样的尝试只会引起强烈的不满情绪。[47] 参加公民仪式并不一定表明存在着一种涂尔干所指的道德共识。官方和公众对公民仪式的看法大不相同，这样的集会往往加剧了冲突。[48]

在埃莫西约，一个典型的文化周日活动包括上演教师多洛雷斯·科尔特斯（Dolores Cortés）的戏剧《宗教之死》（Death to Religion），发表关于

[45] Enrique Krauze, *General misionero: Lázaro Cárdenas* (México, 1987), 59.

[46] Ozouf, *La fête*, 18; Presidente municipal, Navojoa, to Manuel Soto y Olea y Hermano, 1935, AAGES 235"35"/31. 其中也包括文化周六（Cultural Saturdays）。

[47] Report, anonymous teacher, Huatabampo, to Secretaría de la Defensa Nacional, 1-11-35, Archivo de la Revolución Mexicana/Patronato de Historia de Sonora, no. 75; Bantjes, "Politics, Class and Culture."

[48] 关于民间庆祝活动上的群体行为的最新研究给出了这一结论。参见 Mark Harrison, *Crowds and History: Mass Phenomena in English Towns, 1790–1835* (Cambridge, 1988)。

"科学与宗教""妇女与宗教问题"等主题的演讲，以及咏唱社会主义赞美诗等。国民革命党组织的劳动节庆祝活动以反圣像赞歌开场，紧接着是工会领袖的演讲、体育赛事、舞蹈、一出名为《萨特博神父》（*The Priest of Satebo*）的反教权戏剧，最后以再次咏唱社会主义赞美诗结束。[49]

反教权的宣传渗透到了索诺拉州最偏远的角落，这要归功于那些充当文化传播媒介的乡村教师。教育督察员莱昂纳多·拉米雷斯（Leonardo Ramírez G.）雇用了名为"边境公司"（Compañía Fronteriza）的马戏团演员来萨瓦里帕（Sahuaripa）地区巡演，演出的喜剧讲的是道德败坏的神父和他们在忏悔时的可怕行为。有些喜剧，比如《弗朗西斯科神父》（*El Padre Francisco*），是为儿童观众准备的，试图证明魔鬼、妖怪（*el cuco*）和巫师（*hechiceros*）是不存在的。[50] 政府意识到大众节日的力量，利用萨瓦里帕1935年的狂欢节作为攻击教会的机会：

> （经教育主任批准）组织了一次游行，参加者戴着面具和服装，讽刺并嘲笑教皇和神父……那些装扮成神父的人表演着杂技，尽其所能使自己显得滑稽可笑。演出被宣布为是一个真正的社会主义庆典，科学地展示了宗教传授的谎言。[51]

除了诸如此类的在法国去基督教化运动中也很普遍的滑稽模仿表演外，

---

[49] PNR, Domingo Cultural en Hermosillo, 29-7-34, SEP/AH 366.6; Programa de Festejos organizados por el Comité Ejecutivo del Estado del PNR en conmemoración del "Día del Trabajo," SEP/AH 249.

[50] Inspector Leonardo Ramírez G., 5a Zona, Sahuaripa, to Director General de Educación Federal, Sonora, 3-5-35, SEP/AH 211.3; Sabino Linares of the Compañía Fronteriza to Gobierno de Sonora, 14-3-35, AAGES 235"35"/27; Inspector Federal Daniel Domínguez Duarte to Director de Educación Federal, Informe Bimestral, enero-febero de 1936, 1-3-36, SEP/AH 319, 319.12.

[51] Ray to SD, 1-4-35, SD/19.

也出现了其他形式的反教权讽刺。[52] 反教权主义的诗歌、文学和艺术等通常把神父描绘成猥亵的、腐败的、沉迷酒精的骗子。[53] 学校的图画也反映了这一运动。乌雷斯乡村师范学校里的老师和学生们精心制作木刻版画，描绘的不仅是健壮的农民收割小麦的画面，或者是挂在树上的穿着晚礼服的资产阶级尸体，而且有一些反教权的场景，比如一名逃亡的神父背着装满救济品的袋子跨越美国和墨西哥边境，或是一个农民站在燃烧着的大教堂顶上，头顶飘扬着红黑相间的旗帜。[54]

[273]

反教权主义的辞藻强调了教皇制度罪恶的过去。偏远矿区营地里的演说者们公开反对神职人员的剥削，指责"天主教意味着痛苦、虚伪和腐败"，并提醒听众们注意西班牙宗教法庭所犯下的滔天罪行。正如没有疾病就不存在医生，演说者宣称，"教会需要腐败、虚伪和变态的人性，否则它就没

[52] Alphonse Aulard, *Christianity and the French Revolution* (New York, 1966), 109; Michel Vovelle, *Religion et Revolution: La déchristianisation de l'an II* (Paris, 1976), 192; Jean de Viguerie, *Christianisme et Révolution: Cinq leçons de la Révolution Française* (Paris, 1986), 164.

[53] 1934 年的教师杂志上出现了关于驱逐索诺拉神职人员的诗句：

La impresión de la hora　　　　　Me duele dejar, caramba,
Corrido como un cachorro　　　　el curato de Agua Prieta
del lobo del Vaticano　　　　　　pero me llevo repleta
dejo el pueblo mexicano　　　　　la bolsa de pura "chamba"
para agenciarme un socorro.

Adios beatita Lili,　　　　　　　Ignoro por que "detalles"
tierno ensuefio de mi vida　　　　me corren de mi Sonora.
te dejo mustia y transida;　　　　A mí y al buen "bacanora"
más no me culpes a mí.　　　　　nos "tira" Rodolfo Calles.

Dejo el púlpito bendito
donde el pueblo embrutecí.
Como recuerdo el besito
de mi sobrina Mimi!

El Abate Santanon, Ures, June 1934; *Alma sonorense: Organo mensual de la Federación de Maestros del estado de Sonora*, Ures, June 1934, no. 3.

[54] 相关案例，参见 SEP/AH 366.7。

有意义"。一位埃莫西约的公开演说者提到了天主教会在墨西哥历史上臭名
昭著的行径，特别是其与马克西米利安皇帝的合谋叛国以及由此获得的巨
额财富。[55]

革命精英们的去狂热化话语与法国革命者惊人地相似。这种历史上的
相似性并没有被墨西哥雅各宾派和他们的敌人所忽视，后者把官方的反教
权主义比作 1793 年的灾难。后革命时期的民间仪式以歌唱《马赛曲》为
特色。鲁道夫·埃利亚斯·卡列斯阐述了"平等、博爱和人道主义"的理
想，就连相对质朴无华的卡德纳斯将军也采用了米拉波伯爵（Comte de
Mirabeau）的演讲技巧。[56]

本文的目的不在于话语分析（或概念史研究［Begriffsgeschichte］）。然
而，我们必须强调，米歇尔·伏维尔（Michel Vovelle）所关注的 18 世纪去
基督教化话语（discours déchristianisateur）与卡列斯派去狂热化运动话语
之间存在的显著相似性。在 20 世纪 30 年代的墨西哥，许多被伏维尔归纳
为此类话语要素的主要术语浮出了水面：如理性主义、理性、责任、再生、
教育、毁灭、平等、博爱、神圣、进步、传教士、教义、狂热分子、迷信、
错误、偏见、邪教、虚伪、无知、腐败、圣像、荒谬、修女（beata）等。[57]
这种语言究竟是受到了法国大革命的启发，还是成为更为广泛的世俗化词
汇的一部分，只能通过对反教权话语的详细分析才能得知。

---

[55] Speech by Pascula E. Jiménez to the Unión de Gambusinos, La Palma, 20-10-34, AAGES 235"35"/6;
      "Discurso pronunciado en el Palacio de Gobierno de la Ciudad de Hermosillo, Sonora, el 1° de Mayo de
      1934, con motivo del 'Día del Trabajo,' " in Arturo García Fomenti, *Desde la tribuna revolucionaria de
      Sonora (Escuela socialista y otros temas)* (México, 1935), 55-58.

[56] 根据克劳兹（Krause）的说法，卡德纳斯从他的继任者曼努埃尔·阿维拉·卡马乔（Manuel
      Avila Camacho）那里获得了关于法国大革命的文献资料。参见 *General misionero*, 27, 36;
      Meyer, *La Cristiada*, 2:210。

[57] Vovelle, *Religion*, 232-235, 228, 278.

教育与反教权主义

索诺拉州的意识形态冲突集中在教育问题上。教室成了控制新一代意识的战场。乡村教师被寄予希望要揭露宗教的谬误和虚伪，强调科学的真相和理性主义。革命对教育的关注并不是一种新的或独特的现象，而是更广泛的现代化意识形态的一部分。[58] 在整个 19 世纪，教育在拉丁美洲精英们关于"野蛮与文明"的辩论中占有重要地位。[59]19 世纪的发展导向自由主义者，尤其是科学家（*cientificos*），认为教育是破除迷信和偏见、创造"新人"和"新公民"的关键。波菲里奥时期与革命时期的教育思想之间存在着明显的连续性。宪政主义者和索诺拉州政府尤其把教育看作是解决国家问题的灵丹妙药。[60]

在 20 世纪二三十年代的革命实验室里，像小卡列斯这样的地区性强权领导人支持理性主义教育，将其视为是实现现代化的基本工具。1930 年米却肯州的州政府预算和 1926 年塔巴斯科州的州政府预算证明了革命者对教育的重视。在卡德纳斯和加里多执政时期，教育支出占州预算的 40%。同样，卡列斯将索诺拉州预算的 35% 至 37% 花在了教育上。[61] 卡德纳斯在担任总统期间所支持的"社会主义"教育类型与旧式的理性主义、反教权主义

[274]

[58] José Bernal Rodríguez, Inspector Federal, 5a Zona, Sahuaripa, Informe Bimestral, 19-3-36, SEP/AH 319.19; Knight, *Mexican Revolution*, 2:501.

[59] E. Bradford Burns, *The Poverty of Progress: Latin America in the Nineteenth Century* (Berkeley, CA, 1980), 23.

[60] François-Xavier Guerra, *Le Mexique: De l'ancien régime à la révolution* (Paris, 1985), 2:314–315; Knight, *Mexican Revolution*, 1:23, and "El liberalismo," 68; Hale, *Transformation*, 148, 152, 155; Vaughan, *Estado*, 1:9, 28–29, 2:286–287; Knight, *Mexican Revolution*, 2:423, 463, and "Elliberalismo," 69.

[61] Raby, *Educación*, 206; Martínez Assad, *El laboratorio*, 80; Eduardo Ibarra and Ernesto Camou Healy, "Las instituciones educativas," *HCS*, 579.

教育没有什么不同。他与较为激进的弗朗西斯科·穆希卡关系密切，可能因此受到了影响。他们都曾担任米却肯州的州长，两者都强调理性主义教育、反教权主义和包括限制饮酒在内的"道德教育"的重要性。[62]

改革后的《1917 年宪法》第三条的措辞透露出（相比于社会主义而言）对于发展主义雅各宾派的更多偏爱："国家教育将以社会主义为导向，除了排除任何宗教教义外，将抵制狂热和偏见，其目的是学校组织教学和活动的方式都是为了向年轻人灌输关于世界和社会生活的一种理性而精准的概念。"[63]

因此，教育成为去狂热化运动中抵制教会影响的"罪恶"结果的主要手段。州长卡列斯试图向索诺拉州的青年们灌输一种"革命的良知和奥秘"。[64]他的政府认为理性主义、科学教育和去狂热化运动是革命必要组成部分，"将由学校执行"。教师们组成革命先锋队："首先，革命已经在政治领域开展了，而且正在经济领域开展，现在我们必须把革命带到**新人民**（new [275] people）的意识中。每一名教师都必须是一名领导，而每一名领导都必须是工农先锋队中的一名士兵。"[65]

教育家把反对迷信的斗争看作是阶级斗争的一个关键因素。农村教育部部长塞尔索·弗洛雷斯·萨莫拉（Celso Flores Zamora）认为："现代宗教

---

[62] Raby, *Educación*, 199, 206; Krauze, General misionero, 46, 49, 54–55; Manuel Diego Hernández and Alejo Maldonado Gallardo, "En torno a la historia de la Confederación Revolucionaria Michoacana del Trabajo," *Jornadas de historia de occidente: Movimientos populares en el occidente de México, siglos XIX y XX* (Jiquilpan de Juárez, 1980), 128–129; Raby, *Educación*, 51, 199, 206; Krauze, *General misionero*, 46, 54–55; Hernández and Maldonado Gallardo, "En torno a la historia," 128–129; Victoria Lerner, *La educación socialista* (México, 1979), 14–15, 73, 75, 82, 98–99.

[63] Lerner, *La educación*, 14–15, 73, 75, 82, 98–99; Raby, *Educación*, 51; 引自 Martínez Assad, *El laboratorio*, 86.

[64] *Memoria General: Informe rendido por el C. Rodolfo Elías Calles, Gobernador Constitucional del Estado, ante la H. XXXII Legislatura local, el16 de septiembre de 1934* (Hermosillo, 1934), 4, 15, 35; Corbalá, *Rodolfo Elías Calles*, 154–155, 158.

[65] "Discurso pronunciado en el Palacio de Gobierno de la Ciudad de Hermosillo, Sonora, el 1° de Mayo de 1934, con motivo del 'Día del Trabajo'" in García Fomenti, *Desde La tribuna*, 55–58.

的根基牢固地扎根于对劳动大众的社会压迫（social oppression）之中。"[66] 在实施理性主义教育之前，必须要先压制被认为"就像狂热主义和酗酒一样是资产阶级反对工人的工具"的宗教教育。索诺拉州政府取缔了天主教学校，官方信源称，至少在九个城镇关闭了共十六所这样的学校。[67]

　　联邦教师被选为革命在"心理"阶段的先锋，必须清除任何带有"狂热和迷信"色彩的因素。诸如卡德纳斯的米却肯州和尤卡坦州等其他地方，也对教师进行了类似的清洗。[68] 尽管无法得知索诺拉州的确切数字，但有信源暗示，州政府解雇了多达 35% 的教师，其中既有男性也有女性，因为政府声称"鉴于他们在宗教问题上的意识形态……他们认为自己无法真心并诚实地承担这项任务"。[69] 许多教师面临着不愉快的选择，要么背叛自己的信仰，要么在经济危机时期失去工作。在卡纳尼亚（Cananea），几名教师以主动请辞的方式抗议政府的性教育计划。还有些人越过边境，在美国亚利桑那州开办宗教学校。[70]

---

[66]　Flores to Director de Educaci6n Federal, 16-4-35, SEP/AH 249.

[67]　García Fomenti, *Desde la tribuna*, 70–71; Corbalá, *Rodolfo Elías Calles*, 154–155, 158; *El Imparcial* (Hermosillo), August 14, 1966。文献显示应有 21 所学校，而科巴拉（Corbalá）只说到了 16 所（第 155—156 页）：马格达莱纳 2 所、阿拉莫斯 2 所、埃莫西约 3 所，格拉纳多斯（Granados）、蒙特祖玛（Moctezuma）、卡科里特（Cócorit）、奥夫雷贡城（Ciudad Obregón）、奥尔蒂斯（Ortiz）每个地区 1 所，以及卡纳尼亚 4 所。官方数据显示，1932 年至 1934 年间，共有 16 所学校被关闭。参见 *HCS*, 185。同一文献的其他章节还提到，另有 18 所私人学校被关闭，第 579 页。

[68]　Raby, *Educación*, 211–212; Lyle Brown, "Mexican Church-State Relations, 1933–1940," *A Journal of Church and State* 7 (1964): 211, n. 36.

[69]　*El Imparcial*, August 14, 1966; Fernando W. Dworak, circular no. 71–53, Hermosillo, 23-4-34, RG 84, Consular Post Records, Nogales, Confidential Correspondence 1936, vol. 2.

[70]　关于相关道德困境的文字描述，参见 Abelardo Casanova, *Pasos perdidos* (Hermosillo, 1986); Robinson to Josephus Daniels, U.S. Ambassador, Mexico City, 1-3-35; Robinson to U.S. Secretary of State (hereafter SS), 1-6-34, SD/18; Fernando W. Dworak, circular no. 71–53, Hermosillo, 23-4-34, RG 84, Consular Post Records, Nogales, Confidential Correspondence 1936, vol. 2。这些措施并没有得到统一的执行。在埃莫西约，80 名州及联邦教师中的 25 名以及 6 名私人教师提出了辞职，而在诺加莱斯（Nogales），没有任何一名教师在 1934 年之前退休。参见 Gibbs, Cananea, to Robinson, 25-5-34, RG 84, Correspondence Consular Agency Cananea, 1934–35, vol. 27，提及了逃往美国亚利桑那州的那些人。

在每个学区，新索诺拉州教师工会当地分会的清洗委员会（*comités de depuración*）都会监督教师的革命热情。农民和工人的组织也密切关注着教师们的活动。教师有义务加入国民革命党的市级委员会并参加该党派的文化周日活动。就像法国的革命节日一样，这些活动起到了带有镇压意味的"分类"作用。[71]教师被迫签署一份意识形态声明，申明他们愿意遵守宪法的第三条规定，支持社会主义教育，并传播社会主义学说的原则。他们保证不信奉新天主教或任何其他宗教，同时将尽一切可能与宗教做斗争。[72]

对联邦教师的评估是以一种计分制为基础的，计分标准为：（1）革命意识形态（5分，其中1分代表"意识形态声明"，参加反宗教运动以及保护工人不受剥削则各占2分）；（2）社会工作（5分，包括参与反酗酒运动、母亲联盟、教育委员会、革命青年集团以及社区工作）；（3）技能（5分，包括具有六年级文凭以及具备合作主义、土地、劳动、普通法和社会主义学派的哲学原则等方面的知识）。[73]15分的总分中，只有3分与教育本身有关，其余的都是关于发展主义精英的意识形态和社会计划。

在对教师进行再教育的任务中，教育官员们使用了所谓的"反教条主义的教条主义宣传"（Antidogmatic Doctrinaire Propaganda），以一种世俗的教理问答在科学的基础上攻击《圣经》，声称证明了原始人没有关于财产、家庭、政府或宗教的概念。[74]这种"科学"知识慢慢地渗透到了教室里，体

[276]

---

[71] Director de Educación Federal J. Lamberto Moreno to Director y Profesores de las Escuelas Rurales Federales de Estado de Sonora, circular no. 3, 25-2-35, SEP/AH 249; Guadarrama, "Los cambios," *HCS*, 186–187; Ozouf, *La fête*, 20.

[72] 关于米却肯州的情况，参见 "Deciaración ideológica," to be signed by the teacher, the education inspector, and the director of federal education, 1935, in Archivo Francisco J. Mugica, Jiquilpan de Juarez, vol. 106, 272–1；关于尤卡坦州的情况，参见 Brown, "Mexican Church-State" Relations," 211, n. 36。

[73] Instituto de Orientación Socialista para los Maestros Federales del Estado de Sonora, 17-6/14-7-35, SEP/AH 249.

[74] *Propaganda doctrinaria antidogmática para maestros rurales*, boletín 1, 2, and 3 (Magdalena, January 1936).

现在以下这份对官员访问索诺拉州一所学校时的描述里：

> 老师为了让官员们知道她教得有多好，就问："孩子们，谁是上帝？"孩子们回答说："他是一个长着胡须的老人，他们说他住在天上［天堂］。"然后老师问是不是真的，所有孩子都异口同声地回答说："不是！"她问为什么这不是真的，孩子们回答说这不是真的，因为如果他真的住在天上［天堂］，他就会像所有比空气重的身体一样掉到地上。[75]

还有计划呼吁将意识形态的清洗从教师扩大到其他联邦和州的雇员。1935 年，几位来自高层的州政府官员在面对有关其宗教信仰的指控时被迫提出了辞职。在马格达莱纳地区，有组织的工人和农民计划清除整个公共行政部门的"狂热分子"。[76]

宗教和无知并不是现代化进程的唯一威胁。革命精英们还通过组织青年团体和提倡体育运动来与恶习做斗争，这不仅使年轻人远离"恶习中心"，而且还鼓励一种新的竞争精神和一种超越的渴望——这都是新公民的重要品质。教师们有时在当地政府的帮助下，试图关闭遍布乡村的众多酒类商店。最终，卡列斯的继任者，州长拉曼·拉莫斯（Ramón Ramos）在 1935 年采取了极其不受欢迎的行动，颁布了全州禁酒令。而 1916 年，时任州长的普鲁塔尔科·埃利亚斯·卡列斯也曾试图采取同样的措施。[77]

---

[75]　Yepis to SS, 7-8-35, RG 84, Correspondence American Consulate Guaymas, vol. 5, 800.

[76]　Ray to SD, 8-1-35, SD/18; Estatutos y reglamentos del Bloque Revolucionario de Obreros y Campesinos de Magdalena, 11-11-34, SEP/AH 249.

[77]　Corbalá, *Rodolfo Elias Calles*, 154−55, 158; Inspector Leonardo Ramírez G., 5a Zona, Sahuaripa, to Director General de Educación Federal, Sonora, 3-5-35, SEP/AH 211.3.

结　论

墨西哥的革命进程包括了一份激进的针对社会的文化蓝图，急不可耐的现代化精英们试图在 20 世纪二三十年代实施这项计划。用涂尔干的术语来说，这一阶段是启蒙运动以来西方世俗化大进程的一部分。虽然其根源可以追溯到波旁改革和 19 世纪的自由主义，但革命的文化计划是特别激进的，尤其是其处理宗教和天主教会的手段。虽然创造"新人民"的最终目标没有改变，但所用的方法却变得更加严酷和暴力。革命者们相信，仅靠说服和教育是不足以创造新人民的，因此他们寻求摧毁旧的文化秩序，特别是其符号、仪式、信仰和制度。与毫无意义的破坏或胡乱过度的雅各宾式的自由主义相比，圣像焚烧、反教权的讽刺话语和宗教迫害形成了更广泛的文化模式中不可分割的一部分：试图对旧的文化秩序进行去神圣化，此后通过神圣性的转移来形成新的、革命性的、公民的、世俗的和政治化的宗教，以此取代罗马天主教并为新的后革命时期社会提供必要的社会凝聚力。正如革命寻求摧毁旧政权（波菲里奥时期的军政府、"封建"庄园体制）的政治和经济体制那样，它也努力清除新墨西哥中所带的传统墨西哥的旧文化。

[277]

一个相对较小的革命干部群体实施了索诺拉州的文化革命，其中包括卡列斯派政客、农工领袖以及特别要提及的教师等。他们得到了城市工人阶级和农民阶层的有限支持，后者显然是希望通过与发展主义政治精英的合作来获得他们对劳动力和土地改革的支持。然而，几乎没有证据表明存在普遍的大众性圣像破坏运动，而且事实上，真正的大众反教权主义似乎是次要的。

大多数人对政治精英破坏传统宗教并建立一种革命性的公民宗教的企

图是持抵制态度的。[78] 文化革命从来没有像政治和土地革命那样得到广泛的支持。在 20 世纪 30 年代期间，墨西哥人通过请愿书、街头示威、抵制学校活动、非法集会、暴力重启被封闭的教堂以及一系列被统称为"第二次基督战争"（Second Cristiada）的天主教武装叛乱试图抵制该文化计划。在索诺拉州，这种反对不仅来自教会，而且来自许多天主教徒个人，尤其是妇女、原住民群体和山地居民（serrano）社区。

艾伦·奈特所称的"顽抗分子"的反抗促使政府调整了"最高领袖统治时期"（Maximato）留下的宗教不宽容政策。[79] 到了 20 世纪 30 年代晚期，州政府和联邦政府选择了一种缓慢的、保留面子的再基督教化过程，重新开放教堂，包容宗教服务，并允许神父回归。教育部告诫农村教师要专注于自己作为教育者的任务，放弃自己作为革命信条传播者的角色。社会主义教育被逐渐停止，天主教学校重新开放。索诺拉州政府甚至在颁布禁令后不久就撤销了该禁令。 [278]

文化革命被证明是弗朗索瓦·傅勒称之为"政治幻想"的产物，只不过引发了一场热月党人（Thermidorean）关于"现实社会的重申"。[80] 由于墨西哥社会各界的广泛抵制，这个文化计划最终失败了。到了 20 世纪 30 年代末，革命精英们表现出他们已经从无数的请愿书、示威游行、暴力行为、起义和千禧年信徒运动中吸取了教训，所有这些都直接并明确地反对了文化计划。随着革命进入热月，国家开始瓦解它用来宣传文化革命的机构，这场文化运动被证明是一场代价高昂、具有政治危险性的惨败。

弗雷·托里比奥·德贝纳文特·莫托里尼亚（Fray Toribio de Benavente Motolinía）在 16 世纪的记述中，抱怨新西班牙的原住民居民在转信基督教

---

[78] Bantjes, "Politics, Class and Culture."

[79] Meyer, *La Cristiada*, 1:375; Knight, "Revolutionary Project."

[80] Furet, *Interpreting the French Revolution*, 58.

时的文化抵抗："印第安人将他们的主要神像用符号和装饰物或者是魔鬼的衣服藏起来，部分藏在地下，其他的则藏在山洞或山里。"[81]16 世纪的"精神征服"最终取得了成功，而 20 世纪二三十年代的"文化传教士们"试图清除这个国家的"偶像崇拜"和"狂热主义"的努力却彻底失败了。

---

[81]   Fray Toribio de Benavente, *Historia de los Indios de la Nueva España* (Madrid, 1985), 296.

14　文化特派团、科纳索波剧场与社区剧场：乡村剧场的演变 *

唐纳德·弗里施曼（Donald H. Frischmann）

美洲大学乔卢拉分校（La Universidad de Las Américas-Cholula）

　　玛雅人是墨西哥最广为人知的族群，其数百万人口分布在尤卡坦州（Yucatán）、恰帕斯州（Chiapas）以及邻国危地马拉、伯利兹和洪都拉斯，他们成功地保留了许多前哥伦布时期的文化，包括语言和民间故事。最近的一项文化保护技术使用了戏剧（较为有名的是来自圣克里斯托瓦尔·德拉斯卡萨斯［San Cristóbal de Las Casas］的表演公司"洛伊·马克西尔"［Lo'il maxil］，或被称为"恶作剧"［Monkey Business］）。** 唐纳德·弗里施曼研究了墨西哥南部乡村剧场的发展。他不仅关注乡村剧场在保护族群文化方面的作用，而且还关注它作为一种教育方法，在通过集体创作戏剧时为社区赋权的作用。他的文章追溯了殖民时期的福音派剧场、革命时期教育代表团以及奥古斯托·鲍尔（Augusto Boal）和保罗·弗莱雷（Paulo Freire）的非正式教

---

* 本文利用了本人自 1983 年以来的实地田野经历以及 1983 年至 1984 年间墨西哥城公共教育部（Secretaría de Educación Pública）大众文化总局（Dirección General de Culturas Populares）的档案研究。我谨向使得这项研究成为可能的个人和戏剧团体表示感谢。谨以此文献给他们和他们的农民观众。

** Patrick Breslin, "Coping With Change: The Maya Discover the Play's the Thing," *Smithsonian* (August 1992): 78–87.

育理论。*** 弗里施曼教授西班牙文学和戏剧，他也定期参加墨西哥一年
一度的国家戏剧节。

[286] 在以"文化马赛克"著称的墨西哥，戏剧表演从前西班牙时代起就以五
花八门的形式和语言以及各种不同目的蓬勃发展。其中两个经常交织在一
起的目的是娱乐和灌输定义明确的精神和公民信仰。霸权集团经常利用戏
剧来强加或强调他们的特定世界观。

十年的革命暴力时期（1910—1920）结束后，新政权发起了一场协同
一致的教育运动。教育部长何塞·巴斯孔塞洛斯（José Vasconcelos）在 20
世纪 20 年代创建了文化特派团（*misiones culturales*），开始实施有明确定
义的官方文化政策。灌输这一国家文化政策（*política cultural*）的方式借鉴
了前西班牙时期以及殖民时期的传统。

前西班牙时期的戏剧仪式是为了安抚神灵，使生活得以继续，并承认
统治者们的半神性。[1] 在被西班牙征服后不久，方济各会的佩德罗·德·甘
特（Pedro de Gante）和其他传教士就开始充分利用墨西哥中部的仪式表演
传统。他们的福音布道戏剧成为一种强大的说教工具，旨在促成文化改变、
灌输新的世界观和政治秩序。在殖民早期，戏剧和其他形式的庆典成为庆

*** Boal, *Teatro del oprimido* (Buenos Aires, 1974); Freire, *Pedagogy ofthe Oppressed* (New York, 1970).

[1] 目前仍然可以找到关于神灵戏剧的案例。比如尤卡特克（Yucatec）玛雅人的［猪头］之舞（*Okosta Pol/Dance of the [Pig's] Head*）以及瓦哈卡州的萨比特克（Zapotecs）的朔日（*Calendas*）。两种仪式都彰显了基督教元素的融入。更多本土演出包括格雷罗（Guerrero）和瓦哈卡的美洲豹舞（*Tecuanes/Jaguar*）。玛雅人定期举行庆典仪式，例如新的美洲豹祭司的应验。参见 Munro S. Edmonson, *Heaven Born Merida and Its Destiny: The Book of Chilam Balam of Chumayel* (Austin, TX, 1986), 20–29。

祝新宗教的方式。原住民被鼓励（或更多情况下被强迫）参加这些活动。[2]

革命者们发现这一传统是有用的程序，于是根据自己的使用需求进行了采用和修改。现场表演者的非凡说服力再一次得到了官方的认可。这一教育运动重点关注并资助了乡村剧场。[3] 教育部的文化政策属于内斯特·加西亚·坎克里尼（Néstor García Canclini）所定义的民粹主义国家范式。在这种模式下，国家（或执政党）试图分配精英文化产品，同时也维护大众文化，以确保体系的均衡延续。这种民粹主义的文化项目频频失败，其原因是国家对人民文化的误读：没有把人民的利益与通过教育和大众传媒强加给人民的利益区分开来。[4] 官员们将这些国家资助的戏剧项目宣传为"革命性的""大众的"和"真正农村化的"，然而这些项目是自上而下地强加于农民社区的，并带有强烈的煽动人心的成分和家长式作风。

国家支持的以戏剧为主要组成部分的农村文化项目经历了四个主要阶段：20 世纪 20 年代至 1940 年的文化特派团；1950 年至 1964 年的拉丁美洲基础教育区域中心（Centro Regional para la Educación Fundamental de América Latina，简称 CREFAL）的"我们的农民剧场"（Nuestro Teatro Campesino）；1972 年至 1976 年的"农民取向的科纳索波剧场"（Teatro Conasupo de Orientación Campesina）；以及 1977 年至 1982 年的大众舞台

---

[2] Othón Arróniz, *Teatro de Evangelización en Nueva España* (México, 1979). 另参见 Marilyn Ekdahl Ravicz, *Early Colonial Religious Drama in Mexico* (Washington, DC, 1970), 其中包括最初用纳瓦特尔语上演的几部传教剧的英文翻译；Robert Ricard, *The Spiritual Conquest of Mexico* (Berkeley, CA, 1966)。

[3] 在《健康剧院》（*El Teatro de la Salud*, México, 1988）的导言中，阿比加尔·博赫雷斯（Abigael Bohórquez）指出："剧院是另一种视听媒体，而且总是有效的，有时甚至比其他形式的思想传播方式更为有效。因此，使用得当时，它不仅可以在健康教育中发挥作用，同时也可以在社会教育以及总体教育过程中提供极有价值的协助。"（第 10 页）

[4] Néstor García Canclini, "Politicas culturales y crisis de desarrollo: Un balance Latinoamericano," introduction to Políticas culturales en América Latina, ed. García Canclini (México, 1987), 27-36.

艺术项目（Proyecto de Arte Escénico Popular）。[5] 在最初的两项计划中，剧
场是作为垂直实施的家长式项目得以启动的，但在科纳索波剧场时期开始

经历转型，最终变成了一场真正的、大众的草根运动，也就是发端于 1984
年的全国社区戏剧协会（Asociación Nacional de Teatro Comunidad/National
Association of Community Theater，或 TECOM）。转折点的出现是路易
斯·埃切韦里亚（Luis Echeverría）政府（1970—1976）在文化和政治领域
推行"晚期民粹主义"政策的结果。[6]

早期历史：乡村剧场与文化特派团（1920—1938）

  20 世纪 20 年代的革命政府非常重视农村教育。何塞·巴斯孔塞洛斯在
1921 年至 1924 年间担任新的公共教育部（Secretaría de Educación Pública,
SEP）的部长，他将教育作为使徒的任务般在全国各个地方推行；他传递的
信息是，教一个人读书写字相当于是给口渴的人送水、给饥饿的人送食物。
他把在一个与世隔绝的村子里修建图书馆比作是在一座殖民时期的教堂里
修建镶嵌着绚丽马赛克的穹顶。他使戏剧和其他表演艺术成为文化特派团
的重要任务，雄心勃勃地建立了一个外延团队计划，致力于农村人口的经

---

[5] 后者最初发端于墨西哥城的工人阶级社区。关于 20 世纪墨西哥由国家赞助的乡村以及城市剧院
     的讨论，参见 Donald H. Frischmann, *El Nuevo Teatro Popular en México* (México, 1990)。与科纳
     索波剧场以及大众舞台艺术项目的参与者的近期访谈使我对部分也许过于乐观的推论做出了修
     改。虽然乡村剧场的现场工作人员常常怀着创建一个真正的人民剧场的高度理性主义的目标，
     但是直到最近，政府通过资助各个机构所强加的多重限制使得这一目标化为泡影。

[6] Jorge Basurto, "The Late Populism of Luis Echeverría," in *Latin American Populism in Comparative
     Perspective*, ed. Michael L. Conniff (Albuquerque, NM, 1982), 93–111.

济复兴和文化进步。该计划呼吁修建学校、培训新教师（通常是文化特派团成员）、组织体育和娱乐活动，并在个人卫生、科学农业技术和贸易等方面提供有用的指导。[7]

文化特派团在 1930 年至 1936 年间动员社区力量，建造了大约 4,000 所学校，学校附近还设有露天剧场。包括戏剧、舞蹈和音乐在内的体育和娱乐项目旨在将人们从过度饮酒和其他恶习中解放出来，并促进实现将所有民族融合到国家生活和文化中去的"墨西哥化"。[8]农村教师们有大量现成的剧本。1932 年至 1940 年，大约有 50 个剧本被发表在乡村教师的杂志《乡村老师》（*El Maestro Rural*）上，其他剧本有通过比赛产生的，还有一些是由当地教师创作和上演的。到了 1938 年，许多倡导阶级意识的戏剧剧本都被弃用了。[9]

乡村剧场为何衰落？一些人认为这是由于缺乏合适的儿童戏剧，而另一些人则认为是由于政府财政支持不足。[10]然而，更深刻的原因是缺乏（尽力）将农民的创造力融入原创作品中的尝试。这些戏剧没有反映农民的说话、思考和行为方式。相反，作者们（主要是城市居民）专注于写说教、家长式作风、过度的修辞和二元论的剧本。乡村教师在他们的地方戏剧和公共演说中采用了城市剧作家和政治家浮夸做作的修辞风格。[11]他们宣扬

[288]

---

[7]　Daniel Cosío Villegas, "La Crisis de México," *Cuadernos Americanos* 6, no. 32 (March-April 1947): 46–47; Lloyd H. Hughes, *The Mexican Cultural Mission Programme* (Paris, 1950), 9, 12–13.

[8]　Katherine M. Cook, *La Casa del Pueblo* (México, 1936), 144; John B. Nomland, *Teatro Mexicano Contemporáneo* (1900–1950) (México, 1967), 75; Hughes, *Mexican Cultural Mission Programme*, 51.

[9]　Domingo Adame Hernández, *Análisis crítico del movimiento de teatro rural confines sociales en México (1932–1982) y de sus perspectivas actuales* (México, 1984), 28; Concha Becerra Celis, *Teatro y poemas infantiles* (México, 1938), 14; Nomland, *Teatro Mexicano*, 75. 阿达梅和诺姆兰（Nomland）回溯了这段时期的大量戏剧。

[10]　Ramón García Ruiz, "Prólogo," in Becerra Celis, *Teatro y poemas*, 6, and in Nomland, *Teatro Mexicano*, 76.

[11]　Adame, *Análisis*, 37.

一种过于简单化的世界观，将革命政府及其计划提升到了神圣不可侵犯的地位。这些特点在拉萨罗·卡德纳斯（Lázaro Cárdenas，1934—1940 年在任）担任总统期间尤为突出，他的农村发展计划围绕着社会主义教育和土地改革而展开。

卡德纳斯政府将"墨西哥革命的农村社会主义学派"与"波菲里奥学派"完全对立起来，一位作家将其称为"酒馆与寺庙；龙舌兰酒中毒与使大众道德败坏的教理问答"。相反，社会主义学派的支持者们说，社会主义将更换"无名知识分子的黑暗机构里散发着的令人萎靡不振的蜡和香的气味，〔代之以〕通风良好、令人愉快的新的文化中心、房屋或白色建筑物……持续制造阶级意识，反压迫斗争，解放思想；真理终将战胜谬误，进步战胜刻板，科学战胜无知，正义战胜犯罪，生命战胜死亡"。此外，乡村教师被宣布为是"革命的传道者"（Apostle of the Revolution）、"革命的最佳战士"、"教师—工人"和"教师—烈士"，他们面临着被革命敌人杀害或致残的威胁。[12]

这些来自墨西哥城的概念出现在了乡村剧场的舞台上。在这些年间所写的剧本中，社会主义教育、农民土地征用、平均地权、科学农业、识字以及任何有利于工人阶级的东西都代表着好的力量。这些戏剧中使用的许多积极的象征符号，如红旗等，都来自苏联。站在邪恶一边的是酗酒、天主教会、大庄园主（latifundistas）、乡村领袖和他们的白卫军，以及任何其他波菲里奥统治秩序下的残余势力。[13]

另一个乡村剧场的限制因素是在文化特派团成员中缺乏戏剧专家。由此导致的结果是，乡村教师在完成革命戏剧的方案要求并同时维持演员

---

[12] Rafael Ramos Pedrueza, *La lucha de clases a través de la historia de México* (México, 1941), 420-422.

[13] Nomland, *Teatro Mexicano*, 79-80; Adame, *Análisis*, 28-36.

和观众的兴趣方面得到的帮助极少。此外，特派团的巡回性质限制了这些密集但短暂的努力的效果。"通常需要 6 个月到 1 年的时间才能赢得全村的通力合作，"劳埃德·休斯（Lloyd Hughes）总结道，"但到那时，特派团已经准备要离开了。"[14] 多明戈·阿达梅（Domingo Adame）评价说：

> 上演的戏剧中有许多蛊惑人心的东西。这如何能促进社区发展？当然也取得了一些成就：社区建立了学校；他们保护教师不受乡村头目派来的打手的伤害，这些头目认为自己的利益受到了威胁；年轻的印第安人和农民们离开他们的城镇和村庄去寻求专业学习，虽然他们通常永远不会再回到自己的出生地。社会教育计划在卡德纳斯任期结束时被放弃。教师们忘记了戏剧，而社区则继续被排除在"发展"之外。[15]

[289]

尽管革命计划存在这些缺点，但乡村剧场在一些地方的衰落是由于受到来自乡村神父和大地主的反对，他们在 1938 年强制解散了文化特派团。戏剧计划在 1942 年得以继续在公共教育部的监管下重新组织起来，但复苏后的这项计划没有引起人们对说教式戏剧和木偶戏的强烈兴趣。官方的关注点和资源随后转向了电影特派团（*misiones cinematográficas*），用驮骡将故事片和卡通片带到偏远的印第安人地区。[16]

[14]　Hughes, *Mexican Cultural Mission Programme*, 51.

[15]　Domingo Adame Hernández, "De los proyectos institucionales de teatro popular en México a la Asociación Nacional de Teatro Comunidad"（发表于 1991 年 4 月在华盛顿特区举办的拉丁美洲研究协会年会），4–5.

[16]　Nomland, *Teatro Mexicano*, 29–30, 7.

另一个不恰当的方案：
拉丁美洲基础教育区域中心的"我们的农民剧场"（1950—1964）

1950 年至 1964 年间，乡村剧场再次作为一种教育活动和社区发展的工具得到政府的推广。[17] 乡村教师可以通过拉丁美洲基础教育区域中心的成人教育项目选择戏剧学习作为培训课程，其支持机构包括联合国教育、科学及文化组织（United Nations Educational, Scientific and Cultural Organization，简称 UNESCO）和墨西哥政府。此外，奖学金项目也吸引了其他一些拉丁美洲国家的非墨西哥籍教师来到米却肯州帕茨夸罗（Pátzcuaro）的拉丁美洲基础教育区域中心校园。该戏剧计划的既定目标是在十个邻近的社区建立真正的乡村剧场。然而，家长式作风以及煽动性做法再次与这一目标背道而驰，导致了计划的最终失败。

既定方案有效地扼杀了所有真正的乡村戏剧。"我们的农民剧场"项目主管阿尔弗雷德·门多萨·古铁雷斯（Alfred Mendoza Gutiérrez）试图将自己在戏剧方面的知识转移至农村，尤其是他在墨西哥城的国家艺术学院（Instituto Nacional de Bellas Artes）学到的斯坦尼斯拉夫斯基（Stanislavsky）表演方法，但显然收效甚微。此外，他认为农民们的戏剧潜力已经"被上帝抛弃了"；他断言他们无法恰当地说话、移动或思考，只有大量地接受再教育才能出现在舞台上。

[290] 除了这位主管从城市中带来的精英主义偏见外，这一时期政府日益管制的文化政策进一步限制了创作思维。简而言之，舞台作品忽视了农村的不平等差距，而维护和强化了现状。例如，酗酒的影响不再被视为是革命

---

[17]　该部分讨论基于 Adame, *Análisis*, 40-69。

计划的障碍，而是以更加个人和社区导向的方式进行表达。戏剧忽略了
政治和社会经济问题，而是充满了严肃法纪的说教式作品、批判过错的喜
剧（由门多萨·古铁雷斯撰写）以及如《白雪公主》（*Snow White*）等外
国作品的"农民"版本。妆发方面的改变，例如用帕茨夸罗著名的小老头
（*Viejitos/Little Old Men*）舞者取代七个小矮人，并没能对创造真正的乡村
戏剧有所贡献。

十个目标社区中只有一个成立了戏剧团，而且仅是昙花一现。过度的
家长式作风显然阻碍了既定目标的实现。与此相反的是，教师和农民的戏
剧活动通过以下几种方式有效地遏制了群众运动：（1）文化适应（强加城
市戏剧模式）；（2）民俗（对地域文化元素的断章取义）；（3）大众化（农
村社区仍然是完成作品的被动接受者）；（4）强调尊重现有机构；（5）用大
量的壮观场面和喜剧压制批判性思想。

近期的民粹主义与集体创造：
农民取向的科纳索波剧场（1972—1976）

创建于 1971 年的"农民取向的科纳索波剧场"是农民与"科纳索
波"，也就是"全国大众消费品公司"（the National Company for Popular
Consumption）的沟通纽带。[18] 在第一阶段，科纳索波剧场由外延剧团组

---

[18] Frischmann, *Nuevo Teatro Popular*, 47–137. "全国大众消费品公司"或"科纳索波"是为指导生产
和销售而创建的多个政府机构之一。科纳索波以保证价格向农民购买农产品，再以适中的价格
出售那些加工过的包装产品。科纳索波在城市以及较大城镇均设有永久零售店，同时将移动杂
货店移至更为偏远的地区。

成，在乡村地区巡回演出欧洲短剧。他们吸引农村观众前往观看的目的是为了向他们提供有关科纳索波公司项目的信息。在后一阶段，农民以演员的身份参与其中。随着剧场代表和当地农民共同创作戏剧的机构的建立，科纳索波为最终形成一种真正的人民乡村戏剧形式奠定了最初的基础。

建立科纳索波剧场的动力来自恰帕斯州作家伊瑞克里奥·塞佩达（Eraclio Zepeda）以及一群年轻的合作者，他们像以前的文化传教士一样，认为自己的工作有助于全面实现革命领导人设定的农业目标。[19] 他们的政治激进主义受到了埃切韦里亚政府的民粹主义的鼓舞。20 世纪 60 年代末的经[291] 济危机在中下阶层的民众中引发了不满和抗议，孕育了 70 年代初期游击运动和农村土地入侵活动的萌芽。埃切韦里亚在总统竞选活动中严厉谴责了收入的过度集中和群众的边缘化，尤其是农民和印第安人群体。他的农村改革计划包括重新点燃农民对土地改革的希望，并消除地方性的保守障碍（官僚机构、大庄园主和政治头目等）。埃切韦里亚认为有必要建立一个与进步人士和知识分子阶层的沟通渠道，这些人在 1968 年迪亚斯·奥尔达斯（Díaz Ordaz）政府在特拉特洛尔科（Tlatelolco）进行的暴力镇压后就被边缘化了。[20] 科纳索波剧场似乎可以为所有这些目标带来至少是名义上的关注。

科纳索波剧场的艺术总监鲁道夫·瓦伦西亚（Rodolfo Valencia）解释说，戏剧核心推广人员与埃切韦里亚之间的协定清楚地规定，他们应该努力支持农民，而且绝不接受任何关于宣传政客的要求。第一批所谓的巡回演出队从墨西哥城的国家艺术学院招募演员，在居民人数不到 5,000 人的农村社区表演了中世纪的滑稽戏以及莫里哀（Molière）和契诃夫（Chekhov）

---

[19]　参见 "Las Brigadas Campesinas de Teatro" (interview by Manuel Galich), *Conjunto* 32 (April-June 1977): 78–85。

[20]　Basurto, "Late Populism," 96–100.

的独幕剧。这些演出队利用人们观看表演的机会，宣传科纳索波公司项目的一些内容，例如以保证价格购买作物、建造粮仓和仓库、使用推荐的肥料和宣传良好营养方案的基本原理等。作为科纳索波的直接实地代理人，这些演出队也相应地拥有一项政治使命——通过将农民与科纳索波公司的项目联系起来的方式，打破由乡村头目所控制的传统地方性市场垄断。[21]

　　为了让城市来的演员们与农村观众建立更融洽的关系，每天晚上的演出都包括一场返场即兴演出。演员们试图通过五个喜剧中常见的艺术人物来集中观众们的关注点。爪牙先生（Don Trinquetes）和诡计女士（Doña Trácalas）披着商人、腐败政客、中间人或流氓的外衣剥削农民；懒惰的胡安（Juan Sin Ganas）温顺地接受了对他的剥削；而无畏的胡安（Juan Sin Miedo）在试图与敌人的斗争中，尽管在一开始因为不知道该如何应对而失败了，最终还是成功了，这要感谢心直口快的号手（Clarín Cantaclaro）的提议与榜样作用，后者不仅充满智慧，还十分了解国内与国际事务，尤其是墨西哥的法律体系。

　　来自墨西哥城的演出队很快显现出他们在设法解决农村问题方面并不是最合格的，也不能坚定地致力于农民的事业。乡村戏剧遇到了新的危机，这决定了其下一步的发展——事实上，是一次飞跃——第一个由农民演员[292]组成的科纳索波演出队得以建立，同时新的集体创作过程也得以实现。

　　在特拉斯卡拉州（Tlaxcala）的圣佩德罗·特尔库潘（San Pedro Tlalcuapan），索莱达·鲁伊斯（Soledad Ruiz）指导了第一个这样的团队，

---

[21]　科纳索波剧场成为国家出资赞助的平衡行为的重要组成部分，这些行为是为了在经济危机时期维持农村的相对稳定。用斯特凡诺·瓦雷泽（Stefano Varese）的术语来说，国家采取的这些措施"非常接近于一种公开的社会辩证法，基于这种辩证法，尽管存在条件的不平等，但各种社会力量仍然会相互竞争，试图表达自己的意识水平和组织能力。"参见 "Multiethnicity and Hegemonic Construction: Indian Plans and the Future," in *Ethnicities and Nations*, ed. Remo Guidieri et al. (Houston, 1988), 57–58。

即拥有 35 名成员的希科滕卡特演出队（Xicoténcatl Brigade）。[22] 这个讲纳瓦特尔语的团队创作了两部戏剧。其中一部是即兴创作的滑稽戏《农民与富人》（*El Campesino y el Rico*），讲述的是一个农民以低于市场价的价格把自己的作物卖给一个中间商，他愤怒的妻子和女儿向这名商人追讨，并在与商人所雇的打手们发生冲突后要回了钱。另一部名为《纤细娇嫩的花朵》（*Xochipitzahuac*），这是一部关于神圣仪式的戏剧，包括传统的婚礼舞蹈和基于纳瓦（Nahua）神话的丰收仪式，将数位主要神灵进行了人格化。事实上，负责延续这一仪式的社区团体成为新的戏剧团的基础。

为什么要为科纳索波剧场的戏剧构建一个既有的仪式实践？首先，对这一仪式的关注可以向圣佩德罗的居民证明，他们的传统确实是重要的、有价值的且美好的。该地区被城市扩张包围，受到了文化变革的威胁，并以因经济生存需求而频繁迁移到墨西哥城或普埃布拉为特征。对于这样的地区而言，戏剧传递出了一种特别重要的信息。此外，将这类传统文本首次以书面形式呈现将有助于它在大众传媒时代生存下来。希科滕卡特演出队推动了各种政治和经济组织的形成，使社区走上了一条自给自足的新道路。因此，导演鲁伊斯清晰的视野和坚定的决心使该项目远远超越了官方文化政策的家长式作风和煽动倾向。

不久之后，在苏珊娜·琼斯·阿里亚加（Susana Jones Arriaga）的指导下，另外两个先锋性的农民戏剧团体在瓦哈卡州出现。这名导演出生于美国，在本宁顿学院（Bennington College）获得了戏剧学位，自 1948 年以来一直生活在墨西哥。她曾执导过墨西哥城内工薪阶层社区的社区戏剧，尤其是在马丁·卡雷拉区（Colonia Martín Carrera）。她在乡村剧场的工作涉及瓦哈卡州、韦拉克鲁斯州、阿瓜斯卡连特斯州（Aguascalientes）以及其

---

[22] 以征服前的一位特拉斯卡拉人民统治者的名字命名。参见 Soledad Ruiz, "La Brigada Xicoténcatl, Grupo Teatral Campesino," La *Cabra* 1, nos. 4–5 (September 1983): 1–5。

他地方。自她参与科纳索波剧场的工作以来，她一直在农村担任戏剧导演和顾问。1992 年，她成为全国社区戏剧协会指导委员会的成员。许多人认为她是乡村戏剧运动的灵魂人物（alma）——核心和精神。她逐渐意识到，墨西哥城学生们的演出队与索莱达·鲁伊斯在圣佩德罗·特拉尔库潘的团队相比，不会以同样的时间和目的进行工作。她回忆道："除了赫尔曼·迈耶（Germán Meyer）和索莱达·鲁伊斯之外，我是唯——个真正在这些社区里住过的人……我认为那次经历中最有价值的收获就是知道你必须待在那里。如果你在那里的话，就可以更多地发掘人们的才能，可以识别出它们，因为你能看到人们在日常生活中是如何工作的……有巨大的潜力可以挖掘，但是你必须走进那里，在距离很远的地方是无法做到这一点的。"[23] 这样的经历帮助证实了该项目的结论以及为要做出的改变提出了建议。"我已经确信，"她解释道，"工人们的剧场只有在工人们自己表现出来的时候才是具有重要意义的。项目中的其他导演认为，由'农民'创作和表演的戏剧是业余的——换句话说，是糟糕的。"但她很快就有机会验证自己的想法： [293]

> 1973 年底，在瓦哈卡州山区建立了几座乡村诊所的美国医生茱莉亚·贝克（Julia Baker）向伊瑞克里奥·塞佩达求助。她想请一支科纳索波剧场的演出队到某些村庄演出，以推进她在那里的工作。伊瑞克里奥让我陪同茱莉亚及演出队到一个名叫托纳拉（Tonalá）的小镇去，并报告是否可以在那里创建一支演出队……我汇报说，那里可以创建的演出队不是一支，而是两支：一支是托纳拉的混血人种团队，另一支是说柯帕拉特里基语（Triquis of Copala）的印第安人团队。

---

[23] 与琼斯·阿里亚加的访谈，1991 年 6 月，墨西哥城。

琼斯·阿里亚加补充说，创建农民演出队，而不是使用墨西哥城表演专业学生们组成的演出队，是一项创新，她花费了大量的说服工作才使项目负责人爱德华多·埃雷拉（Eduardo Herrera）接受这一想法。他去托纳拉看了一场表演却不为所动，不过在与几位演员以及琼斯·阿里亚加在一户私人住宅里品尝了"加入龙舌兰酒的茶"（tea with tequila）后，他成为了这个新项目的支持者。诸如《生命的彩票》（*La Loteria de la Vida*）等的乡村戏剧证明了转型的成功。琼斯·阿里亚加提到：

> 农村观众能够在演员身上看到自己。我经常听到这样的评论："为什么，那个男孩就像是埃洛伊（Eloy）的儿子"，或者，"看，她看起来像罗多菲娜阿姨（Aunt Rodolfina）"。这种对演员的认同产生了一种与观众的融洽关系，这是我很少看到的。该剧由演员创作，以地区需求、传统和态度为主题，触动了所有人的心弦。每次表演结束后，村民们都会邀请演出队一起去喝杯农场咖啡，并友好地聊上几个小时。[24]

受琼斯·阿里亚加鼓励的两支演出队，以及另一个由赫尔曼·迈耶执导的普埃布拉山区的演出队，成为首批接近真正意义上的乡村戏剧的团队，他们表演原创的集体创作，而不是使用外部作者或该团体导演所撰写的剧[294] 本。农民因此成为艺术产品的生产者，而不仅仅是消费者。[25] 这个过程可以由一名训练有素的顾问帮助，称为**推动者**（promotor），他可以协助舞台指导和戏剧表演，试图只是协调而不干预创作过程。例如，琼斯·阿里亚

---

[24] Susana Jones Arriaga, "Some Stories for My Friends"（手稿，1980 年）.

[25] 奥古斯托·鲍尔（Augusto Boal）的想法促成了在尼日利亚的一个类似过程。参见 Ross Kidd, "Popular Theater and Nonformal Education in the Third World: Five Strands of Experience," *International Review of Education* 30 (1984): 265–287。

加组织头脑风暴会议，帮助演出队成员制定戏剧主题——通常从他们的日常经验中寻找。然后，她会协助团队构建场景；最后，大家坐在一起，把剧本写在纸上。尽管乡村戏剧发生了重大转变，一些管理人员仍然不愿将整个项目交到农民手上。1974 年，十六个演出队中有十个是表演专业的学生组成的，只有六个是农民团队。后者中，有五个在恰帕斯州、特拉斯卡拉州和瓦哈卡州等地用印第安语言进行演出。[26]

　　尽管官方保持缄默且演出是以推广科纳索波公司的项目为目标的，但较偏远的演出队能够较少关注行政命令，从事更多的创造性尝试。集体创作的新方法成为乡村戏剧的支柱。这种新方法很快就反映出巴西人奥古斯托·鲍尔（Augusto Boal）和他所写书《被压迫者的剧场》（*Teatro del Oprimido*）的影响。[27] 鲍尔的观点建立在 20 世纪 60 年代受保罗·弗莱雷等教育家所影响的拉丁美洲文化遗产之上，这些教育家试图通过戏剧和其他方式提高人们的意识，使之成为"学习的动力来源"。鲍尔是弗莱雷的一位亲密同事，他在 20 世纪 60 年代因巴西军政府而流亡国外期间，在秘鲁的全民扫盲运动中率先采用了这种方法。罗斯·基德（Ross Kidd）在解释鲍尔、弗莱雷及其他教育家关于戏剧教育作用的观点时说：

　　　　戏剧被概念化为一种代码（*code*）——作为现实的反射或再现，被用于关注并激发讨论……即兴创作一部戏剧的过程——反映真实的世界、反映世界应该是什么样的以及人们可能如何行动来实现这种改变——可以构成与解码（*decodification*）（反思或分析这部戏剧）同样重要的学习经验……参与者将对一个共同关心的问题进行即兴创作（编码），然后再进行讨论（解码）。这种讨论将带来新的见解，或提出可以

---

[26]　*Cuaderno del Brigadista* (July 1974).

[27]　(Buenos Aires, 1974).

通过即兴戏剧（编码）进一步探索的问题。[28]

　　剧场不再被认为是一个完整的产品或代码。相反，它代表的是不仅仅局限于反映现实的一个开放的过程；它展示了真实世界是如何被改变的，因为参与者们检验了他们试图改变现实的想法。

　　科纳索波剧场通过集体创作的过程取得了实质性的成果。鲁伊斯和琼斯·阿里亚加提供了有关实现机构目标的信息。特拉斯卡拉州圣路易斯托洛科尔科（San Luis Tolocholco）的一个社区实现了第一个目标——"提供农业、商业和营养等方面的知识，以实现总体生活水平的实质性变化"。在那里，剧场演出队的存在促进了一个纺织合作社的成立。此外，演出队刺激了集体化和一定程度上现代化的农业发展，鼓励当地购买了一辆拖拉机来代替牛或骡子拉的犁。

[295]

　　同样在特拉斯卡拉州，社区在第二个目标上也取得了一些成功，即"促进民间组织作为一种手段，以结束违法行为以及中间商和当地酋长对农民进行的剥削"。演出队的演员们致力于实现未经操纵、民主化的地方选举，并通过与地方当局的持续斗争取得了成功。在全国范围内，农民向演出队揭发了一些科纳索波公司雇员提供农产品非法价格的事。因此，当地建立学校，培训农民来填补这些位置。

　　最后，第三个目标是"拯救或强化当地的文化价值观，使农民（尤其是印第安人）能够保留他们原来的群体身份"，这在希科滕卡特演出队上演的《纤细娇嫩的花朵》中得到了体现。集体创作过程本身实现了这一目标，为农民提供了表达自身所关注事件的戏剧平台。农民演员在舞台上表演，设法解决他们所面对的直接现实中的问题与矛盾，这加强了参与者和观众的

---

[28]　Kidd, "Popular Theater," 273–281.

自豪感，他们看到自己以受尊重的方式得到呈现。

据琼斯·阿里阿加说，瓦哈卡州以柯帕拉特里基语演出的团队也取得了类似的成功。她描述了在这个被高度围困的种族群体中，通过集体戏剧体验而产生的变化和赋权的动力：

> 他们创作的剧本讲述了四个关于作弊的故事……他们在几乎所有的二十多个特里基社区里都[表演了]这部戏剧（其中许多社区需要步行一天才能到达）。在观察表演过程的时候，我注意到发生了一个微妙的变化。教师演员们变成了演说家和政治家。慢慢地，他们放弃了剧本中所有不必要的动作。他们站在山坡上或在只有一间教室的校舍附近，面向观众，将自己的角色演绎转变为慷慨激昂的演讲。当他们说话的时候，观众会打断他们，对某个观点进行纠正、驳斥或鼓掌。十位"教师"个个都能言善辩、令人信服，但马科斯·席尔瓦·拉米雷斯（Marcos Silva Ramírez）却受到特别的关注和尊重……1976 年 1 月 11日，十八个社区的代表参加了选举领导人的会议，他们不顾威胁、贿赂和酒精的影响，一致推选马科斯·席尔瓦·拉米雷斯作为他们新的领导人。[29]

正如上面的例子所揭示的，集体创作的方法激发了舞台戏剧与社会过程之间的辩证关系。制度化的乡村剧场拉近了社区与大众赋权的距离。尽管构思时存在理想主义成分，但启用农民作为演员参与戏剧的做法经常受到某种形式的报酬的激励，至少最初是这样，例如科纳索波公司提供的食品杂货或少量津贴。[30] 大众剧场能否在这种情况下得以产生是有争议的。 [296]

---

[29] Jones Arriaga, "Some Stories," 29–31.

[30] 格曼·迈耶尤其认同鲍尔和弗莱雷的想法；另参见与琼斯·阿里亚加的访谈。

此外，一旦科纳索波公司切断了行政管理的脐带，几乎没有任何农民演出队可以继续保持活跃状态。似乎很明显的是，生硬的制度化戏剧并没有导致持续性的乡村戏剧运动的产生和发展。这个规则的例外在于导演们在后来的乡村戏剧实验中所获得的经验和教训。

埃切韦里亚政权的结束标志着对存在于1972年至1976年的科纳索波剧场的支持的结束。据赫尔曼·迈耶计算，科纳索波剧场的52个演出队在大约325万观众面前表演了约6,000场戏剧。这个新兴的、重要的乡村剧场在面临官方文化政策的变化时，突然发现自己处于非常脆弱的地位。尽管如此，一群核心顾问确信，乡村戏剧对农村社区生活做出了非常宝贵的、不容忽视的潜在贡献。

大众舞台艺术项目（1977—1982）

为新的乡村戏剧项目寻找支持的艰巨任务落在了琼斯·阿里亚加、瓦伦西亚和埃雷拉的身上。[31] 他们的许多建议后来被包括土地改革部（Secretaría de Reforma Agraria）在内的许多政府机构否决。赞助一项基本不受限制的、大规模的大众戏剧项目的政治风险是获得制度性支持的最大障碍。1977年初，琼斯·阿里亚加从来访的朋友巴克明斯特·富勒（R. Buckminster Fuller）那里得知，教育部的一个新机构——大众文化总局（Dirección General de Culturas Populares，简称DGCP）可能对这个项目感

---

[31] 该讨论概括了弗里施曼的观点。

兴趣。几次会议之后，大众文化总局的主任鲁道夫·斯塔文哈根（Rodolfo Stavenhagen）和莱昂内尔·杜兰（Leonel Durán）热切地接受了琼斯·阿里亚加和埃雷拉的提议。因此"大众舞台艺术项目"（Popular Theater Arts Project，简称 PAEP）得以诞生，这是一个乡村（和城市）的教育和社区发展的支持项目。[32]

公共教育部同意重新分配一小部分乡村教师负责一年的戏剧工作，资助在墨西哥城举办一个为期三到四个月的研讨会，并为导演和他们的团队支付生活费和交通费。最初的计划要求两个巡回剧团在乡村社区演出，以引起乡村观众对戏剧的兴趣。作为社区反思和行动的前奏，乡村观众将成为这个具有批判性思维和自我反省的剧场中的制作人、创造者和演员。与之前的科纳索波演出队类似，农民演员们既没有被教导，也没有被鼓励去"假装"或"模拟"，而是要在舞台上"证明"。他们被视为参与者而非演员。在舞台上，很少有人用虚构的名字，也很少有人穿着与日常衣服不同的服装。通过这种方式，乡村戏剧旨在成为"持续运动的剧场"和"行动的剧场"，成为交流的工具并推动变革和社会转型。

[297]

戏剧与社会变革辩证地联系在了一起。一种形势状况（如传统的丧失）会促成一出戏剧的诞生，并引发反响（或未能引发反响），反过来又会促成另一出戏剧的诞生。乡村戏剧启动了社会进程，因此获得了比表演本身更多的相关性。就像科纳索波演出队的戏剧一样，这种戏剧的概念和方法受到了巴西人鲍尔和弗莱雷的极大影响。

根据迈耶的说法，大众舞台艺术项目的前二十部戏剧作品包含了以下主题：

---

[32] 与琼斯·阿里亚加的访谈。

（1）社会问题：酗酒、团结组织、压迫、腐败、剥削、产品销售、移民、失业、妇女问题、文化重新评估、交流方式、教育、石油等。

（2）社区历史：叙事、口述传统、历史文件等。

（3）大众表达：戏剧化故事、传统仪式、圣诞戏剧（*pastorela*）、舞蹈、烟花表演等。

（4）社区项目：健康、营养等。

在试图避免二元论的戏剧结构的同时，主要主题和（通常数量众多的）次要主题围绕着两个极端展开——进步的力量和倒退的力量。前者体现的是被认为对社区的物质、道德和族群进步至关重要的东西。后者的特点是反对改变任何政治或经济现状。这种保守主义代表了地方头目的利益和社区的精神返祖。受贫穷、剥削和传统的制约，农民无法开展有益的、富有转变的行动。

[298]

在与科纳索波剧场做对比时，琼斯·阿里亚加认为大众舞台艺术项目经历了更严格的艺术和官僚监督，这限制了农民参与者的自然创造力。这种控制大概是通过过于结构化的墨西哥城戏剧研讨会以及更频繁的实地考察形成的。在此之前，至少有一些科纳索波剧场演出队处于孤立状态，使得顾问和表演者有了更多的自由和创造力。这些差异也可能归因于表演团体的性质：科纳索波剧场的农民演出队是本地的、土生土长的，而大众舞台艺术项目的团队成员则具有异质性，大部分人是来自不同社区、甚至不同州的教师。此外，大众舞台艺术项目的巡回流动性和一夜演出的特点限制了它在任何社区的有效性。[33]

与科纳索波剧场不同的是，大众舞台艺术项目从未赶走任何奸诈的官

---

[33]　与琼斯·阿里亚加的访谈。

僚、商人或政客，也没有鼓励建立农业合作社或促进农业现代化。大众舞台艺术项目的实地工作者们在坐下来评估他们的任务时确实面临着一个困难的挑战。赫尔曼·迈耶反思道："当这件事是在创造意识时，评估的参数是什么？"由于没有对普遍人口开展系统的社会学调查，参与者本身就成为评估的焦点群体。

这一措施证明，大众舞台艺术项目的集体戏剧体验所带来的个人变革力量是其最大的成就。许多演员在开始戏剧创作时都有不同程度的抑郁，对未来普遍缺乏希望。通过戏剧获得的自信和发言权扩展了他们的视野，帮助青少年成长、迎接新的挑战，并使一些人成为成功的专业人士。这种非家长式的戏剧体验对演员来说意义重大。琼斯·阿里亚加在谈到他们时说："农民有巨大的创造力，如果得到允许的话，他们可以做很棒的事情。"[34] 尽管在这一期间机构化的乡村戏剧存在错误和局限，但剧场经验的确改变了许多人的生活。

在大众舞台艺术项目存在的五年里，它激励形成了 20 多个乡村剧团和大约 30 部新剧，为超过 1,000,000 观众带去了 2,213 场乡村社区演出。[35] 然而，这个项目成为六年总统任期的牺牲品。1982 年，洛佩斯·波蒂略（López Portillo）政府末期的高通胀率为下一届政府终止大众舞台艺术项目提供了理由。国家资助的乡村剧场似乎已经成为过去时。[36]

尽管科纳索波剧场和大众舞台艺术项目取得了短暂的发展活力，但制度化的乡村剧场仍然处于高度脆弱的地位，并在墨西哥城的官僚主义笔触下消失了。尽管这些项目存在成功的经验，但在创建更持久、更自主的非 [299]

---

[34]　与琼斯·阿里亚加的访谈。

[35]　Rodolfo Valencia Gálvez, "El Teatro Como Instrumento de Promoción Cultural," in *Indigenismo, Pueblo y Cultura*, ed. Jan Reuter (México, 1983), 129.

[36]　Domingo Adame Hernández, "El Teatro Rural Patrocinado por el Estado," *Escénica* (UNAM) I, no. 11 (October 1985): 10.

专业剧团方面并没有明显的进展。不过，大众舞台艺术项目留下了许多致力于乡村剧场发展的经验丰富的人。他们通过教育部的大众文化区域办事处（Unidades Regionales de Culturas Populares，简称 URCP）和全国社区戏剧协会开展工作。

去中心化与全国社区戏剧协会（1984—　）

　　大众舞台艺术项目被终止后，几个更为执着的实地导演继续为大众文化总局工作。包括弗朗西斯科·阿科斯塔（Francisco Acosta）和马克西米娜·泽拉特（Maximina Zárate）在内的一些人加入了新成立的多元化的大众文化区域办事处。其他一些人，特别是在墨西哥城工作的多明戈·阿达梅和迈耶等，成为戏剧项目的国家顾问。在这个时候，这两拨人都没能成功地游说公共教育部赞助创建一个新的、大型的乡村剧场项目。

　　在德·拉·马德里（De la Madrid）政府统治期间（1982—1988），日益恶化的经济危机促使大众文化总局局长玛莎·图洛克（Martha Turok）执行了一项去中心化的政策，将更多的责任转移到地方办公室（大众文化区域办事处）。新政策要求寻求更多的社区支持和付费演出，因此国家对戏剧项目的支持在很大程度上变成了象征性的。墨西哥城的当局也有怀疑和犹豫的时刻。据弗朗西斯科·阿科斯塔所说，在帕潘特拉（Papantla）附近的许多社区刚刚成功地激发了人们对戏剧的兴趣之后，他和合作伙伴马克西米娜·泽拉特就突然重新被分配去开展研究任务。显然，首都的官僚们又一次变得犹豫不决，不愿让农民社区拥有促进批判性思维的剧场。尽管如此，阿科斯塔和泽拉特最终还是得到了批准，继续开展戏剧推广活动。[37]

　　新政策和严格的预算限制产生了有益的效果，增加了乡村制度化剧场真正的大众性质。过去的经验和未能实现戏剧过程可持续大众占有的教训，使有经验的导演清楚地认识到，只有来自农村社区的个体成员们才有能力建立一个持久的、自治的地方剧场。

　　区域机构（大众文化区域办事处）在印第安人社区招募了双语教师，对他们进行集体创作和戏剧推广的基础培训。最初的结果证明了这种努力的合理性，草根戏剧团体开始在瓦哈卡州的瓦哈卡市、韦拉克鲁斯州的帕潘特拉市和阿卡尤坎（Acayucan）市、米却肯州的乌鲁阿潘（Uruapan）市等地的社区涌现。这些乡村戏剧团体很快就被认可为社区的自治代表，取得了类似于乡村乐队和传统舞蹈团体的地位。[38]终于，经过 60 年国家资助的乡村剧场的发展，必要但简单的解决方案得到了实现。矛盾之处在于，双语教师并没有增加可用的资源和官方人员，而是通过项目分散、预算削减和集体创作过程，在基层领导了真正的乡村戏剧的发展。乡村戏剧开始在国家家长式作风和政党民粹主义被减少到最低限度的地方繁荣发展。　　[300]

　　在韦拉克鲁斯地区，泽拉特和阿科斯塔认为另一个因素也促成了乡村剧场的成功：帕潘特拉地区利用了其丰富、古老的原住民舞蹈戏剧民俗剧场（其中至少有十六部仍存在口语文本和对话）。这同时意味着杂糅作品的出现，这些作品不仅以弗莱雷和鲍尔的方法作为基础，还以民俗传统作为基础，结合了舞蹈、主题、面具和其他本土元素。[39]在瓦哈卡州，戏剧团体也利用了这种原住民舞蹈戏剧传统。

　　瓦哈卡州的大众文化区域办事处在顾问罗伯托·比利亚塞尼奥

---

[37]　与弗朗西斯科·阿科斯塔和马克西米娜·泽拉特的访谈，1991 年 10 月，韦拉克鲁斯州。

[38]　Francisco Navarro Sada, "El Teatro Comunidad," *Repertorio* (Nueva Epoca) 9, no. 11: 133.

[39]　与阿科斯塔－泽拉特的访谈。

（Roberto Villaseñor）和路易斯·塞万提斯（Luis Cervantes）的领导下，
从 1984 年开始获得了特殊的意义，当年在圣地亚哥·拉索帕（Santiago
Laxopa）的山村里举办了第一届原住民、农民和大众戏剧的节日。这次
聚会吸引了来自韦拉克鲁斯州和瓦哈卡州的七个戏剧团体。随后一年一度
的节日在各地开展，包括瓦哈卡州的伊克斯特兰·德·胡亚雷斯（Ixtlán
de Juárez，1985）和特通特佩克（Totontepec，1986）、韦拉克鲁斯州的科
斯基维（Coxquihui，1987）、格雷罗州的锡特拉拉（Zitlala，1988）、米却
肯州的卡佐辛（Caltzontzin，1989）、瓦哈卡州的奥科特兰·德·莫雷洛
斯（Ocotlán de Morelos，1990）和墨西哥州的阿梅卡梅卡（Amecameca，
1991）。每年节日都吸引了更多的剧团参与，也吸引了其他完全独立的表演
团队。国家资助的项目已经结束了，但现在出现了一场乡村戏剧运动。

　　接下来的一步是在 1987 年将全国社区戏剧协会合法地注册成为非营利
组织。此后，该协会可以自由地制定自己的议程，并与各种机构和国家资
助来源进行谈判。基本运行单位在社区内固定了下来。戏剧团体依靠并为
了社区而存在，不再反映官方文化政策的变化。1987 年，社区开始负责一
年一度的戏剧节的大部分组织和举办工作，并将其更名为"全国社区戏剧
节"（Fiesta Nacional de Teatro Comunidad）。节日参与者的数量在 1991 年
[301] 已经扩大到约 500 人，他们被安置在个人的家庭里，在那里或在公共厨房
吃饭。举办节日的社区成为这个年度活动的组织者、主办者和观众。此外，
社区自己的许多成员在不断扩大的大众戏剧社区的舞台上表演。该组织已
扩展到中美洲、美国和加拿大等地。1990 年的戏剧项目包括来自危地马拉
的洪－梅曼－贝伊拉克团（Grupo Hun-Meman-Beyilac）、来自美国亚利桑
那州图森市的西尔维阿纳·伍德（Silviana Wood）的人民剧院以及来自加
拿大温达基（Wendat）印第安民族的温达克翁丁农克公司剧团（Ondinnok,
Inc., of Wendak）。

多明戈·阿达梅·埃尔南德斯（Domingo Adame Hernández）、弗朗西斯科·阿科斯塔·贝兹（Francisco Acosta Báez）和弗朗西斯科·纳瓦罗·萨达（Francisco Navarro Sada）自全国社区戏剧协会成立以来一直担任总协调员。这些人在协会的迅速发展时期主持了工作，有时必须竭尽所能地利用现有资源，尤其是在每年的节日期间。为了减轻直接举办节日的社区的费用压力，协会向市政和州政府的相关机构征求资金和捐款，例如，请求科纳索波公司为客人提供食品。全国社区戏剧协会试图为举办节日的社区留下一些彰显其付出的纪念物——例如，在锡特拉拉留下了100棵果树，在奥科特兰留下了一个石头喷泉。节日给流动小贩和当地商人带来了短暂的繁荣，尤其是那些在舞台附近有杂货店（tendejones）的人。观众们忙着用比索购买茶点和小吃，以在每晚四至五个小时的舞台节目中维持体能。

开幕日和闭幕日包括由主办社区提供的特别活动，构成五天至七天的节日庆典的仪式框架。这些活动强调了全国社区戏剧协会官方认可的作为乡村戏剧主要根源的本地传统。镇民在镇子入口处表演传统的迎接客人的仪式。反过来，全国社区戏剧协会的总协调人必须多次向社区代表们请求以提供活畜的方式来赞助节日庆典活动。

1988年的节日招待活动提供了一个感人的例子。当全国社区戏剧协会的车队到达并停泊在格雷罗州的"星宿之地"锡特拉拉的郊外时，接待活动就启动了。很快，一群（8至10人）的耕作者舞者（tlacololeros）开始行动，他们挥着鞭子，发出欢迎的叫声，跳来跳去，互相鞭笞。与此同时，一群美洲豹舞者（tecuanes）开始进行仪式性的互殴。持续性的鞭打、击打和瘀伤被认为吸引了祖先神灵对全国社区戏剧协会的节日庆祝的祝福。其他传统的舞者（danzantes）似乎不知从哪里冒了出来，客人们突然发现自己被"鲜活的原住民戏剧"充满活力的色彩、音乐和魔力所包

[302]　围。[40] 土生土长的、融合性的舞蹈戏剧，如《山羊》（chivos）、《沉默的女人》（muditas）、《八个疯子》（ocho locos）、《牧牛人》（vaqueros）、《阿帕契族》（Apaches）、《秃鹫》（zopilotes）、《女骡夫》（mulitas）、《索奇米尔科的女人们》（Xochimilcas）等，每部戏剧都有伴奏的乐手，他们的表演是致敬两米高的全国社区戏剧协会十字架和洁净仪式的前奏。

　　镇上的女人们头扎着两条辫子、穿着白色衬衫和裹裙，突然从阴影中走了出来，排成两条长长的平行线，全国社区戏剧协会的剧团们由此缓缓穿行而过。访客们被熏香包围着，脖子上戴着花环，被五颜六色的花束从头到脚清洁了一遍，成千上万的花瓣如阵雨般落下。一旦访客通过了这个神奇的门槛，就加入了欢乐的游行队伍（包括铜管乐队），游行队伍从小镇一路蜿蜒而过，到达市中心。在一系列的欢迎致辞后，舞蹈一直持续到下午3点左右，在节日庆祝的其他时间由不同的团体轮流表演。

　　全国社区戏剧协会的演出通常在日落时分开始，或多或少是临时搭建的聚光灯，有时还借助麦克风。每天晚上的观众都有1,000人之多，有男有女，有小孩，有好奇的狗，不受控制的年轻人偶尔会在表演过程中穿过舞台。节日期间的作品以西班牙语或几种印第安语言呈现。它们集中体现着社区的关注点，诸如文化价值观的改变、代际冲突、青年帮派、生态破坏、移民到美国、酗酒等主题通过结合严肃戏剧和滑稽喜剧风格的方式，得到了批判性的审视。解决冲突的办法通常需要重新尊重传统，而传统不是被狭义地加以解释，而是根据现代化所带来的不可避免的变化而广义地进行重新诠释。

---

[40]　瓦哈卡大学原住民戏剧研究系（Department of Indigenous Theater Research，University of Oaxaca）创始人兼主任卡尤基·艾斯塔基·诺尔（Cayuqui Estage Noel）教授将该术语定义为"一种实用的分类方法，用以阐明现代原住民社区的戏剧、编排、仪式以及社会化复合性"。他准确地指出："这种复合性事实上代表着所有类型戏剧都必不可少的特征，因此也值得被认可。"我用录像带记录了此次会面。

　　显而易见的是，乡村文化并不是静态的，而是在不断寻求问题的新解决方案的过程中动态演变的。关于起源和自然神灵的传说和神话也受到了相当多的关注，宗教仪式实践也提供了另一个关注点。因此，印第安文化通过古老的哲学和信仰的丰富性和复杂性，在社区舞台上得以重申。尽管这些表演在本质上是戏剧性和代表性的，但开幕和闭幕式上的仪式性框架导致了艺术和社区生活庆祝活动之间不可分割的融合。这种融合是前西班牙时代以来墨西哥印第安文化的基本特征，它仍然是全国社区戏剧协会节日活动致力于达成的主要目标。 [303]

　　儿童、成人和跨代剧团等提供了在其他戏剧平台上很少遇到的新鲜感。朴实无华的、即兴创作的布景和道具，由日常服装演变而成的服饰，马德雷山脉（Sierra Madre）夜晚寒冷的空气，真挚的笑声和掌声——所有这些结合在一起，创造出了一种神奇的力量，将社区剧场（*teatro comunidade*）分离出来，使它成为一种具有强大吸引力的人类交流和社区精神的形式。

结　论

　　现场戏剧在传播充满意识形态的图像和信息方面存在非凡力量，这对于革命时期的墨西哥政府尤为重要。这一艺术形式的转折点发生在埃切韦里亚政府与知识分子和艺术界达成协议期间。通过地方层面的个体努力和辛勤工作，这一制度化的乡村剧场开始偏离官方项目的指令，最后创建了真正的、大众化的社区戏剧团体。全国社区戏剧协会最终得以成立，用以支持和协调对乡村剧场控制的变化。

全国社区戏剧协会现今的发展依赖于日常的辛勤工作、协调和计划，包括农民演员的晚间排练到每月的协调员会议。只有这样，该运动才能实现其一年一度的夏季研讨会（关于研究、集体创作、舞台和表演技巧等），并协调一年一度的戏剧节所带来的日益增加的任务。现在似乎可以肯定的是，就像前西班牙时期的舞蹈戏剧遗产一样，社区剧场将会延续下去，并成为墨西哥乡村人民的一项传统。

15　乡村乐队的仪式与政治角色（1846—1974）

盖伊·汤姆森（Guy P. C. Thomson）

英国华威大学（University of Warwick）

　　墨西哥回荡着音乐，乐手在这里随处可见。也许他们的无处不在解释了他们为何被认为是理所当然的。以前很少有人尝试去分析墨西哥社区乐队及其歌曲的重要性，盖伊·汤姆森对此进行了一项出色的调查。他确实参考了丰富的资料，包括人类学家的著作、外国旅行者的观察以及官方记录等。例如，美国第一任驻墨西哥大使乔尔·波因塞特（Joel Poinsett）的私人秘书爱德华·桑顿·泰洛（Edward Thornton Tayloe）在他的日记中写道，当他抵达贾拉帕时，"有三十名乐手组成的乐队……向聚集在他们周围的一大群人演奏"。*一个多世纪后，一份领事急件显示了乐手在社区中的作用。该急件中提到，小提琴教师兼乐队领队曼纽尔·弗洛雷斯（Manuel Flores）被选为蒙特雷市的市长，他后来成为新莱昂州州长。**汤姆森在研究欧洲铜管乐队的同时，还同步进行了另一项研究，将乐器的购买和乐手的培训与自由派社区领袖的资助行为和民兵组织的成员资格联系起来。乐队很快成

---

*　C. Harvey Gardiner, ed., *Mexico, 1825-1828: The Journal and Correspondence of Edward Thornton Tayloe* (Chapel Hill, NC, 1959), 28.

**　美国国务院关于墨西哥内部事务的记录，1910 年至 1929 年，812.00 新莱昂州（Nuevo León）/200 蒙特雷的情况，1939 年 1 月 28 日，记录组 59，国家档案馆。

为村民的骄傲，也成为社区间竞争的要素。

汤姆森发表了众多关于普埃布拉州的文章***，目前在华威大学担任拉丁美洲研究讲师。他目前的研究重点是自由主义（包括乐队音乐方面）对普埃布拉州的马德雷山脉（Sierra Madre）地区的影响。

晚上我们听到了单簧管和长笛声……经询问，发现附近村子里有一个由庄园主人组织的乐队……乐队领队是一个仪表堂堂的印第安人，衣着体面，拉小提琴；单簧管演奏者很幸运地拥有棉质衬裤和衬衫；巴松管演奏者只穿着衬裤，没有衬衫；短号手是我见过的最狂野的印第安人，有着长长的蓬乱的黑发和一双配得上他乐器的眼睛；敲击大鼓的是一个壮硕肥胖的老黑人，他使我想起我们家乡的许多表演者……虽然吹奏八度长笛是一个不到 12 岁的顽童，这个年纪的孩子是可以想象到的最邪恶的小恶魔，但他却是一个具有无限天赋和高超技艺的家伙……我们受到了这些自学成才的业余爱好者的喜爱，他们为我们演奏的几首曲子都来自最新的歌剧，其演奏气势不会输于国内许多军乐队。

——布兰兹·梅耶（Brantz Mayer），

《墨西哥的过去与现在》（*Mexico as It Was and as It Is*）[1]

*** 参见，例如，*Puebla de Los Angeles: Industry and Society in a Mexican City, 1700–1850* (Boulder, CO, 1989)。

[1] Brantz Mayer, *Mexico as It Was and as It Is* (Philadelphia, 1847), 197, 书中描述了 1841 年位于库奥特拉（Cuautla）的圣尼古拉斯庄园（Hacienda de San Nicolas）的情况。

多少次，当听到一曲旋律，我们就会重温过去的时光！村里的圣
人节日、宗教仪式、舞蹈、烟花，总之都是村里节日的记忆。在我们的
小村子里，在山区最偏远的地方，我们找到了一支乐队，他们的乐器很
差，声音也很糟糕，却在自负地演绎着一些远远超出他们理解范围的东
西——序曲。除了乐队，还有谁能真正接触到民众？乐队是引领他们走
上艺术文化之路的唯一途径！

——纳博·巴斯克斯（Nabor Vázquez），
《墨西哥乐队音乐简史》（"Breve historia de las bandas de música en México"）[2]

　　不管一支铜管乐队的演奏有多不成曲调，它发出的声音都很难被忽
视。乐队规模庞大，很少少于二十种乐器，这使得它不可避免地成为一场
公共表演，尤其是有穿着制服并呈军队方式列队的乐手。从 19 世纪早期
开始，墨西哥铜管乐队的数量从主要州首府的少数几个增加到共和国各城
市、乡镇和村庄中的数千个。[3] 它们在地理上的扩散分布远远超出了现代
化的主要城市的边界。19 世纪 40 年代出现了"爱乐乐队"，它们在墨西
哥城的阿拉梅达为纵情逸乐之人演奏小夜曲，在瓜达拉哈拉市引领教会游
行活动，唤起墨西哥城内傅立叶主义者（Fourierist）的乌托邦幻想，召唤
尚圣克鲁斯（Chan Santa Cruz）的玛雅叛军战士们聆听《说话的十字架》
（*Speaking Cross*），为托托纳克（Totonac）叛军对米桑特拉（Misantla）理
性之人（*gente de razón*）的行刑伴奏，出席桥梁落成仪式，也在普埃布拉　　[309]

[2]　Nabor Vásquez, "Breve historia de las bandas de música en México," in *Orientación musical* (México, 1943), 3:14.

[3]　Nabor Vásquez, *Orientación musical*, 3:4. 关于该部分内容以及墨西哥乐队音乐史上的其他珍贵
资料的全面参考，参见 Sylvana Young Osorio, *Guía Bibliográfica*, vol. 2, *La música de México*, ed.
Julio Estrada (México, 1984)。

州山区的偏远地带欢迎意大利殖民者的到来。[4]1900年以后，几乎每一个墨西哥村庄都至少有一个铜管乐队，这些乐队也成为社区仪式生活的中心部分。

铜管乐队在墨西哥的迅速发展有三个相互关联的因素：（1）铜管乐队和它的音乐作品克服了传统音乐和乐器在审美和技术上的诸多限制，重新巩固了音乐和乐手在乡村仪式生活中本已很重要的地位；（2）乐队有助于体现村庄领导权的组成要素，乐队成员往往反映了村里的派系；（3）乐队成为村庄自我形象的重要元素，也构成了外界对村庄的看法的重要因素。因此，乐队在一个村庄的对外关系中发挥着重要作用：为遥远的掌权者演奏小夜曲，向来访的显贵们致敬，在外比赛时帮助提高社区的声望（如果演奏得好），并通过经常性的乐队交流发挥一种媒介作用，以在紧张和冲突时期过后促进邻近村庄之间的关系正常化。铜管乐队为探索乡村生活的各个方面提供了关注点，从生存和职业的基本问题，到族群和阶级认同的问题，再到乡村派系、乡村自我形象和社区间关系的问题等。随着铜管乐队在19世纪的发展，它成为一个主要的公共团体。

---

[4] 桥梁落成仪式：Guy P. C. Thomson, "Bulwarks of Patriotic Liberalism: The National Guard, Philhar-
    monic Corps and Patriotic Juntas in Mexico, 1847-88," *JLAS* (1990): 51-61; 意大利殖民者欢迎仪式：
    PO (Puebla) 17 (1882): 22; 尚圣克鲁斯的"俘虏音乐家"（"captive musicians"）乐队：Luis González
    y González, "El Subsuelo Indígena," in *Historia moderna de México República Restaurada*: *Vida
    social*, ed. Daniel Cosío Villegas (México, 1956), 304-305; 1865年的米桑特拉行刑队小夜曲："La
    matanza se desarrolló en medio de repiques y después de la escena fueron tendidos los cadáveres
    en la calle mientras la música de viento tocaba dianas frente a los restos," in Elio Masferrer Kan,
    "Movimientos sociales en el Totonacapan (siglo XIX)," *America Indígena* 47 (1987): 41-44; 瓜达拉
    哈拉宗教游行中的乐队：Rubén Villaseñor Bordes, "Guadalajara reza y se divierte," *HM* 11 (1961):
    81-103; 推广傅立叶主义计划的乐队：Nicolás Pizarro, *El Monedero* (México, 1882), 143。

1850 年以前的管乐

　　在铜管乐队之前，乡村音乐并不是一片空白。小型笛子和鼓乐队，在瓦哈卡州被称为奇里米亚笛（*chirimías*），在普埃布拉州和特拉斯卡拉州被称为阿兹特克合奏（*conjuntos aztecos*），在前哥伦比亚时期的仪式生活中占据了中心位置，乐手们享有相当高的地位和威望。规模大得多的音乐合奏队陪伴战士们奔赴战场，在宗教仪式上增加庄严感。埃尔南·科尔特斯（Hernán Cortés）第一次远征特诺奇蒂特兰（Tenochtitlan）就带上了一个小乐队，乐队包括"五个奇里米亚笛（早期的单簧管）、萨克布号（早期的长号）和六孔竖笛（*dulzianas*，一种长笛或巴松管）"。[5] 在征服之后，教会，尤其是宗教团体，鼓励成立乐队为宗教服务、游行和舞蹈等伴奏。乐手享有特权，包括进贡、税收和服务豁免等。乐队指挥，即圣歌大师（*maestros cantores*），经常在神父不在的时候代替他，因此在领导乡村仪式生活方面获得了不相配的权威。（在 19 世纪，铜管乐队的指挥通常自己就是圣歌大师，同时也渴望保留这种权威。）[6] 除了这些更有野心的乐队外，神父们还允许了在征服中幸存下来的、通常加入西班牙奇里米亚笛的阿兹特克合奏乐队的存在。这些原住民乐手为大多数游行、督管（*mayordomías*）交接仪式和舞蹈伴奏，而奇里米亚笛演奏者的人数通常会翻倍，充当了召唤人们去教堂的喇叭。[7]

　　殖民时期的乐队音乐绝不仅仅是一种宗教活动。小型"小号和短号管

[310]

---

[5]　Gerónimo Baqueiro Foster, "Embriones de la música militar en el México pre-hispánico," manuscript, Baqueiro Foster Papers, Instituto Nacional de Bellas Artes (以下简称 INBA), Expediente 880, 31–37.

[6]　Bernardo Garcia Martínez, *Los Pueblos de la Sierra: El poder y el espacio entre los indios del norte de Puebla hasta 1700* (México, 1987), 93–94.

[7]　José Arturo Chamorro, *La música popular en Tlaxcala* (Puebla, 1985), 18–25.

奇里米亚笛

督管仪式上的胡亚雷斯城人

弦乐队"在公民节日期间表演，尤其是在斗牛活动中。[8]18 世纪，地方的民兵团每周日都会随着小型军乐队的演奏而游行。[9] 随着管乐在欧洲各地的音乐剧目中逐渐占据越来越重要的地位，总督府、殖民地贵族、各省长官和地方官们很可能都开始享受管乐带来的愉悦。然而，教会对音乐的赞助仍然是最重要的。

　　从独立至改革法律限制宗教游行、财富和社团生活的这段时间内，教会在外部仪式生活的时间安排、舞台管理和资助等方面拥有近乎垄断的地位，在教育方面（其中音乐长期以来一直是重要的组成部分）也是如此。一份关于 1846 年瓜达拉哈拉市守护神节日（*fiesta patronal*）期间的游行描述显示，管乐（*músicas de viento*）——可能偏向木管而非铜管——在法国武装干预（French Intervention）的二十年前就在城市仪式生活中占据了中心地位，而墨西哥管乐队的诞生和扩散通常被认为是归因于法国武装干预。[10] 在 1846 年的庆典上，四个身穿黑衣的号手引领了由"成千上万的印第安人"组成的游行队伍；八个女孩背着守护神；女人们手持蜡烛，排成六排，每排四人；"一群吹奏管乐器的乐师"；一尊圣母的雕像，由十二个身穿白衣的少女抬着；还有神父们。最后，"这支队伍的尾部还跟着更多的乐队"。[11]

---

[8]　阿图罗·沃曼（Arturo Warman）指出："印第安人对这类组织的热情是如此之高，以至于当局不得不在 16 世纪中期发出限制其数量的指令。"*Banda de Tlayacapan*, Instituto Nacional de Antropologia e Historia（以下简称 INAH）Serie de Discos no. 8, México, 1977.

[9]　Thomson, *Puebla de Los Angeles*, 89.

[10]　大部分的音乐史将管乐传入墨西哥解释为 1862 年至 1867 年法国武装干预的结果，当时，法国和奥地利的乐队令墨西哥民众眼花缭乱，他们立即派人前往巴黎采购现代乐器，继而掀起了一场音乐革命。这一说法显然忽略了其与以往音乐传统的连续性，同时夸大了铜管乐队进入墨西哥的突然性。参见 Guillermo Orta Velázquez, *Breve historia de la música en México* (México, 1970), 336.

[11]　Villaseñor Bordes, "Guadalajara reza," 83.

铜管乐队的广泛扩散

尽管存在音乐传统，但直到 19 世纪早期，几乎没有证据表明管乐队在墨西哥或欧洲广泛流行。管乐队的广泛应用需要两个方面的发展：管乐器上阀键的应用，这能极大地提高管乐器的旋律潜力；伴随法国大革命而来的大众组织和战争形式的变化。

[311]　　直到 19 世纪早期，管乐器仍远不如弦乐器用处多。它们主要用于和声，很少用于演奏旋律。但这一切都改变了，"阀键的引入……消除了物理上的缺陷，极大提高了喇叭和小号的效用……所有的音符［现在］……都可以很快吹奏出来，铜管乐器能够演奏在它们的音域范围内并适合其禀赋的任何旋律了"。[12] 这一技术突破在近五十年的时间里影响了不同时间段的不同管乐器：1780 年一个德国人将滑管应用于小号，爱尔兰人查尔斯·克拉格特（Charles Clagget，1740—1795）将阀键应用于喇叭，1810年英国军队将键控引入军号，而真正革命性的应用是 1813 年德国人布卢梅尔（Bluhmel）和斯托尔泽尔（Stolzel）将双阀应用于小号并由美因茨市（Mainz）的穆勒（Muller）在 1830 年引入了第三个阀键。这些技术上的变化达到高峰是在 19 世纪 30 年代期间由威廉·维普雷希特（Wilhelm Wieprecht）在全系列管乐器上应用阀键，以及 19 世纪 40 年代由阿道夫·萨克斯（Adolphe Sax）发明了新型带阀门和键控的管乐器。[13]

到 19 世纪 40 年代，种类齐全的键控和阀控乐器使得完全由铜管组成的乐队的形成成为可能。现在的管乐队已经可以完全不用木管乐器，尽管

---

[12]　Percy Scholes, *The Oxford Companion to Music* (London, 1975), 126.

[13]　Harvey Grace, ed., *The New Musical Educator* (London, n.d.), 4:118–119.

军队和平民乐队在该世纪的剩余时间里继续把木管乐器和铜管乐器结合在一起。铜管乐器的强劲组合，大大增加了户外表演的多功能性和响度，风头盖过木管乐器，并很快在 19 世纪 40 年代以后的大多数乐队中占据主导地位。[14] 这些技术革新的实际影响意味着：第一，管乐器变得更容易演奏，乐手的训练也大大简化了；第二，管乐器的演奏曲目几乎可以无限扩大，因为它们现在几乎可以演奏任何曲调；第三，管乐器的乐队和合奏可以独立于弦乐器，由此摆脱了管弦乐队的几乎与世隔绝的范围限制以及军乐队狭隘的纪律要求和曲目。铜管乐队在音乐提供方面可以填补精英式的管弦乐队与弦乐器、哨子和鼓等民众们迄今为止享受音乐的唯一途径之间的缺口。

可以说"铜管乐器中阀键的发明……［所发挥的］在大众之间普及音乐的作用比之前的［任何］其他发明都更多"，而法国大革命则为铜管乐队作为流行音乐形式的传播提供了催化剂。[15] 不管古典权威们对不同民族传统的相对重要性有什么样的不同看法，他们都一致认为，法国大革命将管乐队和管乐从宫廷和私人兵团的有限范围输送到更广泛的人民群众中，这个过程主要是通过国民警卫队来实现的——无论是他们在战争中被动员起来，还是在和平后回到村庄时，都是如此。[16]   [314]

铜管乐队与军队、公共空间和工作场所之间迅速发展起了一种特殊关

---

[14]　Charles Hamm, *Music in the New World* (New York, 1983), 282-283.

[15]　Grace, *New Musical Educator*, 119.

[16]　Scholes, *Oxford Companion*, 639; Henry George Farmer, *The Rise and Development of Military Music* (London, 1912) and *Memoirs of the Royal Artillery Band* (London, 1904); J. A. Kappy, *Military Music: A History of WindInstrumental Bands* (London, 1894); W. J. Galloway, *Musical England* (London, 1910); Edmond Neukomm, *Histoire de la musique militaire* (Paris, 1889); Jean Georges Kastner, *Manuel général de musique militaire* (Paris, 1848) and *Les chants de l'armeé française* (Paris, 1859).

蒂兰通戈（Tilantongo）的人们欢迎圣父

系。到该世纪末，仅在英国，煤矿和工厂的乐队就有数万支之多。[17] 铜管乐队在被欧洲殖民的国家也出现了同步的发展。美国则经历了类似的繁荣："乐队和乐队音乐已经在美国人的生活中根深蒂固。几乎每个城市、城镇和村庄都有自己的乐队，成员都来自社区——乐队音乐无处不在，在晚间音乐会、游行、政治集会、社会活动、野餐、公民仪式和教育活动中都能听到乐队的声音。"[18]

在拉丁美洲，贝尔纳多·奥希金斯（Bernardo O'Higgins）与何塞·德·圣马丁（José de San Martín）组建了两支军乐队，其中一支由后来被释放的奴隶组成，为解放智利和秘鲁的运动做准备。智利人继续在音乐方面

---

[17] 直到 20 世纪初，据说仅在兰开夏郡（Lancashire）和约克郡（Yorkshire）就有 4,000 到 5,000 支乐队，全国共有 40,000 万支。Scholes, *Oxford Companion*, 127.

[18] Hamm, *Music in the New World*, 279–306.

付诸努力，于 1817 年成立了军事音乐学院（Academy of Military Music）。[19]
另一方面，在墨西哥，管乐器的革命最初在传统宗教仪式中取得的进展要
比在现代团体（*sociabilités modernes*，包括职业军队、政治团体或工匠团
体等）中取得的进展大得多——墨西哥直到该世纪中叶才开始世俗化。布
兰兹·梅耶在 1841 年所描述的印第安人管乐队当然是一个乡村地区的例
外，更小型的阿兹特克合奏与奇里米亚笛乐队更普遍地存续于乡村。梅耶
还描述了管乐队的音乐与神父（或他的副手们、社团督管 [*mayordomos de
cofradias*]、圣歌大师、财政官员等）的传统权威通过典礼和仪式明显地成
功结合了起来。[20]

　　事实上，19 世纪下半叶铜管乐队在乡村的广泛传播及其明显的自发性，
很可能是由于这种新音乐形式的力量与传统的乡村官员等级制度之间的关
系。当然，这一点在纯粹的音乐和仪式上已经得到了证实。普埃布拉州中
部村庄里仍在演出的摩尔人和基督徒的舞蹈，说明了 16 世纪的歌曲和舞蹈
编排与 19 世纪的波尔卡舞曲、进行曲、华尔兹和快步舞的成功融合。[21]

　　除了这些世界性的元素之外，铜管乐队还演奏了更多的墨西哥传统
的和当地的歌曲和舞蹈，这些歌曲和舞蹈往往是众所周知的，以至于不
需要谱子。这种更地方化的曲目（由伴随着狂欢节、宗教仪式中更具亵 [315]
渎性的部分、斗牛和公共舞蹈等的声舞 [*sones*] 和哈拉维舞 [*jarabes*] 组
成）源于殖民时期进入墨西哥的西班牙甚至是摩尔人的曲调。在 18 世纪

---

[19]　Eugenio Pereira Salas, "La Academia Musico-Militar de 1817," in *Boletín de la Academia Chilena de
　　　la Historia* 18 (1951): 13–20.

[20]　*Mexico as It Was and as It Is*, 197.

[21]　Beutler, Danzas de Moros y Cristianos (México, 1965), 146, 162, 164–165. 乡村乐队最初形成的一
　　　个世纪之后，这种关于（包括进行曲、序曲、波尔卡舞曲以及幻想曲在内的）19 世纪中期大
　　　都会剧目的延续性出现在了克劳斯·杰奎琳（Klaus Jäcklein）所著《一个波普洛科村：圣费利
　　　佩奥特拉尔特佩克》（*Un Pueblo Popoloco: San Felipe Otlaltepec*, México, 1974）一书的附录之
　　　中，第 301—302 页。

和 19 世纪初，这些舞蹈的传播尤为广泛。所有这些曲调的共同点是乐声（son），它是在聚合了地区性的各派别（瓦潘戈舞［huapangos］、夏洛楚舞［jarochos］、马利亚奇乐曲［mariachis］等）后诞生的，托马斯·斯坦福（Thomas Stanford）将其定义为"噪音与音乐之间的中介物"。[22] 回到铜管乐队传播的关键因素，当地领导人，首先是教会和庄园主，其次是他们的保守派公民副手们，都从推广管乐中找到了好处。

除了神父和他们的代理人之外，安东尼奥·洛佩斯·德·圣安纳总统和 19 世纪 50 年代早期的保守派（而不是自由派，即法国民主革命的继承者）把铜管乐队坚定地置于国家的、世俗的政治议程上。圣安纳在 19 世纪 40 年代早期第一次掌握了爱国仪式的强大象征力量，当时他在墨西哥大教堂举行了《感恩颂》（Te Deum）圣歌仪式，纪念他在与法国的糕点战争（Pastry War）中失去的一条腿。圣安纳在 1852 年回国前流亡于哈瓦那时，在公园参加了一次音乐会，他被加泰罗尼亚作曲家海梅·努诺（Jaime Nunó）作为乐队指挥的才华所打动。回国后，他制定了一个鼓励军乐队发展的计划，并任命努诺为军乐总监。不到一年，这位加泰罗尼亚音乐大师就创作了墨西哥国歌，并负责组织全国性的军乐队网络。

在 1854 年阿尤特拉革命（Revolution of Ayutla）前夕，有报告称，在正规军和现役民兵（milicia activa）中大约有 230 个军乐队，尽管其中可能只有少数人得到了适当的装备或指导。[23] 在 1856 年 2 月围攻普埃布拉期间，有一个军乐队因激发了自由派对手的逞能而受到赞誉。来自格雷罗州的阿尔瓦雷斯（Alvarez）自由派军队（pintos）中的一个连队缺少自己的军乐队，但意识到了它的重要性，于是不顾一切地冲进了乔卢拉街（Calle de

[22] Warman, *Banda de Tlayacapan*; E. Thomas Stanford, "The Mexican Son," in *Yearbook of the International Folk Music Council* (1972), 66-86.

[23] Baqueiro Foster, "Embriones de la música militar," 104-106.

Cholula）的一所矿区的房子，他们"解散乐队，带走了鼓、巴松管、蛇形管和短号，尽管他们的胆大妄为让他们的队长死在了那里"。[24]

　　因此，正是保守派在 1862 年法国武装干涉墨西哥之前为铜管乐队的音乐奠定了基础，在 19 世纪 60 年代中期法国占领期间，这一基础得到了巩固，其结果是墨西哥标准铜管乐队的诞生。最初其被称为管乐（*música de viento*），从 19 世纪 50 年代开始，这个词让位于更浮夸的交响乐团体（*cuerpo filarmónico*）或交响乐社团（*sociedad filarmónico*），也许是为了体现铜管相对于木管乐器而言的普遍性。标准的乡村交响乐团拥有二十至三十件乐器。[25] 这些乐器大多由外国制造，必须以相当高的成本进口。[26] 这种铜管乐队起源奇特：起初是受到了教会人士和保守主义者的启发，在法国占领期间得到了充分的发展，最终其效用在自由派的军事指挥官波菲里奥·迪亚斯和胡安·内波穆塞诺·门德斯（Juan Nepomuceno Méndez）等人中间流行，他们很快就意识到了装备并赞助军事和民间乐手能带来的军事和政治利益。到了 19 世纪 50 年代中期，自由派的领袖们决定利用铜管乐队音乐的大众号召力，而铜管乐队音乐恰恰是受他们的政治反对派、神职人员和保守派正规军的启发和控制。三年战争（1858—1861）结束时，

[316]

---

[24]　*Memorias del Coronel Manuel Balbontín* (México, 1958), 156-157.

[25]　Beutler, 145-146. 1867 年，韦兹兰（普埃布拉山脉）的纳华人社区拥有一支乐队，最初由二十名成员组成，拥有大致同等数量的乐器。参见 Archivo Municipal de Tetela de Ocampo (Puebla)（以下简称 AMTdeO），Gobierno Box 10, 1867-1868, Expediente 2, April 15, 1867。19 世纪 20 年代初，贝尔纳多·奥希金斯（Bernardo O' Higgins）从英国为智利音乐学院订购了一套二十一件的乐器（两个圆号、两个半球形铜鼓、一个长号、一个双簧管、一个小号、一个蛇形管、一个巴松管、一个编铃、一个三角铁、八个单簧管、一个低音鼓、一个鼓）(Pereira Salas, "La Academia Musico-Militar," 20)。《牛津指南》（*Oxford Companion*）的第 127 页证实，"普遍的英国乐队由二十四名乐手组成（包括打击乐乐手）"——除了鼓和钹之外，还有七个短号、三个粗管短号、五个萨克斯风、三个长号和六个大号。

[26]　Bronislaw Malinowski and Julio de la Fuente, Malinowski in Mexico: The Economics of a Mexican Market System (London, 1982), 133. 尽管在一些墨西哥信件中提及了法国的供应商，英国的供应商——乐器制造商布西桑斯（Boosey and Sons）可能也曾为 19 世纪的拉丁美洲市场供应产品。

自由派的军队指挥官们（如普埃布拉山区的指挥官门德斯等人）已经认识到，乐谱和乐器与步枪、弹药、口粮和选票一样，都是选举或军事准备的重要组成部分。[27]

政治权力和音乐组织之间的关系可以在何塞·玛丽亚·马尔多纳多（José María Maldonado）的回忆录中找到，他是法国武装干涉早期阶段在同一山区的自由派指挥官。当他在 1862 年底被派往该地区担任指挥官时，他发现有组织的乐队音乐（有可能是由教会引进的）已经在萨卡波阿斯特拉（Zacapoaxtla）和特拉劳基（Tlatlauqui）等地区首府及其周围的纳瓦人村落建立了很好的基础。1862 年 11 月，当他抵达特拉劳基时，人们欢迎他担任领袖（jefetura），就像他是一位来访的主教一样。他在回忆录中写道："小镇上到处都是用花装饰的拱门和帘子，管乐队交替演奏着奏鸣曲，火焰烟花宣布着领袖的到来。"马尔多纳多宣布，他作为行政长官的第一项任务是"规范地区的音乐事务，每周在公共广场上开展小夜曲活动，以激励学生并使家庭分散一部分注意力，使他们从落后的状态中解脱出来"。[28]当然，他的目的是要把教育、音乐和仪式从教士的专权控制中解脱出来。他在普埃布拉山区担任指挥官的两年时间里，认真地组织乐队。在 1863 年成为萨卡波阿斯特拉地区的领袖之后，他建立了一所"交响乐团学校"，由一位"年轻而聪明"的指挥负责，他以比前任低 10 比索的价格雇用了这位指挥。不久，他就得以宣布，萨卡波阿斯特拉"管弦乐队"的演奏水平不亚于来自该国首都的任何乐队。[29]尽管这个乐团偶尔会被哄骗去增加阅兵式的庄严感，

---

[27]　在 1861 年的普埃布拉州州长选举期间，门德斯将军"成功地领导了数百人，同时为他们的村庄带来了音乐的礼物以及印第安人喜欢的其他事物"。在这些人的支持下，这位特特拉（Tetela）领袖向州府进发，为确保弗朗西斯科·伊巴拉·拉莫斯（Francisco Ibarra y Ramos）成功竞选州长提供了必要的军事力量支持。参见 Ramón Sánchez Flores, *Zacapoaxtla Relación Histórica* (Puebla, 1984), 153–154。

[28]　同上。

[29]　Archivo Municipal del Zacapoaxtla, "Borrador de la correspondencia del jefe político, 1863."

但更多的时候，它拒绝引领军队参加各项积极的运动，而是坚持其本质上的民事和市政职能，并要求乐团成员在其他市政部门和义务（包括军事）服务中的豁免权得到尊重。[30]　　　　　　　　　　　　　　　　　　　[317]

在法国武装干涉期间，占领军积极推广管乐队音乐。的确，奥地利人重新开始组织由圣安纳所发起的军乐队。1865 年 10 月，马克西米利安皇帝的政权提议成立"帝国军事音乐训练计划"（Proyecto de un Gimnasio Imperial de Musica Militar），旨在培训四百名墨西哥人，这些人毕业后的任务就是改革甚至重组整个墨西哥帝国的军乐队。[31] 尽管，由于财政方面的限制，以及 1867 年的军事失败，这一倡议并没能实现其目标。然而，对墨西哥军乐队的未来而言，更重要的是随着远征军而来的两支全欧洲军乐队。这些军乐队对墨西哥的音乐品位、仪式和娱乐活动产生了不可磨灭的影响。

由雅拉贝尔（M. Jalabert）指挥的法国外籍军团乐队（French Foreign Legion Band）以及由萨维塔尔（J. Saverthal）指挥的奥地利军团乐队（Austrian Legion Band），不仅拥有比以往任何乐队都要广泛得多的曲目，还引入了在公共场所举行世俗性的公开音乐会的做法。他们为墨西哥作曲家何塞·玛丽亚·查韦斯（José María Chávez）所组织的著名的每日举办的法国 – 墨西哥音乐会（conciertos Franco-Mexicanos）做出了贡献，该音乐会旨在融合墨西哥和法国的音乐传统。[32] 这两支模范乐队的意义在于，他们为世俗音乐开创了一个位于中心的、显眼的公共舞台——城镇广场。此外，法国和奥地利的乐队指挥们也热切地试图吸收（而不是取代）

---

[30] AMTdeO, Box of unofficial correspondence, 1866–1867, Letter of January 12, 1867, Pascual Bonilla, Zacapoaxtla, to Juan Francisco Lucas, Tetela.

[31] 由该计划的名称可以明显地发现，法国和奥地利远征军带来了由卡斯特纳（Kastenr）编写的经典军事音乐手册。*Manuel général de musique militaire*, Archivo de la Defensa Nacional, Histórico 10059 fs. 162–166.

[32] Orta Velázquez, *Breve historia*, 334–337.

墨西哥的传统音乐。在哈利斯科州诞生的街头乐队，据说是一位在 1867
年法国－奥地利军队撤出后决定留下来的法国乐队指挥的成果；这种街
头乐队是将铜管和弦乐器、传统的西班牙乐声和来自现代欧洲的影响成功
融合在一起的优秀范例。[33] 到了该世纪末，在广场的演奏台上表演的铜管
乐队已经成为整个共和国文化生活的核心特征，表明了社区对城市生活的
贡献。

　　然而，19 世纪后期，管乐队在墨西哥各省和乡村地区的广泛传播，不
能简单地或片面地看作是追求欧洲品位、音乐标准和城市生活的结果。对
于有相当数量的非印第安人的地区首府来说可能是如此。在这里，铜管乐
队凭借其欧洲曲目，可以安抚那些体面的人，让他们感觉欧洲正在阿纳瓦
克（Anahuac）得以重建，同时也为下层社会提供了一种品位和都市风格的
典范。例如，这种情况会在星期天下午的维拉克鲁斯州马德雷山脉的一个
[318]　以纳瓦人为主的地区首府阿尔托通加（Altotonga）的主广场上发生。1900
年，阿尔托通加已建有两个广场，一个用于市场，另一个用于"散步和音
乐"，后者"用灌木和花圃铺成……天气允许的话，乐队会于星期天下午在
这里演奏两个小时，镇上的人要想炫耀自己和最好的衣服，就会在这里走
来走去，或者坐在一旁的石椅上。来这里的人大多出身于较富裕的家庭，
但也有一些身着罩头斗篷（rebozo）的相当贫穷的人，那是任何有身份的女
人在这种场合都不会穿的服饰"。[34]

　　在普埃布拉州附近特拉劳基山区的纳瓦人村庄中，有许多军乐队，这
表明铜管乐队的作用要比简单地提供一种文化表象更为复杂。在这里，马
尔多纳多在法国武装干涉期间组织的乐队到了 19 世纪 70 年代又回到了
保守派家庭和神职人员的控制之下，他们通过乡村国民警卫队指挥官组成

---

[33]　Stanford, "The Mexican Son," 80–81.

[34]　"Vaquero," *Adventures in Search of a Living in Spanish America* (London, 1911), 98.

的联盟来管理这个地区。在塞瓦斯蒂安·莱尔多·德·特哈达（Sebastián Lerdo de Tejada）担任总统期间（1872—1876），这些乡村长官在其管辖范围内行使着绝对权力，对山区的政治秩序构成了重大威胁，当时这个宗教色彩浓厚的地区实际上是在反抗国家的反教权立法。

　　这些乡村军乐队与政治权力有很大的关系，也与音乐的城市性有很大的关系。例如，他们在1882年得到指令，为欢迎意大利殖民者抵达地区首府演出了一些歌剧的序曲。殖民者喜欢这些音乐，并随着他们熟悉的乐曲跳舞，直到晚上10点。[35] 这些乐曲掩盖了某种矛盾，因为村庄里的乐队被行政长官召集到地区首府来欢迎意大利殖民者，这些殖民者不久之后就会在这些同样村庄所拥有古老居住权的土地上定居下来，自19世纪50年代初以来，村庄曾多次暴力占领这些土地。[36] 因此，特拉劳基的乐队提供了一种手段来巩固当地的政治派系（cacicazgos），同时作为一种媒介，使行政长官能够将这些村庄与更广泛的地区管理项目（即外国殖民化）联系起来，并不是村庄里的每个人都欢迎这种项目。

　　关于墨西哥军方铜管乐队，有一些具有争议性的问题。在波菲里奥政权（1876—1911）早期，当自由派军队的许多队伍被遣散，国民警卫队也恢复非活跃状态之后，这些乐队发生了什么？在法国大革命之后以及后来的巴黎公社之后，乐队成员及乐队音乐是否意识到了解散乐队的经验所暗示的民主化和解放潜力？在巴黎被围困和巴黎公社期间军事指挥官早已撤退之后，国民警卫队步兵乐队在维持纪律和士气方面起到了重要作用，墨西哥有没有类似的军乐队？[37] 在法兰西第三共和国开始之初的和平时期，这些乐队回到了村庄的营房，在当地的公民和爱国仪式上练习他们的音乐 [319]

---

[35]　*PO* (Puebla) 17 (1882): 22.

[36]　Moisés González Navarro, Anatomía del Poder en México 1848–1853 (México, 1977), 67.

[37]　Neukomm, *Musique militaire*, 202–206.

技巧和流行剧目。在乡村流行的激进主义和爱国主义与新一代"保守自由派"政治家的政治机会主义相结合,使法国在第三共和国期间达成了更高水平的共识和稳定。[38] 在从改革战争过渡到波菲里奥政权的和平时期之间,墨西哥有没有发生过类似的事情?在改革战争、法国武装干预以及拉诺里亚(La Noria)和图斯特佩克(Tuxtepec)叛乱之后,退伍军人尤其是军人乐手,是否在他们的村庄里起到了扩大公共舞台的作用,使公民和爱国仪式变得庄严且戏剧化?

要探讨这一假设,我们还所知甚少,但从普埃布拉州的零星证据中可以发现一些总体趋势。在这里,自由派军事领袖在改革战争和法国武装干预期间组建或重组了大量的乡村乐队。1867 年共和国恢复后,恰逢乡村土地的摊销,许多社区决定成立"交响乐团",用卖地收入购买乐器。例如,在 1876 年,特特拉区雷亚斯镇(Pueblo de los Reyes, distrct of Tetela)的军事指挥官用 357 比索的土地拍卖收入和 200 比索的当地议会赠款购买了建立管乐队所需的乐器。[39] 改革由此鼓励了军乐队和民间乡村乐队的建立。鉴于共和国恢复后的十年间的暴力冲突的激烈程度,以及 1876 年至 1884 年期间两个"图斯特佩克人的"州政府的戒严性质,许多国民卫队乐队的组建直到支持将铜管乐队用于爱国、戒严和政治等目的的胡安·内波穆塞诺·门德斯将军在 1884 年下台后才完成。1885 年,普埃布拉州由中央指派的新政府在上台后的第一批行动之一就是遣散国民警卫队,镇压州内的军乐队。[40] 由于这些军乐队属于国民警卫队的地方部队,其人员都是从同一社区招募的,因此遣散意味着整个军乐队在同一村子里回归平民生活。

---

[38]   Theodore Zeldin, *France 1848–1945: Politics and Anger* (Oxford, 1984); Charles Hale, *The Transformation of Liberalism in Mexico* (Princeton, 1989), 246.

[39]   AMTdeO, Gobierno Box 36, 1876, "Correspondencia, Pueblos de los Reyes."

[40]   APD 10/171/008141, Letter of August 1885, Mucío Martínez to Porfirio Díaz.

这些乐队很快又发展起来，反映出村庄生活的巨大多样性。

这些乐队在社区生活中的作用可以从以下四个来源进行归纳：（1）经常刊登关于公民和爱国仪式节目的报纸；（2）为当地政要和爱国英雄编纂的《葬礼花圈》（*coronas fúnebres*）印刷物，其中描述了乐队在葬礼仪式中扮演的重要角色；（3）行政长官们的信件，他们必须处理在严格管理的社区中因拥有特权的乐队乐手的存在引发的司法冲突；（4）市政档案中记载的乐队成立的行动。[41] 这些乐队出现了某些共同特征，例如，乐队指挥从村庄里招募年轻的男性成员。[42]1867 年，韦兹兰（Huitzilan）的二十名乐队成员中，至少有一半是十几岁的年轻人。[43] 也有些乐队成员已经七十多岁了，这说明乐队成员的年龄更可能是在生育期和工作高峰期之前或之后，瓦哈卡州特通特佩克的有三十九名成员的乡村乐队也是如此。[44] 当然，对儿童进行乐队音乐技巧和纪律的训练是 19 世纪大众教育运动的一个组成部分。一些消息来源证实了幼儿对音乐指导的反应力，尽管大肆宣扬的健康益处是有争议的。[45] 对普埃布拉州的自由派领导人而言，与这些教育利益

[320]

---

[41] *Corona fúnebre que la gratitud pública coloca sob re la tumba del general Juan Crisóstomo Bonilla* (México, 1884); AMTdeO, Box 14, Bis, Correspondencia Xochiapulco, "Crónica de las honoras fúnebres que el Ayuntamiento de Xochiapulco hizo el día dos de mayo de 1888 al finado Diputado C. Miguel Méndez."

[42] Martin Wainwright, "And the Band Begins to Play," obituary of Harry Mortimer, in *The Guardian*, February 4, 1992.

[43] AMTdeO, Gobierno Box 10, 1867–1869, Expediente 2.

[44] Arturo Warman, *Banda de Totontepec Mixes Oaxaca* (record sleeve), INAH, México, 1975.

[45] 作为一名在 20 世纪初为改进英国乐队音乐而付出不懈努力的活动家，威廉·加洛韦（William Galloway）注意到，音乐读写能力伴随着语言读写能力，甚至先于语言读写能力，"儿童表现出非凡的视觉阅读能力"。他还提到，音乐训练所涉及的呼吸练习对健康大有裨益。参见 *Musical England*, 37。弗里德里克·斯塔尔（Frederick Starr）关于马萨特兰山脉的瓦乌特拉乐队的评论推翻了后一种观点，他认为这是一支"完全由男孩组成的乐队，他们中没有一个人超过 20 岁……有几个男孩因吸毒而自掘坟墓"。参见 *In Indian Mexico: A Narrative of Travel and Labor* (Chicago, 1908), 237。

瓦乌特拉的马萨特兰男童乐队

相关且同样重要的是年轻的爱国乐手作为政治客户的价值。[46]

在墨西哥，还有更多鼓励年轻人加入音乐团体的激励因素，如乐队成员资格使他们免于强制性的社区服务、货运系统的要求、兵役和地方税收等。因此，尽管乐队成员资格涉及明确的、可能是艰巨的义务，但实际上它有效地使男性免于其他社区杂务、服务和义务。家长们准备在子女的音乐教育上投入相当大的资金，因为他们考虑到从长远来看个人会得到更大的好处。1876 年的一个案例说明了这种投资的程度，普埃布拉州佐基亚帕（Zoquiapa）市政乐队的十九名乐手声称，在六年的学徒生涯中，他们每人每周向乐队指挥支付四雷亚尔，使其每周有十几比索的可观收入。作

---

[46] 1880 年，胡安·门德斯将军担任州长期间，扎卡特兰国民警卫队（Zacatlán's National Guard）的管乐队（被指控在投票当日进行恐吓）由 10 岁和 12 岁的男孩组成，"这令他们的父母感到震惊"。*PO* 11, no. 51 (June 26, 1880).

为回报，他们希望能免于征税。[47] 有机会逃避社区成员的广泛的、经常性的、终身的义务，这也许可以解释为什么乐队对非印第安人和少数派别成员有吸引力，因为他们试图在自己和可能是专制的印第安人村政府之间拉开距离。

然而，乐队不一定能确保个人的自主权不受团队压力和社区义务的影响。1870 年代初普埃布拉州山区的两个案例证明了这一假设是错误的。在这两个案例中，乐队指挥在乡村当局的支持下，以专制的方式对试图逃避成员义务的前乐队成员进行惩罚，最终迫使这些乐手以离开社区的方式逃避迫害。[48] 来自印第安人的小规模乡村社区的乐队，即使是市级的，其运作方式也与那些在有更多混血人的地区首府所组织的乐队截然不同。19 世 [321] 纪 60 年代在特特拉－德奥坎波（Tetela de Ocampo）和萨卡波阿斯特拉区首府建立的两支乐队，说明了即使是较为国际化的团体，其发展道路也是各不相同的。在特特拉这个坚定的自由主义和爱国主义的城市，也是两位"图斯特佩克人的"州长（博尼利亚［Bonilla］和门德斯）的家乡，乐队密切地参与了爱国主义议程上如学校颁奖、选举、新行政长官的任命以及市级办公室的更迭等重要仪式的组织和庆祝活动，并使公共生活的各个方面更加庄严化。至少直到 1888 年，特特拉乐队仍然是军事性质的。相反，在保守的萨卡波阿斯特拉，乐队早在 1862 年就试图逃避其军事义务。到了 1867 年，它实际上已经成为一个市政管弦乐队，可以在改革法律的限制范围内（而且经常是在改革法的约束之外）对宗教仪式进行戏剧化的表演。

到了 1900 年，铜管乐队在墨西哥已经像 19 世纪的任何新事物一样得到了稳固地建立。然而，只有少数乐队达到了很高的音乐水准，尽管即使

---

[47] AMTdeO, Gobierno Box 36, Correspondencia Zoquiapa, Letter of January 12, 1876, Lorenzo Rodríguez to Jefe Político.

[48] Thomson, "Bulwarks," 57-61.

是最偏远地区的交响乐团体都在普遍演奏雄心勃勃的曲目。在这一世纪之交时期，墨西哥的著名乐队指挥们与其在欧洲和美国的同僚一样，既关注提高乐队的质量，也关注改善音乐曲目。

在墨西哥，可与美国著名乐队指挥家约翰·菲利普·苏萨（John Philip Sousa, 1854—1932）相提并论的是单簧管演奏家纳博·巴斯克斯（Nabor Vázquez）。他在 1899 年墨西哥城音乐学院的一次演讲中，提出了一个改进标准的、未经训练的乡村乐队（charranga）的策略。大师巴斯克斯将墨西哥的数千支乐队分为三类，每一类都对应城乡连续体上的一个独特区域。第一类乐队可以在国家层面和省会城市中找到，由警察部队、军队和一些市政府组织。在 19 世纪 70 年代期间，"工兵军团"（Corps of Sappers）的军乐队被认为是全国最好的乐队。到了世纪之交，警察乐队在所有奖项中脱颖而出。圣路易斯波托西州乐队的负责人拉蒙·埃尔南德斯（Ramón Hernández）指出，在 20 世纪最初的十年里，墨西哥城、托卢卡、帕丘卡和哈利斯科的警察乐队经常在比赛中获奖，而由意大利人奥古斯托·阿扎利（Augusto Azalli）指挥的哈利斯科州宪兵乐队（Banda de Gendarmería de Jalisco）在 1905 年纽约州水牛城的比赛中获得了一等奖。瓦哈卡州也在格曼·坎塞科（Germán Canseco）的指挥下，组建了一支"辉煌的乐队"。[49]

第二类乐队包括地区首府的市政管弦乐队，例如前文所述的普埃布拉山区的这种类型的乐队，以及在波菲里奥政权的最后几年间出现在拉戈斯德莫雷诺（Lagos de Moreno）广场上的乐队。[50] 巴斯克斯强调，普通的或

---

[49] Ramón Hernández, "Relación Histórica de las Bandas de Música Militar en la República," manuscript (INBA, n.d.), 3–5. 亨利·法默（Henry Farmer）肯定了一支符合国际标准的乐队："墨西哥……在其驻扎于墨西哥城的炮兵部队中有一支非常优秀的军乐队。乐队由 75 人组成，配器按照法国模式，包含了整个萨克斯管家族。他们演奏最新的曲目，并对普契尼（Puccini）和圣桑（Saint-Saens）等人的作品进行了精彩的演绎。"*Military Music*, viii.

[50] Anne Craig, *The First Agraristas: An Oral History of a Mexican Agrarian Reform Movement* (Berkeley, 1983), 30–31.

者说是第三类的乡村乐队是全国民众文化整体提升的关键。他的说法值得关注：

> 这些团体起到了非常积极和重要的作用，他们在我们的下层阶级（*pueblo bajo*）中扩散和传播各种形式的音乐，即使有时这超出了他们的经济和技术能力。无论何时只要有公民、宗教或世俗活动发生，只要你想去看一看，总会发现数量众多的乐队，通常装备很差，尽管如此，他们还是表现出最大的热情，充分发挥他们的天赋能力和才能，丝毫不关心观众的批评。因为他们知道，他们的"爱好者"几乎都是工人、农民或骡夫，而且他们的崇拜者对乐队所能提供的社会和文化使命并不关心，在这种无知下，乐手们除了对艺术的热爱之外，不追求其他意义……为了实现艺术和文化的真正传播，音乐学院作为一个专业学校，现在是时候想办法在技术意义上有效地控制任何类型乐队的组织了……并成为仲裁者，绝对有责任引导和定位乐队肩负的重要社会任务。[51]

20 世纪村庄里的乐队

当铜管乐队在村子里成立时，不一定会合并或取代现有的乐队（尽管从长期来看，这可能是一种影响）。通常情况下，在殖民时期早期形成的、同时吸收西班牙征服前的奇里米亚笛的音乐和乐器传统的传统乡村乐手与

---

[51]　Vázquez, "Breve Historia," 14–16.

19世纪中叶引进的现代铜管乐队，往往分为两个音乐团体，它们的功能有明显的分离。例如，在瓦哈卡州的米特拉（Mitla），在社区的五十个左右的宗教节日中，大多数都有奇里米亚笛乐队的身影：

> 鼓手和笛手，像其他乐手一样，不受其他公共服务的约束。在镇乐队演奏音乐的间隙期间，在圣巴勃罗节（San Pablo）期间，特别是当公牛出场时，在"小矮人""巨人"和高潮迭起的"卡斯蒂利亚"的焰火表演时，他们会在市政厅外演奏。在圣烛节（Candlemas）的督管仪式上，乐手们会在督管的院子里单独演奏奇里米亚笛，时不时地吹奏一会儿。他们也在前一天的夕祷（*las vísperas*）时表演，以及在瞻礼日（feast day）当天——进行了持续三天的表演。在夕祷时，我见过鼓手在教堂的围墙上单独演奏；但理论上，鼓和哨子都应该在屋顶上演奏三次，这是四旬斋周五的规定。在圣周四，为了致敬最后的晚餐，在这个场合被称为"小号"（*trompeta*）的喇叭，在教堂的屋顶上演奏。在宗教督管游行至教堂的队伍中，奇里米亚笛手走在乐队的前面，路的两边各有一人走着，但他们不演奏。你可能会想，他们是在荣誉的位置上行走，但他们是最无精打采的，如此的衣衫褴褛，以至于他们看起来与后面的整齐的乐器完全分离。这是小镇上众多新旧交替的画面之一。

[323]

在铜管乐队组建后的许多年里，奇里米亚笛乐队一直存在着，直到20世纪30年代，这种乐队已经濒临消亡。米特拉的最后一个奇里米亚笛手恩里克（Enrique）生活在极度贫困之中；他没有结婚，也没有继承人。[52] 镇上仅有的另外一个奇里米亚笛手已经加入了一个铜管乐队。

---

[52] Parsons, *Mitla: Town of the Souls* (Chicago, 1936), 191-192, 393-394.

在亚拉拉格（Yalalag），另一个萨波特克人（Zapotec）的高原社区，奇里米亚笛乐队在村里仪式中的地位直到 20 世纪 70 年代仍然很突出。在这里，鼓和管乐队几乎垄断了庄严音乐。铜管乐队在大多数宗教游行和节日中都有演奏，但往往是以次要的身份出现，而奇里米亚笛乐队始终主导。[53] 在特拉斯卡拉州，"常规"铜管乐队和特波那斯特列鼓 – 奇里米亚笛（*Teponaxtle-chirimia*）的紧密结合也很明显。[54] 同样，他们在分工上有着不同之处，鼓管乐队在教堂范围内占据了优先地位，领导宗教游行，而铜管乐队则扮演着更重要的世俗角色。整个墨西哥中部地区的趋势是鼓笛合奏的重要性逐渐降低，甚至完全消失。但奇里米亚笛乐队的消亡不一定意味着原住民音乐的终结，因为铜管乐队往往吸收了许多传统曲目。伊达尔戈地区休尤埃特拉（Huejuetla）的情况便是这样，"印第安人的村庄里有铜管乐队，他们演奏独特的纳瓦人传统曲调和更加西方化的曲子"。[55]

在恰帕斯州的高原地区，传统合奏没有被边缘化，因为铜管乐队仍然被明确认定为印第安人社区以外的拉丁乐团，尽管它们被允许为宗教节日伴奏。20 世纪 70 年代初，在恰穆拉（Chamula）的特索特希尔人（Tzotzil）社区，"雇佣的拉丁乐队"在教堂附近的小亭子里演奏，并成为村里主要节日的必要伴奏，但恰穆拉人不认为铜管乐队的音乐是纯粹的"'音乐'（*musika*）……就音乐的分类法而言，它属于另一个世界……虽然它在节日期间提供了适当的背景音，但并不属于'歌曲'的范畴"。对恰穆拉人来说，更重要的是两种小乐队的歌曲：第一种乐队由手风琴、竖琴和吉他组成，

[53] Julio de la Fuente, *Yalalag, una villa zapoteca serrana* (México, 1977), 251.

[54] Hugo Nutini, *San Bernardino Contla: Marriage and Family in a Tlaxcalan Municipio* (Pittsburgh, 1968); Nutini and Betty Bell, *Ritual Kinship: The Structure and Historical Development of the Compadrazgo System in Rural Tlaxcala* (Princeton, 1980), 83–85, 108–109, 136–138, 164–165, 184–186.

[55] Frans J. Schryer, *Ethnicity and Class Conflict in Rural Mexico* (Princeton, 1990), 62.

[324]　在出生、结婚和死亡仪式中演奏；第二种由鼓和笛子组成，是留给崇拜圣人的仪式的。最有威望的乐手是那些拥有最简单乐器的人。手风琴、竖琴、吉他等乐手是临时招募的，在任期内是其职位（*cargo*）拥有者，而笛手和鼓手的终身职位是父子相传的，而且他们得以免去其他一切社区义务。[56]

　　另一个可以被称为"仪式性的双语文化"的例子是在恰穆拉邻近的锡纳坎坦（Zinacantan）的特索特希尔人社区发现的。[57] 在这里的节庆活动中，雇用的铜管乐队来自附近的拉丁城镇。这支乐队还在晚上的小亭子里演奏，用于人们跳舞。与恰穆拉不同的是，乐队更充分地加入了村里的仪式活动中，随同"志愿者"（资助并帮助组织节日的青年男子，他们常常雇用乐队）"从他们的家里走到教堂，向圣人献上特别的蜡烛"。然而，铜管乐队的音乐对锡纳坎坦人和恰穆拉人其实都不重要。笛子和鼓乐队以及弦乐（小提琴、竖琴和吉他）的组合在村里的仪式中更为突出，游行队伍总是由这些乐手引领。[58]

　　尽管这两类组合（鼓管或弦乐）的乐手之间的地位不同，但这两个特索特希尔人社区的乐手都享有免于任何其他职务的特权。[59] 这种特权部分来自对乐手服务的持续需求。同样重要的是，他们演奏的音乐既神圣又专属于村庄，体现了村庄的信仰和历史的特定版本。大多数乐手都是由他们的父亲教导的，继承了父亲的地位和艺术。他们的许多曲调是由 16 世纪多米尼加传教士们引进的西班牙语形式衍生而来，但歌曲的内容却是前哥伦

[56]　Gary H. Gossen, *Chamulas in the World of the Sun: Time and Space in a Maya Oral Tradition* (Cambridge, MA, 1974), 211–217；《中美洲印第安人手册》（*Handbook of Middle American Indians*）证实："有些城镇有乐队，但主要是拉丁乐团，只在涉及拉丁美洲人的各种活动中才会进行表演。"（*Ethnology*, 1:94）

[57]　Robert Redfield and Alfonso Villa Rojas, *Chan Kom: A Maya Village* (Chicago, 1934), 124–125.

[58]　Von Z. Vogt, *Zinacantecos* (Washington, DC, 1934), 16, 78–81.

[59]　Frank Cancian, *Economics and Prestige in a Maya Community* (Stanford, CA, 1965), 45–47.

布时期的。[60] 相比之下，恰帕斯高原的铜管乐队则是由村外的拉丁乐手组成，他们的曲目更国际化，而且大部分（尽管不完全）是世俗化的。

在墨西哥南部的其他地方，铜管乐队成功地深入到社区的仪式生活中，比在恰帕斯高原要深入得多。特别是在瓦哈卡州，社区传统的力量似乎促进了铜管乐队特别广泛的传播，这种乐队成功地占有了大多数音乐和仪式传统，获得了特权和象征意义上的重要性，而这些此前都是属于奇里米亚笛乐队的。可以从以下四个方面进行分析这一音乐融合的过程是如何发生的：（1）创立；（2）大师、乐手、音乐和神秘性；（3）仪式和礼仪；（4）奉承、派系斗争与和解。 [325]

创立：作为一个现代化机构的乐队

高原地带萨波特克人村庄塔里亚－德卡斯特罗（Talea de Castro）只有一支乐队，成立于 19 世纪，直到 1930 年，"一位土生土长的塔里亚神父为了进一步'教化'他的家乡，才组织了第二支乐队，通常被称为'管弦乐队'"。[61] 第二支乐队的建立反映了随着咖啡生产的发展，村庄的派系和社会分化的加剧。乐队的组建、现代化和新兴政治领袖之间的密切联系也出现在尤卡坦州的玛雅村庄尚科姆（Chan Kom），那里的领导人表达了将音乐带入社区的目标，以此作为他们"创建一个村落"的努力的一部

[60] Frank and Joan Harrison, "Spanish Elements in the Music of the Maya Groups of Chiapas," *Selected Reports* 1, no. 2 (Institute of Ethnomusicology, Los Angeles, 1966170): 1–44.

[61] Laura Nader, *Harmony, Ideology, Justice, and Control in a Zapotec Mountain Village* (Stanford, CA, 1990), 47. 在 19 世纪，乐队通常被称为"管乐"（*músicas de viento*）乐队，或者在普埃布拉山区被称为"交响乐团体"（*cuerpos filarmónicos*）。直到 20 世纪初，"管弦乐队"一词已被用来区分新成立的乐队和 19 世纪具有乡村风格的"乡村乐队"（*charrangas*）。

分。1937 年，村里开始了音乐教学。三年后，一位老师从梅里达市搬到了
尚科姆村，指导男孩们学习器乐。1944 年文化特派团的到访让他们受到了
进一步的鼓励，其中包括教授"乐器，组织和实施一个文化项目，让年轻
人背诵诗歌、表演小戏剧、用羽毛头饰来代表他们被忽视的祖先"。四年
后，村里拥有了两支由铜管、单簧管和鼓组成的乐队。罗伯特·雷德菲尔
德（Robert Redfield）评价说："这些乐队中至少有一支是真正的专业乐队，
因为它被邻近的村庄雇佣去节日庆祝活动上演奏。"[62] 他的结论是，这些乐
队展示了村庄对现代化的投入，就像道路和学校一样有形，而且更有声
有色。

　　无论最初的意图是什么，在许多村庄里，铜管乐队的组建除了笨重的、
起初闪闪发亮的、技术上现代化的乐器的到来之外，对于现代化而言并没
有更多的意义。一个社区中乐队的数量（例如，圣费利佩奥特拉尔特佩克
［San Felipe Otlaltepec］有五个乐队）似乎与现代化程度或阶级界限的社会
区分没有多大关系。在圣费利佩，乐队的增加并没有与政治派系主义相关，
只是给古老的社区间竞争增添了戏剧色彩。另一方面，在米特拉这样的有
两支乐队存在的村庄里，较老的乐队往往与宗教当局和职务系统的关系比
较密切，而较新的乐队则与民事当局和世俗的仪式职责有关。在这种情况
下，旧的乐队（传统和地方身份的守护者，或者说，在米特拉的例子中作
为地区身份的守护者）与新成立的乐队形成了鲜明的对比，后者擅长将"以
国家为导向"的世俗和现代化的活动庄严化和戏剧化，如州长访问和竞技
体育活动等。

[326]

---

[62]　Robert Redfield, *A Village That Chose Progress: Chan Kom Revisited* (Chicago, 1950), 48, 83.

大师、乐手、音乐和神秘性：一个案例研究

　　在 1919 年至 1933 年间，米特拉有两支乐队：一支是 19 世纪成立的只有十二名乐手的名为"胡亚雷斯团"的乐队，以其队长名歌手曼努埃尔·胡亚雷斯（Manuel Juárez）命名。胡亚雷斯团更多的是为公共和私人的宗教仪式伴奏。另一支成立于 20 世纪初，规模更大，有三十名乐手，实际上是村里的管弦乐队。这支乐队由另一位名歌手何塞·阿马多尔（José Amador）指挥，在世俗仪式、节日庆典和体育活动中发挥着更为重要的作用。尽管存在这些领域方面的不同，但这两支乐队经历了相当多的仪式性的重叠和竞争，还包括两位乐队指挥之间的竞争，他们都是米特拉最著名的圣歌大师。[63]

　　曼努埃尔·胡亚雷斯无疑认为自己是米特拉音乐和仪式生活的元老，因为他是胡亚雷斯团乐队的指挥以及教区的领唱人。他住在村子中心为数不多的几间瓦房中的一间内。他的房子和邻居（他的一个侄子，也是乐手）的房子一样，屋檐下有一道独特的蓝白饰带，由一系列描绘花卉、昆虫、鸟类、动物、植物、人脸、人体部位和魔鬼的嵌板组成——看起来就像欧洲的怪兽。镇中心的许多房子显然都曾经这样装饰过。这名乐队指挥哀叹这种习俗的衰落，因为人们不再"有耐心"，暗示他自己是村里传统的守护者。他是社区里三位圣歌大师中最重要的一位。

　　胡亚雷斯的侄子已经取得了圣歌大师的地位，当他的叔叔去其他萨波

---

[63]　圣歌大师是社区中具有影响力的人物。帕森斯指出，他可以"代替神父为死者唱和；在家庭葬礼上，他可以为尸体洒上圣水"。他们通常在童年时就从自己的父亲那里学习了祷告词和圣歌。传统意义上，圣歌大师享有某些特权，例如免于支付赋税和社区服务。Parsons, *Mitla*, 186-187. 关于那些在尤卡坦半岛逐渐形成一种辅助祭司制度的圣歌大师，参见 Anne C. Collins, "The *Maestros Cantores* in Yucatán," in *Anthropology and History in Yucatán*, ed. Grant D. Jones (Austin, TX, 1977), 233-247; Redfield and Villa Rojas, *Chan Kom*, 73, 367; Alfonso Villa Rojas, *The Maya of East Central Quintana Roo* (Washington, DC, 1945), 45。

特克人的城镇教音乐的时候，他经常代替叔叔的位置。胡亚雷斯还训练他年幼的儿子莫伊塞斯唱歌和指挥，还花 250 比索给他买了一把崭新的萨克斯管。一件很能说明问题的事情是，这位父亲要求儿子在本该上学的时候吹奏这件新乐器；他坚持认为，儿子练习音乐的时候不用上学。下面的交流清楚表明了对乐手的豁免。

[327]   "他不用做村里的低级差役（*topil*，村里的信使和杂工，是除了乐队成员以外的所有男性必须经历的基本职位）……但要做教会的低级差役（*topilillo de iglesia*，同样的职位，但为教会服务）吗？"人类学家埃尔西·克莱斯·帕森斯（Elsie Clews Parsons）问道。"不，什么都不用，"胡亚雷斯回答说，"他根本不会有任何其他需要做的服务。**我没有欺骗你，因为上帝是我的见证**（*No te engaño, Dios 'sta mirando*）。"[64] 胡亚雷斯刻意培养了年轻乐手的神谕豁免的感觉，让他免于服从教会、学校或社区的杂务（*faenas*）。事实上，与他的对手阿马多尔相比，胡亚雷斯作为乐队指挥的权威，在很大程度上要归功于他成功地维护了尊重名歌手的传统。在胡亚雷斯的案例中，名歌手通过对音乐和歌曲的特权性的、隐秘的掌控，成为音乐和圣歌的神圣之源与社区之间的独家媒介。

这种强烈的神圣使命感有助于解释胡亚雷斯性格的其他方面，尤其是妒忌（*envidia*）。就像 19 世纪英国军乐队的大师们一样，名歌手的技巧和音乐曲目通过父子相传的曲调和歌曲的形式，被小心翼翼地保护着，只有少数转录成乐谱。[65] 尽管不断收到请求，胡亚雷斯还是拒绝把他《征服之舞》的乐谱借给帕森斯，称这是在亚拉拉格和更远的地方教学所需要的。妒忌的特点进一步体现在他对于侄子作为有声望的圣歌大师而崛起

---

[64]   Parsons, *Mitla*, 410. 另参见第 22—24 页。

[65]   威廉·加洛韦（William Galloway）写道，直到 1845 年，还没有以印刷形式出现的军乐乐谱，"乐队指挥不得不从心怀嫉妒的同事那里乞讨、借用或偷窃乐谱"。*Musical England*, 72.

的暴躁的反应。在一次胡亚雷斯外出期间，他的侄子应承了阿比库萨斯（Abicusas）镇关于音乐教师的邀约。在胡亚雷斯回来后，胡亚雷斯乐队分成了两个派别，不久之后，据说这位乐队指挥缺席了一个重要的节日，这是此前没有先例的事件。

显然，在大师不在时指挥这个米特拉乐队是可以接受的。但是，胡亚雷斯认为村外的教学是他的专属权力。这些教学可能相当赚钱，而受邀去教导其他乐队也是对大师的致敬。胡亚雷斯认为，他作为胡亚雷斯团乐队的圣歌大师的地位相当于仅次于教区神父的位置。对许多萨波特克人的村庄而言，胡亚雷斯以他的音乐技巧和收集的圣歌与乐谱，使米特拉人格化，并暗示了一种区域文化认同感。

当然，胡亚雷斯在捍卫其圣歌大师地位时之所以产生妒忌，不能不考虑其个人的、非职业的动机。他的女儿约维塔（Jovita）刚刚嫁给了拉泽西拉（Lachesila）地区乐队里的一个男人，胡亚雷斯曾在那里上过课。胡亚雷斯最近还与乌伊拉（Huilá）地区的一户有号手和圣歌大师的家庭结了干亲（*compadres*，胡亚雷斯的妻子费利西塔斯［Felicitas］成为号手女儿的教母）。他的权力源泉显然在于他对村里的音乐奥秘的嫉妒性占有，他的财富也由此而来。胡亚雷斯作为高级圣歌大师的特权地位在与其竞争对手何塞·阿马多尔相比时，才可以得到更充分的理解。 [328]

阿马多尔是相对大很多的乐队的指挥，也是一位圣歌大师，他的父亲是乐手，他也正在训练自己的儿子继承事业。他曾在米特拉之外的特拉科卢拉（Tlacolula）地区学习过，并可能为他的乐队专门创作了更现代的曲目，他的乐队在 1905 年左右成立，致力于获得村庄管弦乐队的地位。在 20 世纪 20 年代，阿马多尔曾是一位卓有成效的市政长官（*presidente municipal*），在村里仍有相当大的政治影响力。例如，1932 年在州政府下令施行禁止宗教游行的反教权法律后，他选择了无视禁令，在米特拉主要仪式之一的督管仪式上为其用音乐伴奏。很显然，他藐视法律的行为是被鼓励的，因为即将离任的督管是他乐队中的乐手，同时也是他的表弟。1932 年，有消息称，他经常在晚上去米特拉的主要商店拉索普雷萨（La Sorpresa）做客，教店主唐拉斐尔（Don Rafael）为管弦乐队演奏大鼓，拉斐尔是为数不多的非印第安人出身的贵族之一，也是资深的政界巨头。也许其学习打鼓的兴趣并不在音乐上，而是在政治上。一旦成为乐师，唐拉斐尔就可以免去所有的公社服务，从而自由地竞选市政长官，而阿马多尔作为拥有三十名乐手的乐队指挥，也可以拓展唐拉斐尔的政治人脉。

阿马多尔的影响还可以从守护神节日（*fiesta patronal*）期间的一个事件中得到进一步说明。在马戏团演出时，乐队被一个年轻的酒鬼欺侮。阿马多尔使他被逮捕并关了一晚上。[66] 乐队指挥的胁迫性权力和市级司法机构的这种紧密重叠，让人想起 19 世纪 70 年代期间在普埃布拉州山区的萨波蒂特兰（Zapotitlan）发生的类似事件，当时一名男子因拒绝为维持村里的乐队捐款而被监禁。他拒绝捐款的原因是反对乐队指挥的低下素质。作为惩罚的一部分，他不得不忍受由受伤的乐队指挥所主持的夜间音乐会。[67] 胡亚雷斯的权威是传统的——基于对他精通私有曲目的尊重，这些曲目主要用于传统的天主教仪式中——而阿马多尔的权威更多的是由于他对世俗政治的参与，以及他的人数更多的乐队在政治赞助方面给予他的优势。

这些圣歌大师的特权延伸到组成这两支乐队的乐手身上，他们免于义务服务和税收。作为回报，乐队必须在公共庆典活动上演奏，"包括长时间的督管仪式"，"除了食物和特帕切酒（*tepache*，受欢迎的水果和龙舌兰酒饮料）以及香烟之外"没有报酬。在婚礼、葬礼和其他家庭场合上，乐手们当然是有报酬的，也有食物——通常比宾客的待遇更隆重、更丰盛。这

[329]

[66] Parsons, *Mitla*, 398-399, 406-409.

[67] Thomson, "Bulwarks," 59-60.

些乐队的成员是谁？他们不像在纳兰哈‑德塔皮亚（Naranja de Tapia）那样形成了一个"隔离的种姓"、一个甚至不能在他们自己的村庄节日里表演的外族，因为这两个乐队都充分参与了米特拉的仪式生活。他们是否仅仅是由年轻人组成的乐队，从幼年时期就被圣歌大师培养，一旦他们长大成人，就会自然地进入私人生活或其他职位？这是无法回答的。但是，因为他们从七岁起就在一起训练，当他们第二次长出吹小号的牙齿时，他们确实拥有共同的团队精神。[68]

在对圣多明各阿尔瓦拉多（Santo Domingo Alvarrado）村的乐队练习的描述中，呈现了一个封闭的、准共济会的、男性化的、充满烟草的世界。

> ［乐队］在一间很大的房间里集合练习，我的主人把家里的祭坛放在那里，也在那里储藏谷物、招待过夜的客人……二十多件乐器经常性地放在这个房间里；挂在墙上。鼓声每隔几分钟就会敲三下，以召唤演奏者。这些人在练习前和练习的间隙里抽烟、聊天，练习大约从晚上九点开始，一直持续到凌晨两点，也在周五晚上，一直到周六午夜。疲惫的客人们不得不在这令人痛苦的几个小时里充分利用时间。第一天晚上，没有演奏者注意其他人；第二天晚上，只有有限的合奏。到了星期天早上，经过两次召唤后，乐队在教堂里跪着演奏。会众由两名妇女组成。后来，乐手们在外面闲聊，抽着免费供应给他们的香烟。[69]

虽然我们不知道在米特拉谁成为乐队成员，也不知道他们在多大程度

---

[68]　1992 年，乐队指挥哈里·莫蒂默（Harry Mortimer）的布告中写道，乐队招募新人的最低年龄在一定程度上是由长出第二副牙齿来决定的："年轻的乐手在第一口牙长出来之前通常都要保持克制，以避免在音乐演奏台下发生牙齿脱落这样的严重事件。" Wainwright, "And the Band Begins to Play."

[69]　Parsons, *Mitla*, 190-191.

上构成了一个独特的群体，但其他村庄有更多的信息。在圣费利佩奥特拉尔特佩克的波波洛科（Popoloco）村，乐队可能在极度匮乏的环境中提供了一种生存手段。在 20 世纪 60 年代末，在总人口为 1,604 人的村庄里，约有 120 名乐手，他们分成五个大的乐队，将音乐作为继农业和棕榈编织之后最重要的职业。这些乐手中，有一些大师，当地人称他们为"爱乐先生"（los señores filarmónicos，19 世纪普埃布拉地区的用法），他们在宗教仪式中没有任何特权。有一位有声望的大师曾到很远的地方去训练其他的乐队。圣费利佩以培养优秀的乐手而闻名，其名声远至特拉斯卡拉州以及瓦哈卡州北部。因此，所有五个乐队都毫不费力地提前几个月签订演奏合约。乐手们演奏一首托卡塔曲（tocata）的报酬只比农民多一点点。然而，尽管训练漫长而耗时，与其他职业相比，音乐在圣费利佩人心中是一个理

[330] 想的行业，部分原因是音乐家可能对村外的世界有更多的经验。此外，当普埃布拉贩卖棕榈垫的费利佩小贩独自面对着市场上的危险和不公时，乐手则是成群结队地旅行，能够更好地处理在村外的不确定因素。

事实上，乐手们一年中的大部分时间都是在乡村的节日庆典之间来回奔波。1968 年瓜达卢佩圣母节期间，五个社区乐队都在巡演。奥科特兰社区乐队一度在短短四天的巡回演出中，在三个不同村庄的节日中演奏。圣费利佩的贫穷激励乐手们巡回演出，尤其是当地的节日演出是没有报酬的，而在邻近村庄的节日演出则可以获得报酬和食宿（即便只能睡在门廊下）。但长期不在村里的乐队会引起村里人的不满，特别是如果乐队成员没有参加本地节日庆典和督管仪式，过于频繁地缺席会影响乐手们在当地社区的威望。[70]

---

[70]   Jäcklein, *Un Pueblo Popoloco*, 161-163.

仪式和礼仪

从阀门的引入使管乐器的多功能性有了巨大飞跃的那一刻起，铜管乐队就成了一种为宗教游行、阅兵式、军事演习以及世俗仪式等增加戏剧性效果的有吸引力的、易于使用的方式。在米特拉，从低调的私人婚礼到州长候选人的竞选访问等，几乎每一个仪式都至少有一支乐队伴奏。乡村乐队在戏剧化、庄严化以及偶尔的指导仪式生活方面发挥了重要作用。这些仪式分为三类：私人生命周期仪式（如洗礼、结婚、死亡等）；公共的宗教节日和圣人的督管仪式；世俗仪式。当然，尽管自《1857 年宪法》颁布以来，政教分离已成惯例，但第二类和第三类之间仍存在着相当大的重叠。

在米特拉，当限制异教外在表现形式的反教权法被更严格地实施时，市政当局选择只在表面上执行这些法律。然而，他们有义务在重大仪式上保持低调，这就要求"在教会的某些事务中取消乐队"。例如，1932 年，市长拒绝放弃一年一度的前往本镇主要泉水的游行，仪式性地为神父住宅对面的喷泉重新供水，这支起源于前哥伦布时代的古老游行队伍在人们的记忆中第一次没有乐手的随同。[71]   [331]

（一）私人生命周期仪式

随着民事登记制度的建立和教堂仪式的高额费用，乐队收到的为生命周期仪式伴奏的需求越来越少。然而，在米特拉建立民事登记制度的 70 年后，大多数人仍然选择在教堂接受洗礼，如果负担得起的话，他们也更愿意通过教堂举行婚礼和安葬死者。这些仪式的音乐伴奏大大增加了成本。20 世纪 30 年代，一位改革派神父试图通过降低教区费用来增加米特拉的信

---

[71] Parsons, *Mitla*, 433–434.

徒人数和教会圣事的使用。他将婚礼费用从 12 比索降低到 4 比索，引发了一场小规模的婚礼热潮，这让乐队指挥曼努埃尔·胡亚雷斯和何塞·阿马多尔非常高兴。神父想通过取消乐队来进一步降低教堂圣礼的成本，但他面对的是两个乐队人员组成的强大的"音乐黑手党"，他选择了不与之对抗。

教堂的婚礼和葬礼是持续数天的精心安排的仪式，在各种各样的仪式、游行和庆祝活动中，两个乐队中的一个会参加。精心准备的婚礼仪式可能会持续六天，这是曼努埃尔大师的特别爱好，他会在音乐伴奏下创作特别的圣歌。也许正因为如此，乐队受欢迎的程度几乎超过了新娘和新郎。乐队"演奏了一首曲子……当新娘……给新郎吃第一口面包的时候……在这之后……乐队继续前往新郎家吃饭。然后，乐队会去新娘家，把她的家人……带到新郎家吃饭。接着乐队又要吃饭了"。这种情况一直持续到凌晨 3 点，最后在庆祝活动接近尾声时，"音乐停止了……乐手们打起了瞌睡"。[72]

铜管乐队低沉忧郁的音色为葬礼提供了特别合适的伴奏。曼努埃尔·胡亚雷斯及其胡亚雷斯乐队几乎垄断了米特拉的所有教堂葬礼，甚至对那些付不起 8 比索费用的穷人也是如此。[73] 就像在婚礼上一样，曼努埃尔在葬礼上担当起了指挥的角色，创作特别的圣歌，动用他的私人音乐存储。他整夜指挥着守灵仪式（*velada funebre*），然后用绿釉的水壶为遗体祈福并洒上水，然后带领着灵柩前往教堂。虽然神父在场，但曼努埃尔和他的乐队主持了大部分的仪式，随后带领着游行队伍穿过市中心，前往墓地。

[332]

（二）公共的宗教节日和圣人的督管仪式

以下是米特拉的节日日历，一个十字符号表示有一支奇里米亚笛乐队的

---

[72]　Parsons, *Mitla*, 103–111, 185.

[73]　葬礼是米特拉的乐队偶尔免费提供服务的一个私人仪式。在特通特佩克的混合人种社区，情况就是如此。Warman, *Banda de Totontepec Mixes Oaxaca*.

参与，一个星号表示有一支乐队的参与，两个星号表示有两支乐队的参与。[74]

米特拉的节日日历			
节日	日期	庆祝活动	音乐参与者
新年	1月1日	弥撒；市政官员交接（cambio）	＋＊
三王节	1月6日	衰落，不庆祝	
圣埃斯基普拉（San Esquipula）督管仪式	1月15日		＋＊
圣巴勃罗节（Fiesta of San Pablo）	1月25日	重要庆典，朝圣，斗牛	＋＊＊
圣烛节（Candlemas）	2月2日	弥撒	
狂欢节和圣灰星期三（Ash Wednesday）	不庆祝		
圣何塞（San José）督管仪式	3月19日		＋＊
苦难耶稣（El Señor de las Peñas）督管仪式	3月20日		＋＊
慈悲耶稣（El Señor de las Misericordias）督管仪式	四旬斋的第三个星期日	朝圣	＋＊
拿撒勒基督（Jesús Nazareño）督管仪式	四旬斋的第五个星期日		＋＊
多洛雷斯圣母（the Virgen de Dolores）督管仪式	四月斋的第六个星期五		＋＊
圣枝主日（Palm Sunday）			＋＊＊
圣周（Holy Week）			＋＊＊

[74]　以下内容基于 Parsons, *Mitla*, 172、174–80、186–87、197–99、249–50、266–67、272–83、280。

续表

米特拉的节日日历			
节日	日期	庆祝活动	音乐参与者
圣十字（the Holy Cross）督管仪式	5月3日		＋＊
圣伊西德罗（San Isidro）督管仪式	5月15日		＋＊
玛丽之心（the Corazón de María）督管仪式	5月30日		＋＊
圣若翰洗者（San Juan Bautista）督管仪式	6月24日		＋＊
圣佩德罗（San Pedro）督管仪式	6月28日		＋＊
圣保罗（San Pablo）督管仪式	6月29日		＋＊
卡门圣母督管仪式（the Virgen del Carmen）	7月16日		＋＊
爱国主义节日	9月15—16日		＋＊＊
玫瑰圣母（the Virgen del Rosario）督管仪式			＋＊
万圣节（All Saints）与万灵节（All Souls）	10月31日至11月2日		
圣方济各（San Francisco）督管仪式	12月4日		＋＊
朱基拉圣母（the Virgen de Juquila）督管仪式	12月8日		＋＊
凄凉圣母（the Virgen de la Soledad）督管仪式	12月18日		＋＊
波萨达斯巡游（Las Posadas）			＊

[333]

续表

米特拉的节日日历			
节日	日期	庆祝活动	音乐参与者
圣诞节督管仪式	12 月 25 日		＋＊

　　单纯从工作天数上看，20 世纪 30 年代初，米特拉最需要乐手们的时候是为圣人的督管仪式及每年的督管交接仪式提供使其庄严化的音乐。全年共举行二十一次督管仪式，每次至少持续三天。虽然奇里米亚笛通常伴随着整个为期三天的仪式，但乐队的出场（胡亚雷斯团乐队是首选）则是节日仪式的高潮。圣埃斯基普拉（San Esquipula）的督管仪式与圣烛节重合，显示了乐队的作用，乐队为盛宴伴奏、使游行戏剧化、携带鲜花蜡烛并带领游行队伍从督管的房子走到教堂，在那里他们将得到祝福。

　　在其他主要的宗教节日，如圣巴勃罗节、圣枝主日、圣周的后半部分等，两支乐队和奇里米亚笛乐队都很忙碌。有时，比如在圣枝主日，这两个乐队甚至会一起参与，胡亚雷斯的乐队在长廊里，阿马多尔的乐队则在教堂的中庭。整个圣枝主日的庆典活动必须在中庭和教堂建筑内举行，以尊重改革法律，该法律禁止有神父以直接身份参与的、超越教堂范围的游行。这些限制并不适用于在督管仪式期间参与游行的人群，因为神父很少直接参与这些游行。禁令适用于耶稣受难日的庆典活动中，胡亚雷斯团乐队带着耶和华的画像走在游行队伍的最前面，与阿马多尔乐队带领的另一支队伍汇合，该队伍拿着圣母的画像，后面跟随着"五十名或更多的城镇妇女，……两支游行队伍不得不在教堂的小院子里互相闪避"。[75]

---

[75]　Parsons, *Mitla*, 272—273.

[334]   （三）世俗仪式

　　乐队明显地参与了与爱国主义活动和体育日程以及市和州政治周期有关的世俗活动。米特拉的人们只庆祝一个爱国主义节日——独立纪念日，当天两支乐队会一起演奏。庆祝活动的过程是这样的："第一天有尖叫（*el grito*）、欢呼、高喊所有爱国者万岁，以及学校演习；伴随着乐队的演奏。接下来的几天有环形'赛跑'和爬杆取物（*cucaña*）游戏；晚上有电影放映。"[76]

　　更重要的政治意义在于每年举行的交接棒（*cambia de varas*）仪式，即主要的市政办公室及其村级政府官员的权力交接仪式。在这个场合下，即将离任的市长会支付弥撒和乐队（在米特拉，出场的是阿马多尔的大乐队）的费用，招待他的同事和乐手们吃早餐和晚餐。在这些仪式中，有好几支游行队伍，总是由乐队带队。乐队参与的其他仪式包括：为新的镇政府举行弥撒；复杂的交接账目仪式；教会和学校委员会的离任和新任（及新成立的）委员会之间的交接；以及为包括州长在内的政界人士的到访举行的重大市政庆典。乐队还带领游行队伍前往篮球场，在与邻镇球队的比赛中全程演奏。乐队和体育活动之间的关系是一个新的音乐活动领域，也是一个会越来越重要的领域。

奉承、派系斗争与和解

　　在西班牙东部的村庄里，人们观察到乐队的建立和村庄派系主义的增长存在联系。华金·巴塞罗·维尔杜（Joaquín Barceló Verdú）发现，在

---

[76]　Parsons, *Mitla*, 280.

19 世纪，即使是在最小的村庄里，也经常有两个乐队代表着相互竞争的派系。[77] 一些对墨西哥的研究也得出结论："音乐在发展村庄内部的联盟方面发挥特殊的作用"，可与家庭和社区组织、工作团体、政府和教会组织等相比。[78] 这种竞争有时会影响到乐队的美学效果，因为乐队会试图在公共节日中互相竞争。[79] 竞争的结果往往是产生不调和的音调，例如 1931 年在扎奇拉（Zachila）的圣灰星期三庆典上，两支铜管乐队为基督徒舞蹈伴奏，演奏着两种完全不同的配乐。[80] 这样的竞争并不一定表明，这只是音乐专长、品位和赞助者的不同。在圣费利佩奥特拉尔特佩克的五支乐队的例子中，反映出的是社区间的边缘政策。

[335]

　　在其他地方，人类学家认为，阶级、种族和政治是决定乐队成员资格的重要因素。在瓦哈卡州的塔里亚德卡斯特罗，两支乐队紧密地反映了咖啡生产的商业发展所带来的社会分化。到了 20 世纪 50 年代，塔里亚的两支乐队各有大约三十名成员，代表了不同的社会和文化群体。"乐队"由镇上的保守派农民组成，而"管弦乐队"的成员则来自进步派的农民、生意人和咖啡商人。许多镇民认为两支乐队是一种奢侈，镇上负担不起。事实上，1957 年，在第一条与外界联系的公路通车后所带来的不确定时期，这两支乐队在一个节日里一起演出，当晚就有人说要把他们合并成一个乐团。在第二天清晨的微光中，塔里亚人就不再认为合并存在可能性，首先是出于

---

[77]　*Homenaje a la música festera* (Valencia, 1974), 25.

[78]　Philip A. Dennis, *Intervillage Conflict* (New Brunswick, NJ, 1987), 32. 在马萨特卡山脉的村庄里，乐队的激增既归因于马萨特科民众对于音乐的热爱，也是派系斗争的结果："另一个方面是他们对音乐的热爱，几乎所有城镇都至少有一个乐队。在主要节日里，邻近城镇的乐队聚集在一起，互相较劲。"相比之下，奇南特卡人似乎更多地把音乐当作一种责任，而不是一种乐趣："无处不在的乡村乐队是相当庄严的半官方组织，在正式场合会尽职尽责地演奏。"*Handbook of Middle American Indians. Ethnology*, 1: 521.

[79]　Jäcklein, *Un Pueblo Popoloco*, 161-163.

[80]　Parsons, *Mitla*, 261.

政治原因，也因为乐队和管弦乐队代表了两种音乐表现类型。[81]

在萨波特克人社区的派系主义表现为对立的管乐队，而在米却肯州的塔拉斯坎人（Tarascan）社区，唯一的铜管乐队代表着由单一的酋长部族控制的村庄里的非派系成员。这似乎是一种中间的做法，介于特索特希尔人为了维护镇子的共识而将拉丁乐队完全排除在村子外的做法，以及萨波特克人的村庄里乐队广泛扩散的做法之间；这表明他们有能力容忍和遏制社区内的派系之争。保罗·弗里德里希（Paul Friedrich）写道："音乐与纳兰哈·德塔皮亚的政治紧密相关，并清晰地象征着政治。"他的意思是，那些在豪强政治（cacique politics）中失败的人会进入音乐领域。因此，从 20世纪 30 年代开始，纳兰哈乐队（据说是米却肯州最好的乐队）的成员就代表着政治上的中立派或反对执政的平均地权派系的那些人。1886 年出现了一个先例，那就是音乐和谋生的交集。纳兰哈的公有土地被拆分后，恰逢乡村乐队组织了起来。土地的出售为购买乐器的成本提供了资金，而与此同时，村里生存基础的恶化使音乐成了一种必要的职业。在 20 世纪30 年代期间，音乐的专业化弥补了对生活资料的有限获取，因为在这种情况下，统治派系能够优先获得村社公地。政治上的排斥也可以解释人们所观察到的塔拉斯坎人乡村乐队的普遍特征——他们很少在他们自己城市（*municipios*）的社区庆典上表演。[82]

[336] 塔拉斯坎人的巡演乐队汇集了三个终极且相关的主题：乐队是通过政治小夜曲来打动上级权威的一种手段；乐队是村庄身份的象征；乐队是和平使者。在世纪之交的时候，弗雷德里克·斯塔尔（Frederick Starr）就注

---

[81]   Nader, Harmony, *Ideology*, 47–48.

[82]   Paul Friedrich, *Agrarian Revolt in a Mexican Village* (Chicago, 1977), 40, 79；同前，*Princes of Naranja: An Essay in Anthrohistorical Method* (Austin, TX, 1986), 191；*Handbook of Middle American Indians. Ethnology*, 1:770.

意到乐队在给局外人（尤其是上级权威）留下深刻印象的作用。他描述了伊达尔戈帕瓦特兰（Pahuatlán）的乐队穿越山区，为行政长官演奏了一整晚的小夜曲。优美的音乐显然说服了这位与州长关系密切的、有权势的伊达尔戈政治家，同意尊重帕瓦特兰的传统自治权（该村以前是普埃布拉的一部分），并将特南戈－德多利亚（Tenango de Doria，一个麻烦的邻村）的行政长官赶下台。[83]1974 年，特通特佩克的米塞人（Mixes）乐队也进行了类似的小夜曲演奏，成功地说服路易斯·埃切韦里亚总统答应修建一条通往村子的道路。[84]

乡村乐队的交流也可以在社区间冲突时期起到治愈政治创伤的作用。萨波特克山区的亚拉拉格与一个曾经的敌对邻村之间重新开始乐队互访，标志着正常的关系已经恢复。[85]在绍特拉（Zautla）和马扎特佩克（Mazaltepec）的萨波特克人社区发生冲突后，音乐团体也发挥了类似的作用，尽管互访可能与友谊和善意无关，而是乐队需要通过"外出演奏"来创造收入。[86]这并没有减损乐队明显的象征意义和音乐的治愈力量。

结　论

一个多世纪以来，铜管乐队和墨西哥农民社区一直保持着密切的关系。

[83]　Starr, *In Indian Mexico*, 247–248.

[84]　Warman, *Banda de Totontepec Mixes Oaxaca*.

[85]　de la Fuente, Yaldlag, 255.

[86]　Dennis, *Intervillage Conflict*, 32.

在过去的几十年里，随着传统的奇里米亚笛乐队以及从殖民时代甚至是前殖民时代继承下来的较小的吉他和小提琴乐队的衰落，较小的舞蹈和爵士乐队出现了，丰富了乡村音乐的内涵。但铜管乐队作为村庄仪式日历的守护者和村庄身份的体现依然存在着，尤其是在瓦哈卡州，那里的铜管乐队竞争就像英国煤矿地区的铜管乐队一样充满活力。[87] 农民社区的组织，以其复杂的权利与义务平衡体系和对当地资源的控制，被证明特别适合于有组织的乐队音乐的经济、教育和娱乐需求。铜管乐队并没有从根本上改变传统上赋予乐手和音乐在乡村仪式和政治生活中的重要性。最初从欧洲传[337]入的新乐器和曲目也不一定代表文化适应的速度有任何显著的加快。19 世纪期间引进的欧洲 "进行曲、序曲、波尔卡舞曲和幻想曲" 与墨西哥传统（包括原住民）歌曲、舞蹈和韵律在一个多世纪里轻松地共同填满了这些乐队的曲目单。

在乡村内部结构和与外部世界的关系发生前所未有的变化的这一个世纪中，铜管乐队的成就是重申并在技术上加强了音乐和乐手在乡村生活中被长期忽视的核心地位。与传统的奇里米亚笛乐队相比，铜管乐队的规模更大，音乐的多变性和灵活性更强，有助于在改革战争后的混乱时期重组村庄，使村庄度过土地解体、革命、土地改革和 20 世纪 40 年代以来的加速的社会分化等。粗略的证据表明，在大多数情况下，乡村乐队只是表面上充当了 "现代化代理人" 的角色——乐队音乐是一种名义上的 "文化虚饰" 或 "都市风格" 的承包者，乐队很少是统治派别的简单代理。最重要的是，铜管乐队一直在满足村民们不断变化的社交和娱乐生活的需求。它们作为一个当地控制的媒介，吸收外来的文化和政治影响。到了 20 世纪 50 年代，在瓦哈卡州，即使一个村子无法自己组建起有名

---

[87]　关于英国的管乐队比赛，参见 Scholes, *Oxford Companion*, 215–216, 以及关于瓦哈卡的情况，*Handbook of Middle American Indians. Ethnology*, 1:521。

的管弦乐队，一个有抱负的乡村政治家仍然可以把邀请著名的特奥蒂特兰（Teotítlan）乐队来为守护神节日演出，并将其认定为自己作为团体督管的最高成就。[88]

---

[88] 埃利奥·巴里亚·里瓦斯（Rogelio Barriaga Rivas）在他的 "原住民主义"（indigenista）小说《督管》（*La Mayordomía*, México, 1952）一书中使用了这个主题，引自 Dennis, *Intervillage Conflict*, 35-36。

结语 作为吸血鬼的国家——墨西哥的霸权计划、公共仪式与大众文化（1600—1990）

埃里克·范·杨（Eric Van Young）

加州大学圣地亚哥分校（University of California, San Diego）

  埃里克·范·杨对本书进行了总结，他将关于重要文章的真知灼见、关于（他所认为的）文化史理论或方法论的犀利批评，以及针对一些尚未引起过多关注的话题——地区主义和种族——的细致讨论（基于他目前的研究案例）相结合。更重要的是，他进行了细致缜密的思考，挑战了逻辑严谨的假设，提出了偏僻入里的（通常与心理分析有关）假设，笼统地说，他对于历史研究的狂热不亚于狂欢者对于狂欢节的痴迷。

  范·杨于加利福尼亚大学伯克利分校获得了博士学位，其博士论文《18 世纪墨西哥的庄园和市场》（*Hacienda and Market in Eighteenth-Century Mexico*）于 1981 年正式出版。在过去的几年间，他所发表的那些具有启发性的文章（包括注释中所引用的文章）使得大众对他正在撰写的《另一场叛乱》（*The Other Rebellion*）抱有极高的期待。*

---

* 这篇文章的后续版本得益于迈克尔·伯恩斯坦（Michael Bernstein），史蒂夫·刘易斯（Steve Lewis）和保罗·范德伍德（Paul Vanderwood）给予的细致指导与批评；大卫·林格罗斯（David Ringrose）在写作后期的关键时刻也提供了参考意见。

综上，本书的导论部分以及十五篇文章较好地展现了跨越近四个世纪的墨西哥历史。需要承认的是，本书涉及的各段历史之间难免存在着一定的间隙，相应的关注度也有所差异。尽管这种不均衡性在墨西哥的史学领域已然不足为奇，但是，在独立战争爆发与波菲里奥上台之间，也就是这个国家历史进程中相对不受关注的 17 与 19 世纪，除了学术层面的探索，还存在着许多值得推敲的地方。

[344] 通过对于这片土地的历史阶段或史学层面的考察，本书论文所涉及的长时间跨度以及广泛的主题范畴将我们置于一个充满好奇的世界，让我们获得了关于文化、社会和政治的"地方性知识"，同时感知到这些知识对于全面理解墨西哥历史的广泛适用性——换句话说，它不断提出各种各样的问题，而本书的论文也只能提供部分的答案，进而引发了关于墨西哥历史的扩展性思考。（我所说的地方性知识指的是不同群体以及社群对于思想和文化综合体的偶然的、历史的，甚至是个性化的理解，而这些思想和文化综合体通常是与其他群体共享的。）在有关该国文化史的广泛讨论中，民族志撰写者似乎没有缺席，但是，当如此多的作者试图触及关于象征以及情感意义的问题，而对于这些问题的解释往往需要通过历史学和民族志学科的日益（有机）融合才能得以建构时，情况将会如何呢？[1] 这两种类型的社会调查方法的有趣混淆，将给大多数的研究结果带来程度相当的风险与偶然性。[2] 我的文章试图将关于其他作者的深入研究的友善指正、关于文化史

---

[1] 关于讨论当前在民族志和社会或文化史上尚存在的争论的启发性文章，参见 John and Jean Comaroff, *Ethnography and the Historical Imagination* (Boulder, CO, 1992); Emiko Ohnuki-Tierney, ed., *Culture through Time: Anthropological Approaches* (Stanford, CA, 1990); James Clifford and George E. Marcus, eds., *Writing Culture: The Poetics and Politics of Ethnography* (Berkeley, CA, 1986)。布莱恩·帕尔默（Bryan D. Palmer）在《进入话语：语言的具体化和社会史的写作》（*Descent into Discourse: The Reification of Language and the Writing of Social History*, Philadelphia, 1990）一书中对这种方法提出了挑战。

[2] "界限混淆的学科"（blurred genres）一词来自克利福德·格尔茨的同名文章，参见 *Local Knowledge: Further Essays in Interpretive Anthropology* (New York, 1983), 21ff（中文版参：《地方知识：阐释人类学论文集》，杨德睿译，北京：商务印书馆，2014）。

书写的纲领性反思以及，关于墨西哥公共文化史的解释性综述相结合。首先，我试图设定一个分析框架，同时将其他文章置于该分析框架之下，接着，我将针对个别作者提及的某些主题进行更为细致、但也更为精简的探讨。

尽管这些文章具有明显的说服力、复杂性以及描述丰富性，而且至少都触及了本书的中心主题并与之保持一致，但是，想要通过最后一章整合全书内容并提出更为广泛的解释性结论，这仍然是一件令人却步的苦差事。这个任务与编者们在导论部分给自己设定的任务是截然不同的，导论的目的是为本书构建一个概念框架，尤其是关于公共仪式的形式和功能，同时将相关的讨论置于文化研究以及一系列来自世界其他地区（主要指早期现代欧洲和美国）的实证比较研究的背景之下。正是通过公共仪式和庆祝活动的镜头，本书的编者以及作者才能就墨西哥文化史提出一些有趣的理论性与实质性讨论：其中包括，基于历时性（随着时间的推移）以及共时性（跨越空间的局限）的社会构成意义的不稳定性、国家构建与民族构建问题、大众文化的弹性以及（面对国家主义计划）民间社会的群体性反抗。尽管这些讨论听起来都太过于现代主义了，但是应该指出的是，它们确实在墨西哥过去的两三百年里引发了人们的强烈共鸣。因此，例如，如何调和政治精英与更广泛的公众对于公共仪式或展演的形式、恰当性以及群体自我表征的关注与其对于工作纪律与善治（*buen policía*）的关注之间的矛盾，不仅是波旁王朝统治者所关心的，更是波菲里奥政府所关心的。它们可以被视为波旁王朝政治硬币的两面，同时也可以被视为国家构建体系的两面，在这种体制中，对于公共生活的规范本质上是一种通过强化对于工人及其劳动的控制以实现由国家调解的原始资本累积的手段。 [345]

不可否认的是，这是一种功能主义的解释，解释了所谓的民众（*hoipolloi*）的狂欢以及大众对于公共空间的争夺（一方面）与精英们在任何社会秩序中都渴望拥有的社会控制之间关系，（另一方面）与他们试图通过"国家理性"（*raison d'état*）、公共秩序或现代化必要性来证明其正当性的某种控制之间的关系。但本书的多篇文章也指明，关于社会秩序的推演是清晰而明确的，始终在精英掌权者的头脑里发生着。考虑到既要努力实现经济现代化，又要压制繁荣发展的大众文化或宗教活动，又或者，这些"改革"计划和文化综合体是否可以轻易地获得广泛的一致认可，意识形态与道德（广义层面的道德，包括人权、真、善、美等思想）之间的关系尚不明晰。因此，这些文章提出的另一个主要问题是，信仰和实践是如何被植入任何一个社会并实现合法化，尤其是在墨西哥，究竟是通过自上而下的强制推行（霸权），还是通过一些更开放、也更混乱的争论与谈判过程？而在这个过程中，不同社会行动者群体可能对他们所期望的文化（或其所属部分）拥有了相对谨慎的思考与想象。[3]

呈现的主题

　　本书涉及的部分主题是比较明晰的，就像一部宏大的管弦乐作品的乐章主题曲，还有一些曲调虽然更加低调，偶尔闪现，但却铿锵有力，另有一些曲调则几乎听不清了。例如，作者和编者一致强调了神圣性、宗教敏

---

[3]　有关的介绍，参见 Walter L. Adamson, *Hegemony and Revolution: A Study of Antonio Gramsci's Political and Cultural Theory* (Berkeley, CA, 1980)。詹姆斯·斯科特在《支配与抵抗艺术》一书中对葛兰西（Gramscian）以及后葛兰西（post-Gramscian）的霸权概念提出了尖锐的批判；关于斯科特作品的评价，参见 Eric Van Young, "The Cuautla Lazarus: Double Subjectives in Reading Texts on Popular Collective Action," *Colonial Latin American Review* 2 (1993): 3–26。

感性的形式以及贯穿墨西哥文化史的宗教仪式的重要性。但是正如编者在导论中所提及的，以及阿德里安·班杰斯的文章所说明的，至少，神圣性从宗教观念体系和崇拜形式到对民族国家的崇拜的部分转移标志着墨西哥从殖民地过渡到民族国家。因此，当这些文章按照时间的顺序不断推进时，宗教主题逐渐被国家建构所取代，而关于宗教信仰和仪式的讨论也逐渐让位于关于世俗化力量的讨论。墨西哥政府与民族国家之间的关系似乎是一个与大部分文章存在关联的主题，不言自明的是，前者作为西班牙殖民政府的继承者自墨西哥独立以来便一直存在，而后者则是经过了将近两个世纪的累积才得以形成。[4]

[346]

随着现代社会的发展，历史记忆日益商品化，相关的讨论虽然没有引起巨大的反响，但依然可以被听见（主要指的是托尼·摩根和威廉·比兹利的文章）。墨西哥政府不断扩大的科技影响力、印刷业以及其他大众媒体行业的发展、工业化进程、城市人口品位的日益资产阶级化以及墨西哥越发卷入国际资本主义旋涡的事实推动了墨西哥的现代化发展，或许从某种意义上说，它们迫使墨西哥走上了现代化道路。[5]商品化的发生体现在：当权者通过对符号的大量制造、有意识操纵以及广泛传播，实现自身权威的自然化和合法化并为其提供了一个谱系，与此同时，社群的表现形式开始着重于事物的形象和所有权，或与之交融重叠。在塞尔吉奥·里维拉、苏珊·迪恩斯－史密斯、谢丽尔·马丁、威廉·弗伦奇、恩格雷西娅·洛约和班杰斯的文章中，出现了一个更为低调但仍能被听见的主题，直指对于

[4]　David A. Brading, *The First America: The Spanish Monarchy, Creole Patriots, and the Liberal State, 1492-1866* (New York, 1991).

[5]　关于波菲里奥时代的情况，参见William Beezley, *Judas at the Jockey Club and Other Episodes of Porfirian Mexico* (Lincoln, NE, 1987); 以及 Stephen Haber, *Industry and Underdevelopment: The Industrialization of Mexico, 1890-1940* (Stanford, CA, 1989)。关于殖民地物质文化以及社会意义的讨论，参见我的文章："Material Life in the Colonial Latin American Countryside," in Louisa S. Hoberman and Susan M. Socolow, eds., *The Countryside in Colonial Latin America* (Albuquerque,NM, 1996)。

城市空间正式而有力的控制的核心：公众以保护地方性知识与传统的名义抵制精英或国家项目。

还有数篇文章提及了性别的轴向组织原则（例如安妮·斯泰普斯和玛丽·凯·沃恩的文章），但除了迪恩斯－史密斯的文章之外，没有其他任何一篇将之融入社会经验与文化表征之中进行系统的分析，我们逐渐将之视为最基本的目的。[6] 事实上，也没有哪位作者对他们所描述的仪式、庆典、游行、大众文化反抗行为或霸权项目进行性别层面的解读，其中大部分不仅彰显了社会等级制度或由此产生的反抗，同时也彰显了男性等级制度或由此产生的反抗。

缺失的主题

作者和编者们似乎都忽略了对于墨西哥来说具有历史重要性的各种文化议题。其中两个议题分别是地理与种族。我们需要意识到，城市空间是[347] 物质的，也是隐喻的，或者说是精神的，解读历史的时候，距离的摩擦与阶级或性别的摩擦有着相同的重要性。因此，分析公共仪式或庆祝活动时（就像在柯西奥－纳吉或加西亚·艾露阿尔多的文章那样），我们可能不仅需要思考如何解读社会等级制度或宗教思想的表征，还需要思考任何解读关于城市或其他空间的利用，包括根据何种道德与审美动机，以及受

---

[6]　参见 Marjorie R. Becker, *Setting the Virgin on Fire: Lázaro Cárdenas, Michoacán Peasants, and the Redemption of the Mexican Revolution* (Berkeley, CA, 1996)。

到何种情感的影响，世俗的场景得以被转化为神圣或庆祝的场景。[7] 在更大的范围内，墨西哥复杂的地理环境以及顽固的地域特性，必然与源自中心的、关于霸权政治和文化项目的限制，以及与之相伴的地方传统（包括种族）的韧性有着很大的关系。考虑到"来自墨西哥城的人"（chilango）对其他各省的蔑视，空间几乎可以被认为是时间的代理，文化实践可能滞后于"现代"思想，并与距离国家中心的远近以及隔绝程度成正比；毕竟，"在墨西哥之外，一切都是库奥蒂特兰"（fuera de México, todo es Cuauhtitlán）。

　　当然，我们必须将种族视为理解墨西哥文化史复杂混合体的因素之一，尤其是种族问题被嵌入在印第安原住民以及欧洲群体之间的对抗与和解之中。直到墨西哥进入近代史很长一段时间以后（具体时间取决于地理位置），如果不提及在殖民征服和统治的背景下印第安原住民信仰和社群形式的存续及其在墨西哥大部分地区的普遍存在，就很难理解这个国家在政治、经济或文化上的动向。例如，在一个种族分层的社会中，宗教仪式传达了何种意义？属于谁的意义？它又是如何沿着种族界限发生分裂的？当一个政治国家在采取任何重要举措时总是倾向于排除该国很大一部分人口（尤其是农村人口），那么人们该如何有意义地谈论国家建构呢？[8]

---

[7]　关于地方环境以及社会行为的解构，参见 Clothilde Puertolas, "The Festival of San Fermines" (Ph. D. diss., University of California, San Diego, 1989); Rhys Isaac, *The Transformation of Virginia, 1740-1790* (Chapel Hill, NC, 1982)。

[8]　参见 Alan Knight, "Racism, Revolution, and *Indigenismo*: Mexico, 1910-1940," in Richard Graham, ed., *The Idea of Race in Latin America, 1870-1940* (Austin, TX, 1990), 71-113。

文化史

我们应当适当关注一些文化史的理论与方法，尽管比较简略，但这正是这些有趣的研究正在做的事情。我不想在这里尽数阐释这些想法，更愿意将其中的一些粗浅想法作为背景，并在后续对于实质性历史问题的讨论中顺带提及它们。

我的第一个想法是，文化历史学家需要积极地质疑他们的信息来源——也就是说，把它们（他们的"文本"）视为需要仔细考量的问题，而[348] 不是对一个要重建的先行现实的原始再现。[9] 在某种程度上，优秀的历史学家始终是这么做的（连同"深描"和其他一些近年来我们被要求采用的方法），但也许并不像人类科学中某些后现代主义思维那样充满着强迫性的能量，在这种思维中，事实屈服于真实性，真理屈服于陈述。通过这种方法，社会与文化进程的证据不过由文本化的观点构成，而我们应该认识到，历史上的行动者没有说出的话语往往与他们说出的话语一样富有深意。在传达动机、含义，甚至是最为简单的描述时，我们的文本扭曲（或简单地跟随自己的内在逻辑）或仅仅讲述了故事的一部分，而其他重要的解释元素可能就藏在那些文本之下，或超越意识、知觉或语言的障碍。由此产生的结果之一便是因果陈述的碎片化。因此，行动者告诉我们的关于他们自己的事，或者其他行动者或观察者告诉我们的关于他们的事，很可能是真的，但也可能不是真的。

这就引出了我的第二点想法：社会和文化行为很可能是由多种因素共同决定的，所以行为背后可能存在着不同的原因，或同时实现了不同的功

---

[9]　更多讨论，参见 Van Young, "The Cuautla Lazarus"。

能。[10] 本书编者们在讨论公共仪式或庆祝活动的功能的相关理论时提到了这一点，其中有一些理论可能同时适用，但不是始终适用，如情感宣泄、娱乐价值、社会等级的强化、社群的表达、冲突的表达等。我们也不应该对矛盾的存在感到惊讶，不同群体可能会在同一个城市或其他地点进行意义和主导地位的争夺，与此同时，在一个具有凝聚力的社会群体之中，甚至是单独的个体之中，显然也存在着互不相容的动机和目标，更不用说那些无法表达或无意识的动机和目标，可能还会引发激烈的竞争。

　　第三点想法源自民间仪式（或其他复杂的文化现象）的多重价值性以及潜在的自相矛盾性。通常情况下，我们感兴趣的不仅仅是仪式行为本身（尽管它们可能生来便具有异国情调与迷人魅力，关于这些仪式的细致描述也引人入胜），还包括一种延伸的意义，从中可以感知到文化表达的其他形式和/或产生它们的社会秩序。[11] 基于对仪式本身的局限性描述，如果我们最终将这些表演视为文本来解读——它们不是永远固定的，且受制于实践与环境的剧烈变化，尽管如此，仍然在某个特定的时刻被铭记——将很难分辨哪些台词不是照本宣科，哪些台词是对观众或其他表演者的低声诉说，[349] 或是来自舞台侧面的耳语。考虑到我们的更大目标是为了发现一些关于文化秩序（仪式复合体被嵌入其中）的蛛丝马迹，那么，关于它们的（再）建构与分析所实际传达的信息范围为何呢？

　　本书编者们在导论部分提到，比兹利也在其文章中指出，仪式事件和更广泛的社会之间的关系是一种"囊括"的关系，在这个过程中，公共庆祝活动被看作是整个文化秩序的缩影，是大段大段的文化秩序，或（尤其

---

[10]　"多元决定"（overdetermination）一词最初来自于本世纪初的心理学学科；参见 Burness E. Moore and Bernard D. Fine, eds., *A Glossary of Psychoanalytic Terms and Concepts*, 2d ed. (New York, 1968), 69。

[11]　Victor Turner, *The Ritual Process* (Chicago, 1969).

是）关于其基本组织原则的说明性子集：大世界即小世界。然而，虽然我们可以轻易地承认它们所具有的代表性——也就是说，它们的本体状态是更庞大的、更难以捉摸的结构的代理或（可能）简化形象——而关于其代表性的大量观点往往存在着争议。基于丧亲仪式的特定语境，人类学家雷纳托·罗萨尔多（Renato Rosaldo）如是写道：

> 同样，仪式并不总是囊括着深刻的文化智慧。有时它们反而有着普罗尼尔斯（Polonius）的智慧。虽然某些仪式反映并创造了终极价值，但其他一些仪式只是把人们聚集在一起，同时传达一套陈词滥调，使人们能够继续自己的生活。仪式作为过程的载体，既发生在表演之前，也发生在表演之后[也可以同时发生]。例如，葬礼仪式并不"包含"丧亲的所有复杂过程。仪式和丧亲之痛不应该被完全地融合在一起，因为它们既不能完全地彼此囊括，也不能完全地互相解释。相反，仪式通常只是一系列较长的过程轨迹上的点；因此，我把仪式想象成一个十字路口，不同的生命过程在这里交汇。[12]

我认为这句话的意思是，仪式"事件"或其他公共的集体表达，与其说是可以从中采集一套标准元素的范例，不如说是开放的、散乱的、不确定的（鉴于是由多种因素决定的）"偶发事件"，响应了地点与时间的各种情境，尽管它们也包含着重要的文化理解。换句话说，它们或许提供了一些真知灼见，但绝不是蓝图。[13]旁观者的沉默，甚至是参与者的沉默，或许

---

[12] Renato Rosaldo, *Culture and Truth: The Remaking of Social Analysis* (Boston, 1989), 20（着重部分由作者标明）。

[13] 印加·克伦德内恩（Inga Clendinnen）在《阿兹特克帝国》(*Aztecs: An Interpretation*, New York, 1991）一书中关于墨西哥文化的哲学解读采用了"文化即胶囊"的立场（第4—5页）。

可以说明问题，但不应该被给予某种肯定。

我对于文化史以及仪式事件的从一而终的看法——坚持认为那些没有被看到、记录或重建的东西是肯定存在着的——让我再次回归自己的观察。第四点想法，如果我们的文本中所缺失或被排除的东西对理解文化来说很重要，那么，文化一定存在于许多我们看不见的地方，或我们没有想过要去看的地方，同时也存在于那些社会场所以及我们的习俗引导我们去关注的物质对象。考虑到文化概念的民族学起源，甚至随着其支配范围的近期扩张以及文化史的出现，它仍然保留着许多富有异国情调的、古香古色的、民俗的暗示；总而言之，有着关于别人所做的事情暗示。有人可能认为这是一种文化的"东方主义"观点。[14]与此相关的是，我们发现在文化探讨中存在着一种普遍的趋势，那就是不仅要在具体事件或行为子集中举例说明文化，而且还要将文化具体化。这就是摩根在他关于波菲里奥统治时期墨西哥城工人及大众文化的文章中顺带提到的，家长式雇主"利用文化"来争取工人的支持，就好像文化是一个独立对象，是可以被分离、被存留下来的。与这种对于文化事物的理解相平行的是，当我们无法运用其他主要的分析范畴时（比如经济结构或政治），我们倾向于将文化视为一个黑匣子来解释，这至少在一定程度上是我们被迫按照既定的学科划分对人类活动进行探究的结果。但我认为，相比之下，文化其实更加微妙、也更加无孔不入，甚至即使我们认为有些事情与它几乎没有任何关系时，它依然吸引了我们的注意力，如果我们以这种方式将文化进行隔离，那么我们只不过就是将自身研究中最重要的部分一刀砍掉而已。经济生活真的比宗教生活更

[350]

---

[14] 向爱德华·萨义德（Edward Said）所著的《东方学》（*Orientalism*, New York, 1979）致歉。詹姆斯·克利福德（James Clifford）在《文化的困境：20世纪的民族志、文学与艺术》（*The Predicament of Culture: Twentieth Century Ethnography, Literature, and Art*, Cambridge, MA, 1988）一书中也阐述了这一观点。另参见 George Marcus and Michael Fischer, *Anthropology as Cultural Critique: An Experimental Moment in the Human Sciences* (Chicago, 1986)。

缺乏"文化"吗？相比于我们对民间仪式中各种行为的成功解读，它的形式、它的情感与象征共鸣、它的共同意义和道德维度对我们理解它本身来说难道就不重要吗？[15] 相比于割礼仪式或棒球比赛，难道议会辩论就不能是一种文化制度？以这种方式来看待文化和文化实践，将之作为一种渗透于社会秩序和成为社会秩序一部分的媒介，而不是将之视为用于解码的异模块，这当然会使得我们对于社会生活的分析变得更加流动和混乱，但也从而更接近它的生活现实。

我的最后一点想法是，虽然文化可能被视为普遍而普通的存在，但它同样也是地方的、历史的。它让我们再次回归地方性知识的概念，同时也发出了另一个警告：仪式、庆典以及公共节庆活动是否真的囊括了文化意义与社会进程，又或者以某种其他方式无限接近于它们。因此，即使我们希望恢复行动者头脑中的认知以及情感过程，这也是社会与文化史在很大程度上所试图实现的目标，但是，一场基督圣体节游行活动或一场爱国庆典所蕴含的普遍意义是否（在某种程度上）会在两个或两个以上的地区凌驾于亲密史和日常关系之上依然值得商榷。不过，我在这里想到的是更为世俗化的东西——通过日常生活的无数偶然事件，包括技术变革、外部事件以及经济周期，文化史变得本土化，或被塑造成当地历史的轮廓。[16] 让

[351] 我们从手边的文章中选取一个案例。盖伊·汤姆森在讨论乡村铜管乐队的多重功能时指出，这些乐队的普及与广泛传播在很大程度上是由法国大革命对军事音乐的影响以及 19 世纪带阀乐器的发明所决定的，而上述事件就时间和地点而言都相隔较远。除此之外，汤姆森采用了比其他许多作者

---

[15] 参见我的文章："Dreamscape with Figures and Fences: Cultural Contention and Discourse in the Late Colonial Mexican Countryside," in Serge Gruzinsky and Nathan Wachtel, eds., *Le Nouveau Monde-Mondes Nouveaux* (Paris, 1996).

[16] Marshall Sahlins, *Islands of History* (Chicago, 1987), 1.

更为翔实的民族志方法，这些作者往往将仪式或象征表达视为社群主义或以阶级作为基础的起源，而汤姆森则认为，文化表达的基础历史是存在的。为了呼应马歇尔·萨林斯（Marshall Sahlins）的观点，汤姆森关于现代乐队的讨论展示了它们是如何受到个人的生命历程事件、村庄派系以及政治权力的影响的，从而表明了文化或符号生产如何被融入"正常"生活并被赋予其意义，而不是被分离至一个单独的或稀薄的"文化"领域。

无论在长达数个世纪的墨西哥文化、政治与社会历史之中，连续性和偶然性发挥着多么重要的作用，某些东西确实使得 1860 年或 1870 年的墨西哥在许多方面与 1810 年或 1820 年的墨西哥大相径庭。导致这些变化的一个主要原因可能是共和党时代引入的关于普遍公民权与现代公民的理念。我们尚不可知，从独立战争爆发到改革结束之间的半个世纪里，这些思想是如何实现传播的——是通过识字率和受教育机会的小幅增长、印刷媒体行业的扩张、物理流动性的上升、长期的军事动员本身，还是社会网络的增厚，或者所有这些因素的合力。但是，独立之后，特别是改革之后，国家计划和假定的公民权利之间的紧张关系（后者不仅出现在一个地区，同时也出现在整个国家）无疑构成了（1850 年后）这一时期文化史的重要背景。

民间融合

让我们从两个方面来分析这种紧张关系的来源。首先，关于 1821 年 12 月萨尔瓦铁拉（Salvatierra）市举行的一场爱国游行的描述如下：

领头的是一支国家民兵队伍，由最高贵的青年组成，他们衣着考究，骑着骏马，他们的军官也身着华服。紧接着的是来自该地区不同村庄的舞蹈演员们，他们的舞姿精湛而曼妙，而劳苦百姓们则极力掩饰自己的贫穷，衣着得体地出现在活动现场，同时还带来了美妙而动听的音乐。

[352]

紧随其后的是一辆由来自圣胡安·包蒂斯塔街区（San Juan Bautista）的印第安居民（自然公民［*cuidadanos naturales*］）赞助的花车以及相随而行的乐队，精心装饰的花车两侧画有各种各样的象形文字和格言，隐喻着独立战争为他们带来的好处，以及他们对于最受人爱戴的总司令先生（阿古斯丁一世）的感激之情。在花车的最高处，也就是一顶精致的篷子之下，庄严地竖立着一座自由女神像（Liberty），她的双脚踩踏着已然崩溃的专制统治的脖颈。在她的正下方分别坐着战争女神（Mars）、审慎女神（Prudence）与正义女神（Justice），暗指我们不朽的总司令推行这样一项英勇事业时所展现出来的美德。在花车的后方，斜倚在一张靠椅上的是各种科学的塑像，暗示这些科学将随着国家的政治自由而繁荣发展，以及它们理应享有的平静安宁。负责安排花车的绅士们将它们精心装扮，饰以珠宝，既得体又有品位。

随后走来的是传闻女神（Fame），传闻女神的后方是一群身着白衣的年轻女性，她们的裙子上装饰着三色绲边，代表着三大保障，她们的头发上系着三色丝带与花朵，手中拿着橄榄枝，她们之中还穿插着打扮成天使（守护神［*genios*］）模样的儿童，服装的统一与美感构成了最美丽的一道风景。

最后四位年轻女性跟随着音乐伴奏，高唱着优美的爱国歌曲，她们的表演优雅而完美。在她们之后，一位印第安人和一位西班牙人手挽着手向前走来，他们身着考究的华丽服饰。紧接着是城市的花车，花车的两侧绘有精美的图画：在最主要的位置，帝国雄鹰庄严地栖息在一株仙人掌（*nopal*）的上方；在其下面，画有一座摇摇欲坠的教堂，最伟大的总司令的手臂托举着这座教堂；在其右方，独立战争被描绘为用一根绳子捆绑在一起的两个世界，这位最伟大的总司令正在将这根绳子轻轻地切断；在其左方，总司令深情地攥着的两个拳头代表着团结，再往后看，花车的两侧还各绘有一个阿玛尔忒亚之角（丰饶角）。三条警句分别用来解释三大保障的其中之一；花车的正面饰有城市的盾形纹章。

花车的最上方坐着三位漂亮的小女孩，分别代表着三大保障，她们身着适当的颜色，打扮得既美丽又得体，每个人的手上都佩戴着象征其特征的徽章。在她们的下方坐着另一位美丽的年轻女性，她代表着美洲。她穿着优雅得体，背上背着一个箭袋，一手拿着弓，一手拿着箭，身上装饰有宝石、珍珠以及其他华丽的饰品，足以表明这位至高无上的作者赋予地球上这片美丽土地的特权。在花车的下方，矗立着一位装扮成将军的英俊青年，他代表着最伟大的总司令，她（美洲）的不朽解放者，青年的一只手举着断掉的脚镣与锁链，摆出一副刚刚将它们砸碎的模样，另一只手举着正要戴上的王冠与权杖。花车的前方坐着密涅瓦女神（goddess Minerva），衣着华丽。

十六名健壮的青年拖着花车前行，他们穿着旧时贵族印第安人的服饰，五彩斑斓的羽毛令人赏心悦目。这辆花车的后面是由宪政市长所领导的市政府队伍，伴随着恢宏磅礴的乐曲行进；这支队伍的后方是卫戍部队的骑兵队，指挥官身着奢华的服装，骑着骏马，同行的是龙骑兵和国民自卫队，为了防止不计其数的观众干扰游行，它们的存在是很有必要的。 [353]

游行结束之后，队伍中的所有人共同前往一座房屋……这座房屋经过了精心的布置与装饰，游行人员可以在那里享用丰富精致的茶点，还有为士兵、拉花车的人、舞蹈演员以及来自其他村庄的受邀客人准备的点心。众人一同舞蹈至凌晨 2 点，其间又享用了两次茶点，整个过程秩序井然，伴随着连绵不断的欢呼赞美声（万岁，*vivas*），那些最值得我们欢庆的事物带来了极大的愉悦。[17]

接下来，让我们在此基础上一同回顾《帝国公报》（*Gaceta imperial*）于 1822 年 1 月刊登的墨西哥城行政长官（*jefe político*）拉蒙·古铁雷斯·德尔马佐（Ramón Gutiérrez del Mazo）所颁布的一项法令的摘录：

> 平民（*plebe*）男女在街道、广场和公共场所随地大小便是既下流又可耻的行为，这种令人反感的过度行为应该遭到禁止，[任何被发现这样做的人]将立即被逮捕，如果他们没有足够的钱支付罚款，便会被市长或地方执政官判处适当的刑罚……
>
> 居住在附属于商业机构的住房（附属建筑，*accesorías*）内的家长们、学校的男女教师以及他们的助教应尤其在意孩子们在街上大小便的不当行为，以此确保孩子们对这种行为产生一种应有的恐惧，鉴于这种行为与他们在幼年时被教导的谦逊与谨慎正好相反；这些家长与老师将对任何失范行为负责，还将承担相应的罚款。[18]

现代性的轴心？或许不是。但在（偶然）相继发表的两段引文之中，我们看到了逐渐涌现的精英阶层的关切（显然，萨尔瓦铁拉市的市政官员精心筹备了花车并计划了游行活动），他们将公共庆祝活动变成了一种关于公民自豪感与乐观主义精神的说教式、涵盖式的展演；确实，正如比兹利

---

[17]　*Gaceta imperial de Mexico*, December 27, 1821，描述了萨尔瓦铁拉市于 10 月举办的游行活动.

[18]　作为先前颁布的法令的延续，同上，January 7, 1822。

在他的文章中指出的，殖民计划试图通过排外主义实现统治，而国家计划则试图通过包容性或推陈出新实现统治。[19] 古铁雷斯·德尔马佐政策的直接目的是为了将新首都打造为一个更健康、更清洁、更有秩序以及更加现代化的地方。这些摘录生动地阐述了多篇文章的作者所暗示的观点，斯泰普斯则明确提出，在独立后的墨西哥，治理（policía，关于公共生活的国家规范）的概念与公共仪式和庆典的概念有着紧密的联系，两者均汇聚于不断强化的国家力量，而这种力量是通过对于国家的情感忠诚与物质的进步实现合法化的，至少最理想的情况是这样。

这些引述的含义非常清晰，所以我们无须在这里对它们进行任何扩展性的讨论。它们的并置也不是为了间接地、谄媚地评价墨西哥得以走向现代化的特殊性——在某种意义上，滞后、瓶颈以及文化阻力构成了本书的主题。[20] 但关于这些摘录，或许有两点值得注意。首先，从国家构建的两大化身，也就是公共仪式的推广与公共空间的管理这两个方面来看，殖民统治后期与独立国家时期之间显然存在着高度的连续性。其次，公共仪式之间的对立——在这种情况下，对于阿古斯丁一世的近乎神化与关于新生墨西哥民族的庆祝活动相辅相成（事实上，指的是一种虚拟的结合，如果我们不知道阿古斯丁一世的最终结局，这种结合就会失去它的讽刺意味）——公共场所的污浊不堪也并未折损它们之间不断延伸的多层含义。[21] 在每一段摘录中，我们都可以发现更为深层的对应点，不同于那些从国家

[354]

---

[19] 关于"印第安人问题"的比较讨论，参见 Thomas M. Davies, Jr., *Indian Integration in Peru: A Half Century of Experience, 1900–1948* (Lincoln, NE, 1974)。

[20] 巴黎的街道上也满是污泥与垃圾，许多法国首都居民的卫生习惯与墨西哥人并无二致；参见 *Journal des débats*, November 1; 1826。下水道工人与其他巴黎人经常因下水道里的有毒瘴气窒息而死；参见 Louis Chevalier, *Laboring Classes and Dangerous Classes in Paris during the First Half of the Nineteenth Century*, trans. Frank Jellinek (Princeton, NJ,1981)。

[21] Timothy E. Anna, *The Mexican Empire of Iturbide* (Lincoln, NE, 1990); Javier Ocampo, *Las ideas de un día: El pueblo mexicano ante la consumación de su Independencia* (Mexico City, 1969)。

制高点发出的简化计划，这些对应点，在国家与民间社会之间——在失败者与胜利者之间，在神圣与世俗之间，在循规蹈矩与大众实践之间，逐渐渗透入社区护墙的后方。现在我们来回顾一下这段漫长的历史，但要特别注意的是，国家行动只不过是社会与文化变革进程的一部分。尽管如此，由于几乎所有的文章都集中关注了墨西哥历史上国家权力增长（在其仪式背景下）的含义，这种强调是充分合理的。

作为吸血鬼的国家

让我们暂时将目光拉回到 1821 年 10 月萨尔瓦铁拉的中心街区和城市广场。公众仪式——所有这些仪式都带有公共性质，这是因为他们看似都有相应的受众——有时伴随着口号与行动指南，但更多的时候是没有的。因此，如果我们想去理解它们外在表征所表达的内涵，以及它们所传达的层次分明的含义，就需要成体系的解码，特别是透过冗长时光的面纱。虽然，当那些印第安人和西班牙人"身着旧式盛装，手挽着手"，游行在戴着三色花结放声歌唱的少女与城市花车间为阿古斯丁一世欢庆时，我们永远无法进入他们的思想，但可以通过他们的群像拼凑一二。我们猜测，他们的旧式服装可以追溯至征服时期：西班牙人身着紧身上衣、紧身裤、披肩，配上文艺复兴式的帽子；印第安人身披棉质斗篷，戴着墨西加勇士或特拉托阿尼（*tlatoani*）的羽毛头饰，脚着凉鞋，尽管他可能偏爱新古典主义希腊罗马式的服饰，这样的服饰常出现在被美化的 19 世纪阿兹特克统治者的肖像上。我们有充分的理由假设，这一组群像是为了象征由西班牙统

[355]

治墨西哥造成的创伤的愈合：他们的手臂如兄弟般紧紧相携，一往无前地迈向这全新国家的命数，连结着过去与未来。这或许已成为一种尤其辛辣但却充满希望的召唤，出于墨西哥新克里奥尔人统治精英的默认。他们默认了从西班牙手中争取独立的挣扎，不仅已深深烙上种族战争的印记，并且嵌入一种成熟的为阿兹特克复仇主义（revanchisme）辩护的大众意识形态。[22]

将近一个世纪后的今天，正如芭芭拉·特南鲍姆在她的文章中所生动描述的那样，墨西哥政府仍然在相关的庆祝活动中使用原住民主义（indigenista）的"石头壁画"（极具传统风格的装扮），炫耀性地突显首都作为中心动脉的重要性，从而重新确立了夸乌特莫克以及墨西加对于其他原住民群体在公共层面、仪式层面以及肖像象征层面的支配性地位。[23] 墨西哥城改革大道上关于阿兹特克英雄的新古典主义表现形式是较为泛化的，而不是指向特定的印第安人，而他们的奉献精神则始终伴随着民族主义言论的切实高潮。这种扁平化，或者说理想化，是我所说的历史记忆商品化的特征之一。

就在这几十年间，当波菲里奥政府试图在公共领域大肆宣扬这种原住民主义时，它一直围绕着一个古老的种族主义机器不停地打转，这个机器被作用于那些发现（或将）自己置于进步以及霸权国家计划的路径上的真实（或假定）的原住民群体。例如，保罗·范德伍德关于19世

---

[22]　参见 Eric Van Young, *The Other Rebellion*（Stanford, CA, 2002）；关于 1810 年针对何塞·玛丽亚·冈萨雷斯·德尔·普里戈（José María González del Pliego）的煽动性案件，他是一位来自特南戈德尔巴耶（Tenango del Valle）附近的奥科约阿卡克（Ocoyoacac）村的印第安公证人，参见 AGN, ramo Criminal, vol. 207, expo 22, fols. 306r–327v, 1810。

[23]　参见 Tenenbaum, "Murals in Stone: The Paseo de la Reforma and Porfirian Mexico, 1873–1910," in Ricardo Sánchez, Eric Van Young, and Gisela von Wobeser, eds., *La ciudad y el campo en la historia de México: Memoria de la VII Reunión de Historiadores Mexicanos y Norteamericanos* (Mexico City, 1992), 1: 369–379。

纪 90 年代初托莫奇克（Tomóchic）千禧年事件的近期研究揭示了 19 世
纪末期普遍存在的、关于印第安人的负面刻板印象（适用于托莫奇特克
人［Tomochitecos］，尽管大多数的"叛乱者"实际上都是混血人种），同
时也弥漫于那些自由派圣骑士的作品，例如何塞·玛丽亚·路易斯·莫
拉（José María Luis Mora）以及贾斯托·塞拉（Justo Sierra）。当时的大
众媒体（尤其是首都［capitalino］媒体）充斥着关于印第安人的野蛮行径
以及无处不在的种族冲突幽灵的报道宣扬。1890 年，墨西哥城日报《宇
宙报》（El Universal）在谴责小孩子的恶作剧行为时，将之与未开化的
边境印第安人进行类比，鉴于在尤卡坦半岛曾经发生过一次真实的种族
冲突，改革大道的夸乌特莫克纪念碑落成典礼上的演讲者更是唤起了大
众对于印第安人种族冲突的深深恐惧。早些年，也就是 1886 年，另一
份首都报纸《共和国观察报》（El Monitor Republicano）就曾复兴了关于
一场"正义"战争的殖民主义学说，以合法化政权对索诺拉雅基人发起的
战争。[24]

[356]　　当然，这些都不是新事物，至少可以追溯至殖民时代，同时也构成了
墨西哥文化史上又一系列的连续事件。在殖民时期，大多数的印第安人不
仅被当权者视为智力低下的儿童，更被认为是无知、懒惰、酗酒以及充满
恶习的鸡奸者，骨子里带着对于诱惑、极端暴力以及宗教背离行为的某种
偏好。[25] 这种对于印第安人的复杂态度既无关于启蒙运动的思想，也无关

[24] Paul Vanderwood, "Indios, Fanáticos, Bandidos: Labelling the Millenarian Movement at Tomóchic, Mexico," in Lewis Knafla, ed., *Criminal Justice History: An International Annual, 1992* (Westport, CT, 1993), 161–189; 同前，"Region and Rebellion: The Case of the Papigochic," in Van Young, ed., *Mexico's Regions: Comparative History and Development* (San Diego, 1992), 167–190。新闻报道的引用来自 Vanderwood, "Indios, Fanáticos, Bandidos"。

[25] Eric Van Young, "In the Gloomy Caverns of Paganism: Popular Culture, the Bourbon State, and Rebellion in Mexico, 1800–1821," in Christon I. Archer, ed., *The birth of modern Mexico, 1780–1824* (Lanham, MD, 2003); 同前，"Religion and Popular Ideology in Mexico, 1810–1821," in Steve Kaplan, ed., *Indigenous Responses to Western Christianity* (New York, 1994)。

于种族分类的狂热，尽管启蒙运动可能使得基本的概念武器形成了一层意识形态的铜锈。[26]它甚至可以追溯至欧洲人与原住民相遇的历史阶段，进而发现其根源不仅在于美国原住民文化在欧洲人眼中的极端差异性，同时也在于剥削与不对称权力关系的日常实践。事实上，我很想指出，剥削在本体论上似乎优先于种族的因素。无论如何，在墨西哥，明显的矛盾是由同一枚硬币的两面组成的。"印第安人"概念的多重性同时转向了民族或国家的建构、传统的发明以及想象共同体的建构，此外，它也被用来压制人们对国家计划的反抗与不满，从而摧毁一个真实存在的共同体。波菲里奥政府或许可以被视为一个意识形态的吸血鬼，通过这种对于印第安性身份的占用，政府从真实的人身上汲取生命，以确保自己的永生，并通过模仿过去来掌控现在、保障未来。

萨尔瓦铁拉的城市花车与改革大道的纪念碑总会引发关于种族和地域的各种讨论，这些讨论虽然在前文有所提及，但在本书的大部分文章中都被一笔带过了。显然，这些讨论很难触及墨西哥文化史中种族问题的表象——这是墨西哥文化史区别于欧洲文化史的主要特征之一，但这一特征也将墨西哥文化史融入了关于欧洲人统治下的其他殖民社会的研究之中。两者之间的区别在墨西哥的大部分历史中始终保持着明确的显著性，甚至延续至今天（见证了恰帕斯州的 1994 年事件），无论是当人口下降比其他任何事情都更有助于解决"印第安人问题"的时候，还是当革命后对于官方原住民主义的狂热崇拜（就像波菲里奥政权所预示的那样）事实上早已将一切抛之脑后的时候。然而，直到本世纪初，原住民已经成为一

---

[26] 有关欧洲知识传统对于非欧洲文化所表现的启蒙"狂热"（typophilia，本人自创的词语），参见 Mary Louise Pratt, *Imperial Eyes: Travel Writing and Transculturation* (London, 1992)。另参见 Anthony Pagden, *The Fall of Natural Man: The American Indian and the Origins of Comparative Ethnology* (New York, 1982); 以及 Juan A. Ortega y Medina, *Imagología del bueno y del mal salvaje* (Mexico City, 1987)。

个重要的文化与政治群体。斯泰普斯叙述道，经过两位西班牙与印第安绅
士手挽着手走过萨尔瓦铁拉街道的时代之后，韦拉克鲁斯州特拉科塔尔潘
（Tlacotalpan）的市政府官员们公布了一项法令（1855 年），即便该法令有
着明显的种族歧视意味仍得以通过，该法令明确要求印第安人远离人行道，

[357]以便将人行道留给那些体面的人（gente decente）。依据比兹利的论述，在
19 世纪中叶至后期的某个时刻，"印第安人问题"被转化为了"农民问题"，
对此我们或许仍然抱有一些怀疑。[27]

我们可以更具体地将严重缺失的人种维度引入这些公共仪式、民间社
会与国家发展的激进举措（特南鲍姆的文章是个例外，该文对国家神话化
的关注远高于对种族问题的关注）。请允许我引用众多案例中的一例。比兹
利关于波菲里奥统治时期的瓜达拉哈拉市的文章早就提及，在 19 世纪中叶
（大约在特拉科塔尔潘市政府官员努力在边境抵御印第安人时），墨西哥城
的市政机关对与礼拜历有关的公众庆典抱有偏见。他们最反对的风俗是狂
欢者佩戴面具，这大概是由于隐匿身份且放浪形骸可能会助长犯罪。从市
政当局的角度，我们或许会轻易认可这点，但在他们的担忧背后或许另有
动机。面具能最有效地隐藏起什么呢？性别？——似乎不是这样。个人身
份？——或许是，但这点在人们彼此熟知的情况下仍然存在疑问，比如城
市街区管理者与街区居民总是彼此熟悉的。一个答案是，面具隐藏起了人
的外貌和种族，这给那些试图将国家与民间社会"白人化"与现代化的人带
来了深深的担忧，这相当于地方或是国家层面的犯罪行径，尤其是区域性
的劫掠与暴乱历历在目，这些都交融着种族抗争的元素，给精英阶级带来
了对种族战争的恐惧，以及对来自有色人种的敌意的担忧（比如在 19 世纪
五六十年代曼努埃尔·洛扎达［Manuel Lozada］在纳亚里特州［Nayarit］的

---

[27] Knight, "Racism, Revolution, and *Indigenismo*."

叛乱）。[28] 隐藏外表或种族是为了模糊庆祝的人本身，也是为了消融公民或是政治层面的国家的界限——或许，与其说这是一种社会控制，不如说是一种道德宣言。

关于在改革大道上举办的庆祝活动（献给夸乌特莫克以及其他墨西加君王）的第二个方面，比种族问题来得更温和，也不再那么讽刺，它指向的是特诺奇蒂特兰（Tenochtitlán）对其他原住民城邦的统治，更宽泛地说，是墨西哥谷（Valley of Mexico）对地方以及首都之外地区的现实与历史的统治。当我们从墨西哥文化史的种族维度过渡至空间维度时，我们看到了同样的吸血行为，表现为国家几乎在生活的所有方面都趋向于实现集中化的抗异性冲动。最近，卡洛斯·蒙西维什（Carlos Monsiváis）分析了与这种向心驱动力平行的话语传统；思考墨西哥各个地区的命运时，他显得既幽默又忧伤，不禁让我们联想到哈姆雷特（Hamlet）对约里克（Yorick）头骨的凝视。[29] 他指出，地方与"外省"之间、以及两者与"落后"之间都 [358] 有着很强的联系。确实，城市的文明与首都之外的野蛮的二元对立结构在空间意义上呼应了我们刚才就种族问题所进行的讨论，出于大致相同的原因——在殖民时期，甚至是殖民时期结束之后，城市都被视为由有色人种汇聚而成的汪洋大海中的不同岛屿或桥头堡，不仅实现了些许人身安全的具体化，同时也代表着政治与经济权力的中心以及地中海式的社交传统。蒙西维什补充说，至少从该国的中部地区看来，墨西哥其他省份以及相应地区都被长久地视为未成年的孩子，无论是出于它们的懵懂无知（不守规

---

[28] Paul Vanderwood, *Disorder and Progress: Bandits, Police, and Mexican Development*, ed. rev. and en!. (Wilmington, DE, 1992), 64–65; Jean Meyer, *Esperando a Lozada* (Guadalajara, 1984). 有关上述所有问题，参见 Gilbert M. Joseph, "On the Trail of Latin American Bandits: A Re-examination of Peasant Resistance," *LARR* 25 (1990): 7–53。

[29] Carlos Monsiváis, " 'Just Over That Hill' : Notes on Centralism and Regional Cultures," in Van Young, ed., *Mexico's Regions*, 247–254.

矩的孩子对于中心地区父权或皇权的抗拒），还是出于进化论的视角（就像琥珀里的苍蝇、古语博物馆以及用于"美化战败"的传统文化价值观宝库）。诚然，有些州（或墨西哥州的某些历史化身）比其他州更加悠久牢固，但不断强化的中央集权的失效，通常情况下不是因为缺乏尝试，也不是因为缺乏意识形态的保护伞以掩盖其更为恶劣的现实。

基于对墨西哥区域性以及区域主义历史的长时段分析，我对这些问题的阐述为：至少自波旁政权末期以来，大多数的国家计划都试图以现代化的名义，实现弱地域结构和强阶级结构对于强地域结构和弱阶级结构的取代。[30]出于多种原因，殖民时期以及 19 世纪的经历使得墨西哥的地域一体化始终处于较低的水平，市场发展、规模经济或实际经济增长的机会也受到了限制，进而造成社会劳动分工的低度化，以及相对较弱的阶级结构和纵向（或社会政治）连接。将这个空间问题进行概念化的方法之一便是诉诸关于人与其所处环境之间能量交换的思考；[31] 思考这种能量传输的效率，无论是以商品和服务、税收、信息的形式，还是以政治决策的形式；以及思考地理学家们所谓的距离摩擦。这些交换的框架，无论是制度化的还是临时性的，都是历史学家和其他学者关注的诸多问题之中的核心问题：不仅包括市场关系和生产安排，还包括国家结构、民族主义的兴起以及文化的同质化。

对于能量交换模型及其空间维度的探索为有关墨西哥历史的广泛思考提供了一些有趣的问题，其中的大部分在本书的论文中有所涉及。例如，

[359] 墨西哥历史的发展，尤其是自 1910 年革命以来墨西哥国家的发展，一直是

---

[30] 该讨论引用了 Eric Van Young, "Introduction: Are Regions Good to Think?," in *Mexico's Regions*, 1–36; 以及 Van Young, "Haciendo historia regional: Consideraciones metodológicas y teóricas," in Pérez Herrero, comp., *Region e historia en México* (Mexico City, 1991)。这篇文章的英文版见 "Doing Regional History: A Theoretical Discussion and Some Mexican Cases," in Van Young, *Writing Mexican History* (Stanford, CA, 2012)。

[31] Richard N. Adams, *Energy and Structure: A Theory of Social Power* (Austin, TX, 1975).

研究墨西哥历史以及该国研究国家政治与文化话语的学生所关注的话题之
一。的确，在必胜主义者的解释中，整个 19 世纪的经济与政治发展，或者
更早的墨西哥历史，或许都可以被看作为现代的后革命国家的出现所拉开
的漫长而混乱的序幕。[32] 尽管我们可能会将这种叙事定义为简单化的描述，
甚至是目的论的描述，但仍然有一些地方值得我们讨论。基于墨西哥国家
控制与构成的政治和军事斗争可以被看作试图建立或夺取某种手段的尝试，
该手段将减少距离带来的摩擦，从而提高中心地区提取能量的效率。活跃
于 19 世纪的政治公共领域的人们认为自己是自由主义者还是保守主义者，
这与他们认为市场的发展应该优先于国家的发展（或者恰恰相反）有着很
大的关系。同样，现代墨西哥民族主义的发展与许多区域点画主义举措的
失败之间也存在着密切的联系，这是通过更加有效的交通运输系统、市场
机制、军事后勤以及信息交换媒体得以实现的。

　　从这个角度来看，无论是自 19 世纪初以来国家权力的增长，还是随之
而来的经济发展推动力（既可以被视为产生的影响，也可以被视为合法化
的意识形态），都可以被视为墨西哥强区域结构得以削弱及其弱阶级结构得
以强化的过程。与高度区域化的经济相比，一个发达资本主义体系的阶级
结构可以被认为是一种从环境中提取能量的更有效机制，其结果是，那些
控制国家制高点及其特定计划的社会群体成为净能量增益的受益者。建构
国家的过程并非没有付出代价或遭遇挫折。如果暂时假定殖民区域和墨西
哥联邦州之间存在着某种程度的统一性，后者的机构实体曾在不同时期试
图阻止中央政府的新霸权主义。[33] 在后革命时期，以大河流域为中心的水

---

[32]　参见 John Friedmann, Nathan Gardels, and Adrian Pennink, "The Politics of Space: Five Centuries of Regional Development in Mexico," *International Journal of Urban and Regional Research* 4 (1980): 319–349。

[33]　Marcello Carmagnani, "Finanzas y estado en México, 1820–1880," *Ibero-Americanisches Archiv* 9 (1983): 277–317; Mario Cerutti, "Monterrey and its Ambito Regional, 1850–1910: Historical Context and Methodological Recommendations," in Van Young, *Mexico's Regions*, 145–166.

利与电力工程建设是中央政府对抗关于资源的区域控制力量的突出表现。[34]
在意识形态方面，神话的建构和国家的建构是 19 世纪以来民族主义和民族
身份认同得以扎根的重要基础，而墨西哥民族史学则是基于区域历史的尝
试性建构。[35]

[360]
  这些关于外围与中心关系的问题，至少构成了本书中许多论文的历史
潜台词的一部分。有时，中央集权计划是在省级精英、民间团体以及劳动
人民的共同努力下得以实现的，有时则是在他们的抵制下被强制推行的；
在某种根本意义上，共谋和反抗甚至可以同时在同一个社会群体、共同体
或个人中共存。这种紧张关系不应该被局限于定义中央政府或区域关系，
它还应该被理解为更加广义的空间紧张关系，在小型的社会文化剧院中实
现运作，无论涉及的范围或机构实体如何。事实上，墨西哥已经经历了长
期的离心斗争，甚至是在（处于边缘的外围地区的）地方一级，例如，在
殖民时期，乃至在 19 世纪，市镇（*municipio*）一级的边远地区始终拥有一
种独立于其地区中心城镇（*cabeceras*）的趋势，从而使得后者在更小的定
居点发挥支配作用。[36]

---

[34] David Barkin and Timothy King, Regional Economic Development: The River Basin Approach in Mexico (New York, 1979); Clifton L. Kroeber, *Man, Land, and Water: Mexico's Farmlands Irrigation Policies, 1885-1911* (Berkeley, CA, 1985).

[35] David J. Robinson, "The Language and Significance of Place in Latin America," in John A. Agnew and James S. Duncan, eds., *The Power of Place: Bringing Together Geographical and Sociological Imaginations* (Boston, 1989); David A. Brading, *The Origins of Mexican Nationalism* (Cambridge, 1985); Ignacio del Río, "De la pertinencia del enfoque regional en la investigación histórica sobre México," *Históricas* 27 (1989): 21-32. 可对照 Paul Vanderwood, "Building Blocks but Yet No Building: Regional History and the Mexican Revolution," *Mexican Studies|Estudios Mexicanos* 3 (1987): 421-432。

[36] 对比 Charles Gibson, *The Aztecs under Spanish Rule: A History of the Indians of the Valley of Mexico, 1519-1810* (Stanford, CA, 1964), 以及 James Lockhart, *The Nahuas after the Conquest: A Social and Cultural History of the Indians of Central Mexico, Sixteenth through Eighteenth Centuries* (Stanford, CA, 1992)。另参见 "Charles Gibson and the Ethnohistory of Postconquest Central Mexico," in lames Lockhart, *Nahuas and Spaniards: Postconquest Central Mexican History and Philology* (Stanford, CA, 1991), 159-182.

这些空间或政治层面的紧张关系很可能与宗教以及爱国节日领域中更为明显的象征性或情感性生活的轨迹产生交汇。沃恩指出，特卡马查尔科地区的附属定居点将爱国主义节日作为表达公民自豪感和独立精神的渠道。这种做法也促使人们发现，公共仪式可能不仅仅是一种社会（纵向）统治形式，同时也是一种空间（横向）统治形式。此外，随着社交形式的时代更迭，公共仪式的功能也可能发生变化，仪式与从属地位之间关系的空间维度也会随之发生变化。例如，摩根指出，在波菲里奥统治期间的墨西哥城，宗教庆典在团结工人和资本方面发挥的作用相对较小，但在同一时期，宗教庆典在外省地区所发挥的作用要大得多。在这种情况下，空间或可以被看作是时间的代理。

弗伦奇的论文更加清晰地阐述了节日或仪式世界的时间与空间维度之间的关系，他指出，与资本集约化相关的劳动力动员将农村地区的习俗带入了城市与工业集中区的中心，尤其是在 19 世纪晚期墨西哥北部的矿业开发过程中。从这个角度来看，大众文化与抵抗的微观历史就等同于有关庆典仪式习俗的考古——关于"古老"实践按时间分层的剧目登上了现代的舞台，同时面临着精英阶层和国家强制实行拟定霸权计划的企图。我们倾向于认为，这种不协调主要存在于汤普森所提出的关于时间和工作纪律的脉络中，[37]但是，也许还有其他一些有趣的方式来思考这些问题，例如，从文化沉淀和 / 或吸纳的速率方面来进行考察。无论如何，这就是为什么墨西哥各个区域的划分（相对比中心地区来说）是一项如此重要的国家计划的原因之一：它可能使得对于资本和劳动力的控制日益增加，从而诱发类似于挪用历史和仪式的吸血行为。 [361]

---

[37]　E. P. Thompson, "Time, Work-Discipline, and Industrial Capitalism," *PP* 38 (1967): 56–97.

仪式的魅力

当我们在前文问及公共仪式庆典是否可以概括一个社会的文化习俗和信仰时，我们同时也提出了这样一个问题：这些仪式是如何得以呈现的——其代码如何得以构建。至于这些公开的仪式呈现发挥了哪些作用则是另外一回事了。虽然本书的论文可能梳理出一些共同的解释性线索，但对于公共仪式在墨西哥历史上的社会或文化功能，并不存在完全一致的表述——这并不令人惊讶，尤其是这些文章充分证明了仪式生活的本质是由多种因素共同决定的。

例如，琳达·柯西奥－纳吉强调了巴洛克风格的基督圣体节游行活动的整合功能，该活动或可以被理解为关于不同社会群体所共有的整体而统一的社群情感的表达，在正常情况下，社会群体往往会因为政治、种族、经济或其他不同的利益和认同而产生冲突。她还注意到，出于殖民地精英对于民众反抗以及混乱的恐惧，他们积极地推动着节日的"文化适应"功能，以期将那些新近被殖民者转变为良好的殖民地臣民。在后来的很长一段时间里，唐纳德·弗里施曼注意到，观看 20 世纪农民剧院即兴演出的观众需要进行的解码，有时为乡村民众之间的政治讨论和觉悟启蒙开辟了空间，因此他也提出了自己的疑问，即世俗（民间）仪式是否也会产生同样的影响。克拉拉·加西亚·艾露阿尔多和柯西奥－纳吉强调称，跨阶级在宗教超然性的框架内实现了公共仪式本质的统一（换句话说，在维克多·特纳看来，这些仪式拥有激活共同体［communitas］的能力），但她似乎也认为，兄弟会的行为强化了（而不是削弱了）社会等级与社会分化的原则。[38]

---

[38] 关于共同体的概念，参见 Turner, *Dramas, Fields, and Metaphors: Symbolic Action in Human Society* (Ithaca, NY, 1975), esp. 231–271。更为全面的讨论，参见 Pilar Gonzalbo Aispurú, "Las fiestas novohispanas: Espectáculo y ejemplo," *Mexican Studies/Estudios Mexicanos* 9 (1993): 19–45。

马丁、柯西奥－纳吉以及加西亚·艾露阿尔多都发现，殖民时期的宗教游行活动成为精英自我炫耀以及强化自身权威的场合，由此彰显了关于优先权和特权的主流思想。[39] 马丁将晚期殖民地的民间仪式理解为"关于服从的训诫"，这是因为占据统治地位的地方群体未能通过其他方式实现对于动荡下层社会的有效控制。沃恩认为，乡村节日主要体现了霸权话语的元素，而不是颠覆性话语的元素（即广泛的社会共识，而非争论），鉴于墨西哥的乡村节庆活动是自我统治的工具，但她又补充了一项重要的限定条件，那就是地方与国家的当权者因此获得的对于次等群体的统治是不稳定的，需要通过谈判才能达成。尽管如此，她还是解释了当地的学校教师如何充分利用后革命时期的节庆活动来灌输自己的意识形态，从而产生社群内部的团结，以及社群间的竞争与分化作为次级的重要影响。最后，所有的作者，甚至是那些主要探讨展演或庆祝活动更为开放的形式以及其与墨西哥精英的霸权计划（而不是严格意义上的神圣或世俗仪式活动）之间相互关系的作者（里维拉、斯泰普斯、特南鲍姆。比兹利、弗伦奇和汤姆森），都无疑会承认这些日常生活中的表演式暂停所彰显的情感性（即安全阀）以及娱乐性。[40]

[362]

当我们专注于解码仪式的潜在功能时，很容易漠视或忽略其显式表达内容的中心性——一种关于效力的真正信念，这种效力指向的是对于人类事物的神圣或圣人干预、人类仪式表达本身所具有的协调或再平衡力量

[39] 参见 James Scott, *Domination and the Arts of Resistance*, esp. 45–69（中文版参见《支配与抵抗艺术》，王佳鹏译，南京：南京大学出版社，2021）；以及 Robert Darnton, *The Great Cat Massacre and Other Episodes in French Cultural History*（New York, 1984；中文版参见《屠猫狂欢：法国文化史钩沉》，吕健忠译，北京：商务印书馆，2018）。

[40] 关于作为宣泄方式的宗教仪式，参见 Emmanuel Le Roy Ladurie, *Carnival in Romans*, trans. Mary Feeney (New York, 1979); 关于作为社会冲突或转化的表达方式的仪式，参见 Barbara A. Babcock, ed., *The Reversible World: Symbolic Inversion in Art and Society* (Ithaca, NY, 1978), 以及 Natalie Z. Davis, *Society and Culture in Early Modern France*（Stanford, CA, 1975；中文版参见《法国近代早期的社会与文化》，钟孜译，北京：中国人民大学出版社，2011）。

（以纠正世界）或对于共同体、君主或国家的热爱。事实上，宗教仪式和庆
祝活动的神学意味（即明确的意识形态内容以及合理性）在某种程度上被
这些文章的作者所忽视（班杰斯和沃恩除外），他们倾向于对这些公共表演
行为的社会以及文化功能持有一种更为疏远的、分析性的或解释性的观点。
但是，当我们在这些过程中分解意义的类型或层次以获得分析的明确性时，
我们实则是在冒着将历史行动者的感受排除在外的风险，以至于我们开始
怀疑为什么人们一开始会做出这些愚蠢的行为。[41] 在情感或表达领域，除
了功能作用的多样性之外，仪式还为奇思妙想提供了集体的、公共的场所，
同时使得我们与过去产生了联系。沃恩敏锐地注意到，在墨西哥文化史的
长河中，宗教和爱国主义节日及其仪式元素之间存在着高度的相似性。我
们一定很好奇，鉴于仪式的存在既是为了召唤，也是为了呈现，它们是否
能够被真正地世俗化；也就是说，它们表达着与集体声明相似的集体愿望：
关于我们希望成为谁或世界应该如何，而不是我们是谁或世界在任何特定
时刻是如何存在的。此外，正如本书们在导论中所指出的，如果仪式和公
[363] 共庆祝活动将个人与集体融合在一起并将过去呈现给现在（看看萨尔瓦铁
拉花车上的印第安人和西班牙人便知），那么，它们同时也在向过去描绘和
讲述着现在的故事。从这个意义上说，过去不仅被铸造和形塑，同时也是
倾听者。向过去描述现在的实践在墨西哥文化中是很突出的，比如传统的
万灵节庆祝活动以及墨西哥历史在歌曲、纪念碑和意识形态中生动而日常
的存在，都清楚地说明了这一点。[42]

　　仪式与公共庆典以其强有力的社会与文化力量成为国家行为、吸纳融

---

[41]　关于公共宗教仪式试图整合社会与文化意义的讨论，参见 Robert Anthony Orsi, *The Madonna of
　　　115th Street: Faith and Community in Italian Harlem, 1880-1950* (New Haven, CT, 1985)。保罗·范
　　　德伍德让我注意到该研究。

[42]　参见 Hugo Nutini, *Todos Santos in Rural Tlaxcala: A Syncretic, Expressive. and Symbolic Analysis of
　　　the Cult of the Dead* (Princeton,. Nl, 1988)。

合以及来自民间社会的顽固抗争的争议地带，贯穿着墨西哥的历史。可预见的是，这些文章的作者对这些历史进程的总体评价各不相同。有些文章描绘出一幅显然更正面或更乐观的景象，如果说"官方"版本的墨西哥国家史中的全面胜利已经在某种程度上被弱化，至少经过粉饰后的历史已变得完全不像一场大众文化、地方传统与民间社会的全面灾难。另一些文章显然持一种更阴暗的观点，认为墨西哥无论是自治的还是本质上是有意识的精英政治的产物，都是具有强大破坏力的。正面的观点似乎是来自沃恩的立场，他不仅描述了地方层级的"多重论述"，而且论述了由国家赞助的爱国主义节日或其他节日在后革命时期的出现是国家与地方两个层级都希望达到的经协商的渗透。另一方面，班杰斯对在索诺拉的去狂热化运动及其民众反应持负面观点，强调在此案例中雅各宾派的现代化主义者跑在了普罗大众之前。里维拉为殖民后期的大众文化表达与联邦政策的对峙提供了第三种解释，强调大众实践中巴赫金式特征，虽然我们怀疑这种语气事实上并不是非常尖锐的，也不是充满争议的，甚至不是更加压抑的，而是戏谑的。

　　无论如何，国家对宗教仪式的元素以及其他形式的大众文化表达方式的转变、吸收、控制或压制可以追溯至19世纪的自由主义与工业化时代之前，或者说，可以追溯至19世纪在政治意义上表现得贪婪无度的波菲里奥政府和革命政权的时代之前。例如，在柯西奥－纳吉的文章中，我们注意到哈布斯堡和波旁王朝对待公共仪式的不同态度，前者倾向于强调社团主义与包容性，而后者倾向于强调官僚主义管控与社会监督。[43] 加西亚·艾露阿尔多发现，在宗教仪式和公司活动（包括兄弟会）的监管方面存在着关于波旁王朝统治的明显迹象。马丁在讨论殖民时期奇瓦瓦的城市文化时，

---

[43]　如果冒险地用神经质的立场来描述国家结构，我们可能会说到哈布斯堡王朝的歇斯底里和波旁王朝的执念或偏执。

也强调了通过那些君主政体的庆典仪式而实现的对于大众公共庆祝活动的吸纳或取代。

[364]　　正如几位作者所观察到的那样，在后独立时期，对于公共庆祝活动以及仪式的世俗化尝试仍在继续。在 19 世纪，就像我们在前文所提到的，教会和政府就是否公开举行宗教仪式所产生的分歧越来越大。总的来说，20 世纪公共宗教矩阵的收缩意味着个人必须向宗教靠拢，而不是宗教主动走向他们。与这一趋势相平行并对其产生影响的是当局试图净化大众文化并收回作为其表演场所的街道的各种努力。[44]斯泰普斯指出，人们倾向于把街道看作是生活和工作空间的延伸，而不是国家为实现治理以及维护秩序所做出的努力。正如里韦拉所指出的，在殖民时期，街道作为一块公共白板——实现了阶级的混杂交融以及大众文化的表达——被仪式实践（装饰、游行）转化为一种不同的空间，这种空间的情感和符号潜力取决于日常生活以及仪式本身的特权主张之间的紧张或矛盾。无论在神圣的领域，还是世俗的领域，对现代化国家来说，"作为风险的乐趣"始终是一种诅咒，因此，国家努力消除公共空间使用上存在的歧义，与此同时，让自己成为这些用途的意义的唯一仲裁者必须被视为大多数国家计划的核心。

　　这些国家自我创造的模式从波菲里奥时代一直延续至革命时代。比兹利告诉我们，在 19 世纪 90 年代中期，爱国主义庆祝活动倾向于将夜间的火炬游行改为日间的游行，考虑到火炬游行与早期支持政治自由的抗议活动有所联系，因此，波菲里奥统治期间的"时髦人士"渴望压制这些可能发生的暴乱情况或提前阻止它们的发生。他提醒我们，与此同时，波菲里奥政权还"驯服"了教会，它与教会达成了一项政治协约（concordat），表

---

[44]　参见 David A. Brading, "Tridentine Catholicism and Enlightened Despotism in Bourbon Mexico," *JLAS* 15 (1983): 1-22; 以及 Von Young, "Religion and Popular Ideology in Mexico, 1810-1821," in Kaplan, ed., *Indigenous and Popular Responses to Western Christianity*.

示支持耶稣会（Jesuit Order）的回归，并最终见证了该国于 1895 年对瓜达卢佩圣母的正式信奉。同样地，在墨西哥的 19 世纪末，正如摩根在描述墨西哥城工人及其雇主时所告诉我们的那样，大众文化的形式受到家长式雇主的捕捉和驯化，从而在较小的范围内复制了国家吸纳以及控制仪式和庆祝活动的方式。弗里施曼将相关的讨论推演至何塞·巴斯孔塞洛斯（20 世纪 20 年代初期担任教育部长）在乡村建立世俗化文化特派团的实践，这与殖民统治时期的传福音行为产生了强烈的共鸣。1910 年以后，正如班杰斯、洛约、沃恩以及弗里施曼所指出的那样，无论是作为打破旧习者、理性主义教育哲学的拥护者、社会主义教育家，还是乡村戏剧场景中的英雄们，学校教师通常是这些项目在地方层面的主要代理人，尤其是在农村。 [365]

抵抗与大众文化

这些吸纳融合和其他国家行动可以被看作是对于一个长期政治进程的仪式和庆祝模拟（可以说，它的肉体创造了语言），在这一进程中，国家的建构与民族的建构以复杂的方式实现了相互强化。然而，大多数作者也指出了对于这种国家主义的顽固抗争，也就是我们通常所说的大众文化和政治抵抗。几个世纪以来，大家所讨论的基本问题始终是：究竟是谁的文化，是人民的文化、精英的文化还是国家的文化？此外，对于近年来的人文科学来说，什么是抵抗已经成为一个棘手的问题，尤其是伴随着各种底层研究的涌现，在此之前，则是伴随着社会与文化历史学家关于大众群体的历史及其思维方式（心智，*mentalités*）的研究转向。[45] 例如，在一个抗议者并未侵犯其边界的既定框架内，大众群体关于仪式元素的颠覆性解读是否构成了对于一种由精英或国家主导的有效霸权的抵抗或接受？

无论我们从理论层面上如何看待这个问题，可以肯定的是，民众往往表现得难以驾驭，精英和/或国家则反过来（或同时）显得傲慢、偏执、担忧或饱受困扰。尽管天主教的礼拜历从表面上看起源于教会及其"伟大的传统"神学体系，但它已然被墨西哥的大众阶级所热情地接受，此外还增加了著名的圣周一（*San Lunes*），专门用来补充睡眠以缓解周末的宿醉，几代人以来，雇主们一直抱怨工人们在当天消极怠工甚至罢工。人们对此类庆祝活动的普遍喜爱，是否可以被视为在一个仍以较为宽松的农耕作息规律为基础的社会中强制实行劳动纪律的一种反应？与此同时，弗伦奇还指出，波菲里奥统治时期帕拉尔工人阶级公然的无礼行为是对中产阶级道德的一种象征性主张，以及对支撑这种道德的权威结构的一种象征性主张，此外，还宣扬了关于大众文化的各种主张。[46] 让我们将时间往前调一调，洛约以大众对于 20 世纪 30 年代卡德纳斯派教育改革的反应作为关注点，[366] 追溯了更为保守的社会部门对于这些改革的抵制——正是我所暗指的那种

---

[45] 参见 Howard Kaminsky, "From *Mentalité* to Mentality: The Implications of a Novelty," in Mark D. Szuchman, ed., *The Middle Period in Latin America: Values and Attitudes in the 17th–19th Centuries* (Boulder, CO, 1989), 19–32.

[46] 编者们在本书的引言部分指出了国家形成与权力行使的道德维度，并在他们对菲利普·科里根和德里克·赛耶的作品《大拱门：作为文化革命的英国国家形态》（*The Great Arch: English State Formation as Cultural Revolution*, New York, 1985）的润色中得出了结论："国家权力在我们内部发挥着作用"。即使仅仅将之理解为一种比喻，大众文化的"道德化"以及国家权力的行使之间的这种联系——可以说是对资产阶级道德的霸权，以及其对于大众群体的文化理解的渗透——与古典精神分析理论的原则存在着奇妙的相似之处，根据该理论，我们可以把国家理解为一种制度化的（资产阶级的）超我。弗洛伊德（Freud）对"文明"的进化及其与道德意识（由超我体现）的关系进行了一些有趣的观察，进而从本质上得出结论：就本能的抑制来说，文明的代价可能高于收益；参见 Sigmund Freud, *Civilization and Its Discontents*, trans. and ed. lames Strachey (New York, 1962; 中文版参:《文明及其不满》，严志军、张沫译，杭州：浙江文艺出版社，2019); 尤其是关于国家的讨论，参见 42ff。

来自大众的顽固抵抗。[47]

我们可以引用弗里施曼关于 20 世纪乡村剧院的文章中的最后一个案例，他在这个案例中指出，自 20 世纪 30 年代初以来，国家赞助的戏剧团体逐渐被应用于实现一种真正的大众文化与政治表达。当我们读到距今更近的科纳索波剧院时，弗里施曼告诉我们，"无所畏惧的胡安"是即兴艺术喜剧中的人物之一，他是一位愿意与自己的阶级敌人展开较量的农民，但他政治法律体系方面知识的不足使其无法胜任这项任务。然而，胡安的盟友克拉林·坎塔克拉罗（Clarín Cantaclaro）所提供的关于墨西哥法律体系方面的专业知识使他最终获得了胜利。印第安人对殖民地法庭和其他法律机构的掌控在这里引起了显而易见的强烈共鸣，对此无须赘述。如上所述，我们需要记住，在一个制度性的或完善的文化框架内的抵抗可以被理解为一种选择性的抵抗，但也可能不是，这取决于历史主体以及历史观察者各自所持有的观点。[48]

关于文化形式及意义的争论涉及的最重要的地点之一仍然是工作场所，尤其是伴随着墨西哥的逐步城市化与工业化。从某个有利的角度来看，就算没有明确地说明，大部分文章的潜台词都是关于劳动史的。如果贫穷一直被视为犯罪的温床，那么，工作场所也可以被视为文化态度的摇

---

[47]　关于根据菲利普·科里根和德里克·赛耶的《大拱门》和詹姆斯·斯科特的《弱者的武器》以及《支配与抵抗艺术》所展开的讨论，参见 Alan Knight, "Hegemony, Resistance, and Popular Culture in Revolutionary Mexico," in Gilbert M. Joseph, ed., *Everyday Forms of State Formation: Revolution and the Negotiation of Rule in Modern Mexico* (Durham, NC, 1994)。

[48]　这个问题可以被纳入斯蒂夫·斯特恩（Steve Stern）的 "抵抗性适应" 概念的框架内，关于这一概念的提出，参见 "New Approaches to the Study of Peasant Rebellion and Consciousness: Implications of the Andean Experience," in Steve J. Stern, ed., *Resistance, Rebellion, and Consciousness in the Andean Peasant World, 18th to 20th Centuries* (Madison, WI, 1987), 3–25; 另参见 Eric Van Young, *Hacienda and Market in Eighteenth-Century Mexico: The Rural Economy of the Guadalajara Region, 1675–1820* (Berkeley, CA, 1981), 294–342。关于印第安人利用新西班牙的法院系统保护个人以及集体利益的案例，参见 Woodrow W. Borah, *Justice by Insurance: The General Indian Court of Colonial Mexico and the Legal Aides of the Half-Real* (Berkeley, CA, 1983)。

篮。这也突出了为墨西哥书写一部"全新"劳动文化史的持续重要性，这种
史学事业在欧美国家已经非常成熟了（或许，现在甚至已经过时了）。迪
恩斯－史密斯、摩根和弗伦奇的文章无疑都在朝着这个方向发展。除了意
愿之外——也就是说，大众群体坚持自己的文化与身份并试图复制它们的
意愿——在近代早期，存在着某些"客观"力量，与殖民国家为规范工人的
道德生活以及审视大众的宗教表达而作出的各种努力所体现的那种社会同
质化以及文化删减背道而驰。就像迪恩斯－史密斯所指出的那样，对于首
都的雷亚尔烟草工厂（Real Fábrica de Tabacos）来说，这些因素包括劳动
力本身的种族划分和文化多元化、空间离散以及劳工组织。另一方面，弗
伦奇强调了工作经历所产生的共同社会与文化态度。我们想知道的是，相
对于政府监管公共空间使用的努力，这种工作场所的锻造在约束以及同质
[367] 化工人方面是否发挥着更大的作用。[49]摩根的看法则更加悲观。通过探索
（随着大型工业组织形式的出现）资本在工作场所中的变革性力量，他指
出了家长式制度所面临的新压力、来自所有群体的新期望、对于劳动者的
新要求、关于时间和地点的新用途，以及关于社会交往的新形式。他描述
了迪亚斯政权和城市工业工人之间的某种权衡，在这种情况下，后者失
去了进入政治体系的机会，但却获得了"面包与马戏"。然而，随着弗朗
西斯科·马德罗的出现以及革命的爆发，该政权逐渐失去了来自工人的
支持。

---

[49] 参见 Doris Ladd, *The Making of a Strike: Mexican Silver Workers' Struggles in Real Del Monte, 1766-1775* (Lincoln, NE, 1988)。

记忆的力量

本书最终尽可能多地分析了集体记忆的形式及其逐步的商品化，同时还阐述了国家权力的发展、关于公共仪式活动的各种范畴、形式以及意义的争论，或地方知识在墨西哥历史上的销蚀。那些符号化的帝国主义代理人——国家、教会、资本主义世界秩序，以及作为文化中间人（*compradors*）的地方精英——在大部分论文中频频闪现。我已阐明我的观点，同比兹利一样，我认为"被发明的传统"正在逐步被商品化（换言之，顺应需求，使之具有利用价值），尤其是伴随着全民读写能力的进步、大众传媒的发展、交通系统以及通信的便捷化；而且，大多数的其他论文也都详细论述了这一现象。确实，商品化在很大程度上是这种发明的必要条件。

当我们想到"商品"，我们脑海中似乎会浮现出"实物"的图像——堆积如山的豆子，或是茫茫如海的菜籽油。商品的共同点是同质性、可携带性、无感情性、可分割性以及一定程度的异化性。霸权主义计划体现着将这些特征融入公共话语和个人智识的倾向——为了垄断符号式产品，为了阉割地方智识或是将其归入异类，使其进入博物馆或成为旅游景点，为了使其思想内容扁平化、单一化，以及为了制造宗族，从而实现商品化记忆的自然化。神话、国庆假日、教科书、公共纪念碑、义务兵役、街头标语、广告宣传：这些是商品化的媒介或武器。但这必然是一场激烈的斗争，大众的反抗以及一系列顽固的文化游击队式抵抗始终想要让最终的和解成为一个不可实现的目标。

从这个角度来看，所有现代国家都是外来的，其公共建筑和纪念碑得以作为一种冻结能量的形式被建造，这是因为它们可以被建造，也是因为建筑本身就是对国家权力的具体化和强化。在特南鲍姆的描述中，那些接 [368]

棒"亲法进步派"的"民族主义神话家"非常清楚这一点，正如维森特·里瓦·帕拉西奥所证实的那样，他称赞公共艺术是实现社会与政治控制的工具。因此，尽管墨西哥城的"夸乌特莫克的激情"以及"伊达尔戈的辩护"是关于高度象征主义和狂热民族主义的不朽呼喊，但在某种意义上，它们同样也是商品——无限可分、可携带，且通俗易懂的。

摩根和比兹利的文章中的一些有趣观点提及了记忆的商品化，这种商品化的势头随着大规模工业资本主义在墨西哥相对晚近的出现而得到了增强。全新的、世俗的庆祝活动以及表达形式如今已逐渐取代了传统的宗教庆典，从而构成了带有激进意味的、漫无边际的模仿行为，乃至班杰斯所描述的后革命时期在索诺拉发生的暴力去狂热化运动。摩根讨论了在工业化的国家首都伴随着消费文化的日益发展而出现的广告业，虽然他没有说明广告业的出现是如何作用于公共仪式或表演的，是抑制了表达还是代替了表达。他的许多描述重点集中于欧内斯特·普吉贝特以及他的布恩托诺卷烟厂所采用的吸引大众眼球的企业技巧。烟草公司的竞争伎俩以及广告使我们感受到一种与传统公共仪式中的自我表达形式的惊人相似性，就像柯西奥－纳吉和加西亚·艾露阿尔多的文章所描述的那样，但存在着一个区别：目标受众的实质被动性及其供吞噬的消费者膨胀（对"人见人爱的金发女郎"的渴望[至尊啤酒（Cerveza Superior）]）。[50] 比兹利在他的文章中强调说，1895 年之后，花车作为公共庆祝活动的重要组成部分通常致力于对"物品"的展示，这种更加物质化的商品化与参与者向观察者和消费者的转变产生了共鸣。同时，他评论道，后维多利亚时期部分墨西哥城市人口的资本主义化使得他们远离了各种形式的仪式，甚至是那些在家庭生

---

[50] "消费者膨胀"（consumer tumescence）一词来自 Jean-Christophe Agnew, "Coming Up for Air: Consumer Culture in Historical Perspective"，本文发表于 1989 年在圣路易斯举行的美国历史学家组织第 82 届年会（82d Annual Meeting of the Organization of American Historians）。

活周期中的标志性活动，因为二维照相技术作为一种留存记忆的人工手段已经占据了潮流的顶端。比兹利进一步论述道，在一种推测的模式下，假设之前的庆祝者正在被转化为观看者，在某种意义上他们本身也正在被商品化——一个我们现在或许称之为"大众化"的过程。在我看来，他的观点是，这种转化不仅是城市物理环境发生变化的结果（虽然电灯的出现和人口的增加等因素也很重要），而且是国家意识形态控制的一种计策。

结　论

[369]

这些文章调查并描绘了一片辽阔的疆土：从地理维度上看，从广袤的墨西哥北部一直延伸到该国的近南部地区，尽管首都或许被过度地强调了；从时间维度上看，从 16 世纪跨越至 20 世纪 90 年代。虽然从表面上看，仪式表达的不同形式是我们的主要关注点，但文章作者们为我们呈现出一系列更加多样化的人类活动具体形态：劳动、公共艺术、教育、破除旧习、音乐与戏剧表达、民众抗议、法律和公共政策、消费文化，当然还有笑声，更不用说那些结构性意志的长久存续，包括资本主义的发展、墨西哥国家的成长，以及向现代化的转变。

或许，从这些文章中浮现出的贯穿始终的主题，除了仪式庆典以及其他形式的公共表演所具有的表达与政治力量外，还包括墨西哥国家与墨西哥人民关于表达形式的控制权的博弈。当这对二分体——国家与人民——被诉诸文字时，就显得似乎过度摩尼教式了。社会与文化历史学家最重要的任务之一在于解构这些的术语，由此"国家"就被分解成了众多的群体，他们在不同的历史节点争夺着权力的操控杆，"人民"则通过他们的多样性被完整地看见，而不仅仅被作为单一的量级。尽管如此，在这种表述中依然存在着大量的分析性力量，虽然可能是概要式的。在过去的几个世纪里，墨西哥国家并没有完全按照自己的方式行事；如果它那样做了，今天的墨西哥可能看起来更像是瑞士或者斯堪的纳维亚国家的其中之一。有时，它试图对繁荣发展的小传统所施行的控制在一定程度上给墨西哥文化留下了极为深刻的印记，无论 20 世纪 90 年代的新自由主义计划成功与否，这些印记都将会在未来变得更加深刻。就像郊区的住宅开发起初都是内部标准化的，并在随后的数十年间逐渐区分开来——人们改造、重建、更好或更坏地照料自己的家园——因此，最初对被挪用或被发明的传统以及表现形式的同质理解，会随着时间的推移而趋向于重新分化，产生全新的、顽固的地方知识壁垒，它们的声音在文化史的对话中呼之欲出。

文景

社 科 新 知　文 艺 新 潮

Horizon

统治与抵抗的仪式：
墨西哥的公共庆典与流行文化
［美］威廉·比兹利 ［美］谢丽尔·马丁 ［加］威廉·弗伦奇 编
李音　周燕 译

出 品 人：姚映然
责任编辑：佟雪萌
营销编辑：高晓倩
装帧设计：安克晨

出　　品：北京世纪文景文化传播有限责任公司
　　　　　（北京朝阳区东土城路8号林达大厦A座4A 100013）
出版发行：上海人民出版社
印　　刷：山东临沂新华印刷物流集团有限责任公司
制　　版：北京百朗文化传播有限公司

开 本：700mm×1020mm　1/16
印 张：32　　字 数：436,000
2023年6月第1版　　2023年6月第1次印刷
定 价：149.00元
ISBN：978-7-208-18194-6/K·3270

图书在版编目（CIP）数据

统治与抵抗的仪式：墨西哥的公共庆典与流行文化/
（美）威廉·比兹利（William H. Beezley），（美）谢丽
尔·英格利希·马丁（Cheryl English Martin），（加）
威廉·弗伦奇（William E. French）编；李音，周燕译
. -- 上海：上海人民出版社，2023
　（地区研究丛书/刘东主编）
书名原文：Rituals of Rule, Rituals of
Resistance: Public Celebrations and Popular
Culture in Mexico
ISBN 978-7-208-18194-6

Ⅰ.①统… Ⅱ.①威…②谢…③威…④李…⑤周
…Ⅲ.①现代文化–研究–墨西哥 Ⅳ.①G173.1

中国国家版本馆CIP数据核字（2023）第047712号

本书如有印装错误，请致电本社更换 010-52187586

Rituals of Rule, Rituals of Resistance: Public Celebrations and Popular Culture in Mexico

Edited by WILLIAM H. BEEZLEY; CHERYL E. MARTIN AND WILLIAM E. FRENCH

Copyright © 1994 by Scholarly Resources Inc.

Chinese simplified translation copyright © 2023 by Horizon Media Co., Ltd.,

A division of Shanghai Century Publishing Co., Ltd.

Published by agreement with the Rowman & Littlefield Publishing Group Inc.

through the Chinese Connection Agency, a division of Beijing XinGuangCanLan ShuKan Distribution Company Ltd.

a.k.a Sino-Star.

ALL RIGHTS RESERVED